སྙེ་མོའི་ལོ་རིམ་མེ་ལོང་།

尼木年鉴

2019

（总第8卷）

尼 木 县 人 民 政 府 主办
尼木县人民政府办公室 编

图书在版编目（CIP）数据

尼木年鉴. 2019 / 尼木县人民政府办公室编. -- 北京：方志出版社，2019.12

ISBN 978-7-5144-4089-8

Ⅰ. ①尼… Ⅱ. ①尼… Ⅲ. ①尼木县－2019－年鉴 Ⅳ. ①Z527.54

中国版本图书馆CIP数据核字（2019）第300589号

尼木年鉴（2019）

编　　者：尼木县人民政府办公室
责任编辑：王海荣

出 版 者：方志出版社
地址　北京市朝阳区潘家园东里9号（国家方志馆 4 层）
邮编　100021
网址　http://www.fzph.org
发　　行：方志出版社图书经销中心
电话（010）67110500
经　　销：各地新华书店
印　　刷：河南金雅昌文化传媒有限公司

开　　本：889×1194　1/16
印　　张：24
字　　数：579千字
版　　次：2019年12月第1版　2019年12月第1次印刷
印　　数：001～500册

ISBN 978-7-5144-4089-8　定价：350.00元

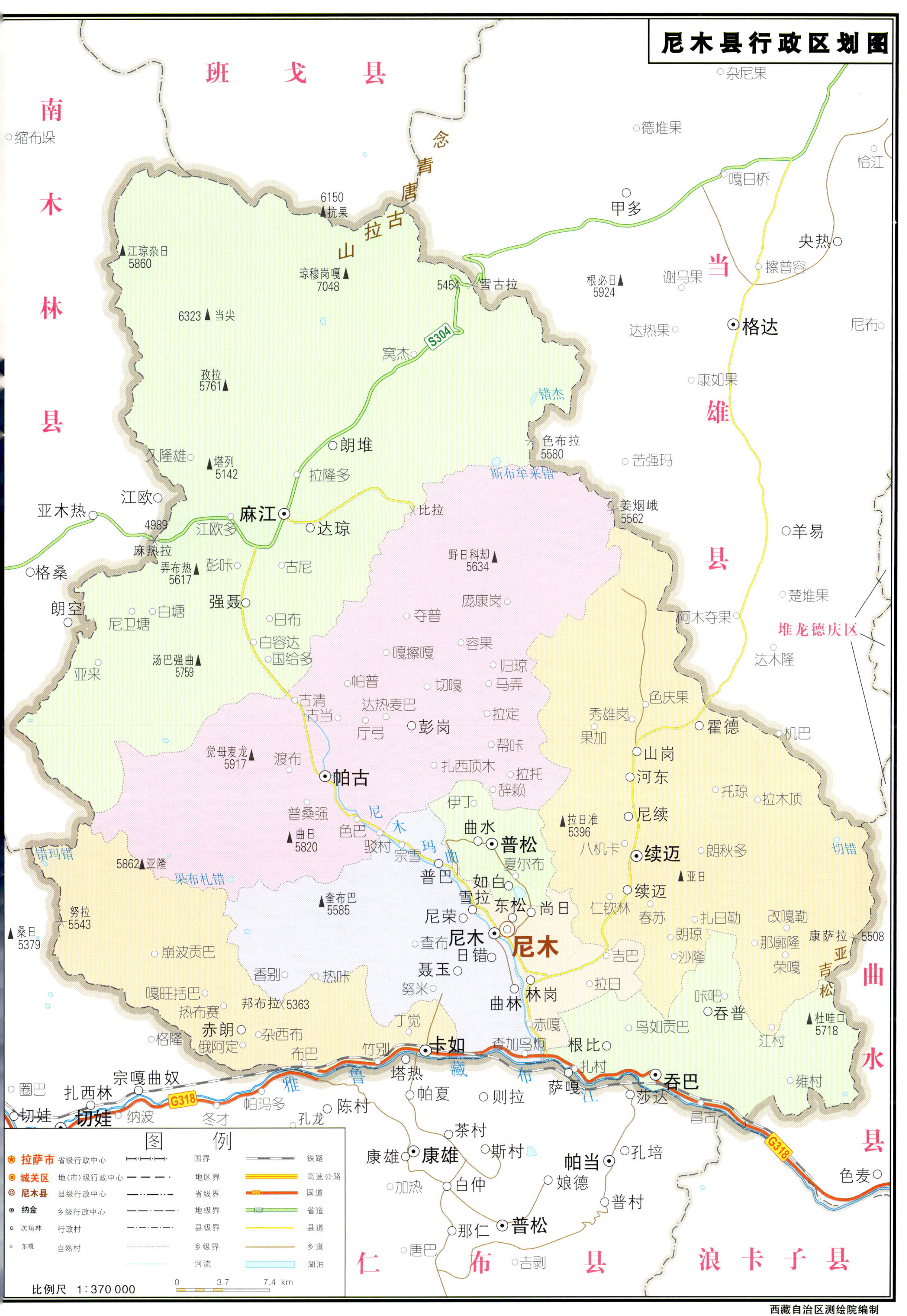

西藏自治区测绘院编制
审图号：藏S（2018）022号

2018年4月23日，西藏自治区党委常委、拉萨市委书记白玛旺堆（中）到尼木县调研

2018年8月20日，西藏自治区党委常委、拉萨市委书记白玛旺堆（左三）到尼木县检查指导泥石流处置工作

2018年4月25日，西藏自治区人大常委会副主任赵正修（右一）到尼木县吞巴乡检查指导工作

2018年7月4日，西藏自治区人大常委会副主任王峻（前排左二）一行到尼木县对学习宣传贯彻实施宪法和城乡建设管理工作进行专题调研

2018年3月12日，西藏自治区政协党组副书记、副主席高扬（左一）到尼木县塔荣镇恩泽居委会检查指导工作

2018年5月15日，西藏自治区政协党组成员、副主席王亚蔺（右二）一行到尼木县吞巴乡文化站检查指导工作

2018年9月2日，国务院精准脱贫督导组一行到尼木县检查指导精准扶贫精准脱贫工作

2018年3月15日，国务院安全生产督查组一行到尼木县交警大队检查指导工作，西藏自治区安监局局长达木拉（左五）陪同

2018年5月21日，北京市顺义区委副书记、区长、天竺综保区管委会主任孙军民（前排右二）率领代表团一行到尼木县开展对口帮扶工作

2018年5月22日，武警西藏自治区总队司令员刘国荣（左一）到武警尼木中队调研

2018年7月10日，西藏自治区审计厅党组书记次多（右二）一行到尼木县审计局检查指导工作

2018年10月11日，西藏自治区商务厅党组书记、副厅长李文革（前排右一）到尼木县调研商贸流通工作

2018年10月9日，拉萨市人大常委会党组书记云丹（左二）一行到尼木县督办代表重点意见建议工作

2018年8月2日，北京市西城区委常委、统战部部长、政法委书记王旭（前排左一）带领代表团一行到尼木县考察产业发展情况

2018年7月10日，云南师范大学党委书记饶卫（前排左一）到尼木县吞巴乡检查精准扶贫工作

2018年10月19日，西藏自治区党委组织部副部长李小宁（前排右三）到尼木县塔荣镇巴古村检查指导工作

2018年7月4日，西藏自治区公安厅党委委员、副厅长柯磊（左一）一行到尼木县公安局调研“四项建设”工作

2018年1月13日，西藏自治区纪委常委、秘书长彭祎涛（左一）到尼木县调研监察体制改革工作推进情况

2018年10月21日，西藏自治区国土资源厅副厅长布琼（右一）一行到尼木县验收集体土地工作成果

2018年8月9日，西藏自治区民政厅副厅长江娟（后排左三）到尼木县调研民政工作

2018年3月14日，西藏自治区安监局副局长周科祥（左二）一行到尼木县检查指导加油站安全生产工作

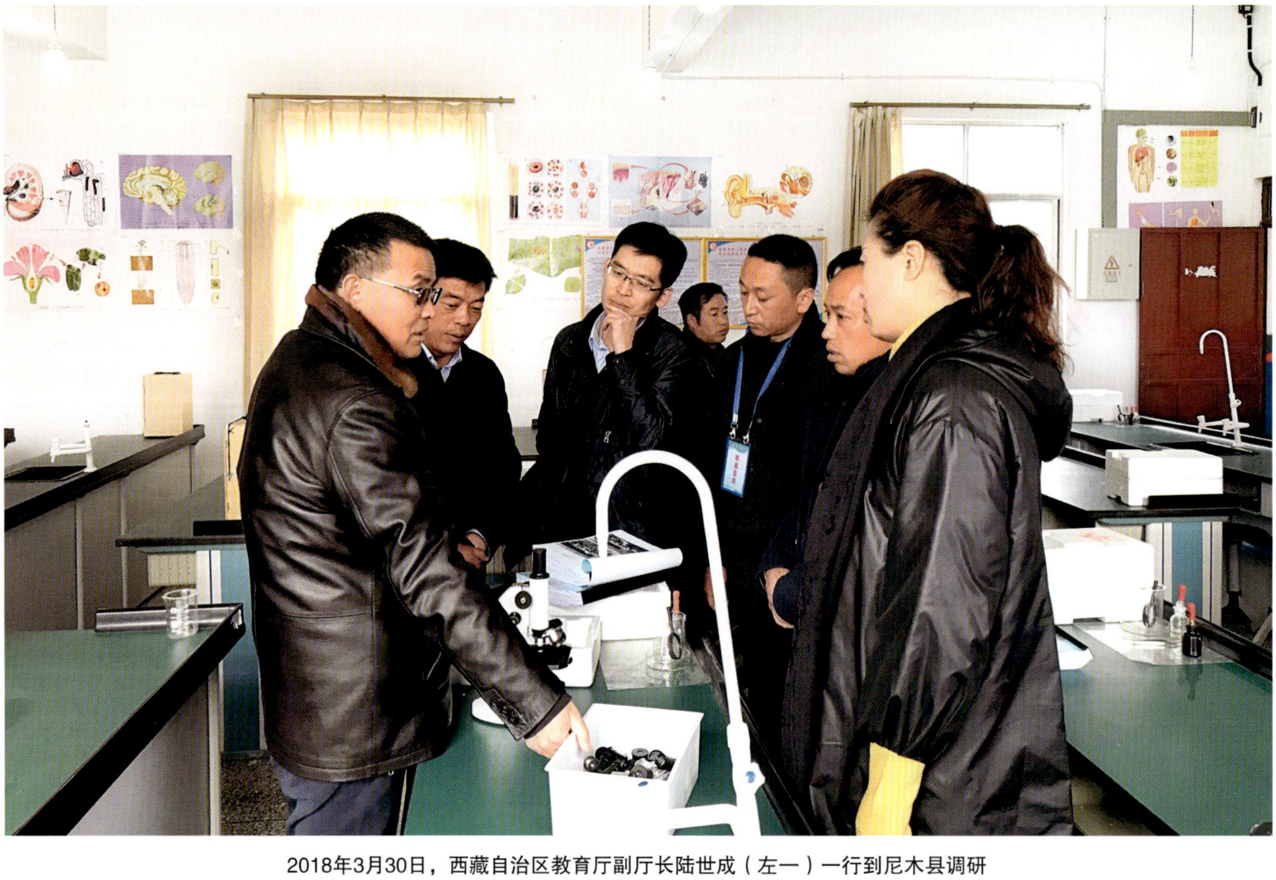

2018年3月30日，西藏自治区教育厅副厅长陆世成（左一）一行到尼木县调研

2018年9月12日，西藏自治区电教馆党组书记格桑扎西（左二）一行到尼木县检查验收自治区试点项目

2018年9月6日，中核集团党组书记、董事长余剑锋（左五）出席尼木县续迈乡地热资源综合开发项目勘探井施工开钻仪式

2018年9月7日，中国发展研究基金会副理事长兼秘书长卢迈（前排左四）、西藏金融办副主任潘祐（前排左二）出席"慧育中国·西藏尼木县"项目启动仪式

2018年4月8日，拉萨市委副书记肖志刚（中）一行到尼木县卡如乡考察产业发展促脱贫工作

2018年7月4日，拉萨市委常委、常务副市长占堆（右一）一行到尼木县检查指导脱贫摘帽第三方评估考核准备工作

2018年7月31日，拉萨市委常委、统战部部长阿努次仁（左二）一行到尼木县调研“遵行四条标准、争做先进僧尼”教育实践活动和《宗教事务条例》学习宣传工作开展情况

2018年3月7日，拉萨市委常委、纪委书记、监委主任王家民（中），拉萨市政协副主席孙宝祥（右一）一行到尼木县吞巴乡检查指导工作

2018年9月16日，拉萨市委常委、市政府党组副书记、常务副市长暴剑（前排左一）到尼木县尼木乡聂玉村调研食药用菌项目运营情况

2018年10月23日，拉萨市副市长、北京市对口支援拉萨指挥部副指挥朱建红（左四）一行到尼木县卡如乡调研

2018年5月18日，拉萨市副市长孙占生（左一）率国药集团考察团一行到尼木县考察调研药材种植情况

2018年7月3日，拉萨市副市长扎西白珍（右二）到尼木县麻江乡调研1.5万亩土地开发项目

2018年7月12日，西藏自治区党委政法委副秘书长汪锋（右三）到尼木县检查指导工作

2018年12月6日，西藏自治区党委专项巡视脱贫攻坚第七巡视组组长群决（前排中）一行到尼木县听取脱贫攻坚工作汇报

2018年5月2日，西藏自治区党委政法委执法督察处处长关峰（左排左三）一行到尼木县人民检察院检查司法体制改革落实情况

2018年11月29日，西藏自治区司法厅法制处处长方杰（左三）一行到尼木县司法局检查考评司法行政工作

2018年11月7日，西藏自治区新闻出版广电局反非处处长洛桑多吉（前排左二）到尼木县续迈乡检查指导“扫黄打非”工作

2018年4月18日，北京市支援合作促进会秘书长杨兆科（中排右二）、北京国际城市发展研究所秘书长胡凯（中排左二）一行到尼木县卡如乡考察产业发展工作

2018年7月12日，北京市顺义区仁和镇党委书记刘洋（左四）一行到尼木县就对口帮扶工作进行考察交流

2018年10月4日，国网北京顺义供电公司党委书记郭国平（后排左四）一行到尼木县帕古乡小学开展捐赠物资活动

2018年8月9日，拉萨市委政法委常务副书记达瓦（左二）到尼木县检查指导工作

2018年2月7日，拉萨市人民检察院党组书记、检察长田建设（左一）到尼木县人民检察院检查指导工作

2018年11月7日，拉萨经济技术开发区党工委副书记、管委会主任刘汝鹏（左四）到尼木县塔荣镇尚日村调研

2018年7月11日，北京顺义科技创新集团有限公司党委书记、董事长赵洪峰（右排右三）带队考察团一行到尼木县开展结对帮扶工作

2018年11月16日，拉萨市质监局党组书记、局长次仁卓嘎（中）到尼木县考察指导工作

2018年4月8日，拉萨市统计局党组书记仓琼（左一）一行到尼木县检查指导基层统计工作

2018年11月15日，拉萨市税务局党组副书记、局长孙清明（中）到尼木县税务局调研

2018年9月20日，拉萨市妇联党组副书记、主席向巴彩喜（前排左五）出席尼木县妇女第六次代表大会

2018年1月5日，拉萨市文化（文物）局党组副书记、局长拉巴旺堆（左一）一行到尼木县吞巴乡藏香产业有限公司调研

2018年10月20日，拉萨市民政局局长白玛玉珍（右排左三）一行到尼木县调研民政脱贫攻坚工作

2018年7月20日，拉萨市交通运输局局长扎西平措（右二）到尼木县指导抢险保通工作

2018年3月15日，拉萨市净土产业投资开发有限公司总经理格勒巴桑（中）一行到尼木县考察净土产业对接洽谈工作

2018年4月24日，拉萨警备区副政委普布次仁（左排左二）到尼木县人民武装部主持召开民主生活会

2018年7月27日，尼木县委书记杜国君（右二）看望慰问军队离退休干部、革命伤残军人、转业复退军人以及军烈属

2018年6月10日，尼木县委副书记、县长普琼（左排左三）到安徽桐城和四川成都考察对接项目

2018年7月11日，北京市顺义区国资委副主任彭智（左五）一行到尼木县续迈乡山岗村调研

2018年3月10日，拉萨市委组织部副部长杨栋章（前排左二）带领全市村级组织活动场所标准化建设暨党员联系服务群众工作观摩团到尼木县如白村观摩

2018年4月3日，拉萨市委政法委副书记万劲松（左二）到尼木县检查指导工作

2018年9月14日，新农创投资发展有限公司副总裁夏绍全（左二）、政企合作部部长冯翼阳（左三）一行到尼木县卡如乡调研

2018年12月3日，国网拉萨供电有限公司总经理龚东昌（后排右三）一行到尼木县供电有限公司检查指导工作

2018年3月21日，拉萨市安监局副局长杨英（左四）一行到尼木铜业公司检查指导安全生产工作

2018年9月14日，拉萨市人民检察院党组成员、政治部主任李卫（中右一）率领巡察组召开巡察尼木县人民检察院进驻动员会

2018年8月1日，国家统计局拉萨调查队书记、队长李建树（右二）一行到尼木县调研农作物种植情况

2018年1月7日，尼木县第十三届人民代表大会第三次会议召开

2018年9月7日，尼木县人民政府与西藏文旅集团投资合作协议签署会在拉萨市国际总部城西藏文旅公司举行，双方就尼木县吞巴景区开发打造签署合作协议

2018年8月5日，尼木县“第七届吞弥文化旅游节”在吞巴乡开幕

2018年9月21日，尼木县庆祝首届“中国农民丰收节”文艺会演

尼木火车站

尼木吞巴景区

《尼木年鉴》编纂委员会

《尼木年鉴》编辑部

编辑说明

一、《尼木年鉴》2012年开始编纂，每年出版1卷，2019年卷为第8卷。

二、《尼木年鉴》以马克思列宁主义、毛泽东思想、邓小平理论、“三个代表”重要思想、科学发展观、习近平新时代中国特色社会主义思想为指导，坚持辩证唯物主义和历史唯物主义的立场、观点、方法，始终坚持“实事求是、质量第一、存史资政、服务大众”的办鉴宗旨，全面、系统、翔实地记述尼木县上一年度政治、经济、文化、社会等各项事业的基本情况，为社会各界与国内外人士了解和研究当今尼木县提供翔实资料。

三、《尼木年鉴》分为正文与彩页两部分。正文采取分类编辑法，以类目、分目、条目为主要框架结构，个别包含多方面资料的条目，则在段落间加插楷体标题提示，方便读者查阅全书。

四、《尼木年鉴（2019）》载录尼木县2018年经济社会发展的基本资料，设有特载、综述、大事记、政治、军事、法治、经济管理、社会事业、城市建设·环保、交通·通信、金融、乡（镇）概况、附录等内容。

五、《尼木年鉴》的编辑宗旨，在于求真务实，力求真实生动地反映尼木县在改革开放和现代化建设中取得的崭新成就。

六、《尼木年鉴》所提供的内容和数据，分别来自于尼木县各有关部门和乡（镇）人民政府，经各级领导审核，但由于口径与统计方法不同，恐有不一致之处，使用时应以县统计局提供的数据为准。本书中农田土地面积的计量单位使用“亩”。

目　录

特　载

综　述

大事记

政　治

中共尼木县委员会

中国人民政治协商会议尼木县委员会

中国人民政治协商会议尼木县委员会办公室

中共尼木县纪律检查委员会（尼木县监察委员会）

尼木县受援工作

中共尼木县委组织部

中共尼木县委宣传部

中共尼木县委统战部（民族宗教事务局）

中共尼木县委员会巡察工作办公室

尼木县信访局

尼木县藏语委办(编译局)

尼木县总工会

共青团尼木县委员会

尼木县妇女联合会

尼木县工商业联合会

军 事

尼木县人民武装部

尼木县消防大队

武警尼木中队

法 治

中共尼木县委政法委员会

尼木县公安局

尼木县人民检察院

尼木县人民法院

尼木县司法局

经济管理

尼木县发展和改革委员会

尼木县财政局

尼木县审计局

尼木县国土资源规划局

尼木县工业和信息化局

尼木县统计局

尼木县农牧(科技)局

尼木县农牧（扶贫）开发建设办公室

尼木县林业局

尼木县水务局

尼木县安全生产监督管理局

尼木县税务局

尼木县工商行政管理局

尼木县净土产业投资开发有限公司

尼木县城乡建设投资发展有限公司

社会事业

尼木县民政局

尼木县人力资源和社会保障局

尼木县教育（体育）局

尼木县中学

尼木县卫生和计划生育委员会

尼木县食品药品监督管理局

尼木县人民医院

尼木县文化旅游新闻出版广电局

尼木县气象局

尼木县供电有限公司

城市建设·环保

尼木县住房和城乡建设局

尼木县环境环保局

交通·通信

尼木县交通运输局

尼木县邮政分公司

尼木县电信局

中国移动通信集团西藏有限公司尼木县分公司

联通尼木县营业部

金　融

中国农业银行股份有限公司尼木县支行

乡(镇)概况

塔荣镇

尼木乡

续迈乡

帕古乡

麻江乡

吞巴乡

卡如乡

普松乡

附 录

特

在九届县委第四次全会上的工作报告

中共尼木县委书记 杜国君

（2019 年 1 月 17 日）

一、坚持以习近平新时代中国特色社会主义思想为指引，尼木经济社会发展稳定和党的建设迈上新的台阶

——过去的一年，我们旗帜鲜明讲政治，重整行装再出发，以永远在路上的执着把全面从严治党引向深入。始终把抓好党建作为最大政绩和根本保障。一是思想政治建设不断强化。以开展“两学一做”学习教育活动常态化制度化、党员干部政治纪律教育活动为契机，充分发挥县委常委会、理论中心组学习会的龙头作用，把学习贯彻党的十九大精神作为首要政治任务，坚持用习近平新时代中国特色社会主义思想武装头脑、指导实践、推动工作，牢固树立“四个意识”，切实增强“四个自信”，坚决做到“两个维护”，特别是在维护祖国统一、民族团结这一重大原则问题上，始终做到旗帜鲜明、立场坚定。二是意识形态阵地不断巩固。牢牢把握意识形态领域领导权和主动权，着力在建章立制、理论武装、阵地建设、网络安全、新闻舆论、精神文明

建设和推进“志智双扶”工作上狠下功夫，不断壮大主流思想舆论，树立了改革发展、脱贫攻坚等一批先进典型。三是干部队伍建设不断加强。始终把干部队伍作为可挖掘的最大资源，以打造“县乡干部为实干队伍、村‘五支力量’（驻村干部、下沉干部、村干部、联户代表、‘三老人员’）为苦干队伍、领导班子为巧干队伍”为抓手，坚持以好干部标准选干部、以战斗力标准配班子，探索建立“一线考察法”，注重在脱贫攻坚、产业发展、乡村振兴、维护稳定等重点工作一线发现、识别、使用干部。一年来共调整干部 2 批次 43 人，不存在带病提拔、带病上岗等不正之风。坚持从加强干部日常监管入手，制定完善干部管理、干部考察、年度考核等制度。坚持严管与厚爱、激励与鞭策相结合，落实《尼木县干部正常福利发放办法（试行）》，全年共慰问生病住院干部 91 名，发放慰问金 9.1 万元，为 168 名干部发放误休补助 127 万元；研究制定《尼木县关于解聘聘用制干部和落实聘用制干部相关待遇的实施方案》，兑现 11 名在职聘用制干部解聘后一次性生活补助 135.6399 万元；研究制定《尼木县离任村干部待遇补助实施办法（试行）》，为 92 名任职满 15 年以上的离任村干部发放离任补助 102.24 万元，解决了离任村干部后顾之忧，让村干部工作上有干劲、生活上有“盼头”。四是基层党组织规范化建设不断加强。牢固树立一切工作到支部的鲜明导向，以提升组织力为重点，突出政治功能，扎实推进基层党组织标准化建设。投入 500 万元对 31 个村级组织活动场所进行优化功能设置，统一设置一厅三室一馆，村级组织活动场所标准化建设实现齐步走。五是党风廉政建设和反腐败工作深入推进。稳妥推进监察体制改革，成立县监察委员会，扎实推动县委巡察工作有力有效开展，深入践行监督执纪“四种形态”，严肃查处违纪违法案件，继续保持反腐败高压态势。一年来，县委常委会带头加强自身建设，支持人大、政府、政协和法院、检察院依法依章履行职能。加强县委对统战工作的领导，形成大统战工作格局，工商联和无党派人士的作用得到有效发挥。积极推进群团改革，充分发挥工会、共青团、妇联群团组织的桥梁纽带作用，党管武装、老干部、档案、机要等工作全面加强。

——过去的一年，我们凝心聚力谋发展，奋力扬帆再启航，以高质量发展为主线推动尼木经济社会健康发展。全年实现地区生产总值 8.97 亿元，同比增长 9.3%；全社会固定资产投资完成额同比增长 40.7%；工业增加值 0.68 亿元，同比增长 33.33%；社会消费品零售总额 0.7 亿元，同比增长 13.3%；一般公共预算收入 1.54 亿元，同比增长 8.5%；农牧民人均可支配收入 12865 元，同比增长 10.57%。始终坚持以新发展理念统领发展全局。一是产业转型升级不断加快。重点推进“四产业两园区”建设，着力补齐发展短板，增强内生动力，经济发展质量和效益不断提升。尼木藏香产业园区精准扶贫示范基地项目建设已通过初验，正在采购藏香生产设备，预计 2019 年 3 月全面投产。尼木藏鸡原种保护基地二期工程土建已经完成，设备安装已完成 85%，预计 2019 年 4 月初全面投产。“尼木藏鸡”“尼木藏鸡蛋”“尼木菜籽油”获得国家地理标志证明商标，“尼土尚品”取得国家知识产权局认证。在获得“国家有机产品认证创建示范区”荣誉称号并取得“牦牛、雪菊、藜麦”3 个有机产品认证证书的基础上，保持“土豆、油菜、青稞”3 个有机转换证书的有效性。吞巴景区提档升级工程签订了《吞巴景区投资框架协议之补充协议》，由西藏文旅投入 2.8 亿元以上进行全面打造。积极引进北京山海文旅有限公司对琼穆岗嘎雪山进行开发，签订了《尼木县人民政府与北京山海文旅有限公司关于尼木县琼穆岗嘎雪山景区项目合作协议》，计划投资 6.6 亿元，2 年内完成景区建设达到试营业条件。续迈温泉旅游配套设施建设项目已进行初验，正在做运营方案。拉萨经开区尼木产业园区基建项目开工建设，园区道路基础设施一期项目建设已完成。尼木县高原种植业航天育种及产业推广应用项目预计 2019 年 3 月份达到种植条件。二是乡村振兴稳步推进。把制定实施乡村振兴战略总体规划与“十三五”脱贫攻坚规划衔接起来，编制了《尼木县乡村振兴战略实施方案》，同时积极与北京新农创投资发展有限公司合作对接，加快编制《尼木县乡村振兴总体规划》《尼木县农业产业发展规划》。进一步深化农村各项改革，稳步推进和完善农村土地“三权分置”制度，完成农村集体土地、农村宅基地所有权确权登记和颁证工作；建立农村集体资产管理、登记、处置、使用决策等6项制度，已完成试点村卡如村的清产核资工作并顺利通过拉萨市级清产核资验收。三是投资拉动不断加大。全年策划重大项目113个，总投资34.5亿元，完成投资22.06亿元。尼木高原种植航天育种及产业化推广应用建设项目、尼木既有建筑节能改造项目、尼木建档立卡贫困户藏鸡标准化养殖基地建设项目等一批重大项目顺利实施。持续推进招商引资工作。2018年我县招商引资实施项目11个，新建8个，续建3个，项目总投资27.96亿元。招商引资实际到位资金7.1亿元，同比增长11.36%。四是对口帮扶措施有力。依托援藏优势，主动对接，积极争取援藏资金和项目，不断提升经济内生动力和“造血”能力。“十三五”期间，在北京市援藏指挥部和市受援办的关心、关怀、指导下，批准尼木县“十三五”实施规划内援藏项目共计12项，总投资2.25亿元；规划外援藏项目9个，总投资2.18亿元；计划内、外项目资金史无前例的达到4.43亿元。同时，不断深化“携手奔小康”扶贫协作工作。自2016年北京市顺义区与尼木县结成帮扶对子以来，两地党委、政府已开展互访交流活动10余次，累计安排帮扶资金1090万元，扎实推进产业共建、市场对接、人才交流等全方位多领域的深度融合，为我县产业发展、精准脱贫发挥了重要作用。

——过去的一年，我们全力以赴促脱贫，携手同心奔小康，以绣花的功夫持之以恒抓实脱贫成果巩固提升。2018年9月28日，西藏自治区人民政府正式下达了关于批准我县退出贫困县的批复，尼木县实现整体脱贫摘帽。一年来，我们始终坚持脱贫不脱责任、脱贫不脱政策、脱贫不脱帮扶、脱贫不脱监管，以乡村振兴为统揽，持续用力推进“六脱措施”，抓实抓好“五个带动”，大力推进“人有一技之长、户有致富门路、村有当家产业”，不断巩固提升脱贫成果。一是体制机制再健全。制定《尼木县巩固提升脱贫成果三年行动实施方案（2018—2020年）》，纵向建立“3+3”组织体系，横向建立“2+10”工作体系，实现精准扶贫大数据平台帮扶干部全覆盖，明确干部职责清单和“三段式”入户帮扶制度，结对帮扶的制度更加健全、力量更加充实、基础更加扎实。二是脱贫基础再夯实。重点关注“六类人员、三类特殊群体”，开展了建档立卡贫困户动态调整工作，确保“应纳尽纳，不漏一人”；全面开展“拉网式”“全覆盖”整村普查，建立销号整改台账，限时销号整改；开展脱贫攻坚专项培训，各级干部精准帮扶业务能力全面提升，工作更加扎实。三是施策成效再提升。产业扶贫深入推进，重点实施“短平快”产业项目与发展新兴产业、加快构建现代化产业体系相结合的产业。在“十三五”期内，我县规划建设产业发展项目43个（中央巡视组反馈后调整），估算总投资11.21亿元。大力推进易地扶贫搬迁，积极做好各搬迁安置点配套产业建设、创业就业、教育医疗等工作，充分依托培训、岗位开发和政府购买服务等措施，为搬迁群众中有就业意愿的801名劳动力解决629个就业岗位，基本实现“一户一人”就业。同时统筹推进以教脱贫、以助脱贫、以补脱贫、以保脱贫、转移就业、金融扶贫等各项工作。四是内生动力再激发。正确处理好中央关心、北京支援和艰苦奋斗、自力更生的关系，确立贫困群众主体地位，持续开展“支部讲政策、群众帮群众”和“你努力我帮忙，大家携手奔小康”两个活动，认真落实“人有一技之长、户有致富门路、村有当家产业”三项措施，注重培育贫困群众的基本技能，激发脱贫致富的内生动力，引导贫困群众淡化宗教消极影响，依靠辛勤劳动改变贫困面貌、过上幸福生活。

——过去的一年，我们改善民生补短板，一心为民谋幸福，以人民为中心持续推动民生改善和社会事业全面进步。始终坚持在发展中保障和改善民生。2018年我县民生领域累计投入1.8亿元，重点围绕“水电路讯网、科教文卫保”十个民生领域补齐短板，以实施县际班线客运改革等“民生十件实事”为抓手，扎扎实实做好普惠性、基础性、兜底性的民生工作。一是坚持“幼有所育、学有所教”，优先发展教育事业。2018年县财政投入教育事业2850.2万元，同比2017年增长12.44%。学前双语三年毛入园率达84.94%；小学纯入学率达99.97%、巩固率达 99.79%；初中毛入学率达 99.91%、巩固率达 100%；义务教育残疾学生随班就读 25 人、送教上门 11 人，义务教育残疾儿童少年入学率达到 94.74%。加快教育教学质量提升，2018 年县中学中考成绩成功实现进位目标，在全市各县区考核排名中取得第四名。持续加大“以教脱贫”力度，落实 2018 年学前教育补助、中小学生“三包”及营养改善资金 2022 万元，县中心双语幼儿园秋季学期实现食堂集中供餐。制定完善《尼木县建档立卡贫困家庭子女接受高等（中职）教育实施免费教育补助政策实施细则（试行）》，兑现建档立卡贫困家庭 127 名大学生补助 110.66 万元，兑现边缘户家庭 40 名大学生补助 27.59 万元。二是坚持“劳有所得”，千方百计增加就业。建成尼木众创空间、尼木现代农业高新技术产业示范园区、尼木县小微企业创新创业基地三个孵化载体，加强就业创业培训，促进高质量就业。2018 年，全县实现城镇新增就业 766 人；农牧区劳动力实现转移就业 0.83 万人、2 万人次（贫困劳动力转移就业 714 户 1043 人），实现增加收入 0.68 亿元；195 名 2018 届高校毕业生实现就业 179 人（其中建档立卡高校毕业生 37 人全部实现就业）。受理劳资纠纷案件 55 起，结案 45 起，涉及劳动者 524 人，追回工资 479.676 万元。三是坚持“病有所医”，加快健康尼木建设。2018 年，藏医院、援藏专家楼建成投用，成功创建“二级乙等”医院。持续加大“以助脱贫”力度，全年补偿大病统筹基金 1314 人次，补偿金额 1053.23 万元；其中 736 人次享受“先诊疗后结算”优惠政策，金额 466.77 万元。制定《尼木县健康扶贫医疗救助兜底保障实施方案》，对贫困人口医疗自付费用实行政府兜底，将 20 种特殊门诊病种纳入农牧区医疗大病统筹报销范围。从 2018 年 3 月起对建档立卡贫困户报销比例统一提高 5%，7 月起对 2014、2015 已脱贫户全部纳入政府兜底，共兜底 281 人、18.79 万元。9 月我县健康扶贫工程示范县创建工作受到国家卫生健康委员会办公厅、国务院扶贫办综合司通报表扬，成为自治区唯一受表扬的一个县区。四是坚持“老有所养”，全面实施全民参保。社会保障进一步加强，实现社会保障“五险合一”。2018 年全县职工养老、职业年金、职工医疗、失业、工伤、生育保险参保人数分别达到 1973 人、1541 人、1655 人、1329 人、1973 人、1655 人，基本实现“应保尽保”。城乡居民养老保险参保人数 13297 人，缴费总额 151.65 万元，基本实现全覆盖。60 岁以上城乡居民养老保险待遇发放 3067 人，金额 328 万元，做到应保尽保。五是坚持“住有所居”，积极构建和谐尼木。2018 年完成县城新建 100 套公租房建设项目的前置手续；完成吞巴乡特色小城镇 275 套棚户区改造任务；积极配合拉萨市推进县城既有建筑节能改造项目，改造面积 90489.18 平方米。六是坚持“弱有所扶”，稳步提升救助保障。2018 年经入户调查核实，全县农村最低生活保障对象共有 270 户 801 人，减少率 31.05%，入户率 99%。全面实施医疗救助“一站式”及时结算模式，累计医疗救助 550 人（次），发放救助金 212.1125 万元；临时救助 73 户（次），发放救助金 34.7588 万元。发放社会保障对象 661 户 2583 人“两线合一”补贴金 82.7851 万元，实现低保与扶贫政策有效衔接，确保底线兜得住。七是坚持“文化自信”，推动文化繁荣兴盛。完善城乡文化体育基础设施，全县目前共有文化服务中心 8 个，农家书屋 33 个。以“五有五好”文明村镇创建为切入点，扎实开展群众性精神文明创建活动。2018 年累计投入 120 余万元，基本完成全县 33 个村（居）、7 所学校的“五有”建设工作。

——过去的一年，我们坚定不移保生态，久久为功抓环保，以改善环境质量为核心推动生态文明建设迈上新台阶。牢固树立“绿水青山就是金山银山、冰天雪地也是金山银山”的理念，深入实施绿色发展战略，建设美丽尼木。一是加快推进生态文明示范县建设。严格按照“党政同责、一岗双责”要求，做到生态环境保护与经济社会发展稳定工作同研究、同部署、同推进、同考核，成立尼木县生态环保工作领导小组，组织编制《尼木县生态文明建设示范县 2017—2020 创建规划》，加大环保资金投入力度，持续改善生态环境。2018 年县财政累计投入 1530 万元用于生态恢复与基础设施建设，完成植树造林 2180 亩、封山育林 2000 亩。全面落实自然保护区保护制度，探索推进“林长制”，全面实行“河长制”“湖长制”,严格落实土地保护制度,研究制定《尼木县生态保护红线划定工作方案》《尼木县生态保护红线方案》,严守耕地保护红线,严格执行环保执法“双随机一公开”制度。二是积极推进环保督察反馈问题整改。在中央第六环境环保督察组督查自治区反馈意见中,我县需配合上级主责部门整改问题 99 项,截至目前,已完成整改销号 48 项。自治区第一环境保护督察组督查拉萨市反馈问题 76 项,需我县配合整改问题 32 项(其中共性问题 31 项、个性问题 1 项:尼木县节水型社会试点县建设工作),现已完成反馈问题台账资料收集整理备案工作。三是大力推进“美丽乡村”建设。巩固提升清洁乡村、生态乡村建设成果,稳步推进宜居乡村建设、特色小城镇建设和乡村振兴示范村、达标村建设,全面改善农村人居环境,大力培育优良乡风民风。积极开展生态县创建以及生态乡村创建的复核工作,已获得自治区命名的有 8 个乡镇、29 个村。2018 年初我县荣获自治区 2017 年度生态环境保护工作目标绩效考核优秀奖。尼木县卡如乡荣获“2018 年中国美丽休闲乡村”称号。

——过去的一年,我们众志成城保稳定,齐心协力促和谐,以不出事为底线持续保持社会局势“三无”“三不出”“三稳定”。始终坚持发展是硬道理,稳定也是硬道理;始终保持清醒头脑、高度警惕,警钟长鸣、居安思危。一是反分裂斗争持续深入。一方面,把“支部讲政策、群众帮群众”和“你努力我帮忙,大家携手奔小康”两个活动融入“四讲四爱”和“遵行四条标准、争做先进僧尼”两个教育实践活动中,注重教育引导僧尼和群众自觉与十四世达赖、达赖集团划清界限,严禁党员干部信仰宗教和参加宗教活动,持续淡化宗教消极影响,不断增强反分裂斗争自觉性,在冬闲季节有的放矢地解决“我们管了肚子、别人管了脑子”的问题。另一方面,将“三个专项斗争”与反分裂斗争结合起来,严密防范和迅速打击各类分裂破坏活动。坚持把防范应对“后达赖”向“达赖后”转变的重大挑战作为维稳工作的重中之重,科学制定方案预案,完成县乡村三级维稳防控体系建设,完善“党政军警民”协调联动指挥机制,严格落实维稳工作责任制、应急处突机制等十项维稳措施。二是法治建设平稳推进。坚决执行县委决策,依法主动接受县人大及其常委会的法律监督和县政协的民主监督,2018 年办理人大建议 84 件、政协提案 27 件,答复率 100%,满意率 95% 以上。推进普法宣传,以法律“七进”为载体,推进法治政府建设。三是社会治理不断深化。加快治安防控体系建设,加大维稳经费投入力度,健全党政军警民联控工作机制,深化网格化管理和“双联户”治理模式,强化铁路护路联防工作,努力构建全方位的公共安全防控网络。2018 年投入 1483.01 万元,积极落实公、检、法、司经费保障,安排平安尼木建设、联防经费及相关配套资金,确保了社会治安秩序良好、政治稳定。四是宗教领域和谐稳定。坚持党的宗教工作基本方针,严守“三个不增加”底线,牢牢抓住维护寺庙稳定这个“牛鼻子”,以开展“遵行四条标准、争做先进僧尼”教育实践活动、《中华人民共和国宪法》《宗教事务条例》学习、寺庙“六建”“六个一”“9+5”工程、创建和谐模范寺庙暨爱国守法先进僧尼等工作为抓手,全面加强对寺庙场所、人员、财务、佛事活动的依法管理,全县宗教领域持续和谐稳定。五是民族团结更加紧密。牢牢守住民族团结这个“生命线”,2018 年共评选表彰 14 个民族团结模范集体、4 个民族团结家庭和 20 名民族团结模范个人,持续弘扬了民族团结的优良作风。六是矛盾纠纷妥善化解。积极推行“四级中心”“三个联动”“两项机制”等工作模式,全县未发生一起群体性上访和聚集闹访、越级上访、进京上访事件,并荣获国家 2017 年度信访工作“三无”县(区)奖和全市 2017 年度信访工作一等奖。七是安全生产形势总体保持稳定。全年安全生产形势总体保持稳定,但稳中有忧、稳中有险,县委、县政府将继续以严格的要求,坚持“党政同责、一岗双责、齐抓共管、失职追责”,切实把安全生产责任落实到位。

这些成绩的取得,得益于习近平新时代中国特色社会主义思想的科学指引,得益于党中央、国务院,区党委、区政府和市委、市政府的坚强领导,得益于北京人民、顺义人民的倾情帮扶,得益于上级各有关部门、社会各界的关心支持,得益于全县广大干部群众的艰辛努力。借此机会，我代表县委，向全县各级党组织、全体党代表和广大党员干部群众、离退休老同志、驻尼部队和武警官兵、各民主党派、工商联及所有关心支持尼木发展稳定的社会各界人士，表示衷心的感谢！并致以崇高的敬意！

发展永无止境，奋斗永不停歇。我们自信，但绝不能自满，要清晰地看到：当前尼木发展不平衡不充分的问题依然突出，人均生产总值、人均可用财力偏低，城乡统筹发展还需全面提升；经济进入高质量发展新阶段，产业转型升级亟须加快，脱贫成果巩固提升任务依然十分艰巨；社会事业、民生保障与群众日益增长的美好生活需要还有差距；极少数干部思想不够解放、作风建设仍需加强。这些问题，需要我们在今后的工作中切实加以解决。

二、高举习近平新时代中国特色社会主义思想伟大旗帜，努力开创新时代尼木各项事业发展新局面

2019年是中华人民共和国成立70周年、西藏民主改革60周年，是贯彻落实党的十九大精神、全面建成小康社会的关键之年。做好2019年全县工作的总体要求是：坚持以习近平新时代中国特色社会主义思想为指导，全面贯彻党的十九大和十九届二中、三中全会精神，贯彻自治区、拉萨市第九次党代会和区党委九届四次、五次全会及市委九届四次全会精神，坚持稳中求进、进中求好、好中求快、补齐短板工作总基调，以供给侧结构性改革为主线，以正确处理“十三对关系”为根本方法，把党要管党、从严治党作为推进工作的重要保障，不忘初心、牢记使命，统筹兼顾、改革创新、锐意进取、善谋实干，一以贯之推进乡村振兴战略和“现代尼木三步走”总体布局、“四产业两园区”发展布局，为全面建成小康尼木收官打下决定性基础，以优异成绩迎接中华人民共和国成立70周年和西藏民主改革60周年。

2019年我们要重点抓好以下八个方面工作：

（一）持之以恒抓好脱贫巩固。始终保持攻坚态势，持之以恒抓精抓实抓细抓好脱贫成果巩固提升各项工作。一要持续攻坚。保持领导体制不变，始终坚持“五级书记抓脱贫”的工作格局，围绕工作中存在的突出问题，坚持目标不变、靶心不散、频道不换，做到人员不撤、力量不减，坚决完成既定的脱贫攻坚各项目标任务。二要着力巩固。以推进乡村产业发展、壮大集体经济、改善农村人居环境、加强社会事业进步为重点，按照“摘帽不摘责任、摘帽不摘政策、摘帽不摘帮扶、摘帽不摘监管”的要求，持续巩固“人有一技之长、户有致富门路、村有当家产业”三项举措和“支部讲政策，群众帮群众”“你努力我帮忙，大家携手奔小康”两个活动成效，完善工作方案，继续巩固发展脱贫成果，坚决防止出现大面积返贫。三要着力提升。坚决落实好中央和区、市、县关于脱贫攻坚的一系列政策措施，重点实施一批群众能干会干、就近就便的产业项目，切实让群众享受到产业发展红利。着力抓实“五个带动”，在实施“合作社项目带动”中，每个乡镇成立一个合作总社，各村成立合作分社，落实好合作社“四个机制”“两个90%”和“两个全覆盖”工作机制，持续增加农牧民群众“四种收入”。同时加强对搬迁户的后续管理服务工作，明确后续帮扶计划和巩固提升工作安排，注重从减贫进度向脱贫质量转变、从完成脱贫目标向增强群众获得感转变、从外部帮扶向外部帮扶与激发内生动力并重转变，坚决打赢脱贫攻坚巩固提升战。

（二）持之以恒抓好乡村振兴。严格按照产业兴旺、生态宜居、乡风文明、治理有效、生活富裕“二十字”方针和乡村产业振兴、人才振兴、文化振兴、生态振兴、组织振兴“五个振兴”要求，围绕“神圣国土守护者、幸福家园建设者”主题，全面推进乡村振兴战略实施，确保取得实效。一要促进农村三产融合发展。大力实施“互联网＋农业”，加快发展特色种养业、农畜产品加工业、城乡服务业、休闲农业、乡村民宿等，促进农村一二三产业融合发展。二要继续深入推进农村改革力度。在农村集体产权、闲置农房、农村土地等领域落实政策、创新思路，不断激发农村发展内生动力。同时统筹兼顾培育新型农业经营主体和扶持小农户，注重发挥新型农业经营主体带动作用，探索发展多样化的联合与合作，提升小农户组织化程度。三要加快农村基础设施建设。统筹乡村建设项目、资金、人才等各类

资源，加快农村“水电路讯网、科教文卫保”等基础设施建设，推动城乡基础设施互联互通。继续推进节水供水重大水利工程，实施农村饮水安全巩固提升工程。到2020年，安全供水保证率达到100%，自来水入户率达到98%，农村安全用水普及率稳定在100%，实现供水、用水更加安全便利。四要打造生态优美的乡村环境。结合美丽乡村建设、农村“三大革命”，全面开展农村环境整治，加大资金投入力度，着力提升村容村貌，实现所有村落环境干净整洁。2018—2020年，计划投资5.57亿元，实施24个人居环境综合整治工程。到2020年，基本消除“无树村”，有条件的行政村消除“无树户”、农牧民住房更加安全、人居环境更加宜居。五要加强农村基层党组织建设。以强化农村基层党组织建设为主线，以加强农村党组织带头人、“明白人”和党员队伍建设为重点，严管厚爱农村干部，扎实推进村级党组织标准化建设、党建促乡村振兴、促脱贫巩固等工作。持续开展平安和谐乡村建设，大力推进农村社会治安防控体系，深入开展扫黑除恶专项斗争，严厉打击农村黑恶势力、宗族恶势力，严厉打击黄赌毒、盗拐骗等违法犯罪。

（三）持之以恒抓好产业发展。对于尼木来说，不发展不行，不加快发展不行，按照老路子发展也不行。我们要始终把产业发展作为加快尼木发展的第一要务，牢固树立转型发展、创新发展理念，把产业发展作为重点工作来抓。一要加快产业结构转型升级。推动尼木经济实现高质量发展，要把重点放在生产要素改进、产业结构提升、生产效率提高、产品质量更优、管理效率更高以及产业链品质上升等方面，致力推进农业适度规模化和工业经济起步，并大力发展以全域旅游业、现代城乡服务业为主的第三产业，切实把实体经济做实做强做优。二要加快重点产业培育发展。毫不动摇推进“四产业两园区”发展布局，按照藏香产业“123”发展思路和尼木藏香“四位一体”“四体一位”发展模式，全力推进藏香文化产业发展；按照“五年十万蛋鸡工程”目标，大力推进藏鸡产业发展；按照农业产业“三步走”布局和有机农业产业“3212工程”目标，大力推进有机农业产业；按照全域旅游“π形字”发展格局和“四菜一汤”发展规划，稳步推进全域旅游产业发展。依托尼木县深厚的历史文化底蕴和乡村旅游资源，积极发展农家乐、农业观光旅游等旅游项目。同时加快拉萨经开区尼木产业园区和尼木现代农业高新技术产业示范园区的建设，努力推动一批两创小微企业孵化入园实现生产，着力将园区培育成重点产业、实体企业和财源税收集聚地，形成“双创”与园区发展协同推进的良好局面。三要加快主导产品培育发展。根据我县产业优势和资源特点，围绕培育壮大具有区域特色的农业主导产品、支柱产业和特色产品，及时出台特色产业扶持政策，培育新型农牧业经营主体。要积极打造尼木藏香、尼木有机农产品、文香故里等特色品牌和名片，积极探索“农业＋文化＋旅游”等发展模式，引导群众因地制宜发展一批特色农家乐、牧家乐。四要加快龙头企业（合作社）培育发展。以龙头企业为引领，以合作社为纽带，以家庭农牧场、种养大户为基础，加快培育新型经营主体，不断拉长产业链接、要素链接和利益链接。要按照“一乡（镇）一业、一村一品”要求，结合《尼木县各乡镇、村（居）产业发展方向的意见》，扶持发展一批农牧民专业合作社，加大政策、项目和资金的支持力度，提高专业化、组织化程度和社会化服务水平。力争到2020年，培育并完善8家乡（镇）集体农牧民专业合作组织和33家村（居）集体农牧民专业合作组织为主的新型经营主体。

（四）持之以恒抓好项目建设。始终把项目建设作为加快发展的关键举措，坚持党委抓总抓重、政府抓实抓准、部门抓精抓细、基层抓好抓成，切实把真本事用在项目建设上。一要精心谋划抓前期。坚持“以规划带项目、以项目抓前期”的基本工作方法，加强项目前期工作的计划性，规范工作程序，明确工作责任，确保项目顺利开工。二要优化服务抓进度。坚持重大项目县级领导包挂、部门包抓责任制，及时协调解决项目建设中遇到的困难和问题，倒排工期，强化督查，抓进度、保质量，推动项目早落地、早开工、早投产、早见效。三要规范操作抓管理。严格项目审批和建设程序，职能部门要认真履行项目监管职责，加强对重点项目的跟踪督查，强化质量监管,确保项目规范、资金安全。

(五)持之以恒抓好招商引资。始终把招商引资作为加快发展的重要手段,把改善投资环境、扩大招商引资摆上重要位置。一要转变观念抓招商。一方面要加强道路、水电等基础设施建设,满足招商引资项目建设需要;另一方面要牢固树立“你发财、我发展”的“双赢”理念,要算大账,算长远账,要不怕吃亏,不怕“肥水外流”,依托自身资源优势,打造具有投资吸引力的招商项目。二要搭建平台抓招商。重点围绕“四产业”等特色资源产业方面搭建平台,充分利用雪顿节、藏博会和北京对口帮扶等各类平台,按照“文化搭台、经贸唱戏”的思路,以会招商、以节招商、以商招商,积极推介签约项目。三要强化服务抓招商。优化服务,对已签约未落地的项目,要主动与投资业主沟通衔接,安排专人跟踪服务,帮助解决影响项目落地的各种问题,力促签约项目落地建设。要大力营造亲商、安商、富商的招商引资环境,实现招商引资和项目建设零阻力、零障碍,努力让外来投资者在我县能够省心、顺心、放心地投。四要突出责任抓招商。进一步完善招商引资责任机制,切实强化、深化、硬化县级领导和招商主体单位责任。从书记、县长开始,县级领导要带头招商,发挥示范带动作用。

(六)持之以恒抓好生态建设。牢固树立“绿水青山就是金山银山,冰天雪地也是金山银山”的理念,把生态环境保护作为尼木发展的基础前提。一要切实担负生态文明建设的政治责任。着力健全生态机制,严控生态保护红线、严守环境质量底线、严把资源利用上线、严把“三高”企业准入关,抓好生态项目,做到源头严防、过程严管、结果严惩,不断改善生态环境质量,切实把老百姓身边的生态环境问题解决好,守护好尼木蓝天碧水净土。二要继续做好中央和区、市环境督察反馈问题的整改。严格按照整改要求、整改时限,确保问题全面整改、全部销号。同时举一反三,继续推进水土气环境综合治理,稳步提升环境综合质量。三要涵养生态文化。把习近平生态文明思想贯彻到经济社会发展的全过程、各领域,充分调动社会各界的力量,积极参与环保监督、治理等各个环节,形成人人参与、人人受益的格局,共同守护好世界上最后一方净土。

(七)持之以恒抓好普惠民生。全县上下要深刻认识到提升社会保障水平是实现小康尼木的重要基础,我们要加大民生普惠力度,切实提高群众幸福感。一要办好人民满意的教育。认真落实教育扶贫政策,全面落实15年免费教育和脱贫家庭大学生、中职生“教育资助”政策,强化义务教育控辍保学联保联控责任,进一步巩固提升控辍保学工作成果。加大推广国家通用语言文字工作力度,大力推进学前双语教育,做好幼小衔接、小初衔接。加强校园基础设施建设,到2020年,加快建成县城第二中心双语幼儿园1所、村级双语幼儿园6所、改造村级幼儿园1所,改造薄弱学校7所,稳步解决制约集中办学短板。持续改善乡村教师待遇,落实教师生活补助政策,均衡配置城乡教师资源,加强师资队伍建设,提高教育教学质量。积极营造学校、家庭、社会共同关心支持教育的浓厚氛围。二要创建人民放心的医院。坚持以人民为中心,进一步推深做实医药卫生体制改革和公立医院改革,启动创建“二级甲等”医院工作,不断完善卫生健康政策,提升医疗服务水平,更好地实现人人享有基本医疗卫生服务,确保全县各族人民的身体健康和生命安全。努力培养引进一批高水平医生,发挥好援藏医生“传、帮、带”作用,强化医德医风工作,提升规范窗口服务,努力创建人民放心的医院。三要积极回应群众关切。重点解决好农村人居环境、食品安全管理、农民工工资等与群众生活密切相关的民生问题,确保农村居民住房有保障、吃水有保障。确保各族群众餐桌上的安全、舌尖上的安全,确保农民工劳有所得、劳有所获。四要发挥好社会保障“兜底”作用。着眼“住有所居”,加大棚户区改造和公租房建设力度;着眼“老有所养”,稳妥推进集中供养与家庭养老相结合的模式;着眼“弱有所扶”,努力保障好特殊困难群众的基本生活。五要实施好就业优先战略。坚持市场就业与政府就业相协调,精准对接就业岗位,重点做好复转军人、高校毕业生、“两后生”、建档立卡贫困群众就业工作。

(八)持之以恒抓好社会稳定。始终把习近平总书记“治国必治边、治边先稳藏”的重要论述落实在维护稳定这个核心任务上，旗帜鲜明讲政治，牢固树立“四个意识”，坚定“四个自信”，坚决做到“两个维护”，全力确保和谐稳定，不断增强群众安全感。一要持续深化反分裂斗争。稳妥应对“后达赖”向“达赖后”转变的形势变化，严密防范和坚决打击各种渗透颠覆破坏活动、暴力恐怖活动、民族分裂活动、宗教极端活动和自焚行为。二要抓好风险防控。加强情报搜集分析研判，加大风险隐患排查化解工作力度，不断完善“党政军警民”协调联动指挥机制和维稳应急处置机制，确保应对防范更加扎实有效。三要确保社会面和谐稳定。充分发挥“护城河”公安检查站过滤筛查作用，从源头上消除“输入型”隐患；持续加强重点人员服务管理工作，最大限度减少“潜在型”隐患；深入开展“三个专项斗争”，提升人民群众安全感；坚持内紧外松、显隐适度的原则，加强重点方向、重点地区、重点寺庙、复杂区域、敏感部位管控，确保维稳无缝隙无盲区无空白。四要提升治理能力。贯彻落实好《中国共产党政法工作条例》，坚持党对政法工作的领导，发挥政法委牵头抓总、统筹协调、督办落实等作用，完善党委领导、政府负责、社会协同、公众参与、法治保障的社会治理体制，持续推动社会治理重心向基层下移，着力打造共建共治共享的社会治理格局。五要抓好网络安全管理。全面加强网络媒体管理，深入开展网络负面信息专项治理，加强网络安全监管、阵地控制，确保不发生网络舆情落地演化为涉稳敏感事件。六要做好民族宗教工作。坚持依法管理民族事务，扎实开展民族团结进步创建活动，引导各族群众共同团结进步、共同繁荣发展。以藏传佛教不受境外势力干扰、严防宗教热和宗教极端等为重点，积极引导藏传佛教与社会主义社会相适应，严守“三个不增加”底线，确保寺庙和宗教领域整体和谐稳定。注重发挥基层组织的号召作用，全面丰富群众精神生活，持续淡化宗教消极影响。

三、坚定不移加强和改善党的领导，为尼木各项工作开展提供坚强保障

顺利完成2019年各项工作，实现各项目标任务，关键是要全面加强和改善党的建设。我们要围绕“两保四促一巩固”党建工作目标，充分发挥县委的领导核心作用、基层党组织的战斗堡垒作用和广大党员干部的先锋模范作用，解放思想、求真务实，顽强拼搏、合力攻坚，为经济社会发展稳定保驾护航。

（一）旗帜鲜明讲政治，筑牢不忘初心的思想根基。全县各级党组织和广大党员干部要始终坚持以习近平新时代中国特色社会主义思想武装头脑、指导实践、推动工作，深入推进“两学一做”学习教育常态化制度化，切实提高政治站位，进一步树牢“四个意识”，坚定“四个自信”，始终把“两个维护”作为根本政治任务，严肃党内政治生活，加强党内政治文化建设，严肃反分裂斗争纪律。

（二）固本培元夯基础，构建坚强有力的战斗堡垒。要全面落实中央、区、市关于机构改革的决策部署，加强前期调研，掌握思想动态，统筹抓好班子配备、隶属组建、人员分流等，进一步优化干部队伍结构，进一步凝聚人心、激发干劲。要坚持正确的选人用人导向，进一步拓宽干部交流方式，加大年轻干部培养选拔力度。要加强对基层一线特别是扶贫领域干部的关心关怀力度，切实做到待遇上保障、心理上关怀。要牢固树立“抓党建就是最大政绩”理念，以抓党建“两保四促一巩固”为抓手，深入推进基层党组织标准化建设，切实发挥基层党组织战斗堡垒作用。

（三）驰而不息抓作风，展示实干有为的担当本色。坚持把作风建设摆在突出位置，着力打造良好的干事创业环境。要兴实干之风。大力整治不作为慢作为乱作为和“不敬畏、不在乎、喊口号、装样子”，在全县上下营造出大抓落实、真抓落实、狠抓落实的工作氛围。要兴严明之风。始终把遵守党的政治纪律放在第一位，把坚决贯彻中央和区市县决策部署作为重大政治任务，不搞变通、不打折扣、不降标准，以更加扎实的工作、更加有力的举措，确保各项决策部署落地生根。要兴亲民之风。从严贯彻执行中央“八项规定”精神和区市县委关于改进工作作风、密切联系群众的各项规定，始终坚持人民立场，抓实做细事关群众利益的每一项工作。

（四）重整行装再出发，持续营造良好的政治生态。要严格落实党风廉政建设“两个责任”，落实制

度要求，传导责任压力，不断推动全面从严治党向纵深发展。要加强反腐倡廉教育和廉政文化建设，提高干部拒腐防变意识，时刻对党忠诚、对党老实。要把深化作风建设摆在突出位置，把各级干部在脱贫成果巩固提升、全面建成小康尼木关键阶段的精神状态、履职情况作为纪检监察的工作重点，加强监督检查，严格执纪问责。要充分运用执纪监督“四种形态”，进一步提升执纪审查和监察调查水平。要坚持有腐必反、有贪必肃，坚决查处腐败问题。

同志们，当前及今后的工作任务艰巨而繁重。我们一定要紧密团结在以习近平同志为核心的党中央周围，在区、市、县委的坚强领导下，按照这次会议的部署和要求，团结带领全县广大干部群众主动作为、真抓实干，确保圆满完成2019年各项目标任务，奋力开创尼木县经济社会发展稳定的新局面，以优异的成绩向中华人民共和国成立70周年和西藏民主改革60周年献礼！

希望同志们对县委常委会的工作提出意见和建议，帮助我们把今后的各项工作做得更好。

名词解释

1. 四个自信：道路自信、理论自信、制度自信、文化自信。四个意识：政治意识、大局意识、核心意识、看齐意识。两个维护：维护习近平总书记的核心地位、维护党中央权威和集中统一领导。

2. 四个全面：全面建成小康社会、全面深化改革、全面依法治国、全面从严治党。五位一体：经济建设、政治建设、社会建设、文化建设、生态文明建设。

3. 五个认同：认同伟大祖国、认同中华民族、认同中华文化、认同中国共产党、认同中国特色社会主义。三个离不开：指藏族离不开汉族，汉族离不开少数民族，少数民族相互离不开。

4. 自治区党委“十三对关系”：国家投资和社会投资的关系；重大项目和民生项目的关系；发挥优势和补齐短板的关系；城镇就业和就近就便、不离乡不离土、能干会干的关系；扶贫搬迁向城镇聚集和向生产资料富裕、基础设施相对完善地区聚集的关系；央企在藏资源开发和解决当地农牧民增加收入的关系；保护生态和富民利民的关系；城市发展和提高农牧民基本公共服务能力的关系；高校毕业生政府就业和市场就业的关系；简政放权和地方承接的关系；企业增产提效和改善企业职工福利待遇、促进农牧民群众增收的关系；中央关心、全国支援和自力更生、艰苦奋斗的关系；鼓励干部担当干事和容错纠错的关系。

5. 市委“六大战略”：党建统市战略、环境立市战略、文化兴市战略、产业强市战略、民生安市战略、依法治市战略。

6. “现代尼木三步走”总体布局：第一步，短期脱贫靠项目（对应打赢脱贫攻坚战）；第二步，建成小康靠产业（对应第一个百年目标）；第三步，现代尼木靠科教（对应第二个百年目标）。

7. “四产业两园区”发展布局：“四产业”即藏鸡产业、藏香文化产业、全域旅游产业、有机农业；“两园区”即尼木现代农业高新技术产业示范园区和拉萨经开区尼木产业园区。

8. 藏香产业“123”发展思路：“1”即做好“藏香文化”这个非物质文化传承；“2”即建设吞巴手工藏香制作中心和县城藏香产业园区现代生产中心；“3”即打造产品体系、品牌体系、市场体系3个体系建设。尼木藏香“四位一体”：“党支部＋企业＋合作社＋贫困户”。尼木藏香“四体一位”：“手工藏香生产中心＋藏香研发中心＋非物质文化遗产展示中心＋藏香现代产业园”。

9. 农业产业发展“3212”工程：“3”即实施三年行动方案；“2”即在麻江、帕古、续迈北部三乡发展一个牦牛标准化养殖与产品深加工区和在吞巴、塔荣、尼木三乡（镇）发展现代设施蔬菜、藜麦种植为主的农业产业发展区；“1”即建成一条自尼木乡乌米地区至卡如乡赤朗村40公里以果品产业为主的一二三产融合发展现代农业产业带（沟域经济产业带）；“2”即发展设施农业、牦牛两条产业链。农业产业“三步走”：第一步，实现尼木县果、蔬、菌、肉、奶、蛋的自给；第二步，填补拉萨市果、蔬、菌、肉、奶、蛋的市场缺额；第三步，作为区内外农业龙头企业高端产品生产基地。

10. 全域旅游“π形字”发展格局：其中“一”横即318国道尼木段沿线，将吞巴景区与卡如核桃村景区、尼木国家森林公园连起来；一“丿”即从尼木桥头到续迈乡，将藏香文化产业园、拉萨经开区尼木产业园区与续迈温泉等景点连起来；一“乚”即从卡如乡核桃村沿吉瓦路到麻江乡，将卡如村核桃景区与乌米现代农业园区、尼木烈士陵园、帕古红色旅游景点、麻江温泉、琼穆岗日雪山等景点连起来。“四菜一汤”发展规划：“四菜”指吞巴特色小城镇建设和藏文化、藏香文化发展，卡如乡沟域经济开发，麻江乡琼穆岗嘎旅游资源开发，有机农业观光区；“一汤”指以续迈温泉为主、卡如温泉和麻江温泉等多点开发的温泉项目建设。

11. 两个活动：“支部讲政策、群众帮群众”活动和“你努力，我帮忙，大家携手奔小康”活动。三项举措：人有一技之长、户有致富门路、村有当家产业。

12. 实施“五个带动”：转移就业带动；家庭经济项目带动；合作社（企业）带动；产业结构调整带动；扶贫产业项目带动。坚持“五个原则”：党建引领、市场导向、技术带动、适度规模、三产融合。立足“五个要点”：基础教育、科技推广、人才引进、改革创新、职业农民和产业工人队伍建设。

13. 合作社“四个机制”：党建引领、技术带动、能人经营、贫困户为主；“两个全覆盖”：建档立卡贫困户和生活困难边缘户全覆盖、每年17%的持续稳定增收标准全覆盖；“两个90%”：2020年全面建成小康社会前合作社90%的社员为贫困户、合作社90%的利润为贫困户劳务分红。

14. “两保四促一巩固”：党建保稳定、党建保生态；党建促服务、党建促产业、党建促增收、党建促脱贫；党建固小康。

15. “三高”企业：指高污染、高耗能、高排放工业企业。

16. 宗教“三个不增加”：指宗教活动场所和规模不增加、僧尼的核定人数不增加、宗教活动不增加。

17. “五险合一”：指城镇职工基本养老、城镇职工医疗、失业、工伤和生育五项社会职工（统称“社会保险”）实行统一登记、统一基数、统一征缴和统一稽核。

18. 农村“三大革命”：农村垃圾治理、污水治理、厕所革命。

尼木县人民代表大会常务委员会工作报告

——在尼木县第十三届人民代表大会第四次会议上

尼木县人大常委会主任 尼玛次仁

（2019 年 1 月 28 日）

一、过去一年的主要工作

2018 年，是深入学习贯彻党的十九大精神的第一年，是我县决胜全面建成小康社会的关键一年，同时还迎来了改革开放 40 周年。面对艰巨繁重的改革发展稳定任务，县十三届人民代表大会常务委员会始终高举中国特色社会主义伟大旗帜，牢固树立“四个意识”，坚定“四个自信”，做到“两个维护”，始终在思想上政治上行动上与以习近平同志为核心的党中央保持高度一致。坚定不移地坚持党的领导、人民当家做主、依法治国有机统一，深入学习宣传贯彻习近平新时代中国特色社会主义思想，特别是习近平总书记关于坚持和完善人民代表大会制度的重要思想，关于治边稳藏的重要论述、“加强民族团结、建设美丽西藏”的重要指示等重要精神，切实把坚持和依靠党的领导作为根本原则，以新时代定位人大新坐标，以新思想引领人大新实践，以新目标激励人大新作为。全面贯彻落实党的十九大和十九届二中、三中全会精神，区党委九届三次、四次全会，市委、县委九届三次全会精神，坚持全县工作大局“稳中求进，进中求好，好中求快，补齐短板”总基调，紧紧抓住“发展、稳定、生态”三件大事，以“现代尼木三步走”总体布局和“四产业两园区”发展布局为统领，依法行使宪法和法律赋予的各项职权，敢于担当、勇于作为，有效推动人大监督、代表等各项工作取得新进展，圆满完成了县十三届人大三次会议确定的各项工作任务，为新时代推进尼木长足发展和长治久安做出了应有贡献。

（一）坚持旗帜鲜明讲政治，牢牢把握正确政治方向和新时代人大工作的深刻内涵。不断强化政治意识。习近平总书记强调，人大机关作为国家权力机关，是重要的政治机关，旗帜鲜明讲政治是做好新时代人大工作的重要前提。一年来，县人大及其常委会坚持旗帜鲜明讲政治，深入学习、深刻领会习近平新时代中国特色社会主义思想的精神实质和新时代人大工作的深刻内涵，把牢正确政治方向，切实做到坚持中国共产党的领导，坚持走中国特色社会主义政治发展道路，坚持和完善人民代表大会制度，坚持人民当家做主，坚持全面依法治国，坚持民主集中制，坚持全面贯彻实施宪法，坚持以良法促进发展、保证善治，坚持正确监督、有效监督，坚持民有所呼、我有所应。面对全县改革发展稳定的新课题新实践，自觉担当起建言献策、监督助力的新使命，深入开展调查研究，积极主动作为，从人大层面推进各项工作向纵深发展，努力做到对中心工作有所推动、有所促进、有所助力。坚持“两个报告”制度，定期向县委报告县人大常委会党组工作情况，主动向县委请示报告县人大及其常委会关于监督工作、重要会议、重要活动、重大事项决定、人事任免、专项报告以及工作中遇到的重大问题。

切实履行常委会党组的政治领导责任。严格落实全面从严治党和党风廉政建设主体责任，制定了年度落实党风廉政建设主体责任工作方案，明确党组及党组成员的责任，层层签订责任书、实施督促和问责。严格规范党内政治生活，认真开展谈心谈话和书记讲党课等活动，针对形式主义、官僚主义等“四风”新表现和执行中央“八项规定”及其实施细则等方面存在的问题，认真进行自查和整改。常委会党组成员以普通党员身份参加支部学习和组织生活会28人次。深入开展警示教育、党课教育，严守政治纪律政治规矩、“不忘初心、牢记使命”等主题教育，促进人大系统全体党员干部职工真正做到政治上讲忠诚、思想上知敬畏、行动上守规矩。严格贯彻执行《中国共产党党组工作条例》，召开常委会党组会议10次，主任会议9次、召开常委会会议8次。健全完善了决定重大问题、重要工作、重要任务等事项，先经常委会党组研究讨论再依法按程序办理的工作机制，切实增强了党组的政治领导责任和核心作用。坚决服从县委安排，始终坚持讲政治顾大局。在抓好人大主业工作的同时，常委会先后承担了县委安排的维护社会稳定、脱贫攻坚、生态环境、城乡建设、“四业工程”、扶贫搬迁点安置事宜、工会工作、“宪法”宣传、普法督导检查等重要工作任务。根据县委统一要求，安排5名常委会领导同志担任相关工作领导小组组长、副组长。2018年，常委会领导同志深入基层、深入群众，走访调研8个乡（镇）、20余个机关企事业单位、33个行政村（居）、10余个重点寺庙、10余个农牧民合作社、20余名区市县乡四级人大代表，深入基层平均达50天以上，前往结对贫困户家庭帮扶慰问30人次以上；协调推进“人大代表之家”专项经费纳入县级财政预算，每年配套资金2万元；对乡镇、各机关单位开展了“谁执法谁普法”为主题的普法责任制和宪法学习贯彻实施的督导检查工作。一年来，人大常委会领导同志深入包片乡（镇）、村居、寺庙等开展调研，奋战在维稳、扶贫、改革、民生等工作一线，为推进全县民主政治建设、推动改革发展大局、履行维护稳定政治责任、助推社会和谐做出了应有的贡献。

（二）坚持以人民为中心的发展思想，不断提高监督实效。常委会密切关注全县工作大局，始终坚持问题导向，把落实县委的部署要求作为监督重点，在推动解决实际问题上求突破。

依法听取和审议尼木县人民政府《国民经济和社会发展计划执行情况》《财政预算执行情况及下半年财政预算调整情况报告》等专项工作报告，审查调整预算、批准决算，就进一步贯彻新发展理念，深化结构调整，强化创新驱动，实施积极的财政政策提出了建议。听取县监察委工作报告，支持依法行使职权，对贯彻实施《中华人民共和国监察法》过程中的存在的问题，提出了有针对性的工作建议。听取审议尼木县法院、检察院工作报告，就法院、检察院系统全面深化司法改革，进一步推进社会矛盾化解和公正廉洁执法提出了建议。一年来，人大常委听取审议“一府一委两院”工作报告、专项报告，在依法做出决定、决议的同时，对审议报告中带有全局性、战略性的重大问题，综合运用执法检查、专题调研和代表视察等形式进行监督，提出了一系列的意见、建议，得到了“一府一委两院”及相关职能部门的高度重视，妥善处理了工作中的各种矛盾，促进了“一府一委两院”机关工作能力的提高，切实履行了人大监督职能。

（三）坚持依法科学决策，确保讨论决定重大事项更好体现党的主张和人民意志。常委会坚持把健全完善人大讨论决定重大事项制度作为深化民主法治领域改革的一项重点任务，依法履行讨论决定重大事项职责，把县委的决策主张转变为全县人民的共同意志。听取审议尼木县人民政府关于《生态文明建设示范县创建规划（2017—2020年）》《西藏自治区尼木县城镇土地定级与基准地价评估成果报告》《尼木县国家森林公园管理办法》等专题报告，就进一步提高全社会对生态文明、土地定级、森林管理重要性的认识，探索和创新管理工作机制等方面提出了建议。责成县政府根据《中华人民共和国环保法》《中华人民共和国国土法》等有关规定，严格按照常委会审议意见，重新整改落实，切实增强了人大审议重大事项的工作权威性、实效性和刚性约束。根据县委安排建议，人大及其常委会通过法定程序，落实了人事安排决策部署。2018年，依法选举任免了国家机关工作人员9人，其中免去和任命政府副县长各1人，免去和任命政府正科级职务各1人；根据全区深化监察体制改革的要求，依法选举产生县监察委员会主任，依法任命县监察委员会副主任2人、委员2人。

（四）坚持强化代表履职服务，充分发挥人大代表主体作用。常委会坚持把代表工作作为常委会工作的基础，主动谋划、强力推进。积极推动代表工作机制创新、载体创新和服务创新，着力构建畅通的代表联系机制、活跃的代表活动机制、健全的代表议案建议督办机制、有效的代表履职激励约束机制，有力促进了代表依法履职、科学履职。

牢牢把握常委会与代表、代表与人民群众“两个联系”主线，把尊重代表主体地位、发挥代表作用作为做好人大各项工作的基础，进一步完善代表履职机制，保证代表依法行使国家权力。出台《关于加强和改进基层人大代表履职活动保障工作的办法（试行）》，进一步加强了基层人大代表在依法履职期间误工、伙食、交通、住宿等补贴的保障，充分调动了基层人大代表在履职活动期间的积极性。健全完善《尼木县人民代表大会代表视察调研制度》，围绕全县工作大局和常委会重要议题，组织人大代表对县中学师资建设和落实“三包”政策情况、县医院创建二级乙等医院的开展情况、卡如乡全域旅游产业发展情况、吞巴乡特色小城镇建设情况、县15000亩土地开发项目种植情况开展了集中视察调研，参与代表85人次。积极配合区市人大常委会赴我县开展“学习宣传贯彻实施宪法”“城乡建设管理工作”和《拉萨市古村落保护条例》等视察调研工作。进一步落实了《人大代表列席人大常委会制度》，一年来，邀请县级人大代表列席常委会会议共计18人次，支持代表发表意见、提出议案建议。充分发挥“人大代表之家”平台作用，强化代表履职教育培训。采取集中培训、以会代训、聘请专家作专题讲座等形式，先后组织基层人大代表开展了“党的十九大精神”和“宪法”等集中学习培训活动，累计培训基层人大代表53人次。通过给全县人大代表和各乡镇人大主席团订购《中国人大》刊物、发放《代表履职手册》等方式，为代表学习相关法律和人大业务知识创造了条件。通过多种方式和渠道，加强代表履职宣传，激发代表履职热情。

督办代表建议，推动解决问题。2018年，尼木十三届三次人代会提出代表建议69件，在闭会期间开展的各类视察调研中代表又提出代表建议15件。针对这些建议，人大常委会主动加强工作协调，先后两次召开代表建议交办会，统一交办代表建议，适时听取审议承办单位建议办理情况。人大常委会主任、各副主任领衔督办重点建议。县委、县政府督查室和人大办联合督办代表建议，进一步强化了代表建议办理质量和效率，许多重点工作得到有效推进，一批民生领域的热点问题得到有效解决。2018年，代表建议办复率100%，满意率达到95%，办结率达64.2%。

认真做好代表资格变动相关工作，提升代表工作组织保障。针对代表名额出缺，积极与有关部门协调对接，及时掌握代表工作调整动态，及时召开人大常委会免去或接受代表辞去职务，并根据《中华人民共和国代表法》和组织建议，适时补选相应代表。十三届三次人代会以来，接受1名人大常委会委员辞去常委会委员职务，接受1名市人大代表辞去代表职务，接受2名县人大代表辞去代表职务，补选市级人大代表1人，补选县人大代表7人。目前，尼木县第十三届人民代表大会实有代表92人。

（五）坚持全面加强自身建设，不断提升常委会履职能力水平。常委会切实把自身建设放在更加突出的位置，在思想、组织、制度、作风建设上下狠功夫，用党的创新理论武装头脑，指导工作，着力打造政治坚定、勤于学习、履职为民、团结协作、遵章守纪的坚强集体。在思想政治建设层面，把学习贯彻习近平新时代中国特色社会主义思想特别是习近平总书记关于坚持和完善人民代表大会制度思想作为首要任务和看家本领，保证人大工作正确政治方向，不断推动人大工作与时俱进，更好担负起党和人民赋予的职责。在组织建设层面，积极主动向县委请示汇报，提出着力加强人大组织建设，增设人大专门委员会的建议意见，努力为人大及其常委会依法履职科学履职提供坚强保障。在制度建设层面，根据形势需要，对县人大常委会及机关各项制度进行梳理，并在此基础上进行一揽子修订修改，进一步织密、扎紧制度的笼子，提升人大工作的科学化规范化水平。在作风建设层面，以党建为统领，按照“抓大党建、大抓党建”要求，把党建工作融入业务工作，驰而不息改进工作作风，大兴调查研究和学习之风，提升工作实效，进一步强化责任、作为、担当意识，力促各项工作严肃、严格、严谨，机关作风得到切实转变。2018年，常委会党组理论学习中心组共召开集中学习会议12次，常委会党组成员参加县委理论学习中心组集中学习23人次，参加区市县党委组织的政治纪律、政治规矩等学习培训5人次；指导人大机关党支部开展集中学习、“三会一课”、主题党日等会议活动等20余场次。

各位代表，回顾过去一年的工作，尼木县人大常委会所取得的成绩，是县委坚强领导的结果，是人大代表、常委会组成人员和人大机关、乡镇人大共同努力的结果，是“一府一委两院”，全县广大干部和各族人民，以及社会各方面充分信任、大力支持的结果。在这里，我谨代表尼木县十三届人大常委会表示崇高的敬意和衷心的感谢！

在总结工作成绩的同时，我们也充分认识到，常委会的工作还不能完全适应新形势的要求和人民群众的新期待，一是开展监督的力度还不够。监督方式方法还不够多，履行监督职责的效果还不够好。二是重大事项决定权和人事任免权行使还需进一步规范。对重大事项的审议还不够细致，对国家机关工作人员任前、任中、任后全过程监督管理还需进一步细化。三是代表主体作用发挥仍不够充分。闭会期间代表活动不够丰富；保障代表知情知政不够。对此，我们要高度重视，采取切实可行的措施认真加以解决。

二、2019年工作思路及安排

各位代表！ 2019年是中华人民共和国成立70周年，是西藏民主改革60周年，也是全面深化改革、大力改善民生和巩固脱贫成果的关键之年。2019年，县人大常委会将坚持以习近平新时代中国特色社会主义思想为指导，深入贯彻落实党的十九大和十九届二中、三中全会精神，树牢“四个意识”，坚定“四个自信”，做到“两个维护”。按照区党委九届三次、四次、五次全会，以及市委、县委九届三次、四次全会部署要求，以供给侧结构性改革为主线，以正确处理“十三对”关系为根本方法。坚持全县工作大局“稳中求进，进中求好，好中求快，补齐短板”工作总基调，一以贯之推进乡村振兴战略和“现代尼木三步走”总体布局、“四产业两园区”发展布局，认真履行宪法法律赋予的职责，动员全县各族人民奋力推进尼木长足发展和长治久安，为决胜全面建成小康尼木，谱写好实现中华民族伟大复兴中国梦的尼木新篇章。

（一）围绕坚持党的领导，努力在提高政治站位上有新高度。认真学习贯彻习近平新时代中国特色社会主义思想和党的十九大精神，自觉以新思想武装头脑、指导实践、推动工作，牢牢把握人大工作正确政治方向。习近平总书记是全党拥护、人民爱戴、当之无愧的党的领袖，必须绝对拥戴、信赖、忠诚、捍卫党的领袖和核心，把坚决维护习近平总书记党中央的核心、全党的核心地位，坚决维护党中央权威和集中统一领导作为最高政治原则和根本要求，始终在思想上高度认同、政治上坚决维护、组织上自觉服从、行动上紧紧跟随，切实提高做好人大工作的政治站位。始终把维护祖国统一、加强民族团结作为人大工作的着眼点和着力点，与十四世达赖分裂主义集团作坚决斗争，时刻绷紧维护稳定这根弦，在反分裂斗争这个大是大非问题上做到旗帜十分鲜明，立场十分坚定，做神圣国土守护者、幸福家园建设者。自觉接受县委领导，坚持重大事项、重要问题及时向县委请示报告，始终与县委保持政治上同向，思想上同心，行动上同步，坚定不移把区市县党委决策部署落到实处。切实加强常委会党组建设，坚持发挥常委会党组重要作用与发挥人大代表和常委会组成人员中党员的先锋模范作用有机结合，为实现党的历史使命努力工作。

（二）围绕服务大局，努力在落实县委重大决策上有新作为。围绕县委决策部署依法行使决定权，对事关全县根本性、全局性和长远性的重大事项作出决议、决定。围绕国民经济和财政预算行使决定权，依法适时就国民经济和社会发展计划，全县和县本级财政预算的监督和审查作出决议、决定。围绕重大民生问题行使决定权，以实施乡村振兴战略和脱贫攻坚为重点，依法决定相关事项，推动政府决策科学化、法治化，保障各项惠农政策、惠农项目落地实施。围绕依法治县行使决定权，按照宪法和有关法律规定就法治尼木建设相关事项作出决议、决定。围绕县委人事安排行使任免权，按照党管干部和人大依法任免的原则，依照法定程序任免地方国家机关工作人员。

（三）围绕落实监督重点，努力在增强监督实效增进人民福祉上有新提高。严肃法律法规监督，加强对财政经济工作的监督，在依法开展常规经济监督工作的基础上，重点审查监督支出预算和政策拓展方面的实施情况，加强部门预算的审查力度，确保公共财政安全高效；根据中央和自治区相关文件精神，贯彻落实县政府向县人大常委会报告国有资产管理情况的制度。坚持以人民为中心的发展思想，紧扣发展、稳定、生态三件大事，加强对民生保障工作的监督，增强监督实效，让人民群众更好地分享尼木改革发展稳定的成果。进一步加强司法监督，让代表更加全面地了解审判、检察工作，对审判、检察工作依法提出意见和建议，依法监督法院执行工作，切实帮助解决执行难问题。

（四）围绕保障代表履职，努力在发挥代表作用上有新举措。突出代表主体地位，激发代表履职热情，积极探索代表工作的有效途径，创新工作机制，发挥代表在依法行使职权、密切联系群众、表达反映民意等方面的作用。切实加强和改进代表工作，进一步加大服务保障代表履职的工作力度，不断激发代表主体活力。坚持有计划地开展代表履职培训、专题培训，不断提高代表依法履职能力。优化代表视察调研机制，建立代表议案建议办理及督办机制，探索代表议案建议办理绩效考核机制，从强调“答复率”向提高“办结率”转变。推动“人大代表之家”真正发挥作用，密切人大及其常委会与人大代表和人民群众的联系，推进人大工作“深得下去”，代表依法履职“沉得下去”，服务中心工作“跟得上去”。深入走访联系代表，邀请更多的代表列席会议、参加活动，为代表履职创造更好条件。丰富拓展代表活动，改进组织方法，丰富活动形式，探索试点推行县级人大代表回选区访选民、述职等活动，激发代表履职热情。

（五）围绕强基固本提效，努力在强化自身建设上有新提升。进一步加强思想政治建设，健全人大组织制度和工作制度，优化人大机关运行机制。结合新时代人大工作新要求新定位，全面梳理并健全完善一批常委会内部管理制度、工作规则、议事规则、规章制度等，加强人大常委会一揽子制度执行过程的精细化管理，建立从始至终、无缝链接的工作流程，优化运行程序和要求。进一步加强作风建设，严格遵守中央“八项规定”，切实转变工作作风。

各位代表，新时代赋予新使命，新思想引领新征程。适应经济社会新常态，实现改革发展新跨越，谱写尼木经济社会发展和新时代人大工作新篇章，需要全体代表和全县各族人民的共同努力。让我们更加紧密地团结在以习近平同志为核心的党中央周围，在县委的坚强领导下，在市人大的有力指导下，锐意进取、勇于担当，开拓创新、求真务实，忠实履行宪法和法律赋予的职责，切实把人大工作提高到一个新水平，以优异成绩迎接中华人民共和国成立70周年和西藏民主改革60周年。

政府工作报告

——在尼木县第十三届人民代表大会第四次会议上

尼木县人民政府县长　普　琼

（2019 年 1 月 28 日）

2018 年工作回顾

2018 年，在区市党委、政府和县委的坚强领导下，在北京市的无私援助下，在全县干部职工和广大群众的共同努力下，我们坚持以习近平新时代中国特色社会主义思想为指导，全面贯彻落实党的十九大和十九届二中、三中全会精神，贯彻落实区、市九届三次全会精神，紧紧围绕县委九届三次全会和经济工作会议决策部署，坚持稳中求进、进中求好、好中求快、补齐短板的工作总基调，以深化供给侧结构性改革为主线，以提高发展质量和效益为中心，以正确处理“十三对”关系为根本方法，打好“三大攻坚战”，实施乡村振兴战略，不断深化“六大战略”，大力推进“现代尼木三步走”总体布局，奋力推进团结美丽健康幸福新尼木建设，较好地完成了县十三届人大三次会议确定的目标任务。

实现地区生产总值 8.97 亿元，同比增长 9.3%，完成目标任务（8.22 亿元）的 109%；全社会固定资产投资完成额同比增长 40.7%，民间投资同比增长 76%；农牧民人均可支配收入 12865 元，同比增长 10.57%，完成目标任务（12865 元）的 100%；工业增加值 0.68 亿元，同比增长 33.33%，完成目标任务（0.67 亿元）的 101.5%；社会消费品零售总额 0.70 亿元，同比增长 13.3%，完成目标任务（0.70 亿元）的 100%；一般公共财政预算收入 1.54 亿元，同比增长 8.55%，完成目标任务（1.51 亿元）的 101.9%。

一年来，我们主要做了以下七个方面的工作。

一、全力以赴稳增长、强支撑，发展后劲不断提升

防范化解重大风险。严格落实债务预算管理和限额管理要求，认真做好化解隐性债务工作，政府债务安全可控。

项目建设扎实推进。全年开(复)工项目113个,总投资34.5亿元,全社会固定资产投资完成额同比增长40.7%。拉萨经开区尼木产业园基础设施等重大项目顺利实施。争取到计划总投资2.8亿元和6.6亿元的两个民间投资项目。

对口帮扶深化拓展。实施援藏项目14个,完成投资1.89亿元。顺义区对口帮扶单位向七乡一镇捐赠160万元,15名教师、种植、养殖等专业人才赴我县开展短期援藏工作。

二、凝心聚力抓产业、促转型,发展质量不断增强

产业建设优化升级。藏香产业园区精准扶贫示范基地项目和非遗展示厅项目建成投用,成立的藏香协会、藏香研发中心创意开发藏香衍生产品,在传承藏香文化的同时不断促进藏香规模化发展;藏鸡原种保护基地一期现存藏鸡2.5万只,二期工程即将投入运营;打造有机基地3420亩,尼木有机农业网站和有机农产品追溯管理系统建成投用,牦牛、雪菊、藜麦取得有机证书,保持土豆、油菜、青稞有机转换证书有效性;西藏文旅集团投入2.8亿元对吞巴景区进行提档升级,北京山海旅游有限公司拟投资6.6亿元对琼穆岗嘎雪山景区进行打造,卡如沟域经济一期建成投用,二期项目开工建设,续迈温泉旅游配套设施建设项目正在做运营方案。下大力气打造的沟域经济、民俗体验区卡如乡荣获“2018年中国美丽休闲乡村”称号。总投资2.2亿元的拉萨经开区尼木产业园区道路基础设施一期项目基本完工。总投资2.55亿元的尼木现代农业高新技术示范园区已建成高原种植业航天育种及产业化推广应用等项目。双创动能不断增强。小微企业创业创新公共服务信息化平台建成投用,建成三个孵化载体。完成“两创示范”特色商业街区规划和第一个众创空间搭建工作。小微企业吸纳就业3184人,成功申报6家民营企业“梦创拉萨”扶持资金60万元。全县非公企业14家,注册资金1.28亿元,从业人员950人。

三、锐意进取抓改革、促开放,发展活力持续提升

政务服务效能不断提速。梳理涉及政府服务事项395项,县级可办事项126项,实现网上申报事项85项,网上可办率达67.46%;县政务服务大厅受理行政审批事项1353件,办结1333件,办结率98.52%;县政务服务大厅和各乡(镇)便民服务中心共受理便民事项33421件,办结33281件,办结率99.58%。

营商环境不断优化。实行“一审一核”“全程电子化”“限时办结”“简易注销”营商机制,简易注销个体工商户78户、企业2户,企业全程电子化营业执照1个,新增市场主体501户,同比增长78.3%。

开放发展态势不断扩大。组建县级招商引资服务中心,成立藏博会重点签约项目服务专班。2018年,招商引资项目11个,总投资27.96亿元,到位资金7.1亿元,同比增长11.36%。

四、脚踏实地夯基础、促增收,乡村振兴稳步推进

基础设施不断完善。投资134.5万元的县城停车场建成投用。实施吞巴乡特色小城镇(棚户区)改造项目,对县城公有房屋进行节能改造。投资5343.51万元,建成普松乡如白村扶贫点公路和318国道至吞巴乡雍组公路,开工建设麻江乡朗堆村至琼姆岗嘎公路。

农业生产稳步增长。实现农林牧渔业总产值2.33亿元,同比增长19.89%,粮油总产量2798.7万斤,同比增产1080.5万斤,粮经饲比例调整到72∶16∶12。草补工作和黄牛改良工作分别通过区、市验收。

农村改革步伐加快。完成农村集体土地、农村宅基地所有权确权登记和颁证工作。建立农村集体资产管理、登记、处置、使用决策等6项制度。完成试点村卡如村的清产核资工作并顺利通过市级验收。

五、坚定不移护生态、优环境,城乡面貌持续改善

坚决做好环保督察反馈问题整改。完成整改销号中央环保督察反馈问题48项,配合完成自治区环保督查反馈问题台账资料收集整理备案工作。

加快推进生态文明示范县建设。本级财政投入1530万元用于生态恢复与基础设施建设,编制《尼木县生态文明建设示范县2017—2020创建规划》,制定《尼木县生态保护红线划定工作方案》《尼

木县生态保护红线方案》，完成植树造林 2180 亩、封山育林 2000 亩，8 个乡（镇）、29 个村获得自治区生态乡村命名。

不断强化生态环境治理。完成县加油站油气回收装置改造工作，开工建设县城污水处理厂及收集系统工程和帕古乡垃圾无害化处理设施建设项目，配合自治区完成新建厕所 31 座，全县生态环境质量总体优于去年同期水平。

六、千方百计强保障、惠民生，群众福祉持续提升

脱贫攻坚成效显著。经过三年努力，全县实现整体脱贫摘帽。建档立卡贫困人口人均可支配收入达到 10799.81 元，收入结构更加优化。健康扶贫工程示范县创建工作受到国家卫生健康委员会办公厅、国务院扶贫办综合司通报表扬，成为自治区唯一受表扬的一个县区。

民生实事落实到位。县本级投入 2574.52 万元的 10 件民生实事全部落实到位。投入 79.76 万元维修农村客运场站，全面完成县际农村客运班线改革，开通 5 条农村客运班线，乡（镇）覆盖率 100%，行政村覆盖率 93%。

教育质量向好发展。本级财政投入 2850.2 万元发展教育事业，建成 7 所村级幼儿园并开园招生，学前教育普及程度进一步提高。县中心小学教工宿舍、援藏教学楼、学生宿舍、续迈乡完小风雨操场等项目全面建成。教育扶贫工作稳步推进，兑现建档立卡家庭 127 名大学生补助 110.66 万元，兑现边缘户家庭 40 名大学生补助 27.59 万元。落实“三包”及营养改善计划经费 2022 万元。中考成绩成功实现进位目标，位列拉萨市各县（区）第四名。

就业创业稳步推进。开展农牧民转移就业培训 1186 人，开发就业岗位 434 个，实现城镇新增就业 766 人，城镇登记失业率控制在 2.2% 以内。农牧区劳动力转移就业 0.83 万人、2 万人次，实现收入 0.68 亿元。成立 5 家高校毕业生就业见习基地，50 人参加创业培训，创业成功 3 人，带动就业 9 人，195 名 2018 届高校毕业生实现就业 179 人，就业率 92%。

健康尼木扎实推进。藏医院、援藏专家楼建成投用。成功创建“二级乙等”医院。包虫病救治率达到 100%。积极开展“三病”综合防治工作，筛查各类人群 2.23 万人，筛查率 95% 以上。与北京房山区良乡医院、拉萨市人民医院建立远程会诊，援藏医疗人才培训本地医务人员 150 人次。全年补偿大病统筹基金 1053.23 万元，其中 736 人次享受“先诊疗后结算”优惠政策。制定《尼木县健康扶贫医疗救助兜底保障实施方案》，对贫困人口医疗自付费用实行政府兜底，将 20 种特殊门诊病种纳入农牧区医疗大病统筹报销范围。

住房保障坚强有力。投资 579 万元完成 76 户老旧房改造，完成吞巴乡特色小城镇 275 套棚户区改造任务，对 8 户城镇低收入家庭发放租赁住房补贴 2.75 万元。

保障体系不断完善。“六大保险”参保人数 10126 人，基本实现应保尽保。城乡居民养老保险参保人数 13297 人，缴费总额 151.65 万元，基本实现全覆盖。发放 60 岁以上城乡居民养老保险待遇 328 万元，做到应保尽保。医疗救助 550 人（次），发放救助金 212.11 万元。临时救助 73 户（次），发放救助金 34.76 万元。发放社会保障对象 661 户 2583 人“两线合一”补贴金 82.79 万元。

文化体育事业加快发展。尼木县第三批国家公共文化服务体系示范区通过国家验收。县、乡、村三级公共文化网络服务供给平台和文化图书站点及县城数字影院建成投用，县城和 6 个乡广播电视收转站建设工作基本完成。投入 120 万元，基本完成全县 33 个村（居）、7 所学校的“五有”建设工作。开展文化下乡 60 余场次，受众人数 2.5 万人次，放映电影 570 场次，受益群众 4.26 万人次。中小学校体育场馆面向社会免费开放。参加拉萨市首届运动会暨民族传统体育运动会和工间操比赛获得优异成绩。

其他事业全面发展。一是工会工作稳步推进。慰问困难职工 32 人，发放慰问金 12.8 万元。二是团县委积极做好青年创新创业工作。成功举办第四届青年创新创业大赛，投入 20 万元重点扶持 7 个项目，带动 21 名贫困农牧民青年就业。三是妇联工作亮点突出。制定《尼木县妇女儿童发展规划（2016—2020 年）》。投入 12.6 万元，完善 6 个县

级标准化妇女之家。完成县妇联换届改革工作及2个试点乡镇改革工作。此外，工商、税务、气象、消防、武警中队、人武部、移动、联通、电信、农行、邮政、审计、编译、供电公司及县属企业等积极支持配合县委、县政府工作，取得了新成绩。

七、坚定不移强治理、保稳定，社会局势和谐稳定

*治理水平不断提升。*投入1483.01万元，积极落实公、检、法、司经费保障及开展“三项斗争”，“四讲四爱”群众教育实践活动宣讲1739场，受众15.87万人次，开展实践活动310余场。

*矛盾纠纷妥善化解。*受理群众来信来访23批（件）59人次，办结23批（件），办结率100%。上级转交办群众来信来访9批（件）34人次，办结率100%。

宗教领域和谐稳定。“遵行四条标准，争做先进僧尼”教育实践活动扎实开展，投入15.05万元对模范寺庙、僧尼、涉宗干部进行表彰。按照“三个不增加”的要求，投入205万元对提确林寺、热杰寺、夏荣寺僧舍等进行维修。

*民族团结持续深化。*持续开展民族团结进步创建活动和民族团结进步宣传教育活动，各民族交往交流交融更加深入。2018年，共评选表彰14个民族团结模范集体、4户民族团结家庭、20名民族团结模范个人。

*安全生产形势总体可控。*对非煤矿山、危险化学品、道路交通、建筑施工、食品药品、烟花爆竹等行业领域共检查6374次，消除整改安全隐患848处，未发生较大以上事故。

各位代表！过去的一年，我们在加快经济社会发展的同时，准确把握新时代党的建设总体要求，深入学习贯彻习近平新时代中国特色社会主义思想和党的十九大精神，持续推进“两学一做”学习教育常态化制度化，不断提升政府自身建设水平，努力建设人民满意的廉洁政府、法治政府、效能政府、服务政府。牢固树立“四个意识”，坚定“四个自信”，自觉做到“两个维护”。修订完善《中共尼木县人民政府党组工作规则》《尼木县人民政府工作规则》，坚持依法全面履行政府职能，自觉接受县人大及其常委会的法律监督、县政协的民主监督和社会舆论监督，办理人大代表建议84件、政协委员提案27件，答复率100%，满意率95%以上。建成投用尼木县政府门户网站，积极推进政务公开工作。12345政府服务热线受理工单37件，满意率100%。全面落实从严治党主体责任，扎实推进政府系统党风廉政建设。扎实推进政府机构改革，政府职能转变加快推进。

各位代表！过去的一年，面对宏观形势复杂多变、经济下行压力较大、各种风险因素较多的严峻形势，全县上下把握发展新常态，践行发展新理念，迎难而上，苦干实干，保持了经济社会平稳较快发展的良好态势。在此，我代表县人民政府，向全县3.6万各族干部群众，向北京人民表示衷心的感谢！向人大代表、政协委员和离退休干部职工，向驻县人民解放军、武警官兵、政法干警，向关心支持我县各项事业发展的社会各界人士，表示诚挚感谢并致以崇高的敬意！

在肯定成绩的同时，我们也清醒地看到尼木发展中存在的不平衡、不充分问题，主要是：发展质量仍然不够高。产业链条短、经营水平低、带动能力弱等初级性发展特征依然明显，特别是农牧区产业发展，真正懂经营、会管理、有技术的人才十分匮乏。民生改善任务仍然繁重。返贫风险和隐患不容忽视，农牧民持续稳定增收难度加大，急需拓宽工资性、经营性、财产性收入等持续稳定增收渠道；教育、医疗事业的薄弱环节依然较多，就业结构性矛盾日益突出，大学生就业压力越来越大；县城管理服务水平不够高，特别是群众关切的问题还需下大力气解决。环保维稳仍需加强。生态环保设施薄弱等问题依然突出，维护稳定和意识形态方面的工作压力仍然较大。干部作风仍需转变。少数政府工作人员服务意识不强、担当精神不足，不愿为、不敢为、乱作为的现象还不同程度存在。对于这些问题，我们将认真分析研究，一项一项扎实改进，一步一步努力解决。

2019年工作安排

今年是中华人民共和国成立70周年、西藏民

主改革60周年，是贯彻落实党的十九大精神、全面建成小康社会关键之年。扎实做好今年政府工作，要深刻认识党中央关于我国仍处于并将长期处于重要战略机遇期的基本判断，深入研究中央、自治区、拉萨市和县委关于今年经济工作的政策取向，贯彻落实中央深化供给侧结构性改革“巩固、增强、提升、畅通”八字方针，贯彻落实县委九届四次全会和经济工作会议精神，结合尼木实际谋划和推动工作，坚定发展信心、增强忧患意识、抓住发展机遇。

今年政府工作的总体要求是：高举中国特色社会主义伟大旗帜，以习近平新时代中国特色社会主义思想为指导，深入贯彻落实党的十九大和十九届二中、三中全会精神，贯彻落实自治区九届三次、四次、五次全会和拉萨市九届三次、四次全会及区、市经济工作会议精神，按照县委九届三次、四次全会和经济工作会议部署要求，坚持稳中求进、进中求好、好中求快、补齐短板工作总基调，坚持新发展理念，坚持推动高质量发展，持续推进供给侧结构性改革，落实“六稳”要求，以处理好“十三对关系”为根本方法，深入实施“六大战略”，继续打好“三大攻坚战”，实施乡村振兴战略，大力推进“现代尼木三步走”总体布局，加快推进“四产业两园区”发展布局，扎实做好稳增长、促改革、调结构、惠民生、防风险各项工作，为全面建成小康社会收官打下决定性基础，以优异成绩迎接中华人民共和国成立70周年和西藏民主改革60周年。

今年经济社会发展的主要预期目标是：地区生产总值增长12%，全社会固定资产投资增长18%，地方公共财政预算收入增长6%，工业增加值增长33.33%，社会消费品零售总额增长14%，农牧民人均可支配收入增长14%，招商引资到位资金增长10%，居民消费价格涨幅控制在4%以内，城乡登记失业率控制在3%以内，城乡调查失业率控制在5%以内。

今年重点抓好以下七个方面工作：

一、坚定不移促进乡村振兴，助推城乡协调发展

坚持乡村振兴和新型城镇化双轮驱动，构建城乡互补、三产融合、共同繁荣的乡村振兴发展格局。

坚持规划引领带动。完成《尼木县乡村振兴总体规划》及产业、组织、文化、人才、生态振兴规划编制工作，积极推进《尼木县城市总体规划（2017—2035）》修编和《尼木县控制性详细规划》编制工作，抓紧启动重点乡（镇）和示范村的规划编制。

实施乡村振兴战略。全面推进“一乡（镇）一业、一村（居）一品”发展，形成乡村各具特色发展格局。积极依托所在乡（镇）、村的优势资源，大力发展有特色、可持续、附加值高的优势产业。大力扶持农牧民专业合作社、家庭农场（牧场）等新型经营主体。积极扶持村级集体经济发展，不断增强村集体自我发展、自我服务、自我管理能力和水平。大力改善水电路气房讯广播电视网络等基础设施，提升农牧区宜居水平。加大新型职业农牧民培养力度，以发展现代农业为主要目标，努力构建现代化农业产业体系、生产体系、经营体系，推动农业现代化发展。全面完成农村土地经营权确权登记颁证后续工作、农村集体资产清产核资、草场承包经营权确权登记工作。结合村规民约、法制宣传和乡贤文化，积极构建自治、法治、德治相结合的乡村治理体系。

深化县城建设管理。完善基础设施建设，紧密结合城市总体规划，加快推进县城基础设施建设，全面配合完成既有建筑节能改造项目，开工建设100套公共租赁住房，推进城市管网改造，全力做好污水处理厂等项目建设。创新加强城市管理，抓好“门前三包”等制度落实，加强停车场、公共厕所等管理维护，进一步规范交通秩序，加强机动车乱停乱放治理力度。

二、坚定不移抓好项目建设，夯实经济发展基础

正确处理好建设重大项目和民生项目的关系，以大项目、好项目的实施促投资、保增长、惠民生。

全力以赴建项目。交通方面，推进“四好农村路”建设，投资4.02亿元，建成油路、硬化公路97.8公里和桥梁1座。加快推进县城至S303县道项目，做好拉萨至日喀则高等级公路及我县9.1公里支线建设工作。水利方面，实施续迈乡春才沟水土保持续建工程，开工建设投资2500万元的续迈乡段防洪堤工程，积极推进帕古水库建设。继续加快推进

中核续迈地热发电、吞巴景区提档升级、琼姆岗嘎景区旅游开发、拉萨经开区尼木产业园、尼弘元仓供应链等项目的协调服务工作,加快项目建设投产进度。

精心谋划争项目。准确掌握投资方向和重点,找准上级政策与县情的对接点,统筹做好项目谋划对接工作,积极争取项目。积极启动"十四五"规划编制工作,做好重大项目储备。

多措并举引项目。积极提高招商引资质量,2019年,开展4次以上自主招商活动,力争引进落地3~4家实体企业,年内招商引资实际到位资金增长10%以上。进一步强化招商项目落地推进服务机制,为投资商提供更加高效便捷的服务,切实提高招商项目履约率和资金到位率。

三、坚定不移提升规模效益,不断推动产业发展

以"四产业两园区"为抓手,着力构建多点支撑、多业并举、多元发展的产业发展格局,全力推动实体经济大发展。

做精藏香文化产业。积极培育扶持龙头企业、专合组织和致富带头人,延长产业链条,提高产品附加值。提升现有合作社的精细加工能力,扩大合作社的组成人员和技术能人参与。深入挖掘藏香文化,打响"文香故里、金色尼木"人文品牌。主动顺应"互联网+"趋势,通过网上销售、授权销售等方式,扩大销售渠道。

做大藏鸡产业。大力实施"五年十万蛋鸡工程",加快藏鸡原种保护基地二期投产进度,集中精力培育和发展藏鸡养殖大户和生命仓布点,扩大养殖规模,2019年村集体合作社计划养殖藏鸡6.7万只,做大做优"尼木藏鸡"品牌,促进农牧民持续稳定增收,带动全县经济发展。

做强有机农业。大力实施农业产业"3212"工程,争取年内建成标准的有机种植发展基地1个、养殖业发展基地1个,新增2个以上产品的有机认证,确保全国有机农业示范县创建成功。统筹青稞、藜麦、油菜等有机产品种植,扩大有机产品的宣传范围和销售渠道,力争有机产品销售额实现新增长。继续深入打造尼木净土有机统一品牌,积极推进尼木净土品牌获得自治区驰名商标工作。

做优全域旅游产业。按照全域旅游"π形字"发展格局和"四菜一汤"发展规划,积极发展国道省道沿线农家乐、农业观光旅游等旅游项目,着力打响"文香故里、金色尼木"人文品牌,主动融入"拉北环线",以全域旅游助推乡村振兴建设。加快实施吞巴景区提档升级一期项目,稳步推进卡如景区建设、红色教育基地建设、琼穆岗嘎雪山开发、续迈地热资源开发。

加快推动"两园区"建设。在拉萨经开区尼木产业园区建设方面,努力推动一批"两创"小微企业孵化入园实现生产,着力将园区培育成重点产业、实体企业和财源税收集聚地,形成"双创"与园区发展协同推进的良好局面。在尼木现代农业高新技术产业示范园区建设方面,加强与中国航天集团神舟绿鹏农业有限公司合作,打造以高原种植业为主、集旅游观光业为一体的现代农业观光区。

大力发展现代服务业。推进尼弘元仓吞巴仓储物流项目建设,启动尼木乡铁路、公路两路运输物流中心建设项目和曲林村仓储物流基地建设项目。加快推进"互联网+商贸流通"行动,推动"电商进村"工作。鼓励和支持农畜产品加工龙头企业开展"农超对接"等直供直销流通模式。加快推进"快递下乡"工程,完善农村物流配送体系。

四、坚定不移保障改善民生,共建共享发展成果

始终把保障改善民生作为最大责任,加大民生保障投入力度,让发展成果更多更好惠及广大人民群众。

持续办好民生实事。在认真落实区市民生政策和巩固以往民生项目实施效果的基础上,投入3500万元继续为群众在教育、交通、水电、卫生等领域办实事、做好事,着力改善群众生产生活水平。

巩固提升脱贫成果。全面落实《巩固提升脱贫成果三年行动实施方案》,统筹推进脱贫巩固与乡村振兴战略实施。着力夯实产业发展基础,开工建设总投资1.07亿元的产业项目10个,持续稳定增加贫困群众收入。加大技能培训力度,引导群众就近就便融入当地产业发展。强化动态管理,聚焦特殊困难群体,统筹抓好扶贫扶志,确保脱贫成果得

到长效巩固。

优先发展教育事业。把教育摆在更加突出的战略位置，不断加大教育经费投入力度，本级财政投入3000万元，提高教育经费保障水平。着力优化校园布局，新建县中学教工宿舍、学生宿舍、县幼儿园学生食堂、尼续村幼儿园、河东村幼儿园等一批教育基础设施项目。继续贯彻落实好15年免费教育政策和教育扶贫政策，加强控辍保学工作，实现义务教育阶段学生“零流失”。深化教育改革，全面推进素质教育，全面推动“五个100%”教育目标落实，努力提升教育教学质量。

充分保障社会就业。深入实施“四业工程”，强化技能培训，做细做实建档立卡贫困劳动力和高校毕业生就业工作，加大新型职业农民队伍和产业工人队伍培训力度，努力拓宽就业渠道。力争城镇登记失业率控制在2.2%以内，农牧区劳动力转移就业1.2万人次，转移就业收入突破0.9亿元。全面落实创业扶持政策，确保应届高校毕业生就业率达90%以上。

提高医疗服务水平。全面推进“健康尼木”建设，持续深化医药卫生体制改革，推进县乡医疗机构一体化建设，完善县乡村三级卫生服务体系，确保农牧民家庭医生签约率达到100%。提升疾病预防控制能力，巩固包虫病防治成果，继续做好全人群“三病”筛查救治工作，将包虫病、风湿（骨关节）病等重大疾病纳入基本医疗统筹基金和大病保险支付范围。加快推进县医院“二级甲等”综合医院创建工作。改扩建乡（镇）卫生院3个、村级卫生室12个，新建偏远村卫生室医疗废弃物规范化处置4个。推进医疗人才“组团式”援藏，提升县人民医院大病救治能力。依托“慧育中国”试点项目，进一步巩固“儿童营养改善”项目成果，加强县域范围内婴幼儿早期养育指导干预。

不断完善保障体系。建立惠及全民的社会保障体系，加快推进县福利院改扩建工作。健全社会救助体系，实现应保尽保，应扶尽扶。拓展特困人员救助供养服务供给，将符合条件的全部纳入救助供养范围。健全关爱残疾人服务体系，全面落实残疾人“两项政策”。落实0～6岁残疾儿童康复救助制度，对16周岁以上有长期照料护理需求的贫困重度残疾人，符合特困人员救助供养标准的纳入特困人员供养或通过多种方式提供照料照护服务。

实施文化惠民工程。依托尼木民族手工业、乡土文化与非物质文化遗产，大力支持设立非遗扶贫就业工坊，大力开展以“尼木三绝七技”为主的传统文化展示，鼓励民族传统工艺传承发展和产品生产销售。加大公共文化设施建设，对乡村文化场所、设施和文艺队进行改造提升，实施“五大文化工程”，提高公共文化服务供给保障水平，进一步提高群众的获得感和幸福感。

五、坚定不移深化改革创新，进一步增强经济发展活力

找准着力点和突破口，向改革要活力，向创新要动力，向人才要竞争力，有效激发经济发展活力。

持续深化“放管服”改革。以机构改革为抓手，调整优化政府部门机构职能，全面理清改革后部门权责清单，大力破除各种“玻璃门”“弹簧门”“旋转门”。严格落实商事制度改革要求，积极推进“多证合一”“证照分离”改革，加快“全程电子化”“双随机一公开”“企业注销简易程序登记”改革进程。持续推进“3550”改革，改善营商环境。深化行政审批改革，实现企业群众办事“只进一扇门、最多跑一次、办完所有事”。全面提高政务服务水平，持续推进政务服务规范化、制度化建设，深入推进“互联网+政务服务”，加快行政审批事项在线办理，提升“一站式”服务功能，让群众少走路，让数字多跑路。

深入推进创新驱动。深化质量兴县战略，全面开展质量提升行动，不断优化创业创新环境，提升孵化机构和众创空间服务水平，深化高校毕业生创业创新培训。进一步完善创业创新金融服务体系，加大财税政策支持和补贴力度。聚焦特色资源优势，加速推动科技成果转化，推动样品变商品、商品变品牌。

扩大对内对外开放。以更加开放的眼光把握新机遇、迎接新挑战。以包容开放姿态吸引区内外企业和人才到我县投资兴业。加强与北京援藏指

挥部沟通对接，多争取带动能力强、发挥效益明显的产业项目。加强与顺义区协调对接，积极推进“携手奔小康”工作，积极协调顺义区人才到我县交流和我县人才到顺义区挂职锻炼，不断提高我县干部工作能力。

实施人才兴县战略。加大优秀人才引进力度，对各行各业引进科研人才和技术人才，开辟绿色通道。加大本土人才培养力度，依托顺义区人才支撑，以村级讲习所为平台，通过专家授课、现场指导等方式，大力培养懂技术、善经营、能带动的科普带头人、致富带头人、新型职业农牧民、乡土技术人才和技术骨干，为农业增效、农民增收、乡村振兴提供人才支撑。依托县委党校主阵地，做好干部教育培训，注重培养专业能力和专业精神，打造一支专业素养高、履职能力强的干部队伍。

六、坚定不移推动生态文明建设，夯实绿色发展根基

始终把生态环境作为经济社会发展的最大潜力，切实保护好、治理好、利用好生态环境，促进人与自然和谐共生。

强化环境治理。持续抓好中央和自治区环保督察反馈问题整改工作，大力实施水、大气、土壤污染防治行动，着力打好污染防治攻坚战。系统做好水环境综合治理和水生态保护，全面落实河（湖）长制，扎实做好水源地保护，建成投用污水处理厂，完成帕古乡、尼木乡、吞巴乡、卡如乡、麻江乡垃圾无害化处理设施建设工作。持续开展大气污染防治，严控“三高”项目进入尼木，进一步加强建筑扬尘治理，力争环评执行率、危险废物安全处置率、建筑施工扬尘治理率达到100%，确保全县优良天数和空气质量保持在2018年水平以上。积极开展土壤污染防治工作，推进农业清洁生产，支持使用有机肥，扎实开展土壤质量检测工作，确保土壤质量保持稳定。

突出生态监管。严格落实环境保护“一票否决”制度。划定生态保护红线，加强对生态红线管控区的监管，开展生态系统和生物多样性保护。建立健全领导干部任期生态文明建设责任制，强化“党政同责、一岗双责”，构建政府为主导、企业为主体、社会组织和公民共同参与的环境治理体系。

推进绿色发展。实行最严格的节约用地、最严格的水资源管理和最严格的能耗强度控制制度，推进资源节约利用。认真开展庭院绿化、四旁植树、农田防护林和房前屋后绿化美化身边增绿行动，推进2019年防沙治沙、周边防护林工程。积极推进自治区级生态文明建设示范县建设，积极推动绿色发展、低碳发展、循环发展，守护好尼木蓝天碧水净土。

七、坚定不移强化社会治理，不断增强群众安全感

始终把维护安全稳定作为硬任务和第一责任，落实好安全生产相关要求和十项维稳措施，夯实和谐稳定基础。

全力维护国家安全。牢牢把握反分裂斗争主动权，围绕反自焚和防暴恐斗争两个重点，坚决维护祖国统一和国家安全。加大对各类危害国家安全、民族团结、影响社会局势稳定等各类情报信息的收集和研判工作力度，严厉依法打击各类违法行为，进一步夯实维稳基础。

打好防范化解重大风险攻坚战。防范和化解政府性债务和金融风险，持续加大清理力度和深度，继续做好化解隐性债务工作，确保政府债务安全可控。加大非法集资打击力度，依法查处非法集资、民间融资、高利贷等违法违规行为，预防民间违法融资借贷风险，有效消除非法集资引发的重大社会不稳定隐患。

加强和创新社会治理。深入开展“三个专项斗争”，严厉打击违法犯罪行为和黑恶势力，切实保障人民群众安居乐业。做好民族团结工作，巩固发展平等团结互助和谐的社会主义民族关系，增进各民族“五个认同”。依法管理宗教事务，持续淡化宗教消极影响，积极引导宗教与社会主义社会相适应。开展“法律七进”活动，提高全社会法治意识和法治观念。完善社会矛盾纠纷预防化解机制，依法及时就地解决群众合理合法诉求。加强安全生产和食品安全工作，全面落实安全生产工作责任制，加强事故隐患排查，坚决守好和谐稳定、安全发展的工作底线。

加强政府自身建设

各位代表！面对人民群众的美好期盼，我们将始终坚持以人民为中心的发展思想，牢记职责使命，全面提升政府履职能力和水平，建设人民满意的服务型政府。

我们要坚持加强政治建设。把政治建设放在首位，进一步树牢“四个意识”，进一步坚定“四个自信”，进一步做到“两个维护”，始终在思想上政治上行动上同以习近平同志为核心的党中央保持高度一致，坚决贯彻中央、区、市和县委各项决策部署，确保令行禁止、政令畅通。

我们要严格做到依法行政。积极推进“七五”普法，坚持依法行政，强化政府工作人员法治观念，提高政府行政执法能力。严格执行人大及其常委会的决议决定，主动接受人大的法律监督和工作监督，自觉接受政协的民主监督，认真听取人大代表、政协委员意见，广泛听取人民群众和社会团体意见，认真办理人大代表建议和政协提案。

我们要敢于担当勇于作为。始终把全县人民对美好生活的向往作为奋斗目标，时刻把群众的事情放在心上、抓在手上，知难而进，迎难而上，锲而不舍抓好工作落实。定期深入基层，走访群众，把功夫下到察实情、出实招、办实事、求实效上，大力营造敢担当、勇作为的良好风气。

我们要始终保持廉洁本色。坚决扛起从严治党政治责任，加强廉政建设和反腐败斗争，严格落实中央“八项规定”精神和廉洁自律各项规定，加大审计监督力度。坚决纠正“四风”突出问题，持之以恒正风肃纪。以“零容忍”态度惩治腐败，构筑起不敢腐、不能腐、不想腐的坚固防线，让人民群众从政府各项工作中感受到风清气正。

各位代表！新思想引领新征程，新时代需要新作为。让我们更加紧密地团结在以习近平同志为核心的党中央周围，高举习近平新时代中国特色社会主义思想伟大旗帜，在区市党委、政府和县委坚强领导下，团结和依靠全县人民，以更加昂扬的斗志、更加务实的作风，勠力同心，锐意进取，顽强拼搏，扎实苦干，为全面建成小康尼木和加快建设团结美丽健康幸福新尼木而不懈奋斗！以优异成绩向中华人民共和国成立70周年、西藏民主改革60周年献礼。

名词解释

1. 供给侧结构性改革：一种寻求经济新增长新动力的新思路，主要是从供给、生产端入手，通过提高社会供给来促进经济增长。具体而言，就是要求清理僵尸企业，淘汰落后产能，将发展方向锁定新兴领域、创新领域，创造新的经济增长点。

2. 三大攻坚战：党的十九大报告首次提出，2018年党中央、国务院重点部署的三大工作，即：防范化解重大风险、精准脱贫、污染防治。

3. 六稳：2018年12月13日，中共中央政治局分析研究2019年经济工作，要求进一步稳就业、稳金融、稳外贸、稳外资、稳投资、稳预期。

4. 四好农村路：习近平总书记于2014年3月4日提出，要进一步把农村公路建好、管好、护好、运营好，逐步消除制约农村发展交通瓶颈。2015年5月，交通运输部制定意见，在全国组织实施“四好农村路”建设。

5. “四菜一汤”发展规划：“四菜”指吞巴特色小城镇建设和藏文化、藏香文化发展，卡如乡沟域经济开发，麻江乡琼穆岗嘎旅游资源开发，有机农业观光区；“一汤”指以续迈温泉为主、卡如温泉和麻江温泉等多点开发的温泉项目建设。

6. 双创：大众创业、万众创新。

7. 5个100%：2016年11月，自治区第九次党代会明确的当前和今后一个时期教育工作的重要任务，即实现中小学双语教育普及率100%，小学数学课程开课率100%，中学数理化生课程教学计划完成率100%，中学理化生实验课程开出率100%，职业技术学校国家目录规定课程开出率100%。

8. 四业工程：以业育人、以业管人、以业富人、以业安人。

9. 放管服：就是简政放权、放管结合、优化服务的简称。

10. “两线合一”：即农村居民最低生活保障标准与农村困难群众扶贫标准“两线合一”。

11. 五大文化工程：农村广播电视电影全覆盖、农家书屋提档升级、文化惠民、文化文物遗产保护、农村文化人才培训。

12. 河湖长制：2016年12月，中共中央办公厅、国务院办公厅印发《关于全面推行河长制的意见》。河长制是指由各级党政主要负责人担任“河长”，负责辖区内河流污染治理的一种管理制度。“河长制”是从河流水质改善领导督办制、环保问责制所衍生出来的水污染治理制度。“河长制”由江苏省无锡市首创。湖长制是河长制的必要补充。

13. 法律七进：法律进机关、乡村、社区、学校、企业、单位、寺院。

14. 四风：指形式主义、官僚主义、享乐主义和奢靡之风。

政协第二届尼木县委员会常务委员会工作报告

——在政协第二届尼木县委员会第四次会议上

政协尼木县委员会主席　赵志强

（2019 年 1 月 27 日）

2018 年工作回顾

2018 年，在县委坚强领导下，市政协精心指导、县政府的大力支持下，县政协及其常委会团结带领广大政协委员全面贯彻落实习近平新时代中国特色社会主义思想和中共十九大、中办发《关于加强新时代人民政协党的建设工作若干意见》、全国政协系统党的建设工作座谈会精神，以及区、市、县第九次党代会精神，紧密团结在以习近平总书记为核心的党中央周围，牢牢把握团结和民主两大主题，始终坚持与县委在思想上同心，目标上同向，工作上同步，自觉融入大局找准政协位置，立足大局思考问题，服务大局发挥职能作用，切实做到县委、县政府的工作推进到哪里，政协的工作就跟进到哪里、政协的力量就汇聚到哪里、政协的作用就发挥到哪里，认真履行政治协商、民主监督、参政议政三大职能，实现了政协第二届尼木县委员会各项工作的良好局面。

一、强化思想引领，政治基础更加巩固

一是始终坚持以思想政治建设为政协事业发展的统揽之纲，筑牢团结奋斗的共同思想政治基础。县政协及其常委会始终把学习领会好、贯彻落实好中共十九大以来区、市、县第九次党代会精神作为首要政治任务，迅速掀起学习贯彻大会精神的热潮，深刻领会习近平新时代中国特色社会主义思想，深入学习中共十九大、三中全会精神，学习新修订宪法、新修订政协章程及人民政协发展史，增强了政协委员对中国共产党和中国特色社会主义的

政治认同、思想认同、理论认同、情感认同，深刻理解全面深化改革、全面依法治国、全面建成小康社会、全面从严治党重大部署，切实增强“四个意识”、坚定“四个自信”、坚决做到“两个维护”，使广大政协委员在事关道路、制度、旗帜、方向等根本性问题上统一思想、统一意志、统一步调，确保人民政协事业始终沿着正确政治方向前行。今年以来，县政协及其常委会以“深入领会十九大精神实质”为主题，以“四讲四爱”主题教育活动为契机，坚持季度学习制度，加强学习政协理论和基本知识，组织集中学习10余次，通过学习，广泛凝聚共识、凝聚人心、凝聚智慧、凝聚力量，共同为落实中共十九大确定的目标任务而努力工作。

二是准确把握人民政协性质定位，牢牢把握正确的政治方向。深入开展学习习近平总书记关于人民政协工作的新思想、新论断、新要求，认真学习政协章程、政协理论和政协工作重要文件精神，全面落实区、市、县委关于人民政协工作的部署要求。自觉接受县委的领导，主动向县委汇报工作开展情况，紧扣县委中心工作，积极履行政协职责，确保与县委、县政府决策部署达到一致。

二、围绕中心工作，推进履职建言

政协不是权力机关，参政不行政、建言不决策、监督不强制，主要通过协商发挥作用，这种作用的发挥不是靠说了算，而是靠说得对。县政协常委会始终坚持把围绕中心、服务大局、不断推动全县经济社会持续、健康、快速发展作为履行职能的首要任务，列席县委常委会议、政府办公会议，坚持在决策前参政协商，执行过程中监督。今年共组织政协委员听取2018年“一府两院”前三季度工作、水务局“河长制”工作、环保局生态环境治理工作、工信局招商引资工作、食药局食品安全工作、人社局大学生就业培训情况、扶贫办脱贫攻坚巩固措施汇报和民宗局宗教事务条例等工作进展情况。深刻把握协商形式的多样性、协商时机的超前性、协商课题的资政性、协商转化的实效性，规范协商运作程序，着力提高协商质量。

（一）开展好专题协商。政协常委会按照《政协章程》协商在决策前和决策中的要求，先后召开党组会议6次，主席会议6次、常委会4次。一年来，政协常委会深入我县吞巴乡吞达村、尼木乡日措村等4个不同区域、不同经济实力和不同发展模式的行政村，采取调研走访、查看资料等方式进行抽样调研，就脱贫攻坚巩固、生态环境建设、增进民生福祉、发展特色产业、控辍保学、乡村振兴、河长制、食药品安全等方面认真开展专题协商，深入剖析村集体经济发展中存在的主要问题，提出了发展壮大村集体经济的对策建议，最终形成专题调研报告。

政协常委会还积极探索协商民主建设，在把握运用政治协商这一基本履职途径的过程中，充分发挥政协优势，不断探索协商内容和方式，使政治协商进一步延伸参与到党政重大决策过程中。

（二）开展好提案办理协商。不断创新提案办理方式，完善提案办理协商机制，改变以往委员提案交由承办单位，再由承办单位书面答复委员的单一办理方式。在办理工作中尽力做到年初计划的“三见面”，即办前见面，了解提案提出的缘由、目的和要求；办中见面，及时互通信息，注重调查研究，共商办理之策；办后见面，听取委员意见，改进办理方法，完善答复意见。通过采取主动面商、联合视察、专题协商、跟踪督办等方式，提升提案工作办理实效，邀请提案者、提案承办单位参加专题协商会议，让提办双方进行面对面协商，使提案的合理化意见建议得到采纳落实。这不仅体现了承办单位对政协委员的尊重，也让委员们感受到了更多的社会责任，感受到收集社情民意、反映群众呼声收到了实际效果，增强了委员自身履职的责任感和使命感。在二届三次全委会期间政协共收到提案和建议34件，其中7件不符合政策的建议不予立案，立案27件，其中生态环保类共2件；组织人事类3件；民族宗教类6件；社会民生类16件。截至目前，在县委、县政府督查室的大力配合和政协及时跟踪督办以及各承办单位的认真负责下，27件提案已全部答复完毕，但其中仍有少数单位未能按照“三见面”要求及时进行见面答复工作，对此提案委也将联合县委、县政府督查室继续督促落实。

（三）密切加强联系，积极配合区市调研工作。2018年5月，自治区政协党组成员、副主席王亚蕳带队组成的联合调研组就"强化基层文化阵地建设、推动乡村文化振兴"主题赴我县开展专题调研，调研组一行通过实地参观吞巴乡文字博物馆和县非物质文化遗产博物馆等地，了解了我县基层文化阵地实施设备、经费保障和使用情况，切身感受到近几年来我县乡村基层文化事业的变化和发展。在座谈会上，他还指出尼木要结合自身实际，发挥自身独特优势，从群众实际文化需求出发，从文化软实力的角度积极助推乡村振兴战略。6月，自治区政协经济和人口资源环境委员会主任赤列多吉带领由多家单位组成的以"西藏农牧区精准扶贫中精神贫困现象及实质的对策和建议"为主题的联合调研组到我县开展专题调研，调研组一行先后参观了尼木吞巴藏香净土产业有限公司、尼木县精准脱贫小康示范乡等地，通过听取汇报和走访入户等方式了解了我县在精准扶贫、精准脱贫工作上取得的成效并提出建议。8月，市政协党组成员、副主席孙宝祥带领拉萨市经济资源环境社会教科文卫委员会、市水利局和部分教科文卫界委员组成联合调研组围绕"江河湖泊水资源保护和中心城区水系整治"在我县开展专题调研，调研组一行按照吞巴沟—雅江尼木段与尼木玛曲交汇处；吉瓦沟—日措湖；尼木玛曲尼木乡段—乳巴湖的线路，对我县河湖水资源保护、水域岸线管理、水污染防治及水环境治理等问题进行了实地调研，途中通过视察尼木大桥、检查站、日措湿地、垃圾填埋场等地的环境治理情况，进一步了解了对我县江河湖泊实际现状、水资源管理和保护措施落实等情况，并对我县江河湖泊水资源管理保护工作开展情况给予了充分的肯定。

三、凝聚发展合力，助推民生改善

习近平总书记强调，人民政协要把实现好、维护好、发展好最广大人民根本利益作为工作的出发点和落脚点，把促进民生改善作为重要的着力点，抓住民生领域重要问题咨政建言，协助党和政府破解民生难题，增进人民福祉，做到人民政协为人民。并认真总结中共十八大以来人民政协事业在继承中发展、在发展中创新的宝贵经验，发挥政协常务委员会在政协工作中的基础性作用，提高政协机关服务能力和水平，切实改进视察调研、社情民意、民生改善、文史资料等工作。

（一）深入开展调研视察活动。作为"禁白"工作督导牵头部门，为进一步巩固"禁白"工作成效，政协常委会高度重视生态环境保护工作，围绕"持续改善尼木县生态环保，巩固禁白成效"这一主题，依托"4·22"世界地球日、"6·5"世界环境日、"全国科普日"等活动日，带领委员开展视察调研。政协常委会联合14家单位，年内在全县范围内前后开展宣传"禁白"活动20余次，确保"禁白"工作落地有声。

（二）注重开展走访委员活动。为进一步加强与委员的联系和沟通，全面了解委员的基本情况、充分调动委员的履职积极性、了解委员提案的初衷和目的，提高提案的落实率，有效发挥委员的主体作用，政协党组成员按照年初安排，根据各自分工，分别走访各界别委员10余人次，充分了解各界别委员的思想、工作、生活和履职情况，听取委员们对县委、县政府及政协工作的意见建议，使收集和反映社情民意工作更加知民情、接地气。在走访中，还鼓励我县工商界委员不断发展壮大民族产业，在脱贫攻坚工作中贡献力量、在解决就业、扶贫帮困中发挥作用。

（三）注重在发展中改善民生。脱贫攻坚工作开展以来，县政协常委会始终坚持高举习近平新时代中国特色社会主义思想伟大旗帜，深入学习贯彻落实习近平总书记关于扶贫开发的重要战略思想，按照县委、县政府及县脱贫攻坚指挥部的决策部署，把脱贫攻坚工作作为重大政治任务来抓。一年来，为积极落实县委、县政府关于开展精准扶贫工作的有关要求，县政协坚持"工作到村、扶贫到户"的工作格局，对所对口的普松乡如白村建档立卡11户46人进行再入户、再走访、再核实，确保顺利完成脱贫摘帽。同时，县政协及常委会还专门围绕"如何开展有效的脱贫巩固措施工作"进行了专题协商，积极收集委员的意见建议，努力为尼木县委、县政府脱贫巩固方面决策部署建言献策。

（四）开展文史资料编撰工作。尼木县政协成立至今虽然在提案工作、委员视察、专题调研等方面取得了一定的成绩，但是文史工作才刚刚起步。2018年6月，县政协常委会与拉萨市政协文史委签订协议开展《文香故里·尼木》一书的翻译整理工作，有效填补了我县文史工作的空白。目前，全篇样书已呈送拉萨市政协文史民族宗教法制委员会进入复稿审核阶段。我们也将借此机会深入贯彻拉萨市政协文史工作会议要求，不断探索政协文史工作的新形式、新方法，有效扩大政协文史工作的社会影响，努力推进政协文史资料工作常态化，切实推进我县文史资料工作走上制度化、规范化、科学化轨道。

四、加强自身建设，夯实工作基础

加强政协自身建设是人民政协事业发展的基础和保障。一年来，政协第二届尼木县委员会始终注重抓好政协委员和机关干部两支队伍建设，加强学习和实践，将中央和区市县委的决策部署贯彻落实到专注发展、专心为民、专力履职的大胆探索和创新实践中。努力推动全体委员不断提升能力、发挥作用，努力营造履职尽责、干事创业的浓厚氛围，使政协工作科学化水平进一步提高。

（一）加强理论学习，打牢思想基础。常委会深入贯彻落实党的十九大精神、十九届二中、三中全会精神以及区党委九届三次、四次全委会精神，深入贯彻落实习近平总书记系列重要讲话精神和治国理政新理念、新思想、新战略，特别是治边稳藏重要战略思想，以“四讲四爱”教育活动为主题，进一步把思想和行动统一到中央的决策部署上来。通过主题宣讲、政协会议、调研座谈等形式交流学习体会，巩固履行职能的思想政治基础。今年以来，县政协利用全委会、常委会议、主席会议、协商会议、座谈会以及发放党外人士生活补助等机会，集中组织理论学习，宣讲十九大精神共计20余次、参与人数达200余人次；政协党组就学习习近平新时代中国特色社会主义思想、十九大精神及生态环保理论知识，共撰写心得体会10余篇。

（二）加强队伍建设，提升服务能力。结合政协工作实际，通过印发征求意见表、建立常委微信群等方式，围绕改进政协工作广泛征求意见，并及时整改落实。改变会议公文制度，减少会议、文件，着力改进会风文风。严格执行办公用房、公务接待和公务用车标准。强化政协机关干部思想政治建设、作风建设和能力建设，不断提高整体素质、服务水平和工作质量。加强政协工作宣传，通过《尼木发布》《政协信息》重点宣传政协工作，委员履行职能、发展经济、回报社会的风采，努力营造政协工作的良好氛围。

各位委员，过去一年来政协常委会工作所取得的进展和成效，是县委正确领导、县政府重视关心的结果，是社会各界热情帮助、鼎力支持的结果，也是县政协全体委员团结协作、共同奋斗的结果。在这里，我代表县政协常委会向所有关心、支持政协工作的各级领导和同志们表示衷心的感谢和崇高的敬意！

在总结成绩的同时，我们清醒地认识到，与新常态、新形势相比，与广大政协委员和人民群众的新期望、新要求相比，我们的工作还存在不足。比如，有的协商议政活动实效性不够明显，民主监督还比较薄弱，联系服务委员的机制还有待进一步加强等。我们将在今后的工作中采取有力措施努力改进。同时，我真诚地希望全体委员对常委会工作提出意见和建议，共同把政协工作做得更好。

2019年工作重点

今年县政协工作总体思路是：在县委的坚强领导下，全面贯彻习近平新时代中国特色社会主义思想、党的十九大精神和全国政协系统党的建设工作座谈会精神和新时代党的建设总要求，紧紧围绕县委九届四次全委会议提出的目标任务，贯彻落实“五大发展理念”，坚持稳中求进、进中求好、好中求快、补齐短板的工作总基调，以深化供给侧结构性改革为主线，以提高发展质量和效益为主攻方向，以正确处理“十三对”关系为根本方法，深入实施“六大战略”，坚定不移地推进现代尼木“三步走”总体布局，自觉践行“四产业两园区”发展布局，按照中共中央和各级党委关于加强人民政协协商民主建设的决策部署，努力提高政治把握能力、调查研究能力、联系群众能力、合作共事能力，着力实现理论创新、制度创新、工作创新，倾力做到懂政协、会协商、善议政。认真做好今年的各项工作，忠诚履职尽责，推进协商民主，创新工作思路，提高履职水平，进一步把人民政协事业推向前进。

一、提高思想政治站位，主动适应社会发展新常态

坚持党的领导，在党的领导下开展工作，教育政协组织中的共产党员特别是党员委员牢固树立自己的第一身份是共产党员、第一职责是为党工作的意识，切实做到政治信仰坚定不移、政治立场旗帜鲜明、政治定力坚如磐石，有效发挥凝心聚力的先锋模范作用。加强学习培训，要把学习作为履职尽责的新常态抓实抓好，密切关注县情、社情和民情。深刻领会习近平总书记关于加强和改进人民政协工作的重要思想，准确把握新时代人民政协的新方位新使命，进一步增强党性修养，使广大政协委员更加自觉地团结在党的周围，树牢“四个意识”、坚定“四个自信”，始终把坚决维护习近平总书记为党中央的核心、全党的核心地位、坚决维护党章权威和集中统一领导作为重要政治责任、最高政治原则和根本政治规矩。充分发挥人民政协爱国统一战线作用，教育引导广大政协委员在寻求推动全县改革发展稳定的最大公约数上献计出力，广泛凝聚起建设团结美丽健康幸福新尼木的强大正能量。

二、提高调研协商能力，发挥协商民主渠道作用

要充分发挥政协协商民主的重要渠道作用，推进政治协商民主广泛多层制度化发展，不断提高建言献策的质量和水平，扎实推动协商民主制度建设。邀请县委、县政府相关部门负责人及工商企业法人、群众与界别委员围绕经济建设、社会发展、生态保护、民生改善、文化繁荣、法治建设等内容共同协商，使基层的同志都能参加协商，表达意见。每年至少确定 2 个主题，深入调研，推动成果的转化使用，及时把实践中形成的好经验和好做法固化为制度，推进协商的制度化和常态化。提升民主监督实效。继续运用提案、视察调研、提案督办、政协信息等有效形式，开展经常性的民主监督。

三、提高服务群众能力，促进社会民生事业建设

要坚持以群众利益为重、以群众期盼为念，真诚倾听群众呼声，真实反映群众愿望。坚持深入基层、深入群众，做到知民情、解民忧，畅通和拓宽各界群众的利益诉求表达渠道，认真做好收集和反映社情民意信息工作。深入实际摸清真实情况，集合众智提出解决办法，紧扣人民群众关注的生态环境、旅游发展、医疗卫生、教育就业、社会保障、公共交通、城镇化建设等重要民生问题，认真开展民主监督，努力使对策建议有的放矢，促进各项惠民措施落到实处。

四、提高科学履职能力，助推政协事业发展

始终坚持“党政所需、群众所盼、政协能做且能做好”的工作总基调，主动确立新思路，实施新举措，在事关全县改革发展稳定和人民群众对美好生活需要上出实招、谋良策。注重发挥委员主体作用，健全完善学习培训、履职管理、常态服务机制、丰富界别活动，完善界别调研、视察、协商和提案等工作机制。健全常委会组织协调机制，切实发挥常委会履行职能的基础作用，不断探索履行职能的新形式、新领域、新途径，发挥自身优势，以创新求发展，以实绩树形象，不断提高科学履职水平。

各位委员、同志们：

新时代承载新使命，新征程呼唤新担当。政协第二届尼木县委员会将时刻肩负起承前启后、创新发展的历史重任，让我们高举习近平新时代中国特色社会主义思想伟大旗帜，紧密团结在以习近平同志为核心的中共中央周围，在县委的坚强领导下，强化政治担当、使命担当、责任担当，同心同德，砥砺前行，奋力谱写高质量发展的尼木篇章，在雪域高原上出重彩更精彩而努力奋斗。

忠诚履职担当 弘扬改革精神 推动新时代纪检监察工作高质量发展

——在中国共产党尼木县第九届纪律检查委员会第四次全体会议上的工作报告

尼木县纪委书记、监委主任 郝 蕾

（2019 年 3 月 29 日）

一、2018 年工作回顾

2018 年，在县委的坚强领导下，在市纪委的正确指导下，全县纪检监察组织以习近平新时代中国特色社会主义思想为指导，深入贯彻落实十九届中央纪委二次全会和九届自治区、市纪委三次全会精神，切实担负起管党治党政治责任，认真落实新时代党的建设总要求，加强党的政治建设，持之以恒正风肃纪，深入推进反腐败斗争，立场坚定、旗帜鲜明，坚定不移推进全面从严治党、党风廉政建设和反腐败工作取得明显成效。

（一）始终把党的政治建设摆在首位，严明党的政治纪律和政治规矩。把坚决维护习近平总书记党中央的核心、全党的核心地位，维护党中央权威和集中统一领导作为根本政治任务，督促广大党员干部树牢“四个意识”，做到“两个维护”。一是深入学习贯彻习近平新时代中国特色社会主义思想和党的十九大精神。结合“两学一做”学习教育常态化制度化和县委理论中心组学习会，持续开展党的十九大专题学习会和“学习习近平新时代中国特色社会主义思想·建设现代尼木”集中学习活动 15 次，利用县政府门户网站、尼木清风大力宣传习近平新时代中国特色社会主义思想和党的十九大精神，及时推送党的十九大精神百问等板块；由县委党校举办党的十九大精神专题培训班 14 期，“全覆盖”累计培训党员干部 1460 余人次；把学习贯彻习近平新时代中国特色社会主义思想和党的十九大精神作为日常监督、专项检查和政治巡察的重要内容，建立督查台账，发现问题及时反馈，督促整改落实。二是加强党员政治纪律教育。制定《关于加强政治纪律教育实施方案》，扎实推进党员干部政治纪律教育活动，成立政治纪律教育活动联合督查组，对乡镇、县直各单位全覆盖检查，发现并纠正问题 47 个。三是强化政治监督。紧盯敏感时间，旗帜鲜明开展反分裂斗争，严明维稳工作纪律；3 月份期间，以明察暗访、专项检查等多种形式，开展维稳督查 60 余次，联合下发《关于严禁共产党员信仰宗教和国家公职人员、学生、离退休干部职工参加“萨嘎达瓦”宗教活动的通知》，共开展督查 19 次。

（二）深化纪检监察体制机制改革，不断创新基层监督模式。一是积极稳妥推进监察体制改革试点工作。去年 1 月 9 日，尼木县监察委员会挂牌成立，共划转编制 4 个，转隶干部 1 名，选举产生第一届监委主任，并提请人大常委会任命 2 名副主任、2 名委员；组织召开公检法司及县属金融机构工作衔接联席会议，努力实现纪法衔接、法法衔接；建立工作报告机制、监督检查常态化机制、约谈提醒机制，不断探索建立健全执法监督工作机制；全县 7 乡 1 镇挂牌成立派出监察室，配齐监察室主任、副主任和监察员,明确派出监察室与乡镇纪委合署办公,实行一套工作机构、两块牌子,单独挂牌,授予8项职责权限,主动向县监察委员会报告工作。二是深化政治巡察。去年共完成三轮巡察任务,巡察党组织20家,反馈问题306条,移交问题线索8件,巡察利剑作用充分彰显。三是建立片区协助工作机制。将全县7乡1镇划分为3个片区,实行分片分组协助审查调查工作机制,选派基层审查调查经验丰富的纪检监察干部为片区负责人,着力提高查找和发现问题线索能力,科学规范相关问题线索的审查调查工作。四是拓展联系工作机制。进一步修订完善《尼木县纪委建立乡镇联系点工作制度》,将10家重点县直单位纳入联系点范围,加强对基层党组织党风廉政建设的监督指导。五是建立协同推进扶贫协作监督执纪问责工作机制。与北京市顺义区纪委监委共同签订备忘录,构建完善了9个协作工作机制,紧盯扶贫协作干部、项目、资金等存在的突出问题,强化扶贫领域监督执纪问责。六是延伸廉政风险防控。建立各行政村第一书记、村"两委"班子成员、下沉干部职权明晰、风险公开、制定防范、层层监管的廉政风险防控规范权力工作,推进农村"阳光村务";各行政村累计排查出风险点878个,制定防控措施878条,完善议事制度42项,全力构建权力"看得见"、"用得准"、"能监督"的工作格局。

(三)聚焦监督首要职责,全面加强纪律建设。始终把监督作为基本、第一职责,坚守定位,践行监督执纪"四种形态",特别是在第一种形态上下功夫,推动谈话函询制度化,着力加强对干部日常教育管理监督,发现小事小节小问题及时谈话提醒,发现违规违纪的及时处理,把严管厚爱、治病救人贯穿监督全过程。一是开展经常性纪律教育。运用"尼木清风"微信公众号加强反腐宣传警示教育,延伸扩大教育宣传效果,共更新34期,累计发布172条各类廉政信息;组织全县党员干部观看《巡视利剑》《永远在路上》《案件警示录》《贪欲·黑洞—黄羽天违纪违法案件警示录》等,利用正反"活教材",加强警示教育;督促全县各单位深入学习贯彻《中华人民共和国监察法》,联合县委党校开班培训2次,组织全县副科级以上干部累计培训120余人次。二是抓严抓实日常监督。协助县委制定《中共尼木县委员会贯彻落实中央"八项规定"实施细则和自治区、拉萨市党委实施办法精神的办法》,制定《尼木县关于加强调查研究提高调查研究实效的工作方案》《关于重申简化公务接待要求的通知》,严明党的纪律要求,把抓严抓实党内监督作为日常的一项重要工作,以钉钉子的精神驰而不息整治"四风",对问题始终紧盯不放,寸步不让,让党的纪律和规矩在八小时内外都立起来、严起来、执行到位。三是严把干部选拔任用廉政审查关。制定《尼木县纪委监委关于加强和规范"党风廉政意见回复"的暂行办法》,进一步规范和完善"党风廉政意见回复"工作流程,出具廉政意见回复59批次804人次,对全县382名党员领导干部廉政档案进行梳理,并及时动态更新。四是践行"四种形态"。坚持把"四种形态"落实到履行监督责任的全过程和各方面,运用好谈话提醒、约谈函询,对出现的苗头性、倾向性问题,及时采取谈话谈心、开展批评、诫勉谈话、通报曝光等手段"急刹""快治",让红脸出汗、咬耳扯袖成为常态,做到立纠立改,防止小问题变成大错误;坚持纪严于法、纪在法前,防止党员干部和公职人员由一般违纪演变成严重违纪;从严聚焦高压惩治,违纪必究,强化执纪震慑,做到发现一起、查处一起,持续释放高压反腐态势。共运用"四种形态"处理人数21人,其中第一种形态处理16人,第二种形态处理4人,第三种形态处理1人,分别占比76%、19%、5%。五是从严追责问责。建立健全责任追究机制,对履行职责不力、失职失责的严肃问责,共问责12人。

(四)严格纠风肃纪,持续推进作风建设。一是持之以恒落实中央"八项规定"及其实施细则精神。坚持把作风建设抓常、抓细、抓长,坚决挺纪在前,抓住重要时间节点正风肃纪,严防"四风"问题反弹。累计开展执纪监督检查66次,查处违反中央"八项规定"精神问题1件,给予诫勉谈话1人,通报曝光1起1人。二是强化专项整治。严格落实集中整治不作为慢作为、文山会海等形式主义、官僚主义突出问题监督责任,聚焦集中整治工作敷衍应付走过场等问题,全程监督集中整治开展情况,加大监督检查力度，发现并纠正19个问题，对集中整治工作落实较差的2家单位单独以书面形式反馈；开展援藏资金专项检查，发现并纠正问题4个；开展领导干部利用名贵特产类特殊资源谋取私利问题专项整治自查，对发现的问题线索严肃查处，对自查工作流于形式、性质严重的进行问责；以明察暗访形式加大党员干部和国家公职人员参与赌博或带有赌博性质娱乐活动问题的监督检查，紧盯节假日期间，对不收手、不知止顶风违纪的一律从严查处，持续释放执纪必严、违纪必究的强烈信号。

（五）坚决遏制腐败蔓延势头，奋力夺取反腐败斗争压倒性胜利。一是坚持和加强党对反腐败工作的集中统一领导。切实把思想和行动统一到中央精神上来，严格执行“双重领导”体制，落实“两个为主”要求和“乡案县办市审”工作机制，坚持线索处置和案件查办及时向上级纪委监委和同级党委请示报告，把讲政治、守规矩的要求贯穿监督执纪全过程，认真执行上级纪委监委和县委的决议和指示，努力完成交办的各项任务。二是持续保持惩治腐败高压态势。拓宽线索来源渠道，从信访调查、作风督查排查、专项整治和日常监督等多渠道挖掘问题线索，从加强舆论宣传工作，倡导群众监督举报，提高搜集问题线索能力，受理的问题线索较2017年同比上升14%；聚焦党的十八大以来不收敛不收手，问题线索反映集中、群众反映强烈、政治问题和经济问题相互交织的腐败案件，紧盯选人用人、审批监管、资源开发、大宗采购、土地出让、工程招标等重点领域和关键环节，持续加大审查调查力度。县纪检监察机关共受理信访举报件16件（含上级转办），初核谈话函询了结10件，立案审查5件，给予党纪政务处分4人，诫勉谈话10人，谈话提醒4人，谈话函询2人，在全县范围内通报曝光10人。其中：查处基层“微腐败”3件，给予党纪政务处分2人，诫勉谈话4人，谈话提醒2人。

（六）强化扶贫领域监督执纪问责，坚决惩治群众身边腐败和作风问题。紧紧盯住脱贫攻坚中出现的腐败和作风问题，强化精准监督，牢固树立以人民为中心的执纪理念，以严明的纪律为打赢脱贫攻坚战提供坚强纪律保障，增强农牧民群众获得感。一是深入开展扶贫领域腐败和作风问题专项整治。加强与职能部门的协调衔接，定期或不定期开展监督检查，紧盯扶贫政策落实、扶贫项目推进和扶贫资金管理使用情况，牢牢抓住项目立项、实施管理和资金使用各环节，以查阅相关资料、实地查看扶贫项目建设、走村入户等方式，着力发现扶贫领域存在的突出问题；深入开展扶贫领域项目资金管理使用情况专项检查，发现并纠正问题17个；开展乡村合作社交叉检查，发现并纠正共性问题3个、个性问题14个；在各乡镇、行政村显著位置张贴《关于受理群众身边的不正之风和腐败问题信访举报公告》，密切联系群众，畅通信访举报渠道，对发现的问题线索快查快办。共查处扶贫领域违纪案件3件6人，给予政务处分2人，诫勉谈话3人，提醒谈话1人，通报曝光4人。二是坚决查处涉黑涉恶腐败。建立“扫黑除恶、打非治乱”专项斗争问题线索移送反馈机制，规范案件线索通报和移送流程，实行信息互通制度，准确把握工作定位和工作任务，切实履行纪检监察机关查处基层涉黑腐败问题的职责。

（七）深化管理机制，着力打造忠诚干净担当的纪检监察队伍。始终在思想上政治上行动上同党中央保持高度一致，坚决维护以习近平总书记为核心的党中央权威，践行忠诚干净担当。一是加强政治建设。深入开展纪检系统内政治纪律教育活动，深入学习习近平党建思想和党内法规，推动纪检监察干部不断用党的创新理论武装头脑、指导实践。二是加强内控机制建设。制定《关于调整领导班子成员分工和各内设科室成员的通知》，将每项工作任务细化分工、责任到人，建立健全相互协调、相互制约的工作机制。三是加强能力素质建设。以“以岗代训”、“跟案培训”等方式，选派基层纪检干部到市纪委锻炼8人次；组织全县纪检监察干部参加区市纪委举办的监督执纪培训班15期41人、区外培训2期2人；组织县纪委监委机关干部参加县委党校举办的十九大精神学习班3期7人，利用每周学习会深入学习《中国共产党章程》《中国共产党廉洁自律准则》《中国共产党纪律处分条例》《中华人民共和国监察法》等，坚持学思践悟，增强履职本领。四是加强作风建设。开展纪检监察系统“双述”，把述责述廉作为纪检监察干部的有效监督形式，推动责任落实；对纪检监察干部违纪违法行为零容忍，坚决做到秉公执纪、清正廉洁；对履行监督职责不力纪检监察干部组织处理 1 人。

一年来，全县纪检监察组织牢固树立“四个意识”，坚决做到“两个维护”，忠实履行党章和宪法赋予的职责，坚定不移推动全面从严治党向基层延伸，强化政治监督和纪律保障，持之以恒正风肃纪，坚决惩治腐败，深化纪检监察体制机制改革，各项工作取得新进展、新成效，但我们必须清醒看到，我县反腐败斗争形势依然严峻复杂，全面从严治党依然任重道远。一些党组织特别是领导干部对中央关于全面从严治党的新要求、新常态的理解认识把握不够，管党治党责任担当不足；一些党员干部纪律规矩意识淡薄，仍不收敛不收手，违反中央“八项规定”精神和“四风”问题屡禁不止，侵害群众利益的不正之风和腐败问题时有发生，不作为、慢作为等不良现象仍然存在；个别党组织和党员干部履行工作职责不到位，对上级的决策部署落实不力、执行不力，工作失职，漠视对待问题，形式主义官僚主义特别是说得多行动少不落实的现象未得到全面查处和纠正；有的纪检监察干部作风不严不实，对政策把握不准，业务水平不高，特别是对“监督的监督”职责定位把握不准，未能完全适应新形势新任务的要求；乡镇纪委和派出监察室职能作用发挥不够明显，在基层“微腐败”和扶贫领域问题专项治理工作中，监督执纪乏力，特别是发现问题能力不足，有的乡镇纪委至今仍是“零发现”“零线索”。这些问题，需要我们高度重视，认真对待，切实加以解决。

二、改革开放 40 年纪检监察工作的认识体会

改革开放 40 年以来，在党中央坚强领导和北京市的大力援助下，在自治区党委和拉萨市委的正确带领下，经过全县上下不懈努力，尼木县经济快速发展、社会和谐稳定、生态环境保持良好、民生持续改善、民族团结更加紧密，生活水平不断提高，人民安居乐业，各项事业发生了翻天覆地的变化。特别是党的十八大以来，在市委的正确带领下，县委团结全县各族人民，高举习近平新时代中国特色社会主义思想伟大旗帜，不忘初心、牢记使命，凝心聚力、真抓实干，带领全县各族人民沿着中国特色社会主义道路，保持了经济社会发展的良好态势，实现了整体脱贫摘帽。40 年来，全县各级纪检监察组织和广大纪检监察干部，践行忠诚干净担当，认真履行党章赋予的职责，在改革开放和社会主义现代化建设中坚定前行，不断加强党的建设，全面推进从严治党，开创了纪检监察工作新局面，积累了弥足珍贵的经验，我们要倍加珍惜、继承发扬，不忘初心再出发，不断提高新形势下纪检监察工作能力和水平。

*（一）必须始终坚持和加强党的全面领导，牢牢扛起“两个维护”根本政治任务，确保党的路线方针政策贯彻落实到位。*40 年来的实践证明，中国特色社会主义制度的最大优势是中国共产党领导，党是最高政治领导力量，必须把政治建设摆在首位，立场坚定、态度鲜明，坚决维护党中央权威和集中统一领导，以实际行动强化党的全面领导。全县纪检监察组织要坚守政治忠诚，牢固坚定纪检监察干部“四个意识”，增强“四个自信”，坚决维护习近平总书记在党中央的核心、全党的核心地位，做政治上的明白人，坚定用习近平新时代中国特色社会主义思想武装头脑、指导实践，推动纪检监察工作高质量发展；要以实际行动践行“四个意识”，忠诚履职、勇于担当，严肃查处违反党章党规、违背党的政治路线、破坏党的集中统一、损害党中央权威等问题，确保党的路线方针政策和党中央决策部署不折不扣贯彻落实。

*（二）必须始终坚持以人民为中心的政治立场，着力解决群众身边的腐败和作风问题，不断厚植党执政的群众基础。*40 年来实践证明，人民是决定党和国家前途命运的根本力量，为人民谋幸福和为中华民族谋复兴是我们党的初心和使命。全县纪检监察组织要践行全心全意为人民服务根本宗旨，与人民同呼吸共命运，凡是群众反映强烈的问题都严肃认真对待，凡是损害群众利益的行为都坚决纠正，密切联系群众，强化精准监督思维，坚决惩治群众身边的腐败和作风问题，以全面从严治党的实际行动和成效回应人民期盼，不断增强人民群众的获得感、幸福感和安全感。

（三）必须始终坚持协助党委推进全面从严治

党职责定位，把握新时代党的建设总要求，坚定不移推动党的自我革新。40年来实践证明，持续推进党的建设新的伟大工程，才能确保我们党始终走在时代前列。全县纪检监察组织必须要履行好党章赋予的职责，按照党的建设总要求和重点任务，聚焦监督执纪问责，协助党委推进全面从严治党，着力从严从细抓管党治党，推进全面从严治党、党风廉政建设和反腐败工作不断取得新成效，确保党始终保持政治定力，通过自我革命焕发出新的生机活力，不断提高党的执政能力和执政水平，开创伟大事业新局面。

（四）必须始终坚持没有任何特殊性的思想，不折不扣落实管党治党政治责任，坚定不移推进全面从严治党向基层延伸。40年来实践证明，纪律规矩面前没有任何特殊党组织和党员，无论西藏自然环境多么特殊，只有把一本党章执行到底、一把尺子量到底，才能建设一支忠诚干净担当的干部队伍。在新时代，全县纪检监察组织要正确把握社会主要矛盾的“变”和特殊矛盾的“没有变”，自觉向党中央全面从严治党的理念思路、方法举措看齐，牢固树立西藏海拔高但学习贯彻习近平新时代中国特色社会主义思想和以习近平同志为核心的党中央决策部署标准更高，牢固树立西藏客观条件特殊但全面从严治党和反腐倡廉没有任何特殊性，牢固树立西藏氧气和气压少但坚定理想信念、执行党的纪律标准不能降低，以没有特殊性的政治觉悟不断进行自我革命、推进全面从严治党，既保持政治定力，把“严”字长期坚持下去，坚决克服执纪执法“高原反应”，又坚持实事求是、依规依纪依法，把坚持政策的原则性和运用策略的灵活性结合起来，把严格执纪执法与县情结合起来，把握好时度效，精准运用“四种形态”，做到宽严相济、张弛有度，提高纪检监察工作的政治效果、纪法效果和社会效果，用行动表明全面从严治党没有“例外”，只有加强，不能削弱。

（五）必须始终坚持反腐败斗争与反分裂斗争一起抓，把严明政治纪律和政治规矩摆在首位，维护祖国统一和民族团结。40年来实践证明，十四世达赖和达赖集团从来没有停止拉拢腐蚀党员干部，西藏的反分裂斗争往往与极少数党员和公职人员的政治问题、经济问题相互交织，只有坚持“两个斗争”一起抓，才能有效消除影响长治久安的重大政治隐患。全县纪检监察组织要切实认清“两面派”“两面人”问题的严重危害性，教育引导党员干部不断增强政治敏锐性和政治鉴别力，坚决依纪依法严肃查处蓄意挑拨民族关系、破坏民族团结、搞民族分裂等严重违反政治纪律的问题，做到执纪监督无缝隙、零容忍、全覆盖，为反分裂斗争提供坚强的纪律保证。

（六）必须始终坚持标本兼治，做到有腐必惩、有贪必肃，深化构建不敢腐、不能腐、不想腐的体制机制。40年来实践证明，预防和惩治腐败，治标是有效举措，必须要严格依纪依法查处各类腐败案件，为治本创造条件；治本是根本之策，必须要形成不想腐的教育机制、不敢腐败的惩戒机制、不能腐的防范机制、不易腐的保障机制，才能有效减少腐败存量、遏制腐败增量，为治标根除病源。全县纪检监察组织要持续巩固反腐败斗争压倒性胜利，保持惩治腐败高压态势，下大气力拔“烂树”、治“病树”、正“歪树”；要结合运用教育、制度、监督等手段，规范权力运行，加强党内监督，着力解决管党治党主体责任缺失、监督责任缺位问题，增强党员干部拒腐的“免疫力”，积极营造风清气正的良好政治生态。

（七）必须始终坚持打铁必须自身硬，强化自身建设，当好党和人民的忠诚卫士。40年来实践证明，纪检监察机关必须持续深化“三转”，强化纪检监察干部政治意识，严于律己，自身过硬，才能确保党和人民赋予的权力不被滥用、惩恶扬善的利剑永不蒙尘。全县纪检监察组织要多措并举加强纪检监察干部队伍建设，带头落实中央“八项规定”精神，带头纠正“四风”，发挥“头雁效应”，必须把对党忠诚作为首要政治原则，做到“讲政治、遵规矩、守纪律”，以刀刃向内的政治自觉严惩纪检监察干部违纪违法行为，严防“灯下黑”，用铁的纪律锻造一支让党放心、人民依赖的纪检监察干部队伍。

三、2019年主要任务

2019年是中华人民共和国成立70周年，是西藏民主改革60周年，是决胜全面建成小康社会的关键一年，做好纪检监察工作责任重大。今年工作的总体要求是：坚持以习近平新时代中国特色社会主义思想为指导，深入学习贯彻习近平总书记治边稳藏重要论述和关于西藏工作的重要指导批示，全面贯彻落实党的十九大和十九届二中、三中全会精神，狠抓十九届中央纪委三次全会和九届自治区纪委、市纪委四次全会任务落实，不忘初心、牢记使命，强化“四个意识”，坚定“四个自信”，坚决维护习近平总书记党中央的核心、全党的核心地位，坚决维护党中央权威和集中统一领导，坚持稳中求进，持续改革创新，在增强“四个自我”能力中忠实履行党章和宪法赋予的职责，强化“三个牢固树立”，协助党委全面从严治党，以党的政治建设为统领，一体推进不敢腐、不能腐、不想腐，巩固发展反腐败斗争压倒性胜利，打造忠诚干净担当的反腐铁军，推动纪检监察工作实现高质量发展，为党的十九大精神和党中央重大决策部署落实到位提供坚强保障，以优异成绩庆祝中华人民共和国成立70周年和西藏民主改革60周年。

（一）坚持勤学深思践悟，深入学习贯彻习近平新时代中国特色社会主义思想

深入开展“不忘初心、牢记使命”主题教育。要周密组织、精心部署。聚焦教育主题，迅速部署推进，掀起活动热潮，通过专题学习、专题党课、专题交流等多种形式，做到学懂弄通做实，永葆纪检监察干部忠于党、忠于人民、忠于新时代纪检监察事业的政治本色。要结合实际、着力提高。始终把学习习近平新时代中国特色社会主义思想和习近平总书记重要讲话精神作为当前和今后一个时期的头等大事和重大政治任务，认真学习《习近平谈治国理论》，及时跟进学习习近平总书记发表的重要讲话、做出的重要指示批示，持续深化对“八个明确”和“十四个坚持”的理解把握，把党的理论创新成果贯穿到纪检监察工作全过程。要狠抓落实、取得实效。坚持领导带头、全面覆盖，把思想政治教育落实到党支部，把主题教育与推进纪检监察工作结合起来，加大监督检查力度，对搞形式、走过场的严肃批评、追责问责，确保主题教育落地落实。

坚决做到“三个一以贯之”。必须把旗帜鲜明讲政治作为根本要求，做到政治上绝对忠诚，一以贯之学习贯彻习近平新时代中国特色社会主义思想，深刻理解和正确把握蕴含的立场观点方法，从政治上观察、分析、解决问题，不断提高思想政治水平和工作能力，用党的创新理论指导解决实际问题；一以贯之坚决做到“两个维护”，以实际行动践行“四个意识”，忠诚履职，勇于担当，加强贯彻落实习近平总书记重要指示批示和党中央重大决策部署以及自治区市县委重要安排的监督检查，保证党的路线方针政策落实落地；一以贯之贯彻落实全面从严治党的方针和要求，突出政治觉悟和政治站位，以对纪检监察事业强烈责任感、使命感和担当精神，把全面从严治党战略任务一项一项落细落实。

全面贯彻稳中求进工作总基调。必须坚持以习近平新时代中国特色社会主义思想为指导，把坚持稳中求进作为基本工作方针，自觉贯彻落实到纪检监察工作全进程，不断提高纪检监察工作的质量和水平。要保持政治定力，坚定新时代反腐败精神，保持稳扎稳打，分清轻重缓急，做到初心不变、工作力度不减、工作成效不降，不断筑固发展稳中向好的反腐败整体态势。要全面深化改革，持之以恒正风肃纪，不断激发创新求进的动力，在日常监督、专项整治上下功夫，突出精准监督，着力提高监督质量特别是日常监督实效，提高纪法贯通能力和审查调查精准性，努力在关键领域、薄弱环节上有所突破，推进全面从严治党向基层延伸。

（二）以党的政治建设为统领，坚决破除形式主义、官僚主义

忠诚履行“两个维护”根本政治任务。要推进党的政治建设。严格落实《中共中央关于加强党的政治建设的意见》，督促各级党组织切实担负起党的政治建设的主体责任、领导机关和领导干部带头把加强党的政治建设各方面工作抓实，督促各级党组织和广大党员干部始终同以习近平同志为核心的党中央保持高度一致。要强化党中央大政方针贯彻落实的监督检查。加强对党中央重大决策部署执行情况的监督检查，加强对坚持稳中求进工作总基调、贯彻新发展理念、实现高质量发展、打好“三大攻坚战”、维护稳定、减税降费等政策措施落实情况的监督检查，督促各级各部门深入查摆、严肃整改

在贯彻执行习近平总书记治边稳藏重要论述和关于西藏工作的重要指示批示中存在的问题，着力推动党的基本理论、基本路线、基本方针贯彻落实。

严格执行党的政治纪律和政治规矩。要加强政治纪律教育。引导广大党员干部在思想上政治上行动上始终同上级党委保持高度一致，决不允许"上有政策、下有对策"，决不允许有令不行、有禁不止，决不允许在贯彻中央和自治区市县委决策部署上打折扣、做选择、搞变通。要严肃党内政治生活。严格执行准则、条例，经常性开展批评和自我批评，紧盯"关键少数"特别是"一把手"，对民主生活会查摆问题整改情况开展专项检查，督促加强党性锻炼，提升思想境界和政治觉悟；严格请示报告制度，督促党员领导干部及时主动如实向组织请示报告重大问题、重要事项，动态更新领导干部廉政档案，做好党风廉政意见回复，严把廉政审查关口，多举措对党员干部进行"廉政体检"，防止"带病提拔"和"带病评优"，确保干部"选得出、用得上"。要深入开展监督检查。围绕县委确定的推进乡村振兴战略和"现代尼木三步走"总体布局、"四产业两园区"发展布局，认真履行监督职责，确保县委各项决策部署落到实处。要旗帜鲜明开展反分裂斗争。聚焦解决"七个有之"问题，以"四个意识"为政治标杆，以政治纪律和政治规矩为尺子，严肃反分裂斗争纪律和维稳工作纪律，把党员和公职人员在坚持党的领导、维护祖国统一和民族团结中政治立场实际表现作为监督重点，对发现的党员信教问题要督促所在党组织进行教育转化，对屡教不改的要劝其退党、劝而不退的予以除名，对参与利用宗教搞煽动活动的坚决开除党籍，着力发现和查处在维护稳定、反对分裂态度暧昧以及立场摇摆等严重违反政治纪律的问题，坚决把搞两面派、做两面人的党员干部甄别出来清除去。

深化集中整治形式主义、官僚主义。要严格落实管党治党责任。督促各级党组织深入学习中央区市纪委关于集中整治不作为慢作为、文山会海等形式主义、官僚主义突出问题的一系列文件，深刻领会全面把握精神实质，切实提高政治站位，压实主体责任，着力解决政治站位不高、主体责任落实不够到位、监督责任缺位等问题，聚焦习近平总书记重要讲话精神和批示中指出的形式主义、官僚主义突出问题，聚焦影响党的路线方针政策和中央重大决策部署贯彻落实的突出问题，聚焦群众反映强烈、损害群众利用的突出问题，引导广大党员干部积极改进工作作风、精简文风会风、厉行勤俭节约，并将集中整治融入日常工作，确保见实效。要严实精细推进集中整治。督促各级党组织履行主体责任，党政"一把手"亲自抓，严格按照中央自治区市纪委决策部署，结合县委贯彻落实中央"八项规定"实施细则和区党委、市委实施办法的工作要求，把集中整治工作摆上重要日程，细化责任分工、明确工作任务，深入细致查死角、防细节、排隐患，确保不漏项，坚决把集中整治工作贯彻落实，执行到位。要强化监督执纪问责。有针对性地开展集中整治工作监督检查，对集中整治工作流于形式、定位不准、不深不细的及时纠正、责令整改，对不履行或不正确履行主体责任、监督责任，走过场、做虚功，工作推动不力、整改措施不实等失职失责问题，严肃追责问责，紧盯不落实的事、不落实的人，严查无利不作为、有利乱作为、失职不作为、越权乱作为、缺位不作为、越位乱作为等不作为慢作为问题，严查贯彻落实上级决策部署不力造成严重后果、在办理群众事务中吃拿卡要侵害群众利益以及工作失职渎职等形式主义、官僚主义突出问题，及时从严从快严肃查处，着力转作风、提服务、促实干，狠抓工作落实。

（三）深入推进纪检监察体制机制改革，把制度优势转化为治理效能

深化监察体制改革。要坚持纪法贯通、法法衔接。不断建立健全纪法衔接工作机制，进一步加强监督、调查、处置与监督、执纪、问责工作的有机结合，在线索处置、证据转换、案件移送等方面，加强监委与审判机关、检察机关、执法部门的工作衔接，正确运用"纪法两把尺"，认真履行纪检监察两项职责。要加强对监察对象的监督。充分发挥派出乡镇监察室职能作用，突出监督重点，积极探索科学有效的措施办法，强化监督管理、严格责任追究，确保对公权力和公职人员的监督全覆盖、有效性。

发挥巡察利剑作用。要坚持监督全覆盖。做

到巡察无死角、全覆盖、监督无例外，紧盯被巡察党组织政治立场和政治生态，把巡察工作与净化政治生态相结合，与群众反映强烈的问题相结合，与解决日常监督发现的突出问题相结合，形成监督合力，增强监督实效。要深化巡察成果综合运用。着重抓好巡察、整改、收效三个环节，实行“问题销号制”和“限时办结制”，建立健全整改督查工作机制，对整改责任不落实、敷衍整改，甚至边改边犯的严肃问责，高质量推进巡察全覆盖，做好巡察“后半篇文章”。

（四）坚决挺纪在前，认真履行好监督基本、第一职责

做实做细监督职责。要把监督职责履行到位。紧紧围绕监督这个首要职责，定位向监督聚焦，责任向监督压实，力量向监督倾斜，事不避难、义不逃责，着力在日常监督、长期监督上探索创新、实现突破，依规依纪做好日常监督和经常性管理，在监督上全面从严治党、全面发力，真正把监督职责履行到位，确保党内监督和国家监察不留死角、没有空白。要强化责任监督。把落实中央“八项规定”及其实施细则精神、纠正“四风”问题、整治和查处侵害群众利益的不正之风和腐败问题作为履行监督职责的切入点、出发点和着力点，着力在强化正风肃纪，作风建设和惩治腐败上下功夫。要坚持从严监督。抓住重点人、重点事、重点领域，织密监督制约之网，开启全天候“探照灯”，使纪律规矩挺起来、严起来、硬起来。要推进纪律教育日常化。增强纪律教育针对性、有效性，坚持问题导向、聚焦党的观念淡薄、组织涣散、纪律松弛等问题开展纪律教育，立行立改、务求实效；坚持正面示范教育和反面警示教育并重，利用新媒体、新阵地、新方法，积极探索创新纪律教育的新载体、新形式，重视家风教育，使纪律意识深植于党员干部灵魂深处，内化于心、外化于行。

改进监督方式方法。要形成监督合力。把握监督职责定位，不缺位、不越位，严格依规依纪依法开展监督，探索加强监督的途径和方法，把专项整治、日常监督和巡察监督相结合，瞪大眼睛、拉长耳朵，健全监督体系，增强监督实效。要坚决挺纪在前。深化运用监督执纪“四种形态”，把第一种、第二种形式用到位，督促干部习惯在受监督和约束的环境中工作生活，最大限度防止干部出问题，抓早抓小、防微杜渐，既要有力度、又要重尺度，强化日常监督执纪，体现惩前毖后、治病救人的方针，实现监督工作政治效果、纪法效果和社会效果的最大化。

精准规范用好问责利器。要推动责任全覆盖。严格贯彻执行《党组讨论和决定党员处分事项工作程序规定（试行）》和修改后的《中国共产党问责条例》，牢牢扭住主体责任特别是第一责任人责任，重点采取实地调研了解、定期约谈等方式，加强对各级党组织履行全面从严治党责任情况的监督检查；严格落实下级党委（党组）定期向上级党委、纪委报告主体责任落实情况制度，及时抽查核实、推动整改，督促各级党组织切实把主体责任落实到位。要构建问责常态。紧紧围绕县委、县政府中心工作，明确问责重点和方向，持续加大追责问责力度，形成问责常态；对维护党的政治纪律和政治规矩不力、落实全面从严治党主体责任不到位、贯彻落实中央“八项规定”及其实施细则精神不力、选人用人问题突出、腐败问题严重、不作为乱作为的，对执行自治区市县委推动工作落实长效机制不力的严肃问责；紧盯扶贫领域存在问题，对履行职责不力、失职失责的严肃问责；对重点领域特别是自治区市县委督查发现的问题，开展整改落实“回头看”，整改责任不落实的严肃问责，并及时曝光典型，以严厉问责倒逼责任落实。

（五）持续高压正风肃纪，推动中央“八项规定”精神落地生根

整饬风纪永不松劲。要打好作风建设持久战。坚持把纠正“四风”问题往深里抓、实里抓，密切关注“四风”新动向，强化专项整治，提高发现、甄别和处置隐形变异“四风”新问题的能力，坚决防止不正之风反弹回潮。要形成常态、保持长效。保持“永远在路上”的战略定力，驰而不息纠正“四风”，动真格、出硬招，执行纪律一寸不让，以铁的手腕抓出“不敢违规”的氛围，对违反中央“八项规定”精神的，发现问题一律严肃查处，典型问题一律通报曝光，把纠正“四风”工作不力作为问责的重点，严格实行责任倒查，以问责推动“两个责任”有效落

实，做到违者必究、执纪必严，让禁令生威，让铁规发力，持续释放越往后执纪越严的强烈信号。

多措并举强化监督。要持续传导监督执纪压力。坚持运用重点抽查、集中检查、明察暗访等方式，紧盯重要节点，开展常态化监督检查，发动群众举报，接受社会监督，对顶风违纪，不收敛、不收手的，严肃查处。要紧盯重点领域、"关键少数"。坚决整治领导干部利用名贵特产类特殊资源谋取私利的问题，把违规公款购买、违规收送、违规占用、违规插手干预或参与经营等事实作为定性量纪的从重情节、严肃处理；加强公车私用问题监督检查，对违规使用公务用车的严肃处理，对挪用扶贫民生资金购买、装饰公务用车的从严从重处理；继续盯住领导干部借婚丧嫁娶、子女升学等事宜借机敛财问题，对违规收受礼金、小范围多次宴请等隐形变异、打擦边球的从严处理；重点纠正一些领导干部爱惜羽毛、回避问题、慵懒无为，执法、监管、公共服务等行业和领域党员干部吃拿卡要、不给好处不作为、给了好处乱作为等问题；对表态多调门高、行动少落实差的，群众反映强烈、造成严重后果的，抓住典型、坚决问责。要构建作风建设长效机制。坚持力度不减、尺度不松、标准不降，对违反中央"八项规定"精神的问题发现一起、查处一起，严查快办重处，真正把纪律立起来、严起来。

（六）持续高压惩治腐败，巩固发展反腐败斗争压倒性胜利

持续强化不敢腐的震慑。要坚持有贪肃贪、有腐反腐。坚持无禁区、全覆盖、零容忍，重遏制、强高压、长震慑，做到有案必查、有腐必惩，严格依纪依法查处各类腐败案件。要聚焦重点领域和关键环节。着力解决选人用人、审批监管、大宗采购、工程招投标以及公共财政支出等方面的腐败问题，强化对权力集中、资金密集、资源富集部门和行业的监督，依法查处贪污贿赂、滥用职权、玩忽职守、徇私舞弊等职务违法和职务犯罪，坚决防范利益集团拉拢腐蚀领导干部，推动构建亲清新型政商关系。要把惩治"蝇贪"同扫黑除恶相结合。严查党员干部涉黑涉恶，充当黑恶势力"保护伞"，严查"村霸"、宗族恶势力和黄赌毒背后的腐败行为。

提升审查调查程序化规范化精细化水平。要依规依纪依法严格审查调查。切实增强法治意识、规矩意识、程序意识，严格遵循刑事审判关于证据的要求和标准，全方位、全要素深入试用各类监察措施，不断规范、完善执纪审查调查工作制度和程序。要提高案件审理能力。加强对证据合法性、关联性、真实性的审核，严格依规依纪提出审理意见。要实现执纪审查和依法调查有序对接、相互贯通。牢牢把握纪在法前、纪严于法的基本思路，防止纪律处分代替法律制裁、以刑事处罚代替党纪处分，确保让违纪者受到党纪处分，使违法者受到法律制裁。要始终守住审查调查工作安全底线。把审查调查安全责任明确到岗、落实到人，把依规依纪、安全文明贯穿于审查调查全过程，杜绝安全事故的发生。

深化以案为鉴、以案促改。要充分发挥反面典型警示作用。点名道姓通报查处的违纪违法典型案例，用身边事教育身边人，真正做到心有所畏、言有所戒、行有所止。要推动以案促改高质量发展。推动相关部门针对腐败易发多发领域，完善廉政风险防控机制，扎紧扎密制度笼子，堵塞监管漏洞，力求达到"查办一起案件、教育一批干部、完善一套制度、解决一类问题"的效果。

（七）坚持以人民为中心，持续整治群众身边腐败和作风问题

深化扶贫领域腐败和作风问题专项治理。要压实主体责任。以中央第三巡视组巡察反馈问题整改工作为重点，定期或不定期开展专项整治和监督检查，督促各级党组织履行脱贫攻坚主体责任，突出"一把手"这个关键，严肃查处主体责任、监督责任和职能部门监管职责不落实的问题。要找准治理重点。加强与职能部门的协调衔接，不断完善监督工作机制，形成监督合力，紧盯扶贫资金使用管理、项目推进建设、项目效益发挥、固定资产保值增值等关键环节，抓住扶贫任务、扶贫政策、扶贫资金、扶贫项目、扶贫干部"五个重点"，坚决纠正和查处贯彻执行脱贫攻坚政策不力、弄虚作假、欺上瞒下等问题，坚决纠正和查处监督检查、统计报告、材料报送过多过滥等问题，坚决斩断伸向扶贫领域的"黑手"。要突出查处问责。紧紧围绕脱贫攻坚强

化监督执纪问责，持续释放扶贫领域违规违纪问题“零容忍”的强烈信号，把监督触角延伸到“最后一公里”，坚持监督无死角、不留缝，加强对扶贫领域责任部门、村“两委”履行职责情况的监督问责力度，实施精准监督，从严审查调查，及时高效、精准有序处置问题线索，对扶贫领域方面的违纪违规问题，做到快查快办、优先立案。

强化基层“微腐败”治理。要精准发力。坚持以高压的姿态推进基层“拍蝇”，严肃查处在教育医疗、环境保护、食品药品安全等领域贪污侵占、截留挪用、优亲厚友、虚报冒领、刁难群众等问题，发现一起、处理一起、追究一起，维护群众切身利益。要拓宽线索来源。注重从巡察监督、群众举报等渠道，挖掘“微腐败”问题线索，把惩治基层腐败同扫黑除恶结合起来，深挖细查背后的腐败问题。要改进办案方式。加强交叉办案、联合办案，坚决破除“熟人社会”干扰，防止压案不报、瞒案不查，杜绝办人情案、关系案，每办完一件，核查结果、处理意见及时报上级纪委备案，对问题线索实行销号管理，确保问题线索件件有着落、事事有回音。要强化舆论宣传。充分利用网络平台、微信公众号等载体，加大曝光力度，多形式宣传基层“微腐败”治理的工作部署、工作进展和工作成效，大力营造良好氛围，让群众看得见、看得全、看得懂，发挥群众监督作用，使基层权力阳光运行，不断增强人民群众在全面从严治党中的获得感和幸福感。

（八）加强自身建设，锻造政治过硬、本领高强新时代纪检监察铁军

坚定理想信念、敢于担当尽责。要坚持打铁必须自身硬。发挥表率、示范带头作用，落实“三严三实”要求，牢固树立“四个意识”、坚定“四个自信”、践行“两个维护”，始终同以习近平同志为核心的党中央保持高度一致。要发扬许党许国的担当精神。坚持以习近平新时代中国特色社会主义思想武装头脑，自觉做到忠诚坚定、担当尽责、遵纪守法、清正廉洁。要加强机关党支部建设。充分发挥党支部政治功能，深入开展“不忘初心、牢记使命”主题教育，深入推进“两学一做”学习教育化常态化，严肃党内政治生活，严格执行组织生活制度，着力打造忠诚干净担当纪检监察干部队伍。

加强学习锻炼、提升能力水平。要加强理论学习。注重政治、理论、业务知识等学习，带头学习党章党规党纪和宪法法律法规，特别是要主动学习和适应党的十九大党章修正案对纪委职能职责、工作内容的重大拓展和深化，主动学习和适应国家监察体制改革对监察范围、职责、权限、程序等方面的重大改革和创新。要注重锻炼提升。积极参加跟岗培训、以案代训，努力让“新人”成能手、让“老人”更过硬；对上级党委和纪委部署的工作任务，雷厉风行抓好落实，对有原则性要求的，坚持把目标导向和问题导向统一起来，把准工作方向，不等不靠，多思考、多想办法，大胆探索实践，扎实开展工作，践行监督执纪“四种形态”，将“每一种形态”都作为一道“防线”，环环相扣、依次设防、道道用力，及时阻断腐败滋生蔓延的通道。

转变工作作风、强化内部监督。要从严遵纪守纪。带头严格执行党的各项纪律，任何情况下，必须正确对待手中权力，时刻绷紧纪律这根弦，牢牢守住党和人民交给自己的政治责任，守住政治生命线，守住廉洁自律底线，带头对党绝对忠诚、带头担当作为、带头锤炼作风，努力践行忠诚干净担当。要选优配强纪检监察干部队伍。紧盯考察推荐、干部交流、择优选调等关键环节，多措并举，统筹谋划，层层从严把关，确保把高素质的优秀干部选拔到纪检监察系统来。要坚决防止“灯下黑”。严格监督、刀刃向内，强化自我监督，自觉接受党内监督和社会监督，对发现的问题线索认真核查，决不护短遮丑，对执纪违法的坚决查处、失职失责的严肃问责，坚决清理门户，用铁的纪律锻造纪检监察队伍。

同志们，做好新时代纪检监察工作使命光荣、责任重大。让我们紧密团结在以习近平同志为核心的党中央周围，在市纪委监委和县委的坚强领导下，不忘初心、牢记使命，忠诚履职、砥砺奋进，推进全面从严治党、党风廉政建设和反腐败斗争向纵深发展，为深入贯彻落实党的十九大精神和党中央重大决策部署、全面建成小康社会、建设团结美丽健康幸福尼木做出新的更大贡献。

尼木县人民法院工作报告

——在尼木县第十三届人民代表大会第四次会议上

尼木县人民法院院长 罗 红

（2019 年 1 月 28 日）

过去一年工作回顾

2018 年，我院在县委的坚强领导、人大的有力监督、政协的民主监督、上级法院的正确指导、政府和社会各界的大力支持下，深入贯彻落实十九大、十九届二中及三中全会精神，高举习近平新时代中国特色社会主义思想伟大旗帜，按照区党委、市委、县委的部署要求，紧紧围绕“努力让人民群众在每一个司法案件中感受到公平正义”的工作目标和“司法为民 公正司法”的工作主线，坚持强化审务管理、强化司法能力、强化基础设施和创全市一流法院、建“学习型”法院的“三强一创一建”工作思路，忠实履行宪法法律赋予的神圣职责，狠抓审判质效建设，狠抓队伍作风建设，稳妥推进司法改革，圆满完成了 2018 年全年各项工作。

一、认真履行审执职能，为社会安定提供司法保障

一年来，我院切实抓好执法办案第一要务，着力推进审执、“妇女与青少年维权合议庭”、“两到三年基本解决执行难”问题、“家事审判改革”等重点工作，努力为“法治尼木”做出贡献，全年受理各类案件 161 件（旧存 1 件），案件总标的 534.1 万余元，审结 154 件，结案总标的 539.7 万余元。综合结案率达 95.65%，案件上诉 1 件、改判 1 件、发回重审为 0 件，服判息诉率达 99.4%，结案率全市排名第一。集体和个人受到区高院、市中院、县委、县政府表彰共计 18 次，2017 年全市法院目标考核第三名。

宽严相济惩治刑事犯罪，增强民众安全感。认真落实“宽严相济”的刑事政策，最大限度发挥刑法的惩罚与教育功能，准确把握社会治安形势和违法犯罪特点，依法严惩了刑事犯罪分子，有效震慑了犯罪，切实提升了人民群众安全感，维护了县域安全稳定。全年共审理刑事案件 5 件，已结 5 件，结案率 100%，法定审限内结案率 100%。扎实开展“扫黑除恶、打非治乱、扫黄打非”三个专项斗争，成立以院党组书记、院长为组长的专项斗争领导小组，同时针对涉黑涉恶案件成立“三个专项斗争”审理专班，我院利用“格桑花”流动诉讼服务队平台对七乡一镇进行“扫黑除恶、打非治乱、扫黄打非”专题法制宣传 10 余次，积极引导群众提供涉黑涉恶线索，全面营造“扫黑除恶、打非治乱、扫黄打非”的斗争氛围。全年无涉黑社会性质组织犯罪案件。

调判结合化解民事纠纷，促进区域经济发展。坚持把依法调节社会利益关系、化解社会矛盾纠纷和保障社会公平正义作为审判工作切入点，强化理顺和调解社会经济关系的民事审判职能作用，注重以调解的方式化解矛盾纠纷，切实推动社会矛盾有效化解。全年受理民事案件共 139 件（旧存 1 件），已结案 132 件，未结 7 件，结案率 94.96%，法定审限内结案率 100%。我院探索建立“离婚证明书”，同时进一步加大妇女及青少年合法权益的保护力度，努力营造更加有利于妇女、青少年权益维护的社会氛围，成立“妇女维权合议庭”与“青少年维权合议庭”，切实开创妇女、青少年维权新局面，下达首例

人身安全保护令1件。

二、全力破解“执行难”，推动社会诚信建设

今年是实现“基本解决执行难”目标的关键之年，我院深化执行体制机制规范化建设，加强组织领导，将执行工作重点放在提升四个核心指标等关键实质性的指标上，并为执行攻坚战提供人、财、物保障，努力提高执行工作效率，充分提供执行司法保障。全年共受理执行案件17件，已结17件，未结0件，结案率100%，实际到位率96.6%，其中首次执行案件16件，执恢1件。2018年我院以诚信建设为向导，加大失信惩戒力度，全年公布失信被执行人1人，限制高消费1人，30余名申请人合法权益得到实现和保障。

我院将执行工作作为“一把手”工程，统筹安排合理确定和配备从事执行工作的干警比例，同时配备执行用车、执法记录仪等执法设备，为贯彻落实“三统一”管理，我院执行指挥中心已建设完成投入使用，极大程度上促进了我院执行工作向更加规范化过渡。切实加强执行队伍规范化和专业化建设，紧紧依靠各级党委，完善执行联动工作机制，推动构建“党委领导、政法委协调、人大监督、政府支持、法院主办、部门配合、社会参与”的综合治理执行难工作格局，同时主动地向人大代表、政协委员汇报执行工作情况、工作举措以及工作进展，进一步规范终本案件，严格按照“五个条件”办理执行案件，规范执行案款管理，落实“一案一账户”；杜绝执行案件办理过程中的廉政风险，并制定“一周一汇报”、“一月一推进”工作制度，同时为进一步规范执行救助制度，成立了执行救助委员会。今年有财产可供执行案件法定期限内执结率达100%，执行信访办结和化解率达100%，终本合格率达100%，三年案件执结率达100%。

三、坚持司法为民，推出司法惠民新举措

为了方便群众，更好地为人民群众提供司法服务，尼木县人民法院先后推出多项为民新举措，最大限度提高群众获得感。一是进一步减轻群众诉累。为解决偏远地区广大农牧民群众诉讼不便等难题，进一步完善司法服务机制，2017年，我院成立了“格桑花流动诉讼服务队”，2018年为七乡一镇33个村居挂牌包乡联系法官，实行联系法官上门立案、上门调解、以最短暂的时间、最低廉的成本、最便捷的方式让广大农牧民群众及乡镇获得全方位的司法服务。全年共受理各类案件109件，其中引入诉讼程序81件，诉外调处28件。开通诉讼“绿色通道”，用12368法律服务热线、电话立案、邮寄送达、短信送达等方式切实减轻农牧民群众诉累，有效把矛盾纠纷化解在当地、解决在基层。二是大力开展普法活动。针对人民群众普遍关心的婚姻、继承、劳务用工等问题，充分发挥“格桑花”流动诉讼服务队在法制宣传中发挥的独特作用，我院深入乡镇、牧区、学校、寺庙等以“法治下基层”“法治续迈”为平台开展“扫黑除恶、打非治乱、扫黄打非”“用两到三年基本解决执行难”、宪法宣传等专题法治宣传活动34场次，参与宣传干警20人(次)，发放各种宣传材料9000余份，受教群众达4000余人(次)。三是积极化解涉诉信访案件。严格落实区市党委、区高院关于加强涉诉信访工作制度和要求，健全完善信访“四定一包”、“四个步骤”、案件复查制度、责任首问制度、院庭长接访等制度机制，全年无涉诉涉法案件。同时为了解决信访群众诉求，以维护信访人员正当合法权益，我院主动履职，制定信访司法引导制度，在县信访局、各乡镇设有联系法官牌，同时与多方沟通联系，引导群众从“信访”向“信法”转变，现已形成多方参与的大调解格局，2018年，司法引导员协助县信访局、人社、住建局分别调处纠纷13件，涉及人数139人；从县信访局引导诉讼案件7件，涉及人数32人，通过多方参与的大调解格局，从而减少了乱访、越级访等问题，确保了信访人员问题及时解决，有效维护了县域社会稳定。四是着眼解决群众需求，衍生司法便民服务。积极开展精准扶贫结对帮扶，选派2名干警入驻续迈乡河东村，扎实开展精准扶贫、党建、维稳、感党恩教育等工作。驻村干警驻村以来为当地群众办好事办实事共19件，积极帮助村委会解决办公设施资金2万余元。成立“法官爱心基金”，为扶贫对象及家属捐赠财物4万余元。

四、坚持改革方向，改革工作取得实效

我院加大司法责任制改革，推进以审判权为中

心，以审判管理权和审判监督权为保障的审判权力运行机制，进一步深化司法体制改革，提升内生动力，提高司法公信力。一是完成了第二批法官入额遴选工作，符合遴选条件4人参加遴选考试及法官遴选考察组考核，已上报入额人员2人，预留员额法官2人。二是以落实司法责任制为重点，积极探索审判权运行机制，结合我院实际情况，组建2个审判团队（执行团队、综合审判团队），大力推行院、庭长办案制度，2018年院庭长办案119件，切实做到“让审理者裁判，让裁判者负责”的要求，起到了示范、引领和指导作用。积极推进审判流程公开、裁判文书公开、执行信息公开及庭审公开的四大公开平台建设工作，2018年数字法院办案系统制作电子卷宗率达到100%，裁判文书公开率达100%，藏文裁判文书制作22篇，内网公开率100%，庭审直播2次，案件及执行信息填报录入准确完整，增强了司法透明度。三是积极推进审务规范化管理模式，提高审务工作效率，我院持续推进审务管理“三个一”模式，极大地提升了审务工作效率。每季度对审判执行工作运行态势进行分析通报，以提升审判质效，共组织开展“三评查”6次，不定期开展案件“回头看”评查活动2次，开展“三星三优”评比活动4次，各类卷宗、裁判文书审查率达到100%，开展模拟法庭1次，切实推动审判质效全面提升，调动了干警工作的主动性、积极性和创造性。

五、坚持打牢基础，自身建设取得新进展

我院始终把思想政治工作和全面从严治党作为首要工作任务，把从严治党与从严治警有机结合，以党建带队建，以党务促警务，坚决维护习近平总书记党中央和全党的核心地位，坚决维护党中央权威和集中统一领导作为政治的首要前提，筑牢“四个意识”特别是核心意识、看齐意识，坚定“四个自信”，在大是大非问题上，立场坚定，把坚决维护党中央权威和集中统一领导作为法院政治建设的首要任务。一是强化思想教育，坚定正确的政治立场和政治方向。以开展“不忘初心、牢记使命”“两学一做”制度化常态化、“政治教育培训”“全面加强政治建警、打造过硬政法队伍”等学习教育为契机，继续采取由书记讲党课、观看廉政教育专题片等形式灵活化、内容丰富化的教育活动，把我院党的建设推向深入，全面提高党建工作水平，促进人民法院审判执行等各项事业科学发展。2018年组织开展中心理论组学习15次，人均撰写心得体会6篇、学习笔记2万余字，召开专题民主生活会1次、组织生活会2次，通过讲党课、“微型党课”“廉政短信”“不忘初心 励志勤学”系列主题学习活动和特色党日活动，极大地增强了干警的模范意识、党性修养，使之内化于心、外践于行。二是强化作风建设，狠抓廉洁司法。院党组积极发挥党风廉政建设主体责任，始终坚持把党风廉政建设和反腐败工作摆在重要位置，与审判执行工作同部署、同落实、同检查，年初专题召开了党风廉政建设工作会议并层层签订《党风廉政建设目标责任书》与《干警日常行为规范责任书》，院内中层以上干部每半年进行一次述职述廉，2018年评选出个人廉洁之星2名，部门廉洁之星2个。建立内、外部监督机制，对内设立廉政监察员3名，明确监察职责，对审务工作实行自上而下、自下而上的双向监督，对外聘请了3名人大代表、政协委员身份的廉政监督员，对法院各项工作进行廉政监督。认真开展集中警示教育活动，通过观看廉政教育片、节假日发送“廉政短信”等举措，浓郁廉政学习氛围，切实优化司法作风。坚持“能者上、平者让、庸者下”和“以德为先”的用人导向，建设忠诚、干净、担当、风清气正的法院干警队伍。三是夯实基础，确保保障有力。为改善基础设施和装备条件，优化司法环境，自2016年开始，我院先后完成了新审判综合大楼、吞巴法庭、诉讼服务中心、院内附属设施、尼木法庭等项目建设，今年尼木法庭已完成终验工作，其余项目均已竣工并投入使用。进一步加强软硬件设施配置，建成了网上办案系统、办公系统、科技法庭系统等信息化设施，实现了“审判流程网络化、卷宗管理信息化、司法信息公开化”，智能化的智慧法院初步形成。四是人民陪审员工作显成效。2018年我院人民陪审员共参审案件17件，先后组织11名人民陪审员进行集中培训3次，年终表彰优秀人民陪审员5名、优秀人民调解员5名、“诉调共建”先进单位3个，目前已做好了新一届人民陪审员遴选工作，候选人共26名。

六、坚持文化引领，着力建设学习型法院

我院一直以来秉承“厚德务实 尚法为民”的院训，紧紧围绕审判执行工作第一要务，全面加强文化建设，以建设学习型法院为切入点，以先进典型为引导，增强队伍凝聚力和向心力，营造了浓厚的文化氛围。一是以先进典型为引导，以榜样力量为指引，以工作业绩及个人道德品质每季度评选“三星三优”，将获得自治区级以上荣誉的干警纳入“榜样的力量”文化墙，使全院干警努力向先进典型学习，形成比、学、赶、超的良好氛围。二是加强法官职业文化建设。通过入额法官墙、法官入职宣誓、法官思想道德教育等方式加大法官职业认同感和职业尊荣感，牢固树立司法核心价值观，努力营造崇尚和遵守职业道德的文化氛围，以法官职业文化建设深化法院文化。三是以法院文化建设为引领，开展富有特色的文化活动，开展以“不忘初心、励志勤学”为主题的每月“读书会”、每周“一小时”业务学习，以“七五”普法、“格桑花”流动诉讼服务队、法律“七进”为平台，开展以“尊崇宪法、学习宪法、遵守宪法、维护宪法、运用宪法”为主题的系列活动，凝聚集体智慧，不断创新工作方式方法，形成了“比、学、赶、超”的良好氛围，在潜移默化中培育干警的职业自豪感、集体荣誉感，增强凝聚力、向心力。

七、拓宽渠道，不断完善接受监督制度

长期以来，我院高度重视接受监督工作，主动接受人大、政协监督，力求以更加主动、更加灵活、更加有效的方式加强与人大代表、政协委员的联络。今年以来，我院坚持“走出去、请进来”的做法，突出和完善接受人大监督机制，邀请人大代表、政协委员跟踪审判工作、深入执行工作，同时院党组书记院长带头走访续迈乡人大代表，为人民代表及时、全面、客观地了解我院工作创造了条件。今年人大代表、政协委员听取我院专题工作报告两次，党委政府、社会各界及人民群众对我院的满意度普遍提高，法院公信力显著提升。

各位代表，今年尼木县人民法院的工作取得了一定的成绩，这是县委正确领导、人大依法监督、上级法院正确指导和政府、政协以及社会各界大力支持的结果，我代表尼木县法院，向各位人大代表、向所有关心和支持法院工作的各界人士，表示衷心的感谢！

在看到成绩的同时，我们也清醒地认识到法院工作中还存在不少困难和问题：一是司法审判队伍的能力还不能完全适应新形势新任务要求，队伍的能力素质亟待进一步提高；二是案件数量持续增长，法官员额不足，“事多人少”矛盾尤为突出；三是失信惩戒机制和惩治措施仍需进一步强化，推行解决执行难还需作出更多努力。面对存在的困难和问题，我们将认真对待，积极争取各方面支持，认真加以解决。

2019年工作思路

2019年我院将高举中国特色社会主义伟大旗帜，以政治建警为统领，以“全面加强政治建警，打造过硬法院队伍”专项教育整顿活动为抓手，按照九届县委三次会议的部署要求和上级法院的安排部署，树立“四个意识”、坚定“四个自信”、坚决做到“两个维护”，不忘初心、牢记使命，坚持以人民为中心的发展思维，聚焦“现代尼木三步走”总体布局的出发点落脚点和“四产业两园区”发展布局的着眼点着力点，紧紧围绕“努力让人民群众在每一个司法案件中感受到公平正义”的工作目标和“司法为民 公正司法”的工作主线，狠抓审判执行工作主业，深入落实司法责任制，坚持文化引领，从严管理队伍，夯实基层基础，加快“学习型法院”建设，忠诚履行职责，严格审判管理，创新为民举措，稳妥推进司法改革，努力提升司法服务能力，全力为全县经济社会跨越式发展提供有力司法服务和司法保障。

一是狠抓审执第一要务。依法惩治犯罪，重点打击危害国家安全犯罪、暴力性犯罪和扶贫等领域犯罪，积极推进法治稳县，确保尼木长治久安。认真落实县委、县政府决策部署，紧紧围绕我县经济社会发展战略，加强司法应对，妥善处理民商事案件，为市场主体提供优质高效司法服务。依法审理追索劳务报酬、婚姻家庭等涉民生案件，依法保障精准扶贫、精准脱贫，促进民生改善。积极推进执行信息化建设转型升级和整体布局，充分发挥执行指挥中心功能，不断完善执行威慑、联动机制，充分运用各类强制措施，维护当事人合法权益。规范执行行为，坚决消除消极执行、选择性执行、乱执行等乱象。依法用好、用足各种强制执行手段，严厉打击拒执犯罪，进一步增强司法公信力。

二是推行司法便民举措。继续推进12368法律服务热线、法院微信公众平台和预约立案、电子送达、“格桑花”流动诉讼服务队等司法便民利民举措。切实为生活困难的当事人减免缓诉讼费或提供执行救助，让人民群众有更多获得感。继续深入了解群众司法需求，配合乡镇、村居做好涉民生领域专题法制宣传和送法入户活动；为加强县域青少年法制教育，提高青少年法制意识，我院将努力加强自身建设，目标成为我县的青少年法制教育基地。

三是强化措施，形成“三个专项斗争”强大合力。继续把“三个专项斗争”作为首要的重大政治任务予以落实，对开展“三个专项斗争”工作进行再动员再部署，强化广大干警参与其中的责任感、使命感、紧迫感，充分认识黑恶势力的社会危害，充分认识人民法院在“三个专项斗争”中“主力军”的地位和作用。坚持以问题为导向，强化意识，加强与其他政法机关的沟通协调，密切配合，通力协作，全力推动专项斗争取得突破性进展。

四是深入推进司法改革。把思想认识统一到党中央关于深化党和国家机构改革的重大决策部署上，提高政治站位，始终坚持围绕大局履职尽责，坚定不移推进司法体制改革，不断优化司法职权配置，增强改革的系统性、整体性、协同性，促进审判质效提升，推动内设机构改革向纵深开展。继续推进多元化纠纷解决机制、案件繁简分流机制等改革，着力加强办案指导和监督，在实现让审理者裁判的基础上，确保放权不放任，努力推进案件质效和司法公信力有新提高。

五是加强队伍建设提升整体素质。认真贯彻落实习近平总书记对党员干部提出的“五个必须”“五个决不允许”要求，始终把政治建设摆在首要位置，坚决落实全面从严治党主体责任，扎实开展“全面加强政治建警、打造过硬政法队伍”“政治纪律教育”“政治教育培训”等系列专题教育整顿活动，不断深化廉政宣传教育，营造崇廉尚廉、拒绝贪腐、爱岗敬业的浓厚氛围，不断创新形式，推行“廉政文化进法院”工作，不断丰富干警的廉政文化内容，增强廉政文化的亲和力和感染力；增强干警“四个意识”，以班子建设为关键，凝聚人心、带好队伍。以先锋导向，以典型引路，以榜样示范，激励全院干警的信心和斗志。建立健全错案防范机制及责任倒查制、审判质量终身负责制，以零容忍态度坚决惩治司法腐败，不断形成“风清则气正、气正则心齐、心齐则事成”的清风正气之势，以永远在路上的坚韧抓好作风建设，保持队伍纯洁，促进干警清正、队伍清廉、司法清明。

六是自觉接受和改进监督方式。自觉将法院工作置于党的领导下，做到重大部署、重点工作、重大问题、重大案件及时向上级党委请示汇报，确保党的主张和意图不折不扣贯彻落实。自觉接受各级人大及其常委会监督和政协民主监督，建立完善定向联络、庭审旁听、工作通报和信息报送等制度，及时办理提案和意见建议。继续完善人民陪审员制度，积极从各行业中选聘优秀人才扩充人民陪审员数量，加大培训力度增强其业务能力，扩大参审范围，尽可能多的让陪审员参与到案件审判中，最大程度的满足公众对司法的知情权、参与权、表达权和监督权。

各位代表，新的时代开启人民法院新的征程，尼木县人民法院将更加紧密地团结在以习近平同志为核心的党中央周围，在县委坚强领导、人大有力监督、上级法院正确指导、政府大力支持、政协民主监督和检察机关诉讼监督下，不忘初心、锐意进取、开拓创新、扎实工作，努力为尼木县实现长足发展和长治久安总目标提供更加有力的司法保障，以优异成绩为中华人民共和国70华诞、西藏民主改革60周年献礼。

名词解释

1.“三强一创一建”：指坚持强化审务管理、强化司法能力、强化基础设施和创全市一流法院、建

“学习型”法院。

2. “三个专项斗争”：指扫黑除恶、打非治乱、扫黄打非。

3. “四个核心指标”：指有财产可供执行案件法定期限内结案率、无财产可供执行案件终本合格率、执行信访案件化解率、三年执行案件结案率。

4. “三统一”：指统一管理、统一指挥、统一协调。

5. “五个条件”：（1）申请或移送执行的法律文书已经生效；（2）申请执行人是生效法律文书确定的权利人或其继承人、权利承受人；（3）申请执行人在法定期限内提出申请：向法院申请执行的期限是两年。中华人民共和国《民事诉讼法》第二百一十五条规定：“申请执行的期间为两年。申请执行时效的中止、中断，适用法律有关诉讼时效中止、中断的规定。前款规定的期间，从法律文书规定履行期间的最后一日起计算；法律文书规定分期履行的，从规定的每次履行期间的最后一日起计算；法律文书未规定履行期间的，从法律文书生效之日起计算。”（4）申请执行的法律文书有给付内容，且执行标的和被执行人明确；（5）义务人在生效法律文书确定的期限内未履行义务。

6. “四定一包”：指定时间、定人员、定领导、定责任，包案处理。

7. “四个步骤”：指一案一专、一案一档、一案一解、一案一通报。

8. “四大公开平台”：指审判流程公开、裁判文书公开、执行信息公开及庭审公开。

9. 审务管理“三个一”模式：指一周一例会、一月一总结、一季度一推进，极大地提升了审务工作效率。

尼木县人民检察院工作报告

——在尼木县第十三届人民代表大会第四次会议上

尼木县人民检察院检察长 强巴阿旺

（2019 年 1 月 28 日）

2018 年工作回顾

2018 年，县检察院在县委和市检察院的坚强领导下，在县人大及其常委会的有力监督下，在县政府的大力支持、县政协的民主监督和社会各界的关心支持下，以习近平新时代中国特色社会主义思想为指引，深入学习贯彻党的十九大及十九届二中、三中全会精神，学习贯彻区市县党委九届三次、区党委九届四次全会、全国全区全市检察长会议精神，牢固树立"四个意识"，坚定"四个自信"，践行"两个维护"，紧紧围绕"稳定发展生态"三件大事，服务保障"现代尼木三步走"总体布局和"四产业两园区"发展布局的实施，忠实履行宪法和法律赋予的职责使命，为高质量推进现代化新尼木建设贡献了检察力量。

一、以习近平新时代中国特色社会主义思想为指引，建设一支政治过硬的检察队伍

（一）坚持全面从严治检。2018 年，院党组深刻领会和坚决落实习近平总书记关于全面从严治党的战略部署的重要指示，对标落实十九大要求，增强管党治党意识，坚持守土有责、守土尽责，严格落实"一岗双责"，制定了《尼木县人民检察院党组 2018 年落实党风廉政建设主体责任工作计划》，组织各科室签订了《党风廉政建设责任书》4 份。一年来，共召开专题党风廉政建设会议 4 次，廉政约谈 6 人次，观看警示教育片 2 场次。落实意识形态工作责任制，着力淡化宗教消极影响。

（二）健全党建工作责任体系。牢固树立抓好党建就是最大政绩观念，坚持党的一切工作到支部的鲜明导向，丰富党建活动，加强支部规范化建设，严格执行"三会一课"制度，结合"两学一做"学习教育常态化制度化，深入开展政治教育、政治纪律教育、"全面加强政治建检、打造过硬检察队伍"专项教育整顿等活动，召开动员部署会议 3 次。一年来，召开党组理论中心组学习 12 次，交流发言 9 人次，撰写个人对照检查材料 7 篇、心得体会 70 余篇。确保学出坚定信仰、学出绝对忠诚、学出使命担当、学出专业精神。召开党员大会 4 次，党支部学习会 12 次，党组书记及党组成员讲党课 4 次，党组书记以普通党员参加党支部生活 2 次，党支部书记讲党课 2 次，邀请县组织部、县纪委召开民主生活会 1 次，召开组织生活会 2 次，组织开展党员主题日活动 2 次，组织观看改革开放 40 周年影片 1 次。今年是党支部换届年，按照县直机关工委的要求，我院党支部已于 6 月份换届完毕，选举出新一届党支部书记 1 名，副书记 1 名，委员 1 名。

（三）深入开展宪法学习活动。宪法作为国家的根本大法，检察院作为法律监督机关，学习宪法是最基本的要求。4 月以来，我院组织了 3 次宪法专题学习会，特别是对监察法的学习。6 月 11 日，我院还举行了"宪法宣誓"仪式以及"为祖国点赞・同宪法合影"活动。同时，我院还积极推动村（居）民宪法学习宣传教育，通过送法进村（居）等活动，推动宪法宣传教育向基层延伸。

（四）全力配合市检院巡察。9月13日，市检院巡察组进驻我院对院党组开展为期两个月的巡察，巡察组通过谈话、走访、考试等方式开展巡察，我院全力配合，为巡察组开展工作创造了有利条件。10月31日，我院召开了市检院巡察组反馈意见会，巡察组向我院反馈了十四条问题。11月1日，我院就反馈的十四条问题召开了专题研究会，针对整改反馈意见逐条逐项列出清单并进行即知即改和时间段整改及长期整改落实。

（五）持续强化政治理论以及业务能力培训。多途径、多方式开展教育培训工作，特别是学习贯彻党的十九大精神，不断提高全院干警的政治理论以及业务水平。今年以来，检察长前往北京和林芝检察官学院参加为期10天和5天的学习党十九大精神培训，8名干警参加了县委党校组织的为期两天的十九大学习培训，9名干警参加了县委党校以及我院组织的为期4天的政治教育培训，1名干警前往林芝检察官学院分别参加了为期10天的控申业务培训和民行业务培训，两名干警前往成都参加了为期80天的法考培训，1名干警前往银川参加为期15天藏汉双语培训，1名干警前往林芝检察官学院参加了为期5天检察新闻宣传培训。

二、全力维护社会局势稳定、建设平安尼木

（一）严厉打击刑事犯罪。2018年，共受理批准逮捕案件1件1人，审查起诉案件6件6人，提起公诉5件5人。2018年4月，我院从办案经费中支出1万元，派遣一名检察官前往成都对犯罪嫌疑人嘎某的受审能力重新进行了司法鉴定。

（二）掀起扫黑除恶强大攻势。今年以来，我院坚决贯彻习近平总书记关于扫黑除恶专项斗争的重要指示精神，按照区市县扫黑除恶打非之乱专项斗争的会议精神，结合检察工作实际，制定了《尼木县人民检察院扫黑除恶打非之乱专项斗争实施方案》，抽调干警组成了以党组书记、检察长为组长的专项小组，紧紧围绕24类打击重点，前往七乡一镇走访了解相关情况，并对联系村开展专项宣传活动。

（三）主动对接国家监察体制改革。2018年1月份，按照监察体制改革的具体要求，我院按照编制数22%的比例，划转编制4个，划转干警1人、办案工作区1个以及价值15万元的侦查审讯装备，为县监委会的成立，提供了强有力的保障。

（四）助力脱贫攻坚战略实施。紧紧围绕全县脱贫攻坚工作大局，坚决按照县脱贫攻坚指挥部的相关要求，组织全院干警学习精准脱贫应知应会知识和政策，全院共有6户结对帮扶户、4户贫困边缘户，基本实现了精准脱贫工作的全覆盖，2018年，院党组以及全院干警走村入户30次，送去价值3万元的生活物资，提供精准脱贫措施3条，宣讲政策20余次。并就派遣2名干警参与东嘎村驻村工作，紧紧围绕“七项重点任务”，大力宣传党的十九大精神，全力助推全县精准扶贫工作。

三、全力维护社会公平正义，建设法治尼木

（一）注重加强刑事立案、侦查监督。2018年，我院派出两名干警对县刑警大队、县交警大队、县治安大队以及七乡一镇派出所受理的刑事、治安、交通违法等案件进行监督，启动立案监督程序2件，向公安局刑警大队发出说明不立案理由通知书1份，县公安局刑警大队将情况说明反馈我院后，将案件线索向具有管辖权限的部门进行了移交，该案已由拉萨市经侦支队立案侦查。通过监督，及时发现并纠正了公安机关在办理案件过程中存在的问题，从而规范了案件办理的合法性、合理性。今年10月，我院还配合市检院侦查监督处对2016年以来的刑事案件进行监督，并对我院的立案、侦查监督工作提出相关意见建议。

（二）着力强化刑事执行监督。始终将对社区矫正执法环节的法律监督作为刑事执行检察工作的重点任务，指派两名干警对全县8名社区矫正人员进行监督，在监督过程中时发现尼木乡一名矫正人员没有下达书面解除社区矫正文书，立即向县司法局发出口头纠正违法1次，县司法局整改后及时将整改情况反馈我院。我院还积极配合市检察院执检局、市司法局对全县的社区矫正人员开展监督工作，确保社区矫正人员不脱管、不漏管。依法纠正社区矫正中的执行违法行为，促进社区矫正工作依法规范开展。

（三）不断深化民事行政监督。2018年，我院办结了市检院交办的民事申诉案件2件，1件案件因

程序瑕疵已向市中法和代理律所发出检察建议各1份，另1件案件已向市中法提起抗诉，目前抗诉文书已上报区检院审批。

（四）全力开展公益诉讼。今年以来，我院积极调整检察工作重心，注重挖掘生态环境和资源保护、食品药品安全、国有资产保护、国有土地使用权出让等重点领域的案件线索，严厉打击破坏生态环境资源的各类违法犯罪，坚持把诉前程序和提起诉讼放到同等重要的位置，树立“提起诉讼是办案、督促履职也是办案的”意识，积极通过诉前程序推动行政机关主动履行职责、保护公益，公益诉讼案件取得重大突破。2018年，我院受理公益诉讼线索1条，立案2件，开展诉前程序2件，向相关职能部门发出检察建议2份。

（五）筑牢检察舆论宣传阵地。一是经院党组研究后，出资4.85万元印制公益诉讼宣传册。截至目前，我院是拉萨市检察机关首个印制公益诉讼宣传册的单位；二是召开与9名司法联络员、5名人民监督员的工作联席会议，再次明确司法联络员以人民监督的职责，增加检察工作的透明度。同时，通过司法联络员、人民监督员工作机制，本着为人民群众提供良好法律服务的愿望，以悬挂服务牌的方式出资4.64万元建立与全县33个村（居）的联系，指定4名检察官、4名检察辅助人员分区负责33个村（居）的法律服务工作；三是利用“七五普法”、“法律七进”、“民族团结月”、“9·16平安西藏”“12·4国家宪法日”等活动开展十九大精神宣讲以及法治宣传，开展十九大精神宣讲以及法制宣传11次，发放宣传材料1200余份；四是借力“两微一端”、案件信息公开网以及门户网站，不断强化“互联网+检察工作”新模式，发布党的建设、案件信息以及检察工作新动态，通过新浪微博发布消息110条、“今日头条”发布动态71条、微信公众号发布消息55条，公开案件信息2件2人，公开法律文书3份。

四、全面完善司法体制改革工作，推进国家法治进程

2017年，我院完成了司法体制改革人员分类管理、上报了内设机构改革实施方案、组建了新型办案组等工作，兑现了员额检察官的工资绩效以及检察辅助人员的绩效，建立了绩效考核办法。2018年，根据司法体制改革的要求，我院不断完善绩效考核制度、检察官权力清单、书记员管理办法、员额管理办法等制度，为司法体制改革工作提供了制度保障。

五、加强检务保障工作，推动尼木县检察院更好更快发展

近年以来，院党组深刻认识到信息化建设的重要性，由于业务技术楼为“十一五”规划项目，原有的保密设计已无法达到目前的保密要求，致使我院信息化建设滞后，整栋楼无外网，仅有一根电话线，在工作上造成了极大不便，为此，院党组积极向上级院请示汇报，9月下旬，我院信息化建设方案已由上级院通过，上级院将拨付70万元的资金用于我院信息化建设，目前该资金已下拨至拉萨市财政局。

各位代表，回顾2018年检察工作，我们认真学习贯彻习近平新时代中国特色社会主义思想和党的十九大精神，各项检察工作取得了较好的成绩，这些成绩的取得，得益于县委和市检察院的正确领导，得益于县人大及其常委会的依法监督，得益于县政府的大力支持和县政协的民主监督，得益于各位代表、社会各界和人民群众的关心帮助。在此，我代表尼木县检察院向长期关心支持检察工作的各级党委、人大、政府、政协及有关部门，向各级代表、政协委员和社会各族人民群众，表示衷心的感谢和崇高的敬意！

在看到成绩的同时，我们也清醒地认识到，面对新时代经济社会发展对法治提出的新要求，县检察院在服务大局、维护稳定、保障民生、化解矛盾等方面的能力还有待提升；

法律监督主责主业发展仍然不平衡，监督纠正违法的力度与人民群众期待还有不小差距；检察体制改革需要进一步深化，检察队伍的正规化、专业化、职业化建设需要进一步加强；对于这些问题，我们将高度重视、认真研究，切实加以解决。

2019年主要任务

2019年，县检察院将紧密团结在以习近平同

志为核心的党中央周围，以习近平新时代中国特色社会主义思想为引领，深入学习贯彻党的十九大及十九届二中、三中全会精神，按照区市县党委九届三次全会、区党委九届四次全会总体部署，紧扣“稳定发展生态”三件大事，服务保障“现代尼木三步走”总体布局和“四产业两园区”发展布局的实施，聚焦主责主业，坚持以维护社会公平正义，提高法律监督能力为核心，以深化司法体制改革为方向，大力加强和改进检察工作，为建设法治尼木提供强有力的司法保障。

（一）全面从严治检、坚持党对检察工作的领导。增强“四个意识”，坚定“四个自信”，践行“两个维护”，始终在思想上政治上行动上同以习近平同志为核心的党中央保持高度一致。深入推进“两学一做”学习教育常态化制度化，结合政治教育、政治纪律教育、“全面加强政治建检、打造过硬检察队伍”专项教育整顿活动，推动习近平新时代中国特色社会主义思想和党的十九大精神贯彻落实。自觉把纪律和规矩挺在前面，以更大的决心、更大的勇气推动全面从严治党、全面从严治检，让检察干警知敬畏、存戒惧、守底线。

（二）强化维稳工作机制，维护社会和谐稳定。深入贯彻落实习近平总书记关于治边稳藏的重要论述，牢牢坚持把维护国家安全和社会稳定摆在首位，狠抓常态化维稳工作机制。主动研判刑事犯罪新趋势，打击各类刑事犯罪，推动完善共建共治共享的社会治理体系。自觉把依法办理、舆论引导、社会面管控“三同步”作为新时代检察工作的重要理念和思维方式，加强网络舆情监测和阵地建设，妥善应对处置涉检舆情。持续开展“扫黑除恶打非治乱”专项斗争，依法惩处黑恶势力及其“保护伞”犯罪，不断提升群众安全感。

（三）聚焦主责主业，强化法律监督。坚持问题导向，深入研究制约法律监督平衡、充分、全面发展的深层次原因，着力加强刑事立案、侦查、审判、执行监督，深化民事、行政诉讼监督，推动构建多元化监督新体系，努力让人民群众在每一个司法案件中都感受到公平正义。

（四）提升干警业务能力，强化干警综合素质。综合运用“岗位锻炼”“走出去”“引进来”，与援藏对口单位人才交流、互动学习，鼓励和促进干警参加司法考试等岗位能力培训，促进对法律知识的更新；强化检察队伍自身强健。积极主动争取党委、政府和上级院的支持，对干警“想干事、能干事、干成事”创造更好、更大的平台。

（五）推进信息化建设，强化检务保障能力。将现代科技应用与检察工作相融合，加快建设网上、掌上、实体“三位一体”的信息化检察院，提升检察工作质效和便民服务水平。一是加快对业务技术楼线路改造升级，并在改造完毕后积极协调市检院以及市保密局对我院进行保密评估；二是推动“掌上通应用系统”的全面使用，实现检务管理网上流转，大大提升智能化管理水平；三是建成规范化“12309 检察服务中心”，制定服务事项清单，提升“线上线下”服务水平。

（六）推进司法体制改革，保证改革任务顺利实施。牢牢把握全面提高检察工作法治化水平和全面提高检察机关司法公信力两个主基调，坚持以法治为引领，积极回应人民群众新期待，严格落实以审判为中心的刑事诉讼制度改革、以落实司法责任制为核心，完善检察官业绩考核和司法档案工作机制，把办案质量终身负责制落到实处。加快推进内设机构、检察人员单独职务序列相关改革工作。

各位代表！新思想引领新时代，新使命开启新征程。我们将高举习近平新时代中国特色社会主义思想伟大旗帜，在区市县党委、上级院的坚强领导下，认真落实本次会议精神，认清形势、把握机遇、凝聚力量、扎实工作，不断开创新时代尼木检察工作新局面，为决胜全面建成小康社会、开启尼木现代化建设新征程做出新的更大贡献。

关于2018年国民经济与社会发展计划执行情况和2019年国民经济与社会发展计划草案的报告

——在尼木县第十三届人民代表大会第四次会议上

尼木县发展和改革委员会

（2019年1月28日）

一、2018年经济社会发展执行情况

2018年是贯彻落实党的十九大精神的开局之年，是实施“十三五”规划承上启下的关键一年，面对新形势、新任务、新要求，全县上下深入贯彻落实习近平总书记系列重要讲话精神和治国理政新理念新思想新战略，贯彻落实中央、自治区、拉萨市经济工作会议精神，坚持稳中求进、进中求好、好中求快、补齐短板工作总基调，按照尼木县第十三届人民代表大会第三次会议批准的2018年国民经济和社会发展计划草案报告，狠抓稳增长、调结构、促改革、惠民生各项措施，全县经济保持稳步增长，圆满完成各项目标任务。2018年，实现地区生产总值8.97亿元，同比增长9.3%，完成目标任务（8.22亿元）的109%；全社会固定资产投资完成额同比增长40.7%；农牧民人均可支配收入12865元，同比增长10.57%；工业增加值0.68亿元，同比增长33.33%，完成目标任务（0.67亿元）的101.5%；社会消费品零售总额0.70亿元，同比增长13.3%，完成目标任务（0.70亿元）的100%；一般公共财政预算收入1.54亿元，同比增长8.55%，完成目标任务（1.51亿元）的101.9%。

（一）产业培育加快，发展支撑更加强劲

以产业建设为根本，坚定不移地推进“四产业两园区”建设，着力补齐发展短板，培育内生动力，培育发展优势产业，经济增长动力不断增强。特色产业加快发展。尼木藏鸡原种保护基地一期现存藏鸡2.5万只，日产蛋800余枚，总投资9600万元的藏鸡原种保护基地二期工程土建工程已经完成，正在进行设备安装；总投资2100万元的建档立卡贫困户藏鸡标准养殖基地开工建设；在赤朗村建立2个藏鸡养殖生命仓，试养藏鸡1200余只。总投资4000万元的藏香产业园完工即将投入运营。与西藏文旅集团签订了《吞巴景区投资框架协议之补充协议》，由西藏文旅集团投入约2.8亿元对吞巴景区提档升级工程进行建设；引进北京山海文旅有限公司对琼穆岗嘎雪山进行开发，签订了《尼木县人民政府与北京山海文旅有限公司关于尼木县琼穆岗嘎雪山景区项目合作协议》，计划投资6.6亿元；总投资6000万元的农牧民搬迁安居和特色经济项目一期完工投入运营。“两园区”建设扎实推进。总投资2.2亿元的拉萨经开区尼木产业园区建设项目开工建设，园区道路基础设施一期项目建设已完成，目前正在通过招商引资、企业合作等方式，积极发展运输、物流、商贸、餐饮、电子商务等现代服务产业。积极与龙头企业合作经营，促进农业规模化、产业化发展，西藏德青源农业科技有限公司、中国航天科技集团神州绿鹏农业科技有限公司、西藏天润农牧业开发有限公司已入驻现代农业高新示范

园区。农牧业生产持续增收。粮油总产2798.7万斤,比2017年增产1080.5万斤,粮经饲种植比例调整到72∶16∶12。猪牛羊肉产量2748.9吨,奶产量8000吨,山羊绒产量3.3吨,禽蛋产量147.75吨。乡村振兴稳步推进。把制定实施乡村振兴战略总体规划与“十三五”脱贫攻坚规划衔接起来,编制了《尼木县乡村振兴战略实施方案》,同时积极与北京新农创投资发展有限公司合作对接,加快编制《尼木县乡村振兴总体规划》《尼木县农业产业发展规划》。

(二)重点项目扎实推进,发展基础不断夯实

积极争取国家投资和援藏投资,加强项目建设力度,投资规模不断扩大,开(复)工项目113个,总投资34.5亿元,完成固定资产投资22.06亿元。总投资3869万元的尼木县麻江乡朗堆村至琼穆岗日景区公路、总投资1008万元的尼木县普松乡如白村扶贫点公路工程、总投资1721万元的尼木县续迈乡霍德村江组道路修建工程、总投资1057万元的麻江乡防洪堤工程、总投资4400万元的吞巴乡特色小城镇棚户区改造工程、总投资9600万元的藏鸡原种保护基地二期工程、总投资5.6亿元的尼弘元仓经济链建设项目、总投资2807万元的县城污水处理厂等一批重点项目顺利实施,城乡基础设施不断改善,产业发展不断推进,生产发展能力进一步提高。

(三)民生实事全面实施,发展成果更加惠民

把保障和改善民生作为一切工作的出发点和落脚点,坚持以人民为主体,发展为了人民,发展成果由人民群众共享。优先发展教育事业。学前双语三年毛入园率达84.94%;小学纯入学率达99.97%、巩固率达99.79%;初中毛入学率达99.91%、巩固率达100%。加大教育基础设施建设力度,建设续迈乡完小风雨操场、续迈乡完小学生宿舍楼、尼木县中心小学一号宿舍楼、尼木县中心小学二号宿舍楼等项目。医疗卫生服务能力不断提升。进一步完善全县公共卫生基础设施建设和服务体系建设。总投资1100万元的尼木县藏医院建设项目、总投资300万元的医疗援藏专家楼建设项目完工投入使用。全县农牧民参加农牧区医疗保险共30587人,资金共计1435.56万元;补偿大病统筹基金1314人次,补偿金额1053.23万元;其中736人次享受“先诊疗后结算”优惠政策,金额466.77万元。制定《尼木县健康扶贫医疗救助兜底保障实施方案》,对贫困人口医疗自付费用实行政府兜底,将20种特殊门诊病种纳入农牧区医疗大病统筹报销范围。社会保障能力持续增强。实施小康安居工程、县城停车场、农村客运班线工程、农村老旧房改造工程,进一步提升保障水平。城乡居民养老保险参保人数13297人,个人缴费总额151.65万元,基本实现全覆盖。脱贫攻坚成效显著。食药用菌生产基地、温室大棚项目、生猪养殖场等一批扶贫产业项目取得效益,助力贫困群众脱贫增收。县城搬迁安置区、麻江搬迁安置区、帕古搬迁安置区、经开区搬迁安置区完成建设,累计搬迁500户2074人;充分依托培训、岗位开发和政府购买服务等措施,为搬迁群众解决629个就业岗位,基本实现“一户一人”就业。统筹推进以教脱贫、以助脱贫、以补脱贫、以保脱贫、转移就业、金融扶贫等各项工作。建档立卡贫困人口人均可支配收入达到10799.81元,比2017年增长12.18%,其中自创收入9538.39元/人,占人均可支配收入的88.32%,比2017年增长23.62%,人均政策性收入1261.42元,占人均可支配收入的11.68%,比2017年下降55.79%,经营性、工资性、财产性等自创收入比例明显提高,收入结构更加优化。2018年9月28日,西藏自治区人民政府正式下达了关于批准我县退出贫困县的批复,全县实现整体脱贫摘帽。文化事业长足发展。总投资1200万元的白面具传习所项目、总投资350万元的广电中心建设项目已经完工;完成夏荣寺僧舍、提确林寺僧舍、提确林寺大殿维修工程。开展文化下乡60余场,观众达2.5万余人次;放映电影570场次,观众42638人次。就业形势保持总体平衡。实现城镇新增就业766人;农牧区劳动力转移就业0.83万人、2万人次;2018年应届高校毕业生就业179人,就业率92%。

(四)生态红线坚守有力,发展环境更加美好

高度重视生态环境保护,注重生态文明建设,积极构建国家生态安全屏障。制定《尼木县生态保

护红线划定工作方案》以及《尼木县生态保护红线方案》，落实最严格土地保护制度，严守耕地保护红线。实施拉萨周边造林工程、尼木桥头绿化工程、帕古乡垃圾转运站等项目。完成生态重点区域造林 2180 亩、拉萨周边防护林工程 4180 亩、生态安全屏障防沙治沙 6666.6 亩。2 个生态乡，5 个生态村创建工作通过区、市核查验收。

（五）改革开放不断深化，发展措施更加多元

把改革开放作为推动科学发展、跨越式发展和长治久安的根本动力，破解发展难题，增强发展活力，社会生产力进一步解放和提高。农村改革稳妥推进。深化农村各项改革，已完成农村集体土地所有权确权登记工作，为 4693 户农户颁发确权证书；完成农村宅基地确权登记工作，颁发 4251 宗不动产权证书；建立了农村集体资产管理、登记、处置、使用决策等 6 项制度，已完成试点村卡如村的清产核资工作并顺利通过拉萨市级清产核资验收。受援工作成效显著。深入贯彻落实中央第六次西藏工作座谈会精神，狠抓援藏项目争取和建设。今年，围绕教育事业、民生改善、特色产业等领域，实施 14 个援藏项目，完成投资 1.89 亿元。总投资 5509 万元的高原种植业航天育种及产业化推广应用建设项目、总投资 2100 万元的建档立卡贫困户藏鸡标准化养殖项目、总投资 3000 万元的农牧民搬迁安居精准扶贫和特色经济建设示范项目二期、总投资 400 万元的县小学教学楼等一批援藏项目开工建设，为全县脱贫攻坚及经济社会发展发挥着重要作用。携手奔小康活动深入开展。一是领导重视。自北京市顺义区与尼木县结成帮扶对子以来，两地党委、政府主要领导开展互访交流活动 10 余次，研究部署两地结对帮扶工作；二是加强资金投入。顺义区累计安排帮扶资金 1090 万元，用于麻江乡牦牛短期育肥项目和各乡镇扶贫产业项目；三是加大产业帮扶。积极拓展尼木特色产品进京渠道，顺鑫集团采购总价 10 万元的雪菊、藜麦；顺义区仁和镇供销社采购总价 100 万元的雪菊、藜麦；举办“燕京啤酒节”“招商推介会”，我县净土公司赴顺义区展示展销尼木特色产品。四是搭建两地人才交流合作平台。顺义区安排专业技术人才 15 名赴尼木县，在教育、生猪养殖、温室大棚种植、旅游等领域开展技术帮扶交流活动。合作开放水平进一步提高。始终把招商引资作为增强县域经济发展活力的有效措施，采取走出去、请进来的方式，充分利用北京“京交会”“燕京啤酒节”、西藏“藏博会”等活动，加强优秀企业引进力度。引进西藏文旅集团、北京山海旅游有限公司、北控集团、北京神州绿鹏农业科技有限公司等一批大中型企业，招商引资到位资金 7.1 亿元，同比增长 11.36%。

总的来看，我县经济社会发展态势良好。这是县委、县政府统揽全局、正确领导的结果，是北京市无私援助的结果，是全县人民精诚团结、奋力拼搏的结果。同时，我们也要看到，我县还存在着产业基础薄弱、工业经济总量偏小、脱贫巩固任务依然艰巨、抗风险能力不强、基础设施建设相对滞后等困难和问题，我们要高度重视，要在今后的工作中采取有力措施认真加以解决。

二、2019 年国民经济和社会发展思路及目标

2019 年工作总体思路：以党的十九大精神为指导，深入贯彻落实习近平总书记系列重要讲话精神和治国理政新理念新思想新战略，紧紧围绕自治区经济工作会议、拉萨市经济工作会议、县委经济工作会议精神，坚持稳中求进、进中求好、好中求快、补齐短板工作总基调，以供给侧结构性改革作为经济工作的主线，以提高发展质量和效益为中心，扎实做好稳增长、促改革、调结构、惠民生、防风险各项工作，保持经济运行在合理区间，确保我县经济社会长足发展和长治久安。

2019 年经济社会发展的主要预期目标：地区生产总值增长 12%，全社会固定资产投资增长 18%，一般公共预算收入增长 6%，工业增加值增长 33.33%，社会消费品零售总额增长 14%，农牧民人均可支配收入增长 14%，招商引资到位资金增长 10%，居民消费价格涨幅控制在 4% 以内，城乡登记失业率控制在 3% 以内，城乡调查失业率控制在 5% 以内。

（一）狠抓投资拉动，进一步破解发展瓶颈

着力推进基础设施工程，处理好国家投资和社会投资的关系，处理好重大项目和民生项目的关

系，积极争取各类重大项目，提升全县基础设施条件，为全面建成小康社会提供有力支撑。一是加快项目前期工作。成立项目前期工作领导小组，召开项目前期工作推进专题会议，加快县城至麻江乡公路工程、县城污水管网建设项目、尼木河普巴村段防洪堤工程，帕古水库、尼木县续庆灌区工程等重大项目前期工作，为项目开工打好坚实基础。二是加快项目建设进度。倒排工期，挂图作战，全力推进县城污水处理厂、尼木县低温太阳能供暖工程、吞巴灌区工程、乡镇垃圾转运站等重大项目建设进度，确保早完工、早投入使用、早发挥效益。三是提前做好项目储备。加强部门之间的配合，深入研究国家投资政策，围绕产业发展、基础设施建设、民生事业、生态资源等领域谋划储备一批项目，为项目申报和争取资金打好基础。四是加强援藏项目建设。用足、用好援藏特殊优惠政策，加快援藏项目的建设进度，加快推进非物质文化遗产陈列设施项目、巴果村小康村居基础设施建设项目、农牧民搬迁安居精准扶贫和特色经济建设示范项目二期等项目建设进度，为全县产业发展、民生改善做出贡献。五是加大招商引资力度。积极吸引社会投资，引进一批吸纳就业多、税收贡献大、低碳无污染、带动能力强的大中型企业。加快尼弘园仓经济链物流港项目、中核集团地热发电项目建设进度，培育实体企业，增强县域经济发展活力。六是认真做好重点项目协调。开展经常性调研督查，适时组织召开全县重点项目建设协调会议，对项目建设中存在的困难和问题进行研究，及时协调解决。

（二）培育发展支柱，进一步做大做强特色优势产业

促进一二三产融合和产业升级，推进农业供给侧结构性改革，提高供给体系质量。藏香文化产业发展方面。按照藏香产业“123”发展思路，发展壮大吞巴手工藏香，加快县城藏香产业园运营生产，深化与域善和美公司合作，抓好藏香产品体系、品牌体系、市场体系 3 个体系建设，推进藏香文化产业发展，促进农牧民增收。藏鸡产业发展方面。按照“五年十万蛋鸡工程”目标，大力推进藏鸡产业发展，加快推进藏鸡保种育种二期工程、藏鸡标准化养殖基地项目建设进度，并尽快投入使用。实施藏鸡小循环项目，集屠宰加工、禽蛋加工、冷链物流功能为一体，延伸藏鸡产业链。有机农业发展方面。按照农业产业“三步走”布局和有机农业产业“3212 工程”目标，建设尼木县标准化奶牛养殖场，尼木县牦牛短期育基地；加快高原种植业航天育种及产业化项目、高效温室大棚项目建设进度，并尽快投入使用，构建设施蔬菜、高附加值果品为主的产业发展区。全域旅游产业发展方面。按照“四菜一汤”全域旅游发展规划，稳步推进全域旅游产业发展。加快推进农牧民搬迁安居精准扶贫特色经济建设项目二期建设进度，并尽快投入运营；加快落实与西藏文旅集团、北京山海集团签订的合作协议，启动吞巴景区提档升级工程、琼穆岗嘎雪山旅游项目开工建设，让更多农牧民群众吃上“旅游饭”。“两园区”建设方面。在尼木现代农业高新技术产业示范园区，加强与北京神舟绿鹏农业有限公司、北京德青源农业科技有限公司、西藏天润农牧业科技有限公司的合作，打造以高原种植业为主、集旅游观光业为一体的现代农业观光区，在农业技术生产方式、经营方式方面建立示范体系，辐射带动全县农业向规模化、标准化、现代化方向迈进。在拉萨经开区尼木产业园区建设上，通过招商引资、企业合作等方式，发展实体经济，把产业园打造成为尼木县经济社会发展新的经济增长点。

（三）狠抓民生改善，进一步增强群众获得感

把保障和改善民生作为一切工作的出发点和落脚点，切实让农牧民群众享受到改革发展所带来的实惠。继续办好民生实事。从解决人民群众最紧迫、最直接、最现实的利益问题入手，继续为群众办好事实事。办好人民满意的教育。认真落实教育扶贫政策，全面落实 15 年免费教育和脱贫家庭大学生、中职生“教育资助”政策，强化义务教育控辍保学联保联控责任，进一步巩固提升控辍保学工作成果。加强教育基础设施建设力度，建设县城第二中心幼儿园、续迈乡尼续村、河东村、霍德村幼儿园、中学教师宿舍楼、中学学生宿舍楼项目，提升教育基础设施水平。不断提高医疗卫生服务能力。进一步推进医药卫生体制改革和公立医院改革，不

断完善卫生健康政策。发挥好援藏医生“传、帮、带”作用，努力培养引进一批高水平医生，提升医疗服务水平。加强医疗设施建设，实施好卡如乡、麻江乡、续迈乡卫生院改扩建工程，妇幼保健站项目。着力提升保障水平。全面建立覆盖城乡、惠及全民的社会保障体系，实现社会保险全覆盖。加强防抗灾体系建设，实施麻江乡、帕古乡乡级农业防抗灾物资储备库项目。扎实推进公共赁房、福利院改扩建工程、农村老旧房屋改造工程，进一步提升住房保障水平。深入实施文化惠民工程。深入开展文化、科技、卫生、法律、爱国爱教“五下乡”活动。加快推进尼木县白面具传习所、尼木县广电中心投入使用，提升公共文化服务能力，切实增强群众文化获得感。认真抓好就业创业。充分利用各类招聘活动，开展好农牧民群众转移就业工作，力争农牧区劳动力转移就业2.2万人次；切实抓好高校毕业生就业创业，确保应届高校毕业生就业率达90%以上。全力巩固好脱贫攻坚成果。以巩固提升脱贫成果三年行动实施方案为指导，以推进乡村产业发展、壮大集体经济、改善人居环境为重点，统筹实施“十项提升”工程，推进水电路讯网等基础设施建设；建设藏鸡产业项目、奶牛养殖基地、牦牛短期育肥基地等一批产业扶贫项目，建立产业项目与贫困群众利益连接机制，增强贫困群众内生动力和村级集体经济发展水平。

（四）实施乡村振兴战略，提升农业农村发展水平

严格按照产业兴旺、生态宜居、乡风文明、治理有效、生活富裕“二十字”方针要求，全面推进乡村振兴战略实施。

一要优化乡村发展环境。统筹乡村建设项目、资金、人才等各类资源，向农业农牧区流动，加快农村“水电路讯网、科教文卫保”等基础设施建设，推动城乡基础设施互联互通。二要促进农村三产融合发展。加快发展特色种养业、农畜产品加工业、城乡服务业、休闲农业、乡村民宿等，促进农村一二三产业融合发展。三要继续深入推进农村改革力度。在农村集体产权、闲置农房、农村土地等领域落实政策、创新思路，激发农村发展内生动力。四要培育新型农业经营主体。以龙头企业为引领，以合作社为纽带，以家庭农牧场、种养大户为基础，加快培育新型经营主体，扶持发展一批农牧民专业合作社，加大政策、项目和资金的支持力度，提高专业化、组织化程度和社会化服务水平。五要建设生态宜居乡村。结合美丽乡村建设、农村三大革命，全面开展农村环境整治，加大资金投入力度，着力提升村容村貌。大力推进全民植树、全民造林、推进国土绿化，基本消除“无树村”，有条件的行政村消除“无树户”。

（五）加强生态保护，建设美丽尼木

牢固树立“绿水青山就是金山银山”的理念，严守生态保护红线，加强江河源头区、耕地、草原、河流、湿地、天然林、水生态保护，实施好拉萨周边造林工程、县城污水处理厂、厕所革命工程、乡镇垃圾转运站项目。加强生态环境治理，加强节能减排，强化环境监管，防治环境污染，以零容忍态度，严厉打击环境违法行为，切实保护好尼木的碧水蓝天。

各位代表，让我们更加紧密地团结在以习近平同志为核心的党中央周围，高举习近平新时代中国特色社会主义思想伟大旗帜，在县委、县政府的坚强领导下，按照县委经济工作会议要求，主动作为，团结拼搏，攻坚克难，努力开创尼木经济社会发展的新局面，以优异成绩向中华人民共和国成立70周年、西藏民主改革60周年献礼。

尼木县2018年财政预算执行情况和2019年财政预算草案的报告

——在尼木县第十三届人民代表大会第四次会议上

尼木县财政局

（2019年1月28日）

一、2018年公共财政预算支出执行情况

2018年是改革开放40周年，是全面贯彻党的十九大精神的开局之年。一年来，在以习近平同志为核心的党中央坚强领导下，在尼木县委的正确领导下，在县人大的有效监督下，全县上下坚持以习近平新时代中国特色社会主义思想为指导，深入贯彻落实党的十九大及十九届二中、三中、四中全会精神，按照区市党委决策部署，坚持稳中求进工作总基调，坚持新发展理念，正确处理“十三对关系”，统筹推进市委“六大战略”和“现代尼木三步走”总体布局，坚持以供给侧结构性改革为主线，围绕发展稳定生态三件大事，统筹优化财力资源配置，盘活财政存量资金，切实防范化解重大风险，扎实推进财政各项改革，促进经济社会持续健康发展，预算执行情况良好。

（一）2018年公共预算收入完成情况

2018年年底总财力92147.96万元（含超收收入790万元及净结余30万元），比上年增加1085.96万元，增长1.2%；其中转移性收入68900.43万元，占总财力的75.4%，比上年年底增加15842.43万元，增长29.86%；返还税收收入6777.53万元，公共财政预算收入完成15470万元，占总财力的17%，比上年增加1219万元，增长8.55%；调入预算稳定调节基金1000万元；政府性基金收入1632.67万元。

公共财政预算收入完成情况：2018年公共财政预算收入15470万元，其中税收收入完成12553万元，比上年下降867万元，下降6%。非税收入完成2917万元，比上年增加2086万元，增长251%。

政府性基金预算收入完成情况：2018年政府性基金预算收入121万元。

公共财政预算支出完成情况：全年支出91327.96万元，比上年增加1084.96万元，增长1.2%。其中：一般公共服务支出21291.19万元，公共安全支出6195.4万元，教育支出15316.34万元，科学技术支出38.4万元，文化体育与传媒支出1556.71万元，社会保障和就业支出11713.17万元，医疗卫生与计划生育支出6249.85万元，节能环保支出1119.82万元，城乡社区支出3163.26万元，农林水支出19301.46万元，交通运输支出199.09万元，商业服务业支出1500万元，国土海洋与气象支出492.38万元，住房保障支出3011.19万元，粮油物资储备支出73.02万元，债务付息支出106.68万元。

（二）2018年财政开展主要工作

一是财税体制改革深入推进。坚持“先有预算、后有支出”“没有预算不得支出”原则，严禁预算追加，从严控制一般性支出。完善政府预算体系，加大一般公共预算统筹力度，本级国有资本经营预算调入一般公共预算比例。实现全县国库集中支付及电子化支付功能，强化预算执行动态监管，对预算执行进度较慢或难以执行的资金，及时收回或调整用于亟须支持的领域。预决算公开制度不断

完善，公开范围不断扩大，公开内容不断细化，预算管理制度改革取得新进展。开展财税优惠政策清理规范工作，严禁违法违规对企业(个人)实行税收返还或变相税收返还政策，有力维护公平竞争的市场环境，推动我县经济可持续发展，税收制度改革有序推进。二是财政管理水平持续提升。严肃财经纪律，认真落实中央“八项规定”，厉行节约。2018年“三公经费”支出946.46万元，比上年增加254.47万元，增长36.8%。其中：公务接待费6.08万元，比上年下降1.35万元，减少18.2%，公务用车运行维护费691.95万元，比上年增加78万元，增长12.7%，公务用车购置费248.42万元，比上年增加，177.82万元，增长252%。盘活存量资金，建立健全结转资金定期清理机制，及时收回部门预算结余资金8万元，用于保障重点民生支出，进一步提高资金使用效益。三是规范政府债务管理，全面排查政府隐性债务。清查出政府债务21958万元(异地扶贫搬迁、产业发展扶贫信贷)，在安全可控范围内。成立尼木县地方政府性债务管理领导小组，开展地方政府债务投资项目资产清查，清理规范地方政府融资举债。建立健全地方政府债务风险应急处置机制，强化债务风险处置，防范政府性债务风险。同时，规范政府采购管理，加强制度建设和监督，进一步精简优化政府采购管理流程，不断提高业务水平。

(三)2018年重点领域资金落实情况

紧紧围绕“现代尼木三步走”总体布局，及“四产业两园区”中心工作，以33个村(居)为主战场，以提高贫困群众收入、改善生产生活条件和公共服务水平、调整优化产业结构为抓手，着力在“六脱”措施和“十项提升工程”上下功夫，以做足总量、整合存量、保障重点、兼顾一般为原则，切实做到千方百计抓收入、集中财力保重点、厉行节约压一般、完善机制增效益，积极推动尼木县各项社会事业全面进步。一是持续发力打好打赢三大攻坚战。积极防范化解重大风险。加强地方政府隐性债务数据监测统计，摸清隐性债务底数，制定尼木县防范化解地方隐性债务风险实施方案，印发《尼木县政府债务应急处置机制》等文件，规范地方政府举债融资行为，坚决遏制隐性债务增量。已偿还扶贫信贷资金5728.45万元。统筹整合各级各类财政涉农资金9636.89万元，支持脱贫攻坚产业发展(创建有机农业、推动四产业两园区、有机肥料)、小型基础设施建设、生态岗位补偿、异地扶贫搬迁等各类财政资金。认真落实全国生态环境保护大会精神，牢固树立绿色发展理念，强化生态安全屏障建设，突出支持大气、水、土壤三大领域的污染防治工作。2018年县财政累计投入1332万元用于生态建设。二是集中公共安全财力，全力以赴保稳定促和谐。坚持把维护稳定作为一项政治任务来抓、作为压倒一切的硬任务来落实，坚定不移落实维稳防控工作目标，千方百计筹措资金，确保打好综治维稳工作主动仗。在保障公检法司与政法统战部门日常预算经费的同时，表彰民族进步、先进双联户、爱国守法先进僧尼以及支持扫黑除恶、打非治乱、扫黄打非专项斗争开展专项资金25867万元，切实满足社会治安管控的需要。三是支持保障和改善民生。坚持以人民为中心的发展思想，坚持把财政支出重点用于民生领域，持续推进十项惠民工程，大力解决群众牵肠挂肚的问题。提高村(居)干部基本报酬、积极推进农村“三老”人员、养老保险制度改革、调整干部职工工资性收入、增加各类人群收入等各项政策，涉及支出项目184个，落实资金20741.73万元，全县各族群众的获得感、幸福感不断增强。支持完善社会保险体系。城乡居民养老保险参保人数13297人，落实资金151.65万元，实现全覆盖。60岁以上城乡居民养老保险待遇发放3067人，金额328万元，做到应保尽保。改善社会救助体系。城镇居民最低生活保障补助标准提高到每人每月750元，落实资金118.68万元(含提标资金)，农村最低生活保障补助落实资金386.49万元，“两线合一”补贴资金146.82万元。残疾人“两项补贴”落实资金111.87万元，五保户供养调标资金149.8万元；经济困难高龄、失能等老人补贴101.04万元。积极落实离任解聘人员待遇。尼木县解聘聘用制干部和落实聘用制干部相关待遇，兑现11名在职聘用制干部解聘后一次性生活补助135万元；离任村干部92名任职满15年以上的离任村干部发放离任补助102万元,解决了离任村干部后顾之忧,让村干部工作上有干劲、生活上有“盼头”。四是支持社会事业发展,坚持教育事业优先发展。优先发展教育事业,优化教育资源配置,加大基础教育的投入力度,善教育教学条件,提高教育教学质量。落实教育事业资金4871万元。其中:落实教育“三包”资金1702万元(标准提高到年生均3720元);农村义务教育营养改善计划资金319万元,县本级教育事业配套2850万元。推动深化医药卫生体制改革。落实“三病筛查”防治、健康尼木建设、健康扶贫医疗政府兜底及基层卫生室等重大公共卫生专项资金115.83万元,公立医院综合改革级藏医药事业发展资金252.7万元,新型农村合作医疗补助1698.26万元。五是认真落实各项强农惠农富农政策。落实资金1038.4万元,其中:科技特派员补助资金、生物防控、农村小型农田水利设施及防汛抗旱资金348.4万元,河长制专项资金30万元,尼木县第七批强基惠民工作经费660万元。六是保障基本建设领域资金。2018年尼木县基本建设领域落实资金4866.5万元。其中:用于尼木县31个村级组织活动场所标准化建设及优化功能设置1360.9万元,实现村级组织活动场所标准化建设齐步走;农村公路养护配套60万元;2018年第二批保障性安居工程配套基础设施项目资金375万元,公共租赁房屋项目476.6万元、特色小城镇项目1500万元;支持县城污水处理设施项目建设,落实资金1094万元。七是扎实推进财政体制改革,加强预算编制管理。规范预算编报,减少代编预算规模和预算执行中的二次分配,加强项目库建设,全面实施中期规划管理。进一步提高预算执行效率,硬化预算执行约束,强化“先有预算、后有支出”“没有预算不得支出”的要求,严格预算执行考核和规范预算支出管理,加强结转结余资金管理,盘活存量资金,统筹用于亟须资金支持的领域。

总体看,2018年财政运行总体平稳、稳中有进、稳中提质,财政改革发展不断推进,民生民计不断改善,经济社会持续健康发展。这是县委、县政府科学决策、正确领导的结果,是全县人大、政协及代表委员们的依法监督、加强指导的结果,是各级各部门和全县人民共同努力结果。

在肯定成绩的同时,我们也清醒地看到,财政运行还面临着一些困难和问题,主要是:产业及税源基础薄弱、受政策性因素影响较大等,导致财政收入增长缓慢;财政支出主要依靠中央、区市支持,基础设施、民生保障、公共服务发展短板依然突出;财政收入中底速增长与支出刚性增长矛盾突出;财政支出结构有待进一步优化,支出项目只增不减的固化格局没有根本改变,资金使用碎片化问题亟待解决;全面实施预算绩效管理十分紧迫,一些部门仍然存在重投入轻管理、重支出轻绩效的观念,民生等重点领域资金的投入规模逐年递增,维稳工作繁重,导致支出资金量较大部分预算单位法治意识和绩效意识淡薄,预算管理水平参差不齐,执行进度缓慢;资金使用不规范,导致资金沉淀闲置,发挥效益不够明显。针对以上问题,我们将高度重视,采取有效措施,改进和加强预算绩效管理,确保财政资金安全有效使用。

二、2019年预算草案

2019年,是新中国成立70周年,也是西藏民主改革60周年,编制好2019年预算,做好各项财政工作,具有十分重要的意义。按照《中华人民共和国预算法》《国务院关于编制2019年中央预算和地方预算的通知》要求,根据我县年度经济社会发展目标、县委九届四次全委会精神及县委经济工作会议精神,结合实际,编制了2019年尼木县财政预算草案。

(一)指导思想

2019年是实现全面建成小康社会的关键之年。我们要坚持以习近平新时代中国特色社会主义经济思想为指导,牢固树立以人民为中心的发展思想,按照高质量发展要求,坚持稳中求进、进中求好、补齐短板、突出特色的工作总基调,以供给侧结构性改革为主线,以打赢“三大攻坚战”为突破口,牢固树立过“紧日子”的思想,加大财政资金统筹力度,盘活存量资金,集中财力办大事,提高预算编制科学性,全面实施预算绩效管理,切实防范化解政府隐性债务风险，强化预算执行主体地位，完善国库集中支付运行机制，进一步提高财政资金使用效益。

（二）基本原则

1. 坚持依法依规。严格遵循《中华人民共和国预算法》等法律法规和预算编制制度的相关规定，增强预算刚性约束，严禁无预算支出和超范围、超标准开支。

2. 坚持突出重点。按照“保运转、保民生、保稳定”的工作要求，适度扩大支出规模，提高支出精准度，改变支出项目只增不减的惯性思维，集中财力办大事。继续严格控制和压减一般性支出，节省的资金用于保障基本民生，支持乡村振兴、教育、生态环保等重点领域，切实提高全县人民的获得感、幸福感。

3. 统筹整合，提高绩效。根据《中华人民共和国预算法》《西藏自治区人民政府关于实行中期财政规划管理的实施意见》规定，加强专项资金清理整合，有效盘活财政存量资金，集中用于亟须领域。完善财政绩效制度体系，科学设定绩效目标，强化绩效运行监控，大力压减绩效较差的资金安排。遵循市场规律，充分发挥市场作用，切实扩大财政资金引导作用。

4. 积极稳妥，防范风险。实施更加积极有效的财政政策，注重财政可持续性，充分考虑经济发展水平和财力状况，遵循量力而行的原则，安排民生领域支出，不做脱离实际的过高承诺。

（三）2019 年公共财政预算安排

2019 年我县总财力 67527.11 万元，比上年年初增加 9390.99 万元，增长 16.15%。

1. 公共财政预算收入 15000 万元（年底奋斗目标 16398 万元），比去年增加 320 万元，同比增长 2.2%。①税收收入 13054 万元（其中：增值税 10025 万元、企业所得税得税 208 万元、个人所得税 867 万元，资源税 8 万元、城市维护建设税 1404 万元、印花税 540 万元、城镇土地使用税 2 万元）；②非税收入 1946 万元［其中：专项收入 399 万元、行政事业性收费收入 266 万元、罚没收入 235 万元、国有资源（资产）有偿使用收入 61 万元、国有资本经营收入（资产）315 万元，其他收入 670 万元］。

2. 转移性收入 48757.11 万元，同比增长 6301 万元，增长 15%。其中包括：①专项转移支付 5250.28 万元，②一般性转移支付收入 43506.83 万元，其中：

体制补助收入 771.07 万元；

均衡性转移支付收入 17568.58 万元；

县级基本财力保障机制奖补资金 1066 万元；

结算补助 370.5 万元；

基层公检法司转移支付 443.84 万元；

城乡居民医疗卫生转移支付收入 11664.7 万元；

重点生态功能转移支付 622 万元；

调整工资转移支付补助 5415.52 万元；

贫困地区转移支付收入 4050.93 万元。

3、动用预算稳定调节基金为 450 万元。

4、所得税基数返还及增值税返还为 3320 万元。

政府性基金预算收入 1760 万元，比上年增加 1682 万元。

在优先保证国家机关和事业单位人员工资正常发放和单位正常运转前提下，现拟将主要支出项目安排如下：

1. 一般公共服务安排 15048.13 万元，比上年预算下降 6565.87 万元，同比下降 30.38%。

2. 公共安全安排 6116.83 万元，比上年预算增长 868.83 万元，同比增长 16.56%。主要用于国防、公检法司、武警中队等行政运行经费及专项安排资金。

3. 教育安排 15041.7 万元，比上年预算增长 5670.65 万元，同比增长 60.51%。主要用于教育事业部门经费。

4. 科学技术安排 38.4 万元，比上年预算下降 247.6 万元，同比下降 86.57%。主要用于开展各乡镇农业科技作业方面的支出。

5. 文化体育与传媒安排 1016.92 万元，比上年预算增长 351.92 万元，同比增长 52.92%。主要用于民间艺术团、文物保护、文化事业费、节目创造费支出。

6. 社会保障与就业安排 3532.79 万元，比上年预算增长 959.79 万元，同比增长 37.3%。主要为五险一金、民政三项经费、五保户、公益性岗位工资等。

7. 医疗卫生安排6556.09万元。比上年预算增长1278.02万元,同比增长24.21%。主要用于基层卫生院、全民体检等。

8. 环境保护安排838.43万元,比上年预算增长450.43万元,同比增长116.09%。主要用于环保部门行政运行及自然生态保护和退耕还林工程的各项补助支出。

9. 城乡社区事务安排350万元,比上年预算增长50万元,同比增长16.67%。主要用于提升县城管理事务经费。

10. 农林水事务安排13653.67万元,比上年预算增长8398.67万元,同比增长159.82%。主要为"四产业两园区"产业项目,乡村振兴,脱贫巩固,小型农田水利、防汛抗旱,救灾等资金。

11. 交通运输安排1076.45万元,比上年预算增长576.45万元,同比增长115.29%。主要为县际班线改革经费和农村道路维护经费。

12. 资源勘探电力信息安排609万元,比上年预算下降901万元,同比下降60%。主要用于开展双创工作经费。

13. 自然资源海洋气象等事务安排374万元,比上年预算下降1902万元,同比下降83.57%。为要用于征地补偿资金和国土专项气象事务等支出。

14. 住房保障安排1800万元,比上年预算下降200万元,同比下降10%。主要用于全县干部职工住房公积金县级财配。

15. 灾害防治及应急安排368万元,比上年预算增长181万元,同比增长96.79%。主要用于消防事物及应急管理。

16. 预备费1000万元。比上年预算增长350万元,同比增长53.85%。

17. 债务付息安排106.7万元,主要用于地方政府一般债务付息。

(四)2019年重点领域资金安排情况

1. 扎实做好化解政府性债务工作。安排易地扶贫搬迁信贷还贷资金2293万元。

2. 全力保障党建专项资金。安排资金75万元,其中乡(镇)党建经费40万元、两新工委党建经费5万元、县委组织部党建经费30万元。

3. 坚持教育事业优先发展。2019年本级财政对教育安排资金达到3000万元,占上年财政收入的20%。

4. 做好基本建设领域资金保障。本级财政安排基本建设领域资金3839.74万元,用于2019年实施重点领域基本建设项目。村级活动场所标准化建设666.8万元,高寒高海拔义务教育集中供暖370万元,村级文化建设32万元。水利发展资金2561万元,森林生态恢复资金209.94万元。

5. 大力支持生态文明建设。继续实施重点生态功能区转移支付,牢固树立"绿水青山就是金山银山、冰山雪地也是金山银山"的理念,积极争取各项生态保护资金,支持大气污染防治、湖泊生态保护、农村环境整治、节能减排等。安排资金649万元,加快推进生态文明建设,着力构筑生态安全屏障。

6. 全力保障巩固脱贫攻坚成效,向乡村振兴重点任务精准发力。乡村振兴首要任务是巩固脱贫攻坚,以农业供给侧结构性改革为主线,实施质量兴农战略,提高农业整体发展,财政支农资金将体现绿色生态导向。安排资金4051万元,县本级配套1856万元,占上年财政收入的12%。

7. 继续实施创业就业政策,完善就业创业扶持体系,促进农牧民就业,拓宽增收渠道,重点解决高校毕业生就业问题。安排双创专项资金300万元。

8. 切实改进文化旅游建设,改善广大群众生活品质及旅游环境,提高环保意识。安排农家书屋及寺庙书屋、专项资金56万元,安排文化旅游编制专项资金100万元。

9. 利用尼木红色资源,打造红色文化教育平台。深入挖掘革命烈士事迹,讲述革命烈士故事,安排红色教育基地专项资金99万元

10. 合理安排预备费。安排本级预备1000万元,占本级财力的比重为1.5%。

(五)2019年推进财政改革与管理主要工作

深入推进财政改革与管理工作,进一步树牢依法、依规、科学理财意识,夯实财政管理的制度基础,对预算编制、执行等方面存在的困难和问题,我们将高度重视,研究政策,认真整改。一是加强预

算编制管理。细化项目预算编制，将预算编制进一步细化到部门、到项目，压缩代编预算规模。二是强化预算执行管理。严禁预算追加，从严从紧控制一般性支出，除“特殊事项”外，原则上一律不予安排。三是严格实行国库集中支付。进一步加强财政资金管理，严格执行国库集中支付，财政电子化支付制度，切实提高国库资金支付效率，确保资金安全、透明。四是规范预决算编报。严格落实《中华人民共和国预算法》及财经法律法规相关规定，进一步规范尼木县本级预决算编报工作。五是推进预算绩效管理改革。推进预算绩效管理，对财政预算安排30万元以上项目支出实行绩效管理，持续增强执行主体的责任意识和效率意识。实施重点、重大专项支出绩效评价，逐步将绩效管理范围覆盖各级预算单位和所有财政资金，将评价结果作为调整支出结构、完善财政政策和科学安排预算的重要依据，对绩效不高、资金沉淀的项目，减少或不再安排预算，切实做到“花钱必问效，无效必问责”。六是防范化解地方政府隐性债务风险。坚决遏制地方政府隐性债务增加，积极化解隐性债务存量。健全“举债必问效、无效必追责”的督查问责机制，对地方政府债务违法违规问题实行终身问责、倒查责任。七是加大财政资金统筹。盘活存量、用好增量，加大财政资金整合力度，强化结转结余资金管理，将趴在账面上的资金盘活好，对结转规模较大或预算执行进度缓慢的资金，调整用于其他需要资金支持的领域或事项，提升财政资金的聚合效益。八是坚持政府过“紧日子”。坚定“政府过紧日子，百姓过好日子”的信心，严格控制和压缩一般性支出，从严安排“三公”经费预算，全县一般性支出压减10%，“三公”经费支出压减3%，增强基层部门保工资、保运转、保基本民生的能力。

各位代表，2019年我们将在县委、县政府的正确领导下，攻坚克难补短板，发挥财政政策稳增长、调结构、促改革、惠民生、保稳定、防风险的重要作用，为实现经济社会发展各项目标提供坚强的财力支撑，在新的起点上奋力推进我县长足发展和长治久安，建设更高质量的全面建成小康社会，以优异成绩向中华人民共和国70华诞、西藏民主改革60周年献礼。

综　述

【概况】 尼木县地处雅鲁藏布江中游北岸，系前后藏接合部，距离拉萨市约130公里，属高原温带半干旱季风气候区，四季分明，夏季雨水集中，辐射强，年日照时数2947.2小时，年无霜期100天左右，年降水量324.2毫米。全县面积约3275.8平方公里，平均海拔4000米，辖33个村（居），137个自然组，2018年全县人口36247人，农村人口有30986人。县城驻地塔荣镇，海拔3809米。尼木县以农牧业为基础产业，净土健康产业为支柱产业，藏鸡养殖业为农牧业特色产业。

尼木县位于拉萨和日喀则中间节点，民俗、文化兼具两地风格。作为藏文字的发源地，尼木县文化氛围浓厚，民风淳朴。被誉为"尼木三绝"的吞巴藏香、雪拉藏纸和普松雕刻享誉区内外。藏文创始人吞弥·桑布扎故居位于尼木县吞巴乡吞达村境内，已有1300多年的历史。吞达村2007年被评为自治区级文物保护单位，2013年获"中国最美村镇"传承奖，并被评为"国家级历史文化名村"，2015年入选中国特色旅游景观名村，2016年吞巴乡被评为第一批中国特色小城镇，卡如乡获"2018年中国美丽休闲乡村"称号。

【自然资源】 尼木县拥有丰富的自然资源。矿产资源主要有铜、钼、泥炭等，野生动植物资源主要有豹子、岩羊、狗熊、猞猁、獐子、黑颈鹤、贝母鸡、野鸡及贝母、虫草、黄连、雪莲等。

【经济发展】 2018年，实现地区生产总值8.97亿元，同比增长9.3%，完成目标任务（8.22亿元）的109%；全社会固定资产投资完成额同比增长40.7%，民间投资同比增长76%；农牧民人均可支配收入12865元，同比增长10.57%；工业增加值0.68亿元，同比增长33.33%，完成目标任务（0.67亿元）的101.5%；社会消费品零售总额0.70亿元，同比增长13.3%，完成目标任务（0.70亿元）的100%；一般公共财政预算收入1.54亿元，同比增长8.55%，完成目标任务（1.51亿元）的101.9%。

【旅游宣传】 尼木县全域旅游产业是未来主要的经济支柱产业，为有效提高尼木县全域旅游知名度，使尼木的文化、自然资源得以在更多的人面前得以展示，让尼木走出去，尼木县积极加大宣传工作力度，依托自身资源优势，吸引和欢迎广大媒体记者和各大旅游企业公司到尼木县举办健康旅游体验活动和文创产品拍摄，通过网络媒体报道的方式，使更多的游客了解尼木，走进尼木。先后拍摄《遇见·天堂尼木之藏香迷醉》《遇见·天堂尼木之天堂渡口》《尼木非遗》等宣传片，并在中央电视台十套、中国旅游卫视、西藏卫视、拉萨电视台、新华网网站进行播放，有效将尼木县独有的自然风貌、手工技艺进行宣传，使全县文化旅游知名度和影响力不断得到提升。同时为进一步打响文化旅游品牌，4月，投资92万元拍摄旅游宣传片，邀请西藏神奇小子文化传媒有限公司拍摄制作尼木县文化旅游电视音乐MTV《缘起·文香故里》专辑，12月底制作完成，完成后向区内外知名企业发放宣传片，扩大"文香故里"的影响力，提升招商引资软实力。

（孙　轲）

大事记

1月

4日 尼木县召开第十三届人大常委会第九次会议。大会审议通过尼木县第十三届人民代表大会常务委员会第九次会议议程(草案);通过郝蕾辞去尼木县第十三届人大常委会委员职务的申请;通过尼木县人民政府关于提请审议《西藏自治区尼木县生态文明建设示范县创建规划(2017—2020年)》的报告;通过尼木县人大常委会工作报告;通过尼木县第十三届人民代表大会第三次会议召开时间的决定,会议议程(草案),列席人员建议名单(草案),主席团和秘书长建议名单(草案),各代表团正、副团长建议名单(草案);会议还通过尼木县人大常委会代表资格审查委员会关于个别代表的代表资格的审查报告,免去格桑卓玛的尼木县第十三届人大代表资格,补选尼玛顿珠为尼木县第十三届人大代表。

6日 尼木县委召开全县经济工作会议。

同日 尼木县召开2018年安全生产委员会第一次安全生产工作会议。

7—8日 尼木县召开第十三届人民代表大会第三次会议。拉萨市人大党组副书记、副主任党根应邀出席大会。

同日 尼木县第十三届人民代表大会第三次会议和政协尼木县第二届委员会第三次会议相继召开。

9日 尼木县组织召开监察委员会成立大会。县委书记杜国君出席会议并作讲话,县委副书记、县长普琼主持会议。

同日 尼木县委、县政府召开2018年“迎新春·贺新年”离退休老干部座谈会,县委书记杜国君,县委副书记、县长普琼,县人大常委会主任尼玛次仁,县政协主席赵志强以及在岗县级干部出席会议,县委常委、组织部部长杜开凡主持会议。

17日 县委书记杜国君,县委副书记、县长普琼,县政协主席赵志强,县委常委、宣传部部长索朗次仁一行代表县委、县政府到县福利院对老人们进行看望慰问,给他们带去节日的祝福,让他们感受党和政府的关怀。共慰问五保老人48人,福利院工作人员12人,送去慰问金20400元。

18日 尼木县委组织召开理论学习中心组“两学一做”学习教育党的十九大精神专题第12次集中学习研讨会,县委书记杜国君主持会议并作讲话。

22日 国家发改委、中组部、财政部、教育部、人力资源社会保障部、卫计委、扶贫办七部委调研团一行到尼木县考核调研援藏工作。拉萨市委副书记、北京援藏指挥部指挥肖志刚;尼木县委书记杜国君,县委常务副书记赵金祥,县委常委、组织部部长杜开凡及相关县级领导陪同调研。

23日 尼木县召开“中央环保督察反馈问题”整改部署会,集中学习贯彻中央环保督察组反馈意见及吴英杰书记讲话精神。会议由政府副县长颜泽伦主持,县委办、政府办、财政局、环保局、工信局等9个部门负责参加会议。

2月

1日　尼木县召开创建国家公共文化服务体系示范区工作推进会。会议由县政协党组书记、主席赵志强主持，县委副书记、县长普琼，副县长贺东出席会议。

8日　拉萨市副市长廖波对其贫困户、联系寺庙走访慰问送温暖，尼木县副县长米玛潘多陪同。

25日　县委副书记、县长普琼主持召开全县春节、藏历新年收心教育暨全县重点工作安排部署会。

26日　尼木县强基办组织召开驻村工作队队长、村党组织第一书记第1次工作例会，县委常委、组织部部长、县强基办主任杜开凡出席会议并作讲话，县人大常委会副主任、强基办副主任旦平主持会议。

27日　县委常委、副县长、县信访工作联席会议召集人张文明主持召开2018年第一次信访工作联席会议并作讲话。

3月

1日　拉萨市委常委、纪委书记王家民，拉萨市政协副主席孙宝祥一行到尼木县蹲点包县、督促指导维稳工作。

5日　尼木县2018年第二次安全生产工作会议在县委三楼会议室召开。会议由县委常委、副县长、县安委办主任郑同生主持。

6日　拉萨市委副秘书长、团市委书记任映绮一行到尼木县日措村看望慰问驻村工作队。

8日　县委书记杜国君，县委常务副书记赵金祥，县委常委、组织部部长杜开凡，县农牧局局长刘华与来自卡如乡加纳日绿色农业发展农牧民合作社的56户社员齐聚一堂，参加合作社第一次分红大会。

同日　北京市顺义区—拉萨市尼木县东西部扶贫协作·对口帮扶“携手奔小康”联席视频会召开。顺义区会场由顺义区发改委副主任刘川海主持，顺义区4个乡（镇）和4个国企相关领导出席会议；尼木县会场由县委副书记、常务副县长尹世强主持，七乡一镇党委书记、乡（镇）长参加会议。双方就到推进东西部扶贫协作和对口帮扶“携手奔小康”进行座谈交流。

同日　尼木县妇联召开以“巾帼心向党、建功新时代”为主题的纪念“三八”国际动妇女节108周年座谈会。

11日　尼木县召开提升教育教学质量研讨会，会议由副县长旦增江才主持。

12日　西藏自治区政协党组副书记、副主席高扬一行到尼木县检查督导维稳工作，看望慰问一线干部群众。市委常委、纪委书记王家民，县委书记杜国君，县委常委、政法委书记、公安局局长黄鹤陪同。

14日　拉萨市委常委、纪委书记王家民，拉萨市政协副主席孙宝祥到尼木县调研。

同日　西藏自治区安监局副局长周科祥带领拉萨市安监局副局长何虎啸、自治区安监局监管二科科长李克文等一行到尼木县检查指导危化企业安全生产工作。

15日　国务院安委会安全生产第8专项督导组组长、国家安监总局监管四司司长马锐，副组长、国家安监总局统计司副司长乔树清，西藏自治区安委办常务副主任、安全监管局局长达木拉一行对尼木县道路交通安全生产工作进行督导检查。

16日　尼木县人大常委会联合县政府、政协召开2018年人大代表建议、政协委员提案交办会。此次会议交办县十三届人大会二次会议代表建议69件和政协二届二次会议委员提案27件。

28日　尼木县2017年度招商引资工作总结表彰暨2018年招商引资工作安排部署会议在县公安局五楼会议室召开。会议由县委副书记、县长普琼主持，县委书记杜国君出席并讲话。

29日　尼木县藏香配方交接仪式在县政府二楼会议室举行。

30日　尼木县委组织召开理论学习中心组“两学一做”学习教育第6次集中学习会。

4月

3日 尼木县纪委九届三次全会召开。县委书记杜国君出席会议并作讲话，县委常委、纪委书记、监委主任郝蕾主持会议。

同日 尼木县组织召开2017年度述责述廉评议质询暨2018年党风廉政建设责任书签订会。会议由县委书记杜国君主持，拉萨市纪委常委、监察委委员格桑多吉出席会议。

4日 尼木县2018年基层党建工作部署会在县委党校五楼会议室召开。会议由县委副书记加略主持，县委书记杜国君出席会议并作讲话。

14日 北京市顺义区委常委、常务副区长霍光峰率代表团到尼木县考察调研对口帮扶工作，看望慰问贫困群众。

15日 北京市委副书记、市长陈吉宁到尼木县考察调研。

18日 尼木县委2018年脱贫攻坚工作专题推进会议在县委三楼会议室召开，县委书记杜国君主持会议并作讲话。

23日 西藏自治区党委常委、拉萨市委书记白玛旺堆率领拉萨市相关领导和部门负责人一行，到尼木县对发展全域旅游工作进行调研指导。

25日 拉萨市副市长陆从福一行到尼木县“众创空间”检查指导“两创”工作。

26日 尼木县召开村级组织活动场所标准化建设暨党员联系服务群众工作现场推进会。

同日 尼木县委召开理论学习中心组“两学一做”学习教育“学习习近平新时代中国特色社会主义思想·建小康尼木”旅游发展专题集中学习研讨会。

5月

2日 尼木县召开2018年度县委议军会议，主要任务是学习中共十九大精神和习近平新时代中国特色社会主义强军思想，研究解决武装工作及驻尼木部队实际问题，研究部署下步工作，进一步强化思想管武装、抬高起点爱武装、凝聚力量建武装，在新起点上统筹推进全县经济社会与国防后备力量建设全面协调发展。

3日 尼木县召开尼弘元仓供应链经济港项目推进协调会，通过加强沟通协调，解决相关问题，引导方方面面进一步强化“项目为王”的理念，强力推进尼弘元仓供应链经济港项目在尼木县落地落实，促进县域经济快速发展。

同日 尼木县召开老干部工作会议。会议由县委书记杜国君主持，县委常委、组织部部长杜开凡就九届县委以来尼木县老干部工作开展情况作了总结，并就2018年老干部工作进行了安排部署。市委组织部副部长、老干部局局长央金应邀出席会议并作讲话。

同日 尼木县召开集中整治形式主义、官僚主义“十种表现”暨不作为、慢作为、文山会海动员部署会。

4日 尼木县2018年度农村工作会议在县委党校五楼会议室召开。

同日 尼木县召开2018年全县宣传思想文化工作会议。会议由县委副书记、县长普琼主持，县委书记杜国君出席会议并作讲话。

同日 尼木县召开2018年度教育工作会议。会议由县委副书记、县长普琼主持，县委书记杜国君出席会议并作讲话。

9日 尼木县召开党风廉政建设专题会议、九届县委第二轮巡察工作动员部署会议、尼木县“四讲四爱”群众教育实践活动动员部署会议、2018年全县信访工作会议。

14日 尼木县2018年度干部职工篮球赛开幕式在尼木县小学体育馆举行，各乡（镇）和县直各单位组成12支队伍参加开幕式。

15日 西藏自治区政协党组成员、副主席王亚蕳带队调研组一行到尼木县就“强化基层文化阵地建设、推动乡村文化振兴”为主题开展专题调研。

17日 尼木县脱贫摘帽迎国检动员部署会在农牧民培训中心五楼会议室召开，会议由县人大常委会主任尼玛次仁主持召开，县委书记杜国君出席会议并作讲话。

18日　拉萨市副市长孙占生带领国药集团考察团一行到尼木县考察调研药材种植情况。

21日　北京市顺义区委副书记、区长(代)、天竺综保区管委会主任孙军民率领顺义区代表团一行到尼木县开展对口帮扶工作,实地考察扶贫项目建设,走访慰问贫困户、谋划精准扶贫项目。

22日　尼木县与西藏文化旅游(集团)股份有限公司、四川能源投资集团有限责任公司召开吞巴景区提档升级合作开发项目推进会。西藏文化旅游(集团)股份有限公司总经理才旺扎西、四川能源投资集团有限责任公司总经理王开强;尼木县委书记杜国君,县委副书记、县长普琼等相关领导参加会议。

23日　拉萨市人大常委会副主任达瓦一行到尼木县调研拉萨市古村落保护贯彻实施情况。

同日　尼木县第十三届人大常委会召开第十二次会议。会议由人大常委会主任尼玛次仁主持,会议通过《尼木县人大常委会关于加强和改进基层人大代表履职活动保障工作的办法(试行)》;免去旦增江才的县政府副县长职务,任旦曲为县政府副县长。

26日　县委副书记、县长普琼带领县招商小组到北京西藏大厦与环嘉集团和江苏无锡先导投资有限公司代表进行合作洽谈,并与两家企业达成合作意向。

27日　拉萨市委副书记、市长果果带领拉萨市招商引资活动团相关人员访问北控清洁能源集团有限公司,与公司负责人交流座谈。

30日　拉萨市副市长、北京援藏指挥部副指挥孙占生一行3人到卡如乡调研产业发展工作。

同日　县委副书记、县长普琼率尼木县招商小组从北京赶赴大连,考察调研环嘉集团有限公司,并与环嘉集团有限公司高层对接洽谈招商引资相关事宜。

31日　为贯彻落实西藏自治区环境保护督察整改工作动员部署视频会精神及自治区党委副书记、常务副主席庄严在会上的重要指示精神,县委书记杜国君及时主持召开尼木县环境保护督察反馈问题整改工作安排部署会。

同日　尼木县总工会第六次代表大会召开。来自全县各行各业的81名代表参加会议。县委常委、组织部部长杜开凡出席会议。大会审议通过尼木县总工会第五届委员会工作报告、财务工作报告和经审工作报告,按照公开、民主、公正原则,以无记名投票的方式,选举产生33名尼木县工会第六届委员会委员、5名经费审查委员会委员、5名女职工委员会委员、19名出席拉萨市工会第十一次代表大会代表。

6月

1日　尼木县副县长贺东带领招商小组人员到北京红星股份有限公司,与企业负责人进行座谈。

4日　拉萨经济技术开发区投资发展有限公司常务副总经理、拉萨经开区尼木产业园区董事长李斌和尼木县副县长贺东带领拉萨经开区招商小组和尼木县招商小组到浙江杭州博可生物科技股份有限公司进行回访考察。

4—5日　拉萨市新闻出版广电局党组书记、副局长索群带队市新闻出版广电局巡查组一行到尼木县检查指导新闻出版广电系统各项重点工作。

5日　拉萨经济技术开发区投资发展有限公司常务副总经理、尼木产业园公司董事长李斌和尼木县副县长贺东带领招商团队到中建科技集团进行考察。

7日　西藏自治区政协经济和人口资源环境委员会主任赤列多吉带领自治区民政厅、发改委相关领导组成的联合调研组一行围绕"西藏农牧区精准扶贫中精神贫困现象及实质的对策和建议"到尼木县开展专题调研。

同日　招商小组在县委副书记、县长普琼的带领下,到江苏南京与尼木县苏拉能源有限公司总经理马志平、副总经理陈刚等高管就尼木矿泉水、互动白板等项目规划、实施、建设等内容进行交流。

8日　尼木县第十三届人大常委会召开第十三次会议。

同日 拉萨市人社局党组书记彭丽华带队市高校毕业生就业创业调研组一行到尼木县检查指导高校毕业生就业创业工作。

同日 尼木县第十三届人大常委会召开第十三次会议。会议由人大常委会主任尼玛次仁主持,会议接受达娃辞去拉萨市第十一届人民代表大会代表职务的请求;通过《对县中学的视察调研报告》和《对县医院的视察调研报告》;免去速绍富的县人力资源和社会保障局局长职务,任命达娃桑旦为县人力资源和社会保障局局长。

9日 尼木县组织召开全县扫黑除恶打非治乱专项斗争安排部署会议,会议由县委副书记加略主持,县委书记杜国君出席会议并作讲话。

同日 尼木县招商小组一行到安徽桐城,在安徽黄梅酒业集团董事长张复汉的陪同下实地考察安徽黄梅酒业集团生产车间及酒文化博览园。

10日 县委副书记、县长普琼带领尼木县招商小组到四川成都与青海弘川新源实业股份有限公司总经理王钢等高管就尼木县尼弘元仓供应链经济港项目进行到交流座谈。

11日 山南市住建局副局长陈永忠带领山南市检查组一行到尼木县对中央第六环境保护督查组反馈问题整改落实情况进行交叉检查。

12日 县委书记杜国君一行到尼木县中学考点考察2018年小考工作开展情况。

13日 尼木县组织召开全县扫黑除恶打非治乱专项斗争推进会。

14日 北京市经信委陈志峰带队考察团一行到尼木县实地调研产业发展情况。

20日 中考首日,尼木县376名考生奔赴考场,迎接中考。

同日 尼木县农村集体资产清产核资工作领导小组办公室主任张文明带领尼木县农村集体资产清产核资工作领导小组主要成员(各乡镇分管领导及业务骨干)一行23人到曲水县考察学习农村集体资产清产核资工作先进经验和做法。

同日 拉萨市民政局基层政权和社区建设科科长高小丽一行到尼木县调研基层政权和农村社区建设工作。

同日 尼木县人大常委会联合县政府有关单位,召开尼木县人大2018年第一次集中视察代表建议交办会。会议由人大常委会主任尼玛次仁主持,会议向县政府交办在5月21日集中视察县中学、县医院时人大代表提出的建议15件。

20—21日 县委组织部、县直机关工委、县委党校联合举办2018年党务干部党性修养与综合能力素质提升专题培训班。

22日 尼木县宗教领域开展"遵行四条标准、争做先进僧尼"教育实践活动动员部署会暨第一期宣讲培训会在县农牧民培训中心五楼会议室召开。

27日 县委副书记、县长普琼到续迈乡续迈村检查指导精准扶贫迎国检工作。

30日 西藏自治区政府办公厅副秘书长祁腾武、自治区国土资源厅副厅长次仁央宗带领自治区和拉萨市相关部门领导专家组成的验收组一行到尼木县对麻江乡2016年度1.5万亩土地开发项目整改情况进行验收。

同日 中国科学院地理研究员、岗位教授姚予龙带队拉萨市乡村振兴建设考察组一行到尼木县考察调研乡村振兴建设情况。

7月

1日 19时50分,尼木县吞巴乡吞达村2组、4组和吞普村1组、3组多处发生山洪泥石流,造成国道318线道路交通阻断,影响过往车辆和行人安全。灾情发生后,县委书记杜国君第一时间赶赴吞巴乡,现场查看灾情并指挥抢险工作。

4日 西藏自治区人大常委会副主任王峻一行到尼木县对学习宣传贯彻实施宪法和城乡建设管理工作进行专题调研。

同日 西藏自治区公安厅党委委员、副厅长柯磊一行在拉萨市公安局党委委员、调研员李斌,市局四项办副主任卢涛陪同下到尼木县公安局调研"四项建设"工作开展情况。

同日 拉萨市委常委、常务副市长占堆,市农牧局党组书记其美旺姆，市政府副秘书长尹培凤，市发改委农村经济发展科科长贾延杰等领导一行到尼木县检查指导脱贫摘帽国家第三方评估考核准备工作。

同日　以西藏自治区人大常委会副主任王峻为组长的的自治区人大代表调研组一行到尼木县，开展学习宣传贯彻实施宪法和城乡建设管理工作情况的专题调研。

5日　尼木县召开脱贫摘帽国家第三方评估考核对接会。国家第三方评估组队长洪菊花、有关专家、调研员，拉萨市委常委、常务副市长占堆，西藏自治区扶贫办副处长田彦春，拉萨市扶贫办副主任次仁德吉，县委书记、县扶贫开发领导小组组长杜国君出席会议，县委副书记、县长普琼主持会议。

10日　政协第二届尼木县委员会常务委员会召开第八次会议。

11日　北京市顺义区国资委副主任彭智和北京顺义科技创新集团有限公司党委书记、董事长赵洪峰带队考察团一行到尼木县开展结对帮扶工作。

12—13日　以北京市顺义区仁和镇党委书记刘洋为团长的顺义区代表团到尼木县就对口帮扶工作进行考察交流。

13日　北京市公安局东城分局政委辛光跃一行到尼木县公安局开展援助调研工作。

16日　县委书记杜国君一行到续迈乡，实地调研生猪养殖场运营情况和检查指导续迈旅游配套设施建设项目发展情况。

17日　县委副书记、县长普琼到藏鸡小循环屠宰厂选址地、拉日高速尼木互通点、尼木县高效日光温室建设项目选址地、318国道卡如段泥石流发生地、尼木国家森林公园大门处（妥峡大桥）及尼木县现代农业高新技术示范园区特色农业种植地实地检查指导工作。

18日　尼木县组织召开“四讲四爱”群众教育实践活动第一节点总结会。县委书记杜国君出席会议并作讲话，县委副书记加略主持会议。

同日　尼木县第十三届人大常委会召开第十四次会议。会议由人大常委会副主任李必焱主持，会议审议通过县政府上半年预算工作报告；县监察委员会、法院、检察院上半年工作报告；通过《西藏自治区尼木县城镇土地定级与基准地价评估成果报告》；通过《尼木县人大常委会主任会议关于提请审议接受次旦贡觉、刘威辞去尼木县第十三届人民代表大会代表职务的议案》。

20日　北京顺鑫控股集团有限公司党委副书记、总经理李颖林带领考察团一行到尼木县开展对口帮扶工作。

21日　尼木县委副书记、县长普琼到尼木县至麻江乡公路博巴段抗灾抢险一线，现场指挥抗灾抢险工作。

24日　北京顺义区赵全营镇宣传委员丁长青带队考察团一行到尼木县开展对口帮扶工作。

同日　拉萨市副市长朱建红带队督查组一行到尼木县检查督导公共文化服务创建工作推进情况。

25日　尼木县2018年度民族团结进步表彰大会在县农牧培训中心五楼会议室召开。县委书记杜国君出席会议并作讲话，县委副书记、县长普琼主持会议。

同日　尼木县组织召开尼木县2017年贫困县退出国家评估检查反馈问题整改落实会议。县委书记杜国君出席会议并作讲话，县委副书记、县长普琼主持会议。

25—26日　拉萨市卫生计生委主任扎西德吉为组长医院等级评审督导组和预审专家组一行到尼木县人民医院开展“二级乙等”医院市级预评审工作。

26日　中共尼木县非公有制经济组织和社会组织工作委员会召开第一次全体会议。县委常委、组织部部长、县“两新”工委书记杜开凡出席会议并讲话，县政府副县长、县“两新”工委副书记颜泽伦主持会议。

27日　北京市人社局毕业生就业服务中心主任陈东一行到尼木县调研指导工作。

30日　西藏自治区交通运输厅运管局副调研员次仁旺拉、技评中心副主任边巴次仁、质监局副科长赵勇组成的督导检查组一行到尼木县督导检查汛期安全生产工作。

31日　尼木县2018年夏秋季征兵工作会议在

县政府二楼会议室召开。县委副书记、县长普琼出席会议并作讲话，县征兵办公室主任、人武部副部长李璞主持会议。

同日 拉萨市委常委、统战部部长阿努次仁一行到尼木县调研“遵行四条标准、争做先进僧尼”教育实践活动和《宗教事务条例》学习宣传工作开展情况。

同日 国家统计局拉萨调查队书记、队长李建树一行到尼木县调研青稞等主要粮食作物播种面积变化及当前长势情况。

8月

1日 尼木县包虫病综合防治工作指挥部第四次会议暨“三病”综合防治工作推进会在县政府二楼会议室召开，副县长张振生主持并讲话。

同日 尼木县麻江乡2018年“8·1”赛马文化旅游节开幕，县人大常委会主任尼玛次仁出席开幕式并讲话。

2日 尼木县综合文化活动中心正式开放。

5日 尼木县吞巴乡第七届吞弥文化旅游节开幕。

6日 拉萨市政协党组成员、副主席兼河长制督查组常务副组长孙宝祥带领拉萨市经济资源环境社会教科文卫委员会、市水利局和部分教科文卫界委员组成专题调研组，主要围绕“江河湖泊水资源保护和中心城区水系整治”到尼木县开展专题调研。

7日 北京市发改委副巡视员张艳林带队考察团到尼木县考察调研。

9日 县委副书记、县长普琼到尼木乡和帕古乡实地检查指导多处泥石流发生地道路、桥梁、河道修复进展情况。

10日 尼木县组织召开第6次驻村(居)工作交流例会，传达学习拉萨市第4次强基惠民工作例会精神。

16—17日 尼木县委书记杜国君率县考察团到北京顺义区回访考察，并就对口帮扶相关事宜进行具体对接洽谈。顺义区委书记高朋，顺义区委副书记、区长(代)孙军民，顺义区委常委、常务副区长霍光峰会见，顺义区发改委主任于长雷、仁和镇党委书记刘洋等全程陪同。

17日 尼木县人民政府与西藏逐梦文化旅游股份有限公司召开吞巴景区项目建设洽谈会，双方就加快吞巴景区提档升级具体合作事宜和存在的问题进行商谈。

19日 国家统计局拉萨调查队，住户与农业调查科副科长达瓦普赤、市农牧局种植科农艺师次仁琼达及市农业推广中心工作人员一行到尼木县开展粮油测产工作。

同日 北京林业大学调研组与市林业局局长严芳一行到尼木县开展林业有害生物调研和有害生物防治指导工作。

同日 拉萨市教育局副局长陈渠汇一行到尼木县检查指导2018年秋季开学工作。

20日 拉萨市政协党组成员、副主席孙宝祥带领由市政府督查室和市林业局组成的提案督办调研组到尼木县督办在政协第十一届拉萨市委员会第三次会议期间提出的《关于在尼木县吞普沟建立藏香原材料种植基地的提案》的办理情况。

21日 拉萨市推广站站长赵润彪率检查组到尼木县初验二级种子田及高产创建粮油作物生产情况。检查组一行重点初验尼木县塔荣镇、尼木乡和续迈乡等地二级种子田和高产创建农作物长势、病虫害、除草、田间管理等相关工作开展情况。

同日 吞巴乡举办“尼木藏香”证明商标授权使用签字仪式。拉萨市工商局调研员巴桑、拉萨市工商局商广科副科长李林等一行到吞巴乡参加尼木藏香证明商标授权使用签字仪式并作讲话。

21—22日 西藏自治区财政厅党组成员、厅长助理、自治区2018年脱贫攻坚第二次综合督查第一督查组组长周峰率督查组到尼木县督查脱贫攻坚工作。

22日 尼木县投入250万元资金，购入5辆宇通牌高原型客车，开通全县5条农村客运班线线路，正式开始试运营，5条线路分别为县城至普松乡、麻江乡、吞巴乡、卡如乡、续迈乡，实现8个乡（镇）全覆盖，惠及全县3.6万余名干部群众受益。

同日　尼木县召开县人民医院“二级乙等”创建工作终审汇报会。自治区卫计委医政医管处处长陈伟、自治区卫计委医政医管处主任科员扎西多吉、评审专家组组长郑晓玲等评审组专家领导以及拉萨市卫计委主任扎西德吉出席会议。

22—24日　西藏自治区卫计委医政医管处处长陈伟率评审专家组一行到尼木县开展为期3天的“二级乙等”医院终审验收工作。

23日　受强降雨影响，尼木县续迈乡山岗村2组、3组多处发生山洪泥石流，造成部分交通中断，影响过往车辆和行人安全。面对灾情，尼木县委、县政府高度重视，县委副书记孙先龙，县委常委、政法委书记、公安局局长黄鹤等领导第一时间率领公安、水务、国土、交通、消防等相关部门赶赴现场，开展抢险救灾工作。

27—28日　拉萨市司法局社区矫正科、基层科与尼木县司法局联合开展基层司法工作业务培训活动。

28日　县委副书记、县长普琼主持召开尼木县迎接国务院扶贫办2018年脱贫攻坚督查安排部署会。

29日　县委副书记、县长普琼到续迈乡山岗村、河东村、尼续村实地查看泥石流受灾农桥、道路、农田、草场、水利设施等情况。

同日　拉萨市委宣传部副部长许佃兵为组长第三督导组到尼木县督查意识形态工作及“四讲四爱”群众教育实践活动开展情况。

同日　北京同仁医院会同拉萨市人民医院到尼木县开展“光明行”“爱膝行”活动，拉萨市卫计委副主任李方亮出席活动。

同日　拉萨市草原生态保护补助奖励政策落实情况验收组到尼木县开展市级验收工作。

31日　水利部农村水利水电司副司长、国务院扶贫开发领导小组2018年脱贫攻坚督查拉萨市尼木组组长许德志一行到尼木县，开始为期4天的脱贫攻坚督查工作。

9月

5日　尼木县首家高校毕业生就业见习基地在尼木县众创空间挂牌成立。

同日　西藏自治区交叉验收组山南市农牧局调研员杨春林率队到尼木县开展2018年草原生态保护补助奖励机制终验工作。

6日　尼木县续迈乡地热资源综合开发项目勘探井施工开钻仪式在续迈乡地热项目现场举行，标志中核集团在藏首个地热项目——尼木县续迈乡地热资源综合开发项目正式开钻。中核集团董事长、党组书记余剑锋，中核集团党组成员、副总经理和自兴，中国核能电力股份有限公司董事长、党委书记陈桦等一行领导出席开钻仪式。

7日　“慧育中国·西藏尼木县”启动仪式在县政府二楼会议室举行，中国发展研究基金会副理事长兼秘书长卢迈，西藏金融办副主任潘祜，西藏证监局副局长王勤强，中金公司党委书记杨新平，中金公司业务支持协调部负责人、中金公益基金会理事长冯丹云，中投证券拉萨证券营业部负责人顿珠，西藏自治区母子保健协会会长白玛央金等领导出席启动仪式。

同日　尼木县人民政府与西藏文旅集团投资合作协议签署会在拉萨市国际总部城西藏文旅公司举行，双方就尼木县吞巴景区开发打造签署了合作协议。

9日　尼木县组织30名党政干部到北京参加为期14天的专题培训。

10—14日　北京市顺义区南法信镇人大主席吴连军率队到尼木县开展结对帮扶工作。

11日　尼木县举行庆祝第34个教师节暨表彰大会，回顾总结尼木县2018年上半年教育工作以及对下半年工作进行部署安排。

12—15日　北京新农创投资发展有限公司副总裁夏绍全率队到尼木县考察交流相关项目合作事宜。

20日　尼木县妇女第六次代表大会第一次全体会议召开。

21日 尼木县首届以“感党恩、庆丰收、奔小康”为主题的农民丰收节文化进乡村活动在塔荣镇恩泽居委会拉开帷幕。

同日 尼木县第十三届人大常委会召开第十五次会议。会议由人大常委会主任尼玛次仁主持，会议通过《中共尼木县人民政府党组关于提请审议〈尼木县国家森林公园管理办法〉的议案》。

26日 尼木县举办第四届优质奶牛竞赛活动。

同日 拉萨市国土资源局联合市农牧局、市水利局、市环保局、西藏大学、市农科所等单位专家到尼木县对麻江乡2016年1.5万亩土地开发项目验收时提出的整改意见进行复验。

10月

5日 尼木县举行2018年第一期党员政治教育培训班开班仪式。

8日 县委书记杜国君主持召开县委推进重点项目建设暨招商引资工作专题会，研究解决存在的问题，全力推进重点项目建设。

9日 拉萨市人大常委会党组书记云丹、市人大常委会副主任达瓦一行到尼木县开展拉萨市十一届人大三次会议代表重点意见建议督办工作。

同日 尼木县副县长贺东主持召开2018年第三季度经济运行分析会，拉萨市统计局副局长、调研员黄树春出席并作讲话，各乡（镇）、县直各单位主要负责人参加会议。

同日 拉萨市人大常委会党组书记云丹，副书记、副主任达瓦一行到尼木县，开展拉萨市十一届人大三次会议代表重点意见建议督办工作。

10日 尼木县委组织召开理论学习中心组“两学一做”学习教育“学习习近平新时代中国特色社会主义思想·建小康尼木”改革工作专题集中学习研讨会。

11日 西藏自治区商务厅党组书记、副厅长李文革一行到尼木县调研商贸流通市场体系建设情况，市商务局副局长索朗顿珠。

16日 拉萨市总工会党组成员、副主席、经费审查委员会主任冉龙平一行，对尼木县总工会经费收支管理及专项资金管理使用情况进行审计。审计组采取第三方委托方西藏楚源会计事务所实地审查、看账目等方式，对尼木县2016—2017年度工会账户的设置与管理、工会经费收支使用情况、专项资金使用的会计凭证、收支账簿、财务报表等相关资料逐一进行审计，重点审计支出项目是否规范，审批手续是否完备，原始凭证是否齐全，财务处理是否准确，并对审计过程中发现的问题进行口头反馈并提出审计意见和建议。

18日 西藏自治区统计局法规处处长杨林霞带队检查组到尼木县开展核查固定资产投资数据工作。

同日 中国科协、财政部联合开展的“中国流动科技馆”巡展在尼木县正式启动。西藏自治区科协党组副书记、主席李秀珍，拉萨市科技局党组副书记、局长、市科协主席黄前敏，拉萨市科技局副调研员巴桑次仁，自治区科协科普工作队队长王卫东参加启动仪式。

22日 拉萨市民政局局长白玛玉珍一行到尼木县调研社会救助暨社会保障兜底工作。

同日 拉萨市运管局副局长、安全生产巡查二组组长次仁洛追一行到尼木县开展安全生产巡查工作，重点对全县2018年安全生产重点工作开展情况及安全生产领域改革发展重点任务推进情况进行检查。

同日 西藏自治区国土资源厅副厅长布琼带队到尼木县验收农村集体土地所有权确权登记发证工作。

23日 拉萨市经济开发区投入资金约300万元，购置271台饮用水净水器赠予尼木县，并派出技术人员对设备进行安装调试，现场指导使用操作说明。尼木县组织召开净水器发放安装工作部署会议，对相关工作进行安排部署。

24日 尼木县包虫病综合防治工作指挥部第五次会议暨“三病”综合防治工作推进会召开。

30日 北京顺义科技创新集团有限公司工会主席赵晓敬率队到尼木县开展结对帮扶工作。

11月

1日　县委书记杜国君主持召开全县矛盾纠纷排查调处工作专题会议暨第四次信访工作联席会议。

7日　拉萨国家级经济技术开发区党工委副书记、管委会主任刘汝鹏，党工委副书记、管委会副主任洛桑赤列一行到尼木县续迈乡山岗村、塔荣镇尚日村（经开区驻村点）调研指导驻村工作。

11日　拉萨市组织各县（区）及相关部门召开2018年拉萨市首届现代农牧业产业园评审会，尼木县现代农业高新技术示范园被评为市级农牧业产业园。

12—13日　北京市顺义区仁和镇人大主席王耀红一行到尼木县开展党支部结对共建活动。

12—14日　西藏自治区编译局机关党委副书记、语管处副处长久美道杰率队到尼木县开展国家三类语言文字工作评估验收工作。

13—14日　拉萨市八廓古城管委会副主任、市强基办宣传简报材料组副组长胡兴国一行到尼木县调研指导驻村工作。

14日　尼木县卡如乡第一届代表大会第一次会议召开。会议应到代表50名，实到代表47名，到会代表符合法定人数。

15日　中共尼木乡第一届代表大会第一次会议胜利闭幕。此次会议应到党代表66名，实到55名，9名受邀列席人员参加会议。

20日　拉萨市副市长、市两创办主任陆从福，拉萨市人社局副局长贺能晟一行到尼木县调研两创示范建设暨高校毕业生创业就业工作开展情况。

28日　尼木县民政局（残联）邀请五洲医院院长李伟等专家到尼木县开展残疾儿童鉴定及康复救助筛查工作。

12月

3日　江苏省淮安市委统战部常务副部长、市社会主义学院院长王子政一行到尼木县开展结对共建活动。

同日　拉萨市政府副秘书长、妇儿工委副主任次旦卓嘎和市妇联主席、妇儿工委副主任向巴彩喜带领两规中期督导组到尼木县就妇女儿童发展规划（2016—2020年）工作实施情况进行中期督导检查。

5日　西藏自治区脱贫攻坚交叉考核组到尼木县吞巴乡开展检查工作。

同日　尼木县全面启动退役军人和其他优抚对象信息采集工作。

9日　拉萨市卫计委副主任武鸣一行到尼木县开展2018年卫生与健康重点工作年终考核工作。

10日　尼木县文化旅游新闻出版广电局组织尼木县25名非物质文化遗产传承人和15名从业非遗的企业和合作社的代表，在尼木县综合文化活动中心举办“尼木县首届非物质文化遗产传承培训”。

11日　尼木县第十三届人民代表大会常务委员会召开第十六次会议。

同日　尼木县第十三届人大常委会召开第十六次会议。会议由人大常委会主任尼玛次仁主持，会议通过《关于补选郝蕾为拉萨市第十一届人民代表大会代表的决定（草案）》。

12日　拉萨市考核组副组长、市委副秘书长刘小斌率市考核组到尼木县开展2018年度目标绩效考核工作。

同日　西藏自治区党委专项巡视脱贫攻坚第八巡视组座谈会在县委三楼会议室召开。自治区党委专项巡视脱贫攻坚第八巡视组组长江拥洛追等巡视组领导出席会议，拉萨市扶贫办主任李云海。

17日　县委书记杜国君出席西藏天润2018年度食用菌产业扶贫项目分红大会，尼木乡26户建档立卡贫困户参加大会。

19日　尼木县总工会2018年度在档困难职工生活救助金发放仪式在尼木县人大会议室举行，县人大副主任、县总工会主席张世杰参加活动。

20日　县委书记杜国君主持召开尼木县全域旅游和藏香产业园发展专题会。

21 日 县委常务副书记赵金祥带领北京专家闫君君一行到卡如乡指导桃树种植工作。

23 日 西藏自治区妇联妇儿工委办常务副主任赵春华带领区妇联 2018 年度目标责任验收工作组一行到尼木县检查验收 2018 年妇联工作。

24 日 尼木县召开第三次全国国土调查动员部署暨培训会。

27 日 尼木县召开“四讲四爱”群众教育实践活动第四节点至“回头讲”转段会。会议由县委副书记加略主持，县委常委、宣传部部长索朗次仁作汇报讲话。

同日 尼木县举办“四讲四爱”“回头讲”培训会暨农牧民宣讲员大比武活动，县委常委、宣传部部长索朗次仁主持会议并讲话。

28 日 尼木县召开创先争优强基础惠民生活动第七批驻村工作总结表彰暨第八批驻村工作动员部署会。县委书记杜国君出席会议并作讲话，县委常委、组织部部长、强基办主任杜开凡主持会议。

政 治

中共尼木县委员会

【概况】 2018年，尼木县实现地区生产总值8.97亿元，同比增长9.3%；全社会固定资产投资完成额同比增长40.7%；工业增加值0.68亿元，同比增长33.33%；社会消费品零售总额0.7亿元，同比增长13.3%；一般公共预算收入1.54亿元，同比增长8.1%；农牧民人均可支配收入12865元，同比增长10.57%。

【乡村振兴稳步推进】 年内，把制定实施乡村振兴战略总体规划与“十三五”脱贫攻坚规划衔接起来，编制《尼木县乡村振兴战略实施方案》，同时积极与北京新农创投资发展有限公司合作对接，加快编制《尼木县乡村振兴总体规划》《尼木县农业产业发展规划》。进一步深化农村各项改革，稳步推进和完善农村土地“三权分置”制度，完成农村集体土地、农村宅基地所有权确权登记和颁证工作；建立农村集体资产管理、登记、处置、使用决策等6项制度，已完成试点村卡如村的清产核资工作并顺利通过拉萨市级清产核资验收。

【脱贫攻坚】 9月28日，西藏自治区人民政府正式下达关于批准尼木县退出贫困县的批复，尼木县实现整体脱贫摘帽。年内，尼木县委始终坚持脱贫不脱责任、脱贫不脱政策、脱贫不脱帮扶、脱贫不脱监管，以乡村振兴为统揽，持续用力推进“六脱措施”，抓实抓好“五个带动”，大力推进“人有一技之长、户有致富门路、村有当家产业”，不断巩固提升脱贫成果。制定《尼木县巩固提升脱贫成果三年行动实施方案（2018—2020年）》，纵向建立“3+3”组织体系，横向建立“2+10”工作体系，实现精准扶贫大数据平台帮扶干部全覆盖，明确干部职责清单和“三段式”入户帮扶制度，结对帮扶的制度更加健全、力量更加充实、基础更加扎实。

2018年9月2日，尼木县委书记杜国君到巴古村调研驻村工作队种植蔬菜情况

重点关注“六类人员、三类特殊群体”，开展建档立卡贫困户动态调整工作，确保“应纳尽纳，不漏一人”；全面开展“拉网式”“全覆盖”整村普查，建立销号整改台账，限时销号整改；开展脱贫攻坚专项培训，各级干部精准帮扶业务能力全面提升，工作更加扎实。产业扶贫深入推进，重点实施“短平快”产业项目与发展新兴产业、加快构建现代化产业体系相结合的产业。在“十三五”期内，尼木县规划建设产业发展项目43个，估算总投资11.21亿元。大力推进易地扶贫搬迁，积极做好各搬迁安置点配套产业建设、创业就业、教育医疗等工作，充分依托培训、岗位开发和政府购买服务等措施，为搬迁群众中有就业意愿的801名劳动力解决629个就业岗位，基本实现“一户一人”就业。同时统筹推进以教脱贫、以助脱贫、以补脱贫、以保脱贫、转移就业、金融扶贫等各项工作。正确处理好中央关心、北京支援和艰苦奋斗、自力更生的关系，确立贫困群众主体地位，持续开展“支部讲政策、群众帮群众”和“你努力我帮忙，大家携手奔小康”两个活动，认真落实“人有一技之长、户有致富门路、村有当家产业”三项措施，注重培育贫困群众的基本技能，激发脱贫致富的内生动力，依靠辛勤劳动改变贫困面貌、过上幸福生活。

【产业转型升级】 年内，重点推进“四产业两园区”建设，着力补齐发展短板，增强内生动力，经济发展质量和效益不断提升。尼木藏香产业园区精准扶贫示范基地项目建设已通过初验，正在采购藏香生产设备，预计2019年3月全面投产。尼木藏鸡原种保护基地二期工程土建已经完成，设备安装已完成85%，预计2019年4月初全面投产。“尼木藏鸡”“尼木藏鸡蛋”“尼木菜籽油”获得国家地理标志证明商标，“尼土尚品”获得国家知识产权局认证。在获得“国家有机产品认证创建示范区”称号并取得“牦牛、雪菊、藜麦”3个有机产品认证证书的基础上，保持“土豆、油菜、青稞”3个有机转换证书的有效性。吞巴景区提档升级工程签订《吞巴景区投资框架协议之补充协议》，由西藏文旅投入2.8亿元以上进行全面打造。积极引进北京山海文旅有限公司对琼穆岗嘎雪山进行开发，签订《尼木县人民政府与北京山海文旅有限公司关于尼木县琼穆岗嘎雪山景区项目合作协议》，计划投资6.6亿元，2年内完成景区建设达到试营业条件。续迈温泉旅游配套设施建设项目已进行初验，正在做运营方案。拉萨经开区尼木产业园区基建项目开工建设，园区道路基础设施一期项目建设已完成。尼木县高原种植业航天育种及产业推广应用项目预计2019年3月达到种植条件。

2018年10月8日，尼木县召开重点项目建设暨招商引资推进工作专题会

【投资拉动】 年内，策划重大项目113个，总投资34.5亿元，完成投资22.06亿元。尼木高原种植航天育种及产业化推广应用建设项目、尼木既有建筑节能改造项目、尼木建档立卡贫困户藏鸡标准化养殖基地建设项目等一批重大项目顺利实施。持续推进招商引资工作。2018年尼木县招商引资实施项目11个，新建8个，续建3个，项目总投资27.96亿元。招商引资实际到位资金7.1亿元，同比增长11.36%。

2018年6月20日，尼木县委常务副书记赵金祥到尼木乡慰问结对帮扶贫困户

【对口帮扶】 年内，依托援藏优势，主动对接，积极争取援藏资金和项目。“十三五”期间，在北京市援藏指挥部和市受援办的关心、关怀、指导下，批准尼木县“十三五”实施规划内援藏项目共计12个，总投资2.25亿元；规划外援藏项目9个，总投资2.18亿元；计划内、外项目资金达4.43亿元。同时，不断深化“携手奔小康”扶贫协作工作。自2016年北京市顺义区与尼木县结成帮扶对子以来，两地党委、政府已开展互访交流活动10余次，累计安排帮扶资金1090万元，扎实推进产业共建、市场对接、人才交流等全方位多领域的深度融合，为尼木县产业发展、精准脱贫发挥了重要作用。

【教育事业】 年内，尼木县财政投入教育事业2850.2万元，同比2017年增长12.44%。学前双语三年毛入园率达84.94%；小学纯入学率达99.97%、巩固率达99.79%；初中毛入学率达99.91%、巩固率达100%；义务教育残疾学生随班就读25人、送教上门11人，义务教育残疾儿童少年入学率达94.74%。加快教育教学质量提升，2018年县中学中考成绩成功实现进位目标，在全市各县(区)考核排名中取得第四名。持续加大“以教脱贫”力度，落实2018年学前教育补助、中小学生“三包”及营养改善资金2022万元，县中心双语幼儿园秋季学期实现食堂集中供餐。制定完善《尼木县建档立卡贫困家庭子女接受高等(中职)教育实施免费教育补助政策实施细则(试行)》，兑现建档立卡贫困家庭127名大学生补助110.66万元，兑现边缘户家庭40名大学生补助27.59万元。

【文化事业】 年内，完善城乡文化体育基础设施，尼木县共有文化服务中心8个，“农家书屋”33个。以“五有五好”文明村镇创建为切入点，扎实开展群众性精神文明创建活动。2018年累计投入120余万元，基本完成全县33个村(居)、7所学校的“五有”建设工作。

【医疗卫生】 年内，藏医院、援藏专家楼建成投用，成功创建“二级乙等”医院。持续加大“以助脱贫”力度，全年补偿大病统筹基金1314人次，补偿金额1053.23万元；其中736人次享受“先诊疗后结算”优惠政策，金额466.77万元。制定《尼木县健康扶贫医疗救助兜底保障实施方案》，对贫困人口医疗自付费用实行政府兜底，将20种特殊门诊病种纳入农牧区医疗大病统筹报销范围。从2018年3月起对建档立卡贫困户报销比例统一提高5%，7月起对2014年、2015年已脱贫户全部纳入政府兜底，共兜底281人、18.79万元。9月，尼木县健康扶贫工程示范县创建工作受到国家卫生健康委员会办公厅、国务院扶贫办综合司通报表扬，成为自治区唯一受表扬的一个县区。

【就业和社保】 年内，尼木县职工养老、职业年金、职工医疗、失业、工伤、生育保险参保人数分别达1973人、1541人、1655人、1329人、1973人、1655人，基本实现“应保尽保”。城乡居民养老保险参保人数13297人，缴费总额151.65万元，基本实现全覆盖。60岁以上城乡居民养老保险待遇发放3067人，金额328万元，做到应

2018年8月29日，尼木县委书记杜国君一行到辖区318国道沿线开展雨季汛期道路交通安全隐患大排查

保尽保。建成尼木众创空间、尼木现代农业高新技术产业示范园区、尼木县小微企业创新创业基地三个孵化载体，加强就业创业培训，促进高质量就业。2018 年，全县实现城镇新增就业 766 人；农牧区劳动力实现转移就业 0.83 万人、2 万人次（贫困劳动力转移就业 714 户 1043 人），实现增加收入 0.68 亿元；195 名 2018 届高校毕业生实现就业 179 人（其中建档立卡高校毕业生 37 人全部实现就业）。受理劳资纠纷案件 55 起，结案 45 起，涉及劳动者 524 人，追回工资 479.676 万元。

【生态环境】 年内，严格按照“党政同责、一岗双责”要求，做到生态环境保护与经济社会发展稳定工作同研究、同部署、同推进、同考核，成立尼木县生态环保工作领导小组，组织编制《尼木县生态文明建设示范县 2017—2020 年创建规划》，加大环保资金投入力度，持续改善生态环境。2018 年县财政累计投入 1530 万元用于生态恢复与基础设施建设，完成植树造林 2180 亩、封山育林 2000 亩。全面落实自然保护区保护制度，探索推进“林长制”，全面实行“河长制”“湖长制”，严格落实土地保护制度，研究制定《尼木县生态保护红线划定工作方案》《尼木县生态保护红线方案》，严守耕地保护红线，严格执行环保执法“双随机一公开”制度。

在中央第六环境环保督察组督查自治区反馈意见中，尼木县需配合上级主责部门整改问题 99 个。截至年底，已完成整改销号 48 个。在自治区第一环境保护督察组督查拉萨市反馈问题 76 个，需尼木县配合整改问题 32 个（其中共性问题31个、个性问题1个：尼木县节水型社会试点县建设工作），现已完成反馈问题台账资料收集整理备案工作。巩固提升清洁乡村、生态乡村建设成果，稳步推进宜居乡村建设、特色小城镇建设和乡村振兴示范村、达标村建设，全面改善农村人居环境，大力培育优良乡风民风。积极开展生态县创建以及生态乡村创建的复核工作，已获得自治区命名的有 8 个乡（镇）、29 个村。2018 年年初尼木县荣获自治区 2017 年度生态环境保护工作目标绩效考核优秀奖。尼木县卡如乡获“2018 年中国美丽休闲乡村”称号。

【安全生产】 年内，投入 150 万元，作为交通标识、标线、标牌增设及交通安全隐患排查整治工作经费。投入 34.9 万元为每个村配备微型消防设备。扎实开展安全生产宣传教育，狠抓安全生产各项工作措施落实，对非煤矿山、建筑施工、道路交通等 6 个重点行业领域进行拉网式排查检查，安全生产形势总体稳定。对非煤矿山、危险化学品、道路交通、建筑施工、食品药品、消防等行业领域共检查 445 次，检查人员 2000 余人次，发现隐患 302 处，整改 301 处。截至年底，全县共发生各类生产安全事故 50 起（均为道路交通事故），未发生较大以上生产安全事故，亡 1 人，伤 10 人，直接经济损失 12.197 万元。与 2017 年同期（事故32起，亡1人，伤14人，直接经济损失 133.5668 万元）相比，事故起数上升 56.25%，死亡人数持平，受伤人数下降 28.57 %，事故直接经济损失下降 90.87%。

【党的建设】 年内，以开展“两学一做”学习教育活动常态化制度化、党员干部政治纪律教育活动为契机，充分发挥县委常委会、理论中心组学习会的龙头作用，把学习贯彻中共十九大精神作为首要政治任务，坚持用习近平新时代中国特色社会主义思想武装头脑、指导实践、推动工作，牢固树立“四个意识”，切实增强“四个自信”，坚决做到“两个维护”，特别是在维护祖国统一、民族团结这一重大原则问题上，始终做到旗帜鲜明、立场坚定。牢牢把握意识形态领域领导权和主动权，着力在建章立制、理论武装、阵地建设、网络安全、新闻舆论、精神文明建设和推进“志智双扶”工作上狠下功夫，不断壮大主流思想舆论，树立改革发展、脱贫攻坚等一批先进典型。

年内，始终把干部队伍作为可挖掘的最大资源，以打造“县乡干部为实干队伍、村‘五支力量’（驻村干部、下沉干部、村干部、联户代表、‘三老人员’）为苦干队伍、领导班子为巧干队伍”为抓手，坚持以好干部标准选干部、以战斗力标准配班子，探索建立“一线考察法”，注重在脱贫攻坚、产业发展、乡村振兴、维护稳定等重点工作一线发现、识别、使用干部。年内，共调整干部2批次43人，不存在带病提拔、带病上岗等不正之风。坚持从加强干部日常监管入手，制定完善干部管理、干部考察、年度考核等制度。坚持严管与厚爱、激励与鞭策相结合，落实《尼木县干部正常福利发放办法（试行）》，全年共慰问生病住院干部91名，发放慰问金9.1万元，为168名干部发放误休补助127万元；研究制定《尼木县关于解聘聘用制干部和落实聘用制干部相关待遇的实施方案》，兑现11名在职聘用制干部解聘后一次性生活补助135.64万元；研究制定《尼木县离任村干部待遇补助实施办法（试行）》，为92名任职满15年以上的离任村干部发放离任补助102.24万元，解决离任村干部后顾之忧，让村干部工作上有干劲、生活上有“盼头”。牢固树立一切工作到支部的鲜明导向，以提升组织力为重点，突出政治功能，扎实推进基层党组织标准化建设。投入500万元对31个村级组织活动场所进行优化功能设置，统一设置一厅三室一馆，村级组织活动场所标准化建设实现齐步走。

2018年8月8日，尼木县委书记杜国君围绕“不忘初心、牢记使命，奋力推进现代尼木三步走”讲党课

年内，稳妥推进监察体制改革，成立县监察委员会，扎实推动县委巡察工作有力有效开展，深入践行监督执纪“四种形态”，严肃查处违纪违法案件，继续保持反腐败高压态势。年内，县委常委会带头加强自身建设，支持人大、政府、政协和法院、检察院依法依章履行职能。加强县委对统战工作的领导，形成大统战工作格局，工商联和无党派人士的作用得到有效发挥。积极推进人民团体改革，充分发挥工会、共青团、妇联人民团体组织的桥梁纽带作用，党管武装、老干部、档案、机要等工作全面加强。

（郭 琦）

【领导名录】

县委书记

杜国君

县委副书记、县长

普 琼（藏族）

县委常务副书记

赵金祥（北京援藏）

县委副书记、常务副县长

尹世强（北京援藏）

县委副书记

加 略（藏族）

次旦贡觉（藏族，5月免）

孙先龙（5月任）

中共尼木县委办公室

【概况】 2018年，尼木县委办公室紧紧围绕县委各项中心工作，以“抓一流管理，带一流队伍，创一流业绩，树一流形象”为目标，充分发挥综合协调和参谋助手职能作用，不断完善服务理念，全面提升服务水平，狠抓各项工作任务落实，使办公室与县委在决策上合谋，节奏上合拍，工作上合心，圆满完成了各项工作任务，保证和促进了县委及全县各项工作快速高效运转。

【文秘工作】 年内，县委办公室对于综合材料，坚持集体讨论拟定提纲，文秘人员分组起草，全员参与修改，办公室主任审核，以老带新，扶持新手，使文秘人员都在积极参与中得到锻炼和提高。全年起草领导讲话稿、发言稿、工作汇报等100余篇；整理印发领导讲话及录音20多份；编发大型会议材料40余篇，包括党代会、全委会、经济工作会、精准扶贫巩固脱贫推进会大型会议的各项重要材料。建立健全“县委办收发文登记制度”，明确职责和责任人，提高收发文效率。各部门的发文汇集到办公室时，对每篇发文进行认真审核，保证了发文的规范性。截至年底，共收文238份，其中中央、国务院文件56份，自治区文件59份，拉萨市文件123份；共发文235份（尼委/尼委发117份，尼委办/尼委办发78份）。

【保密工作】 年内，县委办公室坚持24小时值班制度。截至年底，共收发电报771份、5221页；明电154份、1242页，都已办结，密码工作未发生一起错漏、迟办、泄密等事故。4月，尼木县组织召开密码工作领导小组会议，调整密码工作领导小组成员，安排部署“520”视频会议系统备份工作。积极学习自治区、市委及其他县区对机要秘书的管理办法，规范机要秘书管理工作，切实做好机要秘书登记、政审、签订承诺书、制作机要秘书证、机要秘书培训等工作，完成对55名机要秘书的培训、政审和签订承诺书的工作。

年内，积极做好加密视频会系统和加密电话的维护工作，以及关键设备的备份，确保会议系统和加密电话时刻处于良好的工作状态。并按照区、市党委机要局的要求，做好密码通信主渠道（备用）系统、应急密码通信系统的演练。对紧急重要密码电报迅速处理、特事特办，该反馈的电报第一时间反馈，对有特殊要求的电报坚决按照要求办理。完成全县涉密计算机、非涉密计算机和上网机的品牌型号、配发日期及硬盘序列号的更新完善工作。6月，对全县保密工作进行检查，结合检查结果，着力对保密工作不重视，保密教育宣传力度不够，保密管理制度不完善，计算机管理不到位，信息公开发布审查不规范，干部保密工作观念不牢固等隐患，采取批评教育，限期整改等措施，及时深入整改，查漏补缺，消除隐患。8月，为各单位33台计算机安装“三合一”安全管理系统。加强计算机管理，做到“上网计算机不涉密，涉密计算机不上网”。

【信息工作】 年内，县委办公室围绕县委领导抓大事、谋大局的思维方向，按照县委的工作重点，把握各个时期的热点难点，采取约稿和调研相结合的办法，理清思路，拓宽领域，做到“供需对

2018年11月9日，中共尼木县委办公室机关党支部组织召开政治纪律教育活动专题组织生活会

路”,为县委决策提供可靠依据。年内,县委办公室进一步规范全县信息报送工作,完善各项信息报送制度。每季度向各乡(镇)、县(中)直各单位下发信息报送要点,并与政府办定期召开信息工作协调会,加强信息工作交流。

年内,对各乡(镇)、县(中)直各单位信息报送和采用情况按时进行通报,安排专人负责信息编撰、审校和上报工作,通过健全信息工作制度,配强信息工作人员,从乡(镇)选取工作人员到县委办跟班学习一个月,信息工作得到全面改善。截至年底,县委办公室信息工作不仅及时反馈尼木县社情民意,还对一些社会热点问题进行深入分析,不仅为县委、县政府及时了解全县工作动态提供及时便捷的途径,还提供决策参考依据,同时还为各乡(镇)、县(中)直各单位之间交流工作经验,推广好的做法,起到积极作用。及时将尼木县好的经验做法反馈到上级部门。截至年底,编发微信公众号“尼木发布”361条,上报尼木信息共计714条,专报信息82期。

【督查工作】 年内,县委办公室加大对县委常委会、专题会议议定事项的督办落实力度。根据“县委会议安排部署事项,三日内必有回应”的工作要求,按照任务和时间要求对每一件议定事项进行分解,明确责任单位和责任人,并按要求整理汇总工作落实或进展情况,形成专报反馈县委、县政府主要领导。截至年底,共督办县委常委会24次,县政府常务会11次。将拉萨市委督查室以及市政府督查室下发的各类督办文件进行任务分解,同时通过指定专人跟踪督办,确保相关单位按要求尽快落实到位,并按要求整理汇总工作落实或进展情况,形成专报反馈市委督查室或市政府督查室,全年共收到市委、市政府督查文件50余份。

年内,围绕县委“现代尼木三步走”总体布局、“四产业两园区”发展布局、“四菜一汤”全域旅游发展规划以及“两保四促一巩固”措施,安排专人通过实地检查、各类推进会,各项目单位报送的周报、月报等方式对各项工作进行跟踪督办,做到一事一办、一事一查、一督一报,杜绝漏报、重报、迟报现象的发生,截至年底,共形成《督查专报》98期。

【档案工作】 年内,为确保文件不随意外流,明确专职人员,负责纸品文书的管理和电子文档的管理。具体做好文件资料的收发、分放、整理、归档、销毁等工作,对涉密的文件资料,只准在办公室阅,未经批准,不得带出;做好电子文档的输入、存档、发送、印制、备份等工作,确保电子文档安全。同时加大对档案室的日常管理,非工作人员不准进入档案室,防止失泄密事件发生。

【服务工作】 年内,县委办公室人员秉承“真心为人、真诚待人、真情感人、真切助人”的服务宗旨,没有发生因办公室工作人员态度不佳和办事推诿拖沓而引起的投诉和反映,服务态度得到了群众、领导、客商的认可。会议安排周密、合理、细致,全年承办各类会议及活动上百次,无一差错;接待群众热心、耐心、细心,共接待群众来访68批次,接待考察团、上级领导认真、有礼、周到,共接待40次。

2018年10月23日，中共尼木县委办公室召开工作例会

2018年11月11日，尼木县委办公室副主任杨闯到拉萨经开区易地扶贫搬迁点走访慰问结对户

【队伍建设】 年内，在保持办公室基本工作力量和整体工作实力相对稳定的前提下，积极推进干部队伍的新老交替和轮岗交流力度。年内，有2位同志从主任科员转为办公室主任和档案馆馆长，有1位同志从副主任科员转为机要局局长，有2位同志被提拔为副主任科员。对办公室人员分工进行优化，基本做到人尽其才，才尽其用。加强干部职工的学习。年内，结合“两学一做”，共开展集中学习20次，开展学习讨论6次，撰写心得体会10篇。认真落实党风廉政建设制度，严格执行党的政治纪律、组织纪律、廉洁纪律、群众纪律、工作纪律和生活纪律，自觉接受广大干部群众的监督，做到干净干事，公正规范。凡下基层检查工作、调查研究，办公室人员都能做到轻车从简，不影响基层工作，不加重基层负担。严格执行财务公开制度。办公设备和办公用品都统一由县采购中心采购。通过多管齐下的努力，队伍不断优化，主动性和创造性进一步增强。

（郭　琦）

【领导名录】

主　任

李　　林（仡佬族，5月免）

嘎旺朗杰（藏族，5月任）

副主任

王宗堂

杨　　闯（5月任）

机要局局长

普布卓玛（女，藏族）

尼木县人民代表大会常务委员会

【概况】 年内，尼木县人大常委会始终高举中国特色社会主义伟大旗帜，牢固树立“四个意识”，坚定“四个自信”，做到“两个维护”，始终在思想上政治上行动上与以习近平同志为核心的党中央保持高度一致。坚定不移地坚持党的领导、人民当家做主、依法治国有机统一，深入学习宣传贯彻习近平新时代中国特色社会主义思想，特别是习近平总书记关于坚持和完善人民代表大会制度的重要思想，关于治边稳藏的重要论述、“加强民族团结、建设美丽西藏”的重要指示等重要精神，切实把坚持和依靠党的领导作为根本原则，以新时代定位人大新坐标，以新思想引领人大新实践，以新目标激励人大新作为。全面贯彻落实中共十九大和十九届二中、三中全会精神，区党委九届三次、四次全会，市委、县委九届三次全会精神，坚持全县工作大局“稳中求进，进中求好，好中求快，补齐短板”总基调，紧紧抓住“发展、稳定、生态”三件大事，以“现代尼木三步走”总体布局和“四产业两园区”发展布局为统领，依法行使宪法和法律赋予的各项职权，敢于担当、勇于作为，有效推动人大监督、代表等各项工作取得新进展，圆满完成县十三届人大三次会议确定的各项工作任务，为新时代推进尼木长足发展和长治久安做出了应有贡献。

【坚持旗帜鲜明讲政治】 年内，尼木县人大及其常委会面对全县改革发展稳定的新课题新实践，自觉担当起建言献策、监督助力的新使命，深入开展调查研究，积极主动作为，从人大层面推进各项工作向纵深发展，努力做到对中心工作有所推动、有所促进、有所助力。坚持“两个报告”制度，定期向县委报告县人大常委会党组工作情况，主动向县委请示报告县人大及其常委会关于监督工作、重要会议、重要活动、重大事项决定、人事任免、专项报告以及工作中遇到的重大问题。常委会党组成员以普通党员身份参加支部学习和组织生活会28人次。深入开展警示教育、党课教育，严守政治纪律政治规矩、“不忘初心、牢记使命”等主题教育，促进人大系统全体党员干部职工真正做到政治上讲忠诚、思想上知敬畏、行动上守规矩。严格贯彻执行《中国共产党党组工作条例》，召开常委会党组会议10次，主任会议9次、召开常委会会议8次。在抓好人大主业工作的同时，常委会先后承担县委安排的维护社会稳定、脱贫攻坚、生态环境、城乡建设、“四业工程”、扶贫搬迁点安置事宜、工会工作、“宪法”宣传、普法督导检查等重要工作任务。根据县委统一要求，安排5名常委会领导担任相关工作领导小组组长、副组长。

年内，尼木县人大常委会领导深入基层、深入群众，走访调研8个乡（镇）、20余个机关企事业单位、33个行政村（居）、10余个重点寺庙、10余个农牧民合作社、20余名区市县乡四级人大代表，深入基层平均达50天以上，前往结对贫困户家庭帮扶慰问30人次以上；协调推进“人大代表之家”专项经费纳入县级财政预算，每年配套资金2万元；对乡（镇）、各机关单位开展“谁执法谁普法”为主题的普法责任制和宪法学习贯彻实施的督导检查工作。

【不断提高监督实效】 年内，依法听取和审议尼木县人民政府《国民经济和社会发展计划执行情况》《财政预算执行情况及下半年财政预算调整情况报告》等专项工作报告，审查调整预算、批准决算，就进一步贯彻新发展理念，深化结构调整，强化创新驱动，实施积极的财政政策提出建议。听取县监察委工作报告，支持依法行使职权，对贯彻实施《中华人民共和国监察法》过程中的存在的问题，提出有针对性的工作建议。听取审议尼木县法院、检察院工作报告，就法院、检察院系统全面深化司法改革，进一步推进社会矛盾化解和公正廉洁执法提出了建议。

年内，人大常委听取审议“一府一委两院”工作报告、专项报告，在依法做出决定、决议的同时，对审议报告中带有全局性、战略性的重大问题，综合运用执法检查、专题调研和代表视察等形式进行监督，提出一系列的意见、建议，得到“一府一委两院”及相关职能部门的高度重视，妥善处理工作中的各种矛盾，促进“一府一委两院”机关工作能力的提高，切实履行了人大监督职责。

【坚持依法科学决策】 年内，尼木县人大常委会坚持把健全完善人大讨论决定重大事项制度作为深化民主法治领域改革的一项重点任务，依法履行讨论决定重大事项职责，把县委的决策主张转变为全县人民的共同意志。听取审议尼木县人民政府关于《生态文明建设示范县创建规划（2017—2020年）》《西藏自治区尼木县城镇土地定级与基准地价评估成果报告》《尼木县国家森林公园管理办法》等专题报告，就进一步提高全社会对生态文明、土地定级、森林管理重要性的认识，探索和

2018年4月9日，尼木县人大常委会党组书记、主任尼玛次仁一行到麻江乡易地搬迁点督导检查精准扶贫工作

创新管理工作机制等方面提出建议。责成县政府根据《中华人民共和国环保法》《中华人民共和国国土法》等有关规定，严格按照常委会审议意见，重新整改落实，切实增强了人大审议重大事项的工作权威性、实效性和刚性约束。根据县委安排建议，人大及其常委会通过法定程序，落实人事安排决策部署。2018 年，依法选举任免国家机关工作人员 9 人，其中免去和任命政府副县长各 1 人，免去和任命政府正科级职务各 1 人；根据全区深化监察体制改革的要求，依法选举产生县监察委员会主任，依法任命县监察委员会副主任 2 人、委员 2 人。

【发挥人大代表主体作用】 年内，牢牢把握常委会与代表、代表与人民群众“两个联系”主线，把尊重代表主体地位、发挥代表作用作为做好人大各项工作的基础，进一步完善代表履职机制，保证代表依法行使国家权力。出台《关于加强和改进基层人大代表履职活动保障工作的办法（试行）》，进一步加强基层人大代表在依法履职期间误工、伙食、交通、住宿等补贴的保障，充分调动基层人大代表在履职活动期间的积极性。健全完善《尼木县人民代表大会代表视察调研制度》，围绕全县工作大局和常委会重要议题，组织人大代表对县中学师资建设和落实“三包”政策情况、县医院创建二级乙等医院的开展情况、卡如乡全域旅游产业发展情况、吞巴乡特色小城镇建设情况、县 1.5 万亩土地开发项目种植情况开展了集中视察调研，参与代表 85 人次。积极配合区、市人大常委会到尼木县开展“学习宣传贯彻实施宪法”“城乡建设管理工作”和《拉萨市古村落保护条例》等视察调研工作。

年内，进一步落实《人大代表列席人大常委会制度》，邀请县级人大代表列席常委会会议共计 18 人次，支持代表发表意见、提出议案建议。充分发挥“人大代表之家”平台作用，强化代表履职教育培训。采取集中培训、以会代训、聘请专家作专题讲座等形式，先后组织基层人大代表开展中共十九大精神和宪法等集中学习培训活动，累计培训基层人大代表 53 人次。通过给全县人大代表和各乡（镇）人大主席团订购《中国人大》刊物、发放《代表履职手册》等方式，为代表学习相关法律和人大业务知识创造了条件。通过多种方式和渠道，加强代表履职宣传，激发代表履职热情。

2018年9月13日，尼木县人大常委会副主任张世杰一行到卡如乡督导检查“谁执法谁普法”普法责任制和宪法学习贯彻实施开展情况

【督办代表建议】 尼木十三届三次人代会提出代表建议 69 件，在闭会期间开展的各类视察调研中代表又提出代表建议 15 件。针对这些建议，人大常委会主动加强工作协调，先后两次召开代表建议交办会，统一交办代表建议，适时听取审议承办单位建议办理情况。人大常委会主任、各副主任领衔督办重点建议。县委、县政府督查室和人大办联合督办代表建议，进一步强化代表建议办理质量和效率，许多重点工作得到有效推进，一批民生领域的热点问题得到有效解决。2018 年，代表建议办复率 100%，满意率达 95%，办结率达 64.2%。

【做好代表资格变动相关工作】 年内，针对代表名额出缺，积极与有关部门协调对接，及时掌握代表工作调整动态，及时召开人大

2018年7月18日，尼木县人大常委会副主任李必焱主持召开十三届人民代表大会常务委员会第十四次会议

常委会免去或接受代表辞去职务，并根据《中华人民共和国全国人民代表大会和地方各级人民代表大会代表法》和组织建议，适时补选相应代表。十三届三次人代会以来，接受1名人大常委会委员辞去常委会委员职务，接受1名市人大代表辞去代表职务，接受2名县人大代表辞去代表职务，补选市级人大代表1人，补选县人大代表7人。截至年底，尼木县第十三届人民代表大会实有代表92人。

【自身建设】 年内，尼木县人大常委会切实把自身建设放在更加突出的位置，在思想、组织、制度、作风建设上下狠功夫，用党的创新理论武装头脑，指导工作，着力打造政治坚定、勤于学习、履职为民、团结协作、遵章守纪的坚强集体。在思想政治建设层面，把学习贯彻习近平新时代中国特色社会主义思想特别是习近平总书记关于坚持和完善人民代表大会制度思想作为首要任务和看家本领，保证人大工作正确政治方向，不断推动人大工作与时俱进，更好担负起党和人民赋予的职责。在组织建设层面，积极主动向县委请示汇报，提出着力加强人大组织建设，增设人大专门委员会的建议意见，努力为人大及其常委会依法履职科学履职提供坚强保障。

年内，在制度建设层面，根据形势需要，对县人大常委会及机关各项制度进行梳理，并在此基础上进行一揽子修订修改，进一步织密、扎紧制度的笼子，提升人大工作的科学化、规范化水平。在作风建设层面，以党建为统领，按照“抓大党建、大抓党建”要求，把党建工作融入业务工作，驰而不息改进工作作风，大兴调查研究和学习之风，提升工作实效，进一步强化责任、作为、担当意识，力促各项工作严肃、严格、严谨，机关作风得到切实转变。2018年，常委会党组理论学习中心组共召开集中学习会议12次，常委会党组成员参加县委理论学习中心组集中学习23人次，参加区、市、县党委组织的政治纪律、政治规矩等学习培训5人次；指导人大机关党支部开展集中学习、“三会一课”、主题党日等会议活动等20余场次。

（安　燃）

【领导名录】

党组书记、主任

尼玛次仁（藏族）

副主任

李必焱

张世杰

张同格

旦　平（藏族）

尼木县人民代表大会常务委员会办公室

【概况】 2018年，尼木县人大办公室始终高举中国特色社会主义伟大旗帜，认真贯彻落实中共十九大和十九届二中、三中全会精神，以习近平新时代中国特色社会主义思想为指导，牢固树立“四个意识”，坚定“四个自信”，做到“两个维护”。围绕全县工作大局和县委“稳中求进，进中求好，好中求快，补齐短板”的总基调，紧紧抓住“发展、稳定、生态”三件大事，以“三步走”总体布局和“四产业两园区”发展布局为统领，不断增强做好人大工作的责任感和使命感，依法行使宪法和法律赋予的各项职权，不断加大对县人民代表大会和人大常委会工作的服务工作力度，主动作为，勇于担当，有效推动人大监督、代表履职等各项工作取得新进展，为新时代推进尼木长足发展和长治久安做出了应有的贡献。

【理论学习】 年内，尼木县人大办公室组织召开县人大理论学习中心组12次，深入学习贯彻中共十九大和十九届二中、三中全会精神，以习近平新时代中国特色社会主义思想为指引，始终把习近平总书记关于人大制度、人大工作和法治建设方面的指示和系列重要讲话精神，作为做好新形势下人大工作的基本遵循和科学指南，坚持和完善人民代表大会制度，坚持人民当家做主，坚持全面依法治国，坚持民主集中制。认真领会习近平总书记治国理政新理念新思想新战略，牢固树立政治意识、大局意识、核心意识、看齐意识，始终在思想上政治上行动上与以习近平同志为核心的党中央保持高度一致，以党中央为最高标杆，坚决贯彻中央和区市县委部署，确保政令畅通。

【坚持开好“三会”】 年内，筹备召开人民代表大会1次，召开常委会会议8次、主任会议9次，依法行使人事任免权和决定重大事项。坚持党管干部原则和人大依法任免相结合，对县委和“一府一委两院”提请任免的干部严格实行任前考察调查、任职承诺、票决、颁发任命书、任后监督等工作，既保证县委各项人事任免意图的实现，又有效增强了拟任人员的法律意识、责任意识和自觉接受人大监督的意识。年内，依法选举任免国家机关工作人员9人，其中免去和任命政府副县长各1人，免去和任命政府正科级职务各1人；根据全区深化监察体制改革的要求，依法选举产生县监察委员会主任，依法任命县监察委员会副主任2人、委员2人。

2018年7月1日，尼木县人大常委会办公室一行到尼木乡曲林村慰问驻村工作队和“三老人员”

年内，听取审议的尼木县人民政府关于《国民经济和社会发展计划执行情况》《财政预算执行情况及下半年财政预算调整情况报告》等专项工作报告，审查调整预算、批准决算，要求县人民政府妥善处理经济运行中的主要矛盾，促进财政支出结构优化和公共服务能力的提高。审议并通过尼木县人民政府关于《生态文明建设示范县创建规划（2017—2020年）》《西藏自治区尼木县城镇土地定级与基准地价评估成果报告》《尼木县国家森林公园管理办法》等专题报告，尼木县监察委、法院、检察院半年工作报告等，办公室撰写审查报告，为人大常委会做出决定决议提供决策依据。加强对“一委两院”的工作监督，支持“一委两院”依法行使职权，进一步推进社会矛盾化解和公正廉洁执法。对审议“一府一委两院”报告中带有全局性、战略性的重大问题，综合运用执法检查、专题调研和代表视察等形式进行监督，使审议更富有针对性，提出的意见建议更切合实际。

年内，针对代表名额出缺，积极与有关部门协调对接，及时掌握代表工作调整动态，及时召开人大常委会免去或接受代表辞去职务，并根据《中华人民共和国全国人民代表大会和地方各级人民代表大会代表法》和组织建议，适时补选相应代表。十三届三次会议人代会以来，接受1名人大常委会委员辞去常委会委员职务，接受1名市人大代表辞去代表职务，接受2名县人大代表辞去代

2018年1月10日，尼木县人大常委会组织市人大代表参加拉萨市十届三次人代会

表职务，补选市级人大代表1人，补选县人大代表7人。截至年底，尼木县第十三届人民代表大会实有代表92人。

【视察调研和监督】 年内，紧紧围绕县委中心工作和人民群众普遍关注的重点问题，坚持依法监督、正确监督、有效监督，深入开展"宪法"宣传和普法督导检查工作，开展视察调研3次，积极配合区、市人大到尼木县开展视察调研2次，有效保证了县委重大决策部署和惠民政策的贯彻落实。

5月21日，组织30名基层人大代表开展对县中学、县医院的集中视察。7月26日，组织23名基层人大代表开展对卡如乡全域旅游产业发展情况和吞巴乡特色小城镇建设情况的集中视察活动。10月11日，组织12名基层人大代表开展对尼木县1.5万亩土地开发项目种植情况的视察调研。视察后，认真起草调研报告，并向尼木县人民政府及有关部门提出意见建议。积极配合区、市人大常委会到尼木县开展"学习宣传贯彻实施宪法""城乡建设管理工作"和《拉萨市古村落保护条例》等视察调研工作。有效解决了群众反映的热点、难点问题，进一步规范尼木县各类法律法规和政策的有效落实，强化了人大监督管理能力，提高了法律和政策的使用效率。

年内，深入开展学习宣传贯彻实施《中华人民共和国宪法》活动，在全县形成坚持党的领导、崇尚宪法、遵守宪法、维护宪法权威的浓厚氛围，为尼木坚持党的领导、推进依法治国、建设法治中国，做出新的贡献。9月，对乡（镇）、各机关单位开展"谁执法谁普法"为主题的普法责任制和宪法学习贯彻实施的督导检查工作，有效促进了落实国家机关普法责任，推动尼木县普法工作转型升级。

【代表履职教育培训】 年内，采取集中培训、以会代训、聘请专家作专题讲座等形式，重点围绕宪法和法律、中共十九大精神等组织代表进行法律培训和理论知识培训。先后组织基层人大代表开展"党的十九大精神"和"宪法"的集中学习培训活动，邀请市委党校讲师以及县人民法院法官进行授课，累计培训基层人大代表53人次，使人大代表更加深刻的领会党的十九大精神以及宪法的重要地位，引导和带动广大群众，共同为尼木经济社会发展贡献力量。通过给全县人大代表和各乡（镇）人大主席团订购《中国人大》刊物、发放《代表履职手册》等方式为代表学习相关法律和人大业务知识创造了条件。

【支持和保障代表依法履职】 年内，为加强和改进尼木县基层人大代表履职活动保障工作，充分调动基层人大代表在履职活动期间的积极性，起草《尼木县人大常委会关于加强和改进基层人大代表履职活动保障工作的办法（试行）》，办法已经尼木县人民政府第二十五次常务会议、中共尼木县委常委会第五十五次会议审批，经尼木县十三届人大常委会第十二次会议通过，于2018年5月23日正式实施。办法的出台，进一步规范尼木县人大机关在召开会议、视察调研时的专项经费使用，进一步加强基层人大代表在依法履职期间误工、伙食、交通、住宿等补贴的保障。

【督办代表建议】 尼木十三届三次人代会提出代表建议69件，在闭会期间开展的各类视察调研中代表又提出代表建议15件。针对这些建议，主动加强工作协调，先后两次召开代表建议交办会，统一交办代表建议，适时听取审议承办单位建议办理情况。人大常委会主任、各副主任领衔督办重点建议。县委、县政府督查室和人大办联合督办代表建议，进一步强化了代表建议办理质量和效率，许多重点工作得到有效推进，一批民生领域的热点问题得到有效解决。2018年，代表建议办复率100%，满意率达95%，办结率达64.2%。

【精准扶贫】 年内，为深入贯彻全县扶贫工作推进会议精神，落实县级领导脱贫攻坚迎国检期间挂包乡（镇）主要工作职责要求，县人大领导干部多次深入包乡包村联系点，积极与乡政府和村委会开展座谈，传达全县扶贫工作推进会议精神，检查督促精准扶贫方面工作。深入开展结对帮扶活动。年内，人大常委会主任、副主任结对15户贫困户，在送去慰问物资，核实明白卡等数据资料的同时，积极宣传扶贫惠农政策，引导群众转变观念、摆脱意识贫困和思路贫困，增强脱贫致富的信心和决心。

【乡（镇）人大工作】 年内，按照区、市人大关于加强乡（镇）人大规范化建设要求，积极加强与县政府的协调工作。2018年，将乡（镇）“人大代表之家”专项经费正式纳入县级财政预算，在原有5万元专项活动经费的基础上，每年再配套资金2万元，为开展好乡（镇）人大工作提供了有力的资金保证。

【自身建设】 年内，切实把自身建设放在更加突出的位置，在思想、组织、能力、制度、作风建设上下狠功夫，用党的创新理论武装头脑，指导工作，着力打造政治坚定、勤于学习、履职为民、团结协作、遵章守纪的坚强集体。在思想政治建设层面，把学习贯彻习近平新时代中国特色社会主义思想，特别是习近平总书记关于坚持和完善人民代表大会制度思想作为首要任务和看家本领，保证人大工作正确政治方向，不断推动人大工作与时俱进，更好担负起党和人民赋予的职责。在组织建设层面，积极主动向县委请示汇报，提出着力加强人大组织建设，增设人大专门委员会的建议意见，努力为人大及其常委会依法履职科学履职提供坚强保障。在制度建设层面，根据形势需要，对县人大常委会及机关各项制度进行梳理，并在此基础上开展修订修改工作，进一步织密、扎紧制度的笼子，提升人大工作的科学化规范化水平。在作风建设层面，以党建为统领，把党建工作融入业务工作，驰而不息改进工作作风，大兴调查研究和学习之风，提升工作实效，进一步强化责任、作为、担当意识，力促各项工作严肃、严格、严谨，机关作风得到切实转变。

（安　燃）

2018年7月26日，尼木县人大常委会组织基层人大代表“学习宪法”集中教育培训

【领导名录】

主　任

多布啦（藏族）

尼木县人民政府

【概况】 2018年，实现地区生产总值8.97亿元，同比增长9.3%，完成目标任务（8.22亿元）的109%；全社会固定资产投资同

比增长40.7%，民间投资同比增长76%；农牧民人均可支配收入12865元，同比增长10.57%，工业增加值0.68亿元，同比增长33.33%，完成目标任务（0.67亿元）的101.5%；社会消费品零售总额0.70亿元，同比增长13.3%，完成目标任务（0.70亿元）的100%；一般公共财政预算收入1.54亿元，同比增长8.55%，完成目标任务（1.51亿元）的101.9%。

【项目建设】 年内，开（复）工项目113个，总投资34.5亿元，固定资产投资同比增长40.7%。拉萨经开区尼木产业园基础设施等重大项目顺利实施，争取到计划总投资2.8亿元和6.6亿元的两个民间投资项目。

【对口帮扶】 年内，实施援藏项目14个，完成投资1.89亿元。顺义区对口帮扶单位向七乡一镇捐赠160万元，15名教师、种植、养殖等专业人才到尼木县开展短期援藏工作。

【产业建设】 藏香产业园区精准扶贫示范基地项目和非遗展示厅项目建成投用，成立的藏香协会、藏香研发中心创意开发藏香衍生产品，在传承藏香文化的同时不断促进藏香规模化发展；藏鸡原种保护基地一期现存藏鸡2.5万只，二期工程即将投入运营；打造有机基地3420亩，尼木有机农业网站和有机农产品追溯管理系统建成投用，牦牛、雪菊、藜麦取得有机证书，保持土豆、油菜、青稞有机转换证书有效性；西藏文旅集团投入2.8亿元对吞巴景区进行提档升级，北京山海旅游有限公司拟投资6.6亿元对琼穆岗嘎雪山景区进行打造，卡如沟域经济一期建成投用，二期项目开工建设，续迈温泉旅游配套设施建设项目正在做运营方案。下大力气打造的沟域经济、民俗体验区卡如乡获“2018年中国美丽休闲乡村”称号。总投资2.2亿元的拉萨经开区尼木产业园区道路基础设施一期项目基本完工。总投资2.55亿元的尼木现代农业高新技术示范园区已建成高原种植业航天育种及产业化推广应用等项目。

【“双创动能”】 年内，小微企业创业创新公共服务信息化平台建成投用，建成三个孵化载体。完成“两创示范”特色商业街区规划和第一个众创空间搭建工作。小微企业吸纳就业3184人，成功申报6家民营企业“梦创拉萨”扶持资金60万元。全县非公企业14家，注册资金1.28亿元，从业人员950人。

【营商环境】 年内，实行“一审一核”“全程电子化”“限时办结”“简易注销”营商机制，简易注销个体工商户78户、企业2户，企业全程电子化营业执照1个，新增市场主体501户，同比增长78.3%。2018年，招商引资项目11个，总投资27.96亿元，到位资金7.1亿元，同比增长11.36%。

【基础设施】 投资134.5万元的县城停车场建成投用。实施吞巴乡特色小城镇（棚户区）改造项目，对县城公有房屋进行节能改造。投资5343.51万元，建成普松乡如白村扶贫点公路和318国道至吞巴乡雍组公路，开工建设麻江乡朗堆村至琼姆岗嘎公路。投资579万元完成76户老旧房改造，完成吞巴乡特色小城镇275

2018年7月1日，县委副书记、县长普琼到帕古乡检查指导迎国检工作

套棚户区改造任务，对8户城镇低收入家庭发放租赁住房补贴2.75万元。

2018年8月19日，县委副书记、县长普琼主持召开迎接国务院大督查安排部署会

【农业生产】 年内，实现农林牧渔业总产值2.33亿元，同比增长19.89%，粮油总产量1399.35万公斤，同比增产540.25万公斤，粮经饲比例调整到72：16：12。草补工作和黄牛改良工作分别通过区、市验收。

【农村改革】 年内，完成农村集体土地、农村宅基地所有权确权登记和颁证工作。建立农村集体资产管理、登记、处置、使用决策等6项制度，完成试点村卡如村的清产核资工作并顺利通过市级验收。

【生态环境治理】 年内，完成县加油站油气回收装置改造工作，开工建设县城污水处理厂及收集系统工程和帕古乡垃圾无害化处理设施建设项目，配合自治区完成新建厕所31座，全县生态环境质量总体优于2017年同期水平。同时，本级财政投入1530万元用于生态恢复与基础设施建设，编制《尼木县生态文明建设示范县2017—2020创建规划》，制定《尼木县生态保护红线划定工作方案》《尼木县生态保护红线方案》，完成植树造林2180亩、封山育林2000亩，8个乡（镇）、29个村获得自治区生态乡村命名。

【脱贫攻坚】 经过三年努力，尼木县实现整体脱贫摘帽。2018年，建档立卡贫困人口人均可支配收入达10799.81元，收入结构更加优化。健康扶贫工程示范县创建工作受到国家卫生健康委员会办公厅、国务院扶贫办综合司通报表扬，成为自治区唯一受表扬的一个县区。

【民生实事落实到位】 年内，县本级投入2574.52万元的10件民生实事全部落实到位。投入79.76万元维修农村客运场站，全面完成县际农村客运班线改革，开通5条农村客运班线，乡（镇）覆盖率100%，行政村覆盖率93%。

【教育事业】 年内，本级财政投入2850.2万元发展教育事业，建成7所村级幼儿园并开园招生，学前教育普及程度进一步提高。县中心小学教工宿舍、援藏教学楼、学生宿舍、续迈乡完小风雨操场等项目全面建成。教育扶贫工作稳步推进，兑现建档立卡家庭127名大学生补助110.66万元，兑现边缘户家庭40名大学生补助27.59万元。落实“三包”及营养改善计划经费2022万元。中考成绩成功实现进位目标，位列拉萨市各县（区）第四名。

【就业创业】 年内，开展农牧民转移就业培训1186人，开发就业岗位434个，实现城镇新增就业766人，城镇登记失业率控制在2.2%以内。农牧区劳动力转移就业0.83万人、2万人次，实现收入0.68亿元。成立5家高校毕业生就业见习基地，50人参加创业培训，创业成功3人，带动就业9人，195名2018届高校毕业生实现就业179人，就业率92%。

【健康尼木】 年内，藏医院、援藏专家楼建成投用。成功创建“二级乙等”医院。包虫病救治率达100%。积极开展“三病”综合防治工作，筛查各类人群2.23万人，筛查率95%以上。与北京房山区良乡医院、拉萨市人民医院建立远程会诊，援藏医疗人才培训本地医务人员150人次。全年补偿大病统筹基金1053.23万元，其中736人次享受“先诊疗后结算”优惠政策。制定《尼木县健康扶贫医疗救助兜底保障实施方案》，对贫困人口医疗自付费用实行政府兜底，将20种特殊门诊病种纳入农牧区医疗大病统筹报销范围。

【保障体系】 年内，“六大保险”参保人数10126人，基本实现应保尽保。城乡居民养老保险参保人数13297人，缴费总额151.65万元，基本实现全覆盖。发放60岁以上城乡居民养老保险待遇328万元，做到应保尽保。医疗救助550人(次)，发放救助金212.11万元。临时救助73户(次)，发放救助金34.76万元，发放社会保障对象661户2583人“两线合一”补贴金82.79万元。

【文化体育事业】 年内，尼木县第三批国家公共文化服务体系示范区通过国家验收。县、乡、村三级公共文化网络服务供给平台和文化图书站点及县城数字影院建成投用，县城和6个乡广播电视收转站建设工作基本完成。投入120万元，基本完成全县33个村(居)、7所学校的“五有”建设工作。开展文化下乡60余场次，受众人数2.5万人次，放映电影570场次，受益群众4.26万人次。中小学校体育场馆面向社会免费开放，参加拉萨市首届运动会暨民族传统体育运动会和工间操比赛获得优异成绩。

【社会治理】 年内，投入1483.01万元，积极落实公、检、法、司经费保障及开展“三项斗争”“四讲四爱”群众教育实践活动宣讲1739场，受众15.87万人次，开展实践活动310余场。

【矛盾纠纷妥善化解】 年内，共受理群众来信来访23批(件)59人次，办结23批(件)，办结率100%。上级转交办群众来信来访9批(件)34人次，办结率100%。

【宗教领域和谐稳定】 年内，“遵行四条标准，争做先进僧尼”教育实践活动扎实开展，投入15.05万元对模范寺庙、僧尼、涉宗干部进行表彰。按照“三个不增加”的要求，投入205万元对提确林寺、热杰寺、夏荣寺僧舍等进行维修。

【民族团结】 年内，持续开展民族团结进步创建活动和民族团结进步宣传教育活动，各民族交往交流交融更加深入。2018年，共评选表彰14个民族团结模范集体、4户民族团结家庭、20名民族团结模范个人。

【安全生产】 年内，对非煤矿山、危险化学品、道路交通、建筑施工、食品药品、烟花爆竹等行业领域共检查6374次，消除整改安全隐患848处，未发生较大以上事故。

【其他事业全面发展】 年内，慰问困难职工32人，发放慰问金12.8万元。成功举办第四届青年创新创业大赛，投入20万元重点扶持7个项目，带动21名贫困农牧民青年就业。制定《尼木县妇女儿童发展规划(2016—2020年)》。投入12.6万元，完善6个县级标准化妇女之家。完成县妇联换届改革工作及2个试点乡(镇)改革工作。年内，全县在加快经济社

2018年6月11日，尼木县委常委、副县长郑同生到县教育局检查指导工作

2018年7月19日，尼木县副县长张振生主持召开政务服务工作推进会

会发展的同时，准确把握新时代党的建设总体要求，深入学习贯彻习近平新时代中国特色社会主义思想和中共十九大精神，持续推进“两学一做”学习教育常态化制度化，不断提升政府自身建设水平，努力建设人民满意的廉洁政府、法治政府、效能政府、服务政府。修订完善《中共尼木县人民政府党组工作规则》《尼木县人民政府工作规则》，坚持依法全面履行政府职能，自觉接受县人大及其常委会的法律监督、县政协的民主监督和社会舆论监督，全面落实从严治党主体责任，扎实推进政府系统党风廉政建设。

（孙 轲）

【领导名录】

县委副书记、县长

普 琼（藏族）

县委副书记、常务副县长

尹世强（北京援藏）

县委常委、副县长

张文明（苗族）

郑同生

副县长

张振生（北京援藏）

颜泽伦

米玛潘多（女，藏族）

贺 东

旦增江才（藏族，5月免）

布 穷（藏族）

旦 曲（藏族，5月任）

尼木县人民政府办公室

【概况】 年内，尼木县人民政府办公室紧紧围绕县委、县政府各项工作部署，解放思想，团结一致，更新观念，转变职能，优化服务，开拓创新，充分发挥办公室综合、协调、服务、督办四大职能，与各部门密切配合，把增强整体服务功能放在重要位置，本着“服务领导、服务单位、服务群众”的原则，朝着办文、办事、办会零差错的目标努力奋斗。加强文秘、督查、信息等工作，积极履行服务协调、督促检查、法治建设等各项工作职责，有效保障了县人民政府办公室工作的有序正常运转，为尼木县经济社会跨越式发展做出了积极贡献。

【文件处理】 年内，牢固树立公文精品意识，起草文稿时，坚持把握住工作要点、疑点、难点和重点，准确理解和掌握领导意图和领导决策的广度，做到想领导之所想、谋领导之所谋、办领导之所需。同时，认真执行《国家行政机关公文处理办法》，严格履行收文登记、传阅、交办及发文审核、签发、印制等公文处理程序，不断规范公文处理程序，认真做好各类文件、电报、电传的收发、办理工作，公文处理质量和运转效率明显提高。年内，收到区、市各类文件860余件，起草下发各类文件311件（其中政府文件133件、函48件、批复31件、办公室文件99件）。

【会务工作】 年内，严格控制会议次数和规模，大力精简各种会议，认真搞好会务的统筹协调，并对会议议定事项进行细化分解，交办和督促落实。特别是对县政府全体会、常务会、专题会等会议，坚持牵头做好会议决策前的各项准备工作，提前对需要审议的议题进行认真审核，并经县政府领导审定同意后提交会议研究，从源头上确保会议的权威性和高效率，保证县政府决策事项及政务工作的贯彻落实和正常开展。同时，狠抓会前准备、会中服务、会后落实三个环节，力求会议主题明确,中心突出,务求实效。对市政府办公厅下达的会议通知,按照要求认真布置会场,及时有效的传达到位,并上报参会人员名单,年内,协调组织召开政府专题会议 24 次、政府常务会议 17 次,保障视频会议 80 余场,全年无一起会议重大失误情况出现。

【督查工作】 年内,尼木县政府办公室以求真务实和敢于碰硬的作风,扎扎实实地抓好督查督办工作,使政府的每一项决策和县领导的每一次重要批示均得到贯彻落实,树立督查工作的权威性。坚持以县政府决策贯彻落实和县领导交办事项办理为主线,有针对性地就重点项目建设、招商引资、安全生产、动物疫病防治等项工作开展了专题督查,切实提高督查效率。在认真总结以往督查工作经验的基础上,探索采取以现场督查、暗访督查为主,电话督查、文件督查为辅的督查方式。进一步健全完善督查工作机制,及时将办理情况报告县政府,做到事事有落实,件件有回音。同时,有机地将督查与调研结合推进,坚持在督查中发现问题,分析问题,反馈问题和解决问题。年内,共上报政务督查 20 余期。

【信息工作】 年内,强化信息督查工作机制,进一步提高信息报送的数量和质量。紧紧围绕民生工程、城市建设、招商引资、特色产业、农民增收、创新环境、社会稳定等中心工作和群众关注的热点难点问题,及时反映工作思路、工作措施和进展情况。攻破难点,透过现象看问题,编写有情况、有分析、深层次、高质量信息。深挖特点,发挥信息导向作用,编写一些有思路、有特色、有突破,对指导工作有重要参考价值的信息。年内,上报《尼木政务信息》563 期、专报 54 余篇,被拉萨市政府办公厅采用 30%。

2018年3月5日,尼木县人民政府办公室副主任其美巴珍到政务服务大厅检查工作开展情况

【法制工作】 年内,积极开展对规范性文件的审查和清理,认真做好政府规范性文件的审核备案工作,组织政府规范性文件清理工作"回头看",对新出台的规范性文件严格审核把关。依法办理行政复议和行政应诉案件。加大监督检查力度,进一步完善行政执法责任制,认真开展行政执法监督检查,加强执法证件管理,促进依法行政。截至年底,全县制定规范性文件 6 份,申领执法证件 31 人,受理行政复议案件 0 起,办理行政应诉案件 0 起。同时认真履行行政执法监督,落实和完善行政执法制度,严格审查执法卷宗。截至年底,全县未发生行政违法行为。

【电子信息】 年内,按照拉萨市电子政务中心的安排,依托网络资源,将尼木推向全市、全区乃至全国,同时让群众了解、参与尼木政府工作。于 2018 年 7 月建成投用尼木县政府门户网站,积极推进政务公开工作。并指派专人参加市政府电子政务管理培训,按要求及时开展电子信息公开工作;充分利用好政府门户网站,及时公开尼木政务信息;严格做好保密安全工作,做到电脑专用、人员专设。年内,共上传各类信息 457 余件,办理市长信箱转办案件 2 件、县长信箱 1 件,群众满意率均为 100%。

【建议、提案办理】 年内,始终把人大代表、政协委员的意见、建议、提案办理工作作为政府发扬民主、体察民情、联系群众、服务群众的大事、实事来抓，提高思想认识、办理质量，狠抓交办、督办两个关键环节，突出工作重点，确保工作落实，较好地完成人大意见建议和政协提案的办理工作。年内，共办理人大代表建议84件、政协委员提案27件，答复率100%，满意率95%以上。

【政务服务】 年内，共梳理涉及政府服务事项395项，县级可办事项126项，实现网上申报事项85项，网上可办率达67.46%；县政务服务大厅受理行政审批事项1353件，办结1333件，办结率98.52%；县政务服务大厅和各乡（镇）便民服务中心共受理便民事项33421件，办结33281件，办结率99.58%。

【理论学习】 年内，尼木县政府办公室结合“两学一做”学习教育，政府办加强学习力度，坚持每周二学习制度，以集体学和个人自学相结合，重点学习中共十九大、习近平新时代中国特色社会主义思想和区、市、县重要会议精神，全年组织支部学习18次。同时注重收听收看重要会议、重要新闻，依托县委党校每名党员进行为期一周的党员政治纪律学习。通过一系列的学习教育，提高党员干部的思想认识，全办党员干部的政治意识、大局意识、核心意识、看齐意识得到进一步增强。

【党的建设】 2月7日、10月11日，召开中共尼木县政府办党支部2017年度组织生活会、2018年“政治教育、政治纪律教育”专题会深入开展批评与自我批评，达到团结—批评—团结的目的。认真落实“三会一课”制度，全年组织召开支部委员会和支部党员大会9次，支部书记带头讲党课1次。坚持重大问题和工作安排实行民主协商，既促使办公室成员相互理解，又发挥了工作人员的积极性和主动性，进一步提高了支部班子的凝聚力和向心力。

（孙 轲）

2018年2月7日，尼木县人民政府办公室党支部召开2017年组织生活会

【领导名录】

副县长、政府办主任

旦 曲（藏族，5月任副县长）

副主任

于 伟

其美巴珍（女，藏族）

中国人民政治协商会议尼木县委员会

【概况】 2018年，政协尼木县委员会紧紧围绕县委中心工作和发展大局，牢牢把握团结和民主两大主题，以饱满的政治热情和强烈的社会责任感，认真履行职能，切实发挥协调关系、汇聚力量、建言献策、服务大局作用，为全县各项事业的发展积极献计出力，政协工作呈现出团结和谐、务实进取、蓬勃发展的良好局面。并注重在继承中发展，在发展中创新，不断探索实践，为富有成效地履行政治协商、民主监督、参政议政职能提供了有力保障。

【全体委员会议】 1月6日—8日，政协第二届尼木县委员会召开第三次会议。应出席人数90人，实际到会70人。会议主要议程：听取和审议《政协第二届尼木县委员会常务委员会工作报告》；听取和审议《政协第二届尼木县委员会常务委员会关于政协第二届二次会议以来提案工作情况的报告》；列席第十三届尼木县人民代表大会第三次会议、听取并讨论政府工作报告；尼木县人民检察院、尼木县人民法院工作报告（书面）；尼木县发展和改革委员会关于2017年国民经济和社会发展计划执行情况及2018年国民经济和社会发展计划草案的报告（书面）；尼木县财政局关于2017年财政预算执行情况及2018年财政预算草案的报告（书面）；审议通过《政协第二届尼木县委员会第三次会议提案审查情况报告》；审议通过《政协第二届尼木县委员会第三次会议政治决议》《常委会工作报告决议》《提案工作报告决议》。

【第六次常委会议】 1月6日，政协第二届尼木县委员会第六次常务委员会在政协会议室召开。会议主要内容为讨论通过《中国人民政治协商会议第二届尼木县委员会常务委员会工作报告》和《中国人民政治协商会议尼木县委员会提案工作报告》。

【第七次常委会议】 1月8日，政协第二届尼木县委员会第七次常务委员会在政协会议室召开。会议内容主要为：听取各组讨论情况汇报、审议通过《提案审查情况的报告（草案）》《常委会工作报告决议（草案）》《提案工作情况报告决议（草案）》《政治决议（草案）》。

【第八次常委会议】 7月10日，召开传达学习《党的十九大报告关于健全人民当家做主制度体系，发展社会主义民主政治的论述摘要》《"两学一做"理论文章》《脱贫攻坚基本知识（摘选）》《县委九届三次会议内容摘要》《人民政协民主监督主要内容》等相关文件精神；协商审议"一室两委"中提案委员会和综合委员会兼职人选；协商讨论委员调研视察事宜；政协委员退出事宜。

【第九次常委会】 9月19日，政协第二届尼木县委员会第9次常委会在政协会议室召开，会议主要就开展界别活动以及委员外出调研事宜进行研究讨论。

【提案交办会】 3月16日，人大建议、政协提案交办会在政府二楼会议室召开。会议由县政府主办，尼木县人大、尼木县政协以及县直各单位参加参加会议。会议将政协第二届尼木县委员会第三次会议召开期间收到的提案和建议34件交予承办单位。

【第二季度主席会议】 6月12日，召开政协第二届尼木县委员会第六次主席会议，会议主要传达学习《中国共产党尼木县委员会关于高举习近平新时代中国特色社会主义思想伟大旗帜 全面建成小康社会奋力开启全面建设社会主义现代化尼木新征程的意见》摘要；协商讨论第二届政协委员调补名单；明确落实尼木县县级领导脱贫攻坚迎国检期间挂包乡（镇）主要工作职责等内容。

【配合区、市调研】 5月，自治区政协党组成员、副主席王亚蔺；自治区政协教科文卫体委员会主任尼玛次仁；自治区新闻出版广电局公共服务处高级工程师范成军等组成联合调研组，就"强化基层文化阵地建设、推动乡村文化振兴"主题赴尼木县开展专题调研。6月，自治区政协经济和人口资源

2018年1月6日，政协第二届尼木县委员会第三次会议召开

环境委员会主任赤列多吉带领自治区民政厅、自治区发改委相关领导组成的联合调研组围绕“西藏农牧区精准扶贫中精神贫困现象及实质的对策和建议”到尼木县开展专题调研。8月，拉萨市政协党组成员、副主席兼河长制督察组常务副组长孙宝祥带领拉萨市经济资源环境社会教科文卫委员会、市水利局和部分教科文卫界委员组成专题调研组，主要围绕“江河湖泊水资源保护和中心城区水系整治”到尼木县开展专题调研。

【重要文件】 常委会工作报告（摘要），2018年，在县委坚强领导下，市政协精心指导、县政府的大力支持下，县政协及其常委会团结带领广大政协委员全面贯彻落实中共十九大、习近平总书记系列重要讲话精神和区、市、县第九次党代会精神，紧密团结在以习近平总书记为核心的党中央周围，牢牢把握团结和民主两大主题，始终坚持与县委在思想上同心，目标上同向，工作上同步，自觉融入大局找准政协位置，立足大局思考问题，服务大局发挥职能作用，切实做到县委、县政府的工作推进到哪里，政协的工作就跟进到哪里、政协的力量就汇聚到哪里、政协的作用就发挥到哪里，认真履行政治协商、民主监督、参政议政三大职能，实现政协第二届尼木县委员会各项工作的良好开局。全年召开全委会2次，常委会4次，主席会议3次；开展理论中心集体学习10余次，组织政协委员专题学习会1次。

年内，政协常委会及新一届政协委员通过召开全委会、常委会、主席会议，委员座谈会，提案以及社情民意等多种形式进行协商建言。重点围绕尼木经济结构调整、资源合理配置、生态环境建设、民生改善、城乡统筹发展等社会生活中的热点议题展开协商讨论，提出较高质量的提案41件，为县委科学民主决策提供了重要参考。政协常委会紧紧围绕提高政治把握能力、调查研究能力、联系群众能力，着力加强自身建设，强化政协委员履职服务管理，提高政协委员履职实效，着力发挥委员主体作用，着实推进政协工作制度化规范化程序化。

2018年，认真贯彻落实中共十九大和习近平总书记系列重要讲话精神，按照《关于加强和改进人民政协民主监督工作的意见》的通知，紧紧围绕县委九届三次全委会议提出的目标任务，贯彻落实“五大发展理念”，坚持稳中求进、进中求好、好中求快、补齐短板的工作总基调，坚定不移地推进现代尼木“三步走”总体布局，自觉践行“四产业两园区”发展布局，按照中共中央和各级党委关于加强人民政协协商民主建设的决策部署，努力提高政治把握能力、调查研究能力、联系群众能力、合作共事能力，着力实现理论创新、制度创新、工作创新，倾力做到懂政协、会协商、善议政。认真做好2018年的各项工作，忠诚履职尽责，推进协商民主，创新工作思路，提高履职水平，进一步把人民政协事业推向前进。

2018年5月15日，西藏自治区政协党组成员、副主席王亚蔺（左二）就“强化基层文化阵地建设、推动乡村文化振兴”主题到尼木县开展专题调研

【提案工作报告(摘要)】 政协第二届尼木县委员会第二次会议召开期间，广大政协委员、政协各参加单位紧紧围绕县委、县政府的中心工作和人民群众普遍关心的热点、难点问题，重视体察民情，

2018年5月11日，尼木县政协党组书记、主席赵志强到县生猪养殖中心调研

积极反映民意，认真开展调研，共提出提案和建议46件，其中5件不符合政策的建议不予立案，立案41件(提案32件、建议议案9件)，其中民生类共26件，占立案总数的63.4%；教体文卫类6件，占立案总数14.6%；组织人事类2件，占立案总数4.9%；民宗类5件，占立案总数12.2%；其他类2件，占立案总数的4.9%。这些提案，按照“分级负责、归口办理”的原则，分别交给18个部门和单位办理。截至2017年10月底，立案的41件提案均已办复。从提案内容来看，提案突出以人为本、科学发展的主题，发挥政治协商的组织优势，产生了明显的经济和社会效益，促进尼木县的政治、经济、文化、社会各项事业的健康快速发展。从反馈意见情况看，委员对提案办理的满意和基本满意率达95%以上，为全县中心工作的落实发挥了重要作用。

（央 宗）

【领导名录】

党组书记、主席

赵志强

党组成员、副主席

马 洪(藏族)

旺 杰(藏族)

副主席

仁金罗布(藏族)

党组成员、副主席

强 巴(藏族)

中国人民政治协商会议尼木县委员会办公室

【概况】 2018年，尼木县政协办公室在县政协党组的领导下，坚持以习近平新时代中国特色社会主义思想为指导，深入贯彻落实中共十九大精神、区市县九届四次全会精神，以“两学一做”学习教育常态化制度化为抓手，围绕中心、服务大局，开拓创新、干在实处，不忘初心、牢记使命，圆满完成全年各项工作任务。2018年，完成政协二届三次全委会、4次常委会、6次党组会、6次主席会、20余次办公室例会以及委员培训、学习、视察调研等活动的组织筹备和服务工作。

【明确指导思想】 年内，尼木县政协办公室团结带领广大政协委员全面贯彻落实中共十九大、习近平新时代中国特色社会主义思想，以及区市县第九届四次全会精神，紧密团结在以习近平总书记为核心的党中央周围，牢牢把握团结和民主两大主题，始终坚持与县委在思想上同心，目标上同向，工作上同步，自觉融入大局找准政协位置，立足大局思考问题，服务大局发挥职能作用。

【学习教育】 年内，尼木县政协严格按照县委的要求，结合自身实际，围绕“主题党日”活动，开展“两学一做”学习教育、“四讲四爱”主题教育20余次。先后组织政协党员干部认真学习《中国共产党章程》《中国共产党问责条例》《中国共产党廉洁自律准则》等规定；学习十九大精神和区市县九届四次全会精神，观看《将改革进行到底》《榜样》等经典教育影片；开展专题培训6次(委员培训会1次、主席讲党课2次、支部书记讲党课2次)；撰写涉及“政治、文化、社会、生态”等方面的心得体会20余篇。

【提案办理】 年内，为切实提高提案办理工作效率，尼木县政协办公室在召开二届三次全委会收到提案后，汇总提案并撰写提案审查报告，召开专题会议，统一思想、明确责任，对提案进行严格分类，并及时召开提案交办会交给各承办单位，通过县委督查室不定期进行提案办理督察督办，有效提高了提案办理工作的效率和质量。

【结对帮扶】 年内，尼木县政协办公室坚持以脱贫巩固工作为重点，坚持惠民生办实事，关注群众期待，努力推进民生改善持续发展。年内，政协党员干部自觉主动开展结对帮扶对象慰问活动10余次，并力所能及地为结对帮扶户送去慰问金及衣物、油米等生活用品。

【党风廉政建设】 年内，尼木县政协办公室多次召开党风廉政建设工作部署会和推进会，专题研究党风廉政建设等工作。并结合政协工作实际，积极转变工作作风，加强自身建设。以履行政协三大职能和推动政协日常工作为重点，切实加强调查研究，不断认识和把握政协工作新规律，探索履行职能的新途径、新方法，实现政协工作在新形势下创新发展。同时，以制作党风廉政建设专栏、借助微信公众号发布廉政信息等方式，大力营造风清气正的从政环境。机关党员干部积极参加"主题党日"活动，主动缴纳党费，认真落实廉政准则相关规定。严格执行财务管理、公务接待、干部考勤等制度，加强对机关党员干部日常的监督、管理，做到按制度办事，按程序履职。

（央　宗）

【领导名录】

主　任

扎西平措（藏族）

中共尼木县纪律检查委员会（尼木县监察委员会）

【概况】 2018年1月9日，挂牌成立尼木县监察委员会，划转编制4个，转隶干部1名，选举产生第一届监委主任，并提请人大常委会任命2名副主任、2名委员；组织召开公检法司及县属金融机构工作衔接联席会议，努力实现纪法衔接、法法衔接；探索建立健全执法监督工作机制，建立工作报告机制、监督检查常态化机制、约谈提醒机制；推进向乡（镇）派出监察室改革试点工作，全县七乡一镇已全部挂牌成立，配齐监察室主任、副主任和监察员，明确派出监察室与乡（镇）纪委合署办公，实行一套工作机构、两块牌子，单独挂牌，授予8项职责权限，主动向县监察委员会报告工作。

2018年共完成三轮巡察任务，巡察党组织20家，反馈问题306条，移交问题线索8件，巡察利剑作用充分彰显。实行分片分组协助审查调查工作机制，将全县七乡一镇划分为3个片区，选派基层审查调查经验丰富的纪检监察干部为片区负责人，着力提高查找和发现问题线索能力，科学规范相关问题线索的审查调查工作。拓展联系工作机制，制定下发《关于修订完善〈尼木县纪委建立乡（镇）联系点工作制度〉的通知》，将10家重点县直单位纳入联系点范围，加强对基层党组织党风廉政建设的监督指导。建立协同推进扶贫协作监督执纪问责工作机制，与北京市顺义区纪委监委共同签订备忘录，构建完善9个协作工作机制，紧盯扶贫协作干部、项目、资金等存在的突出问题，强化扶贫领域监督执纪问责。延伸廉政风险防控，推进农村"阳

2018年6月15日，尼木县政协召开政协支部换届专题会议

光村务”，探索建立各行政村第一书记、村“两委”班子成员、下沉干部职权明晰、风险公开、制度防范、层层监管的廉政风险防控规范权力工作，各行政村累计排查出风险点878个，制定防控措施878条，完善议事制度42项，全力构建权力“看得见”“用得准”“能监督”的工作格局。

【牢固树立“四个意识”】 年内，坚持以习近平新时代中国特色社会主义思想为指导，切实把思想和行动统一到中共十九大精神上来，增强“四个意识”，坚定“四个自信”。结合“两学一做”学习教育常态化制度化，并利用县委理论中心组，持续开展中共十九大专题学习会和“学习习近平新时代中国特色社会主义思想·建设现代尼木”集中学习活动，利用县政府门户网站、尼木清风大力宣传习近平新时代中国特色社会主义思想和中共十九大精神，及时推送中共十九大精神百问等板块；由县委党校举办中共十九大精神专题培训班14期，“全覆盖”累计培训党员干部1460余人次。强化党纪法规教育，利用县委理论中心组学习自治区、市纪委典型问题通报15次，组织党员干部观看《巡视利剑》《永远在路上》《案件警示录》《贪欲·黑洞——黄羽天违纪违法案件警示录》，利用好正反“活教材”，加强警示教育；全县纪检监察组织加强对学习贯彻习近平新时代中国特色社会主义思想和中共十九大精神的监督检查，建立督查台账，发现问题及时反馈，督促整改落实。

【以党的政治建设为统领】 年内，始终把严明党的政治纪律和政治规矩摆在首位，加强党员政治纪律教育，制定《关于加强政治纪律教育实施方案》，扎实推进党员干部政治纪律教育活动，成立政治纪律教育活动联合督查组，强化监督检查，对乡（镇）、县直各单位全覆盖检查，发现并纠正问题47个。旗帜鲜明开展反分裂斗争，严明维稳工作纪律，3月以明察暗访、专项检查等多种形式，开展维稳督查60余次，共开展督查19次。严把干部选拔任用廉政审查关，研究制定《尼木县纪委监委关于加强和规范“党风廉政建设回复”的暂行办法》，进一步规范和完善“党风廉政意见回复”工作流程，加强对干部廉政监督，防止“带病提拔”“带病上岗”，出具廉政意见回复59批次804人次，对全县382名党员领导干部廉政档案进行梳理，并及时动态更新。

【层层压实“两个责任”】 年内，深化“双述”，协助县委召开述责述廉评议质询会议，签订党风廉政建设责任书，坚持压力逐级传导，责任全面覆盖。深入开展定期约谈，坚持问题导向，深化谈话内容，县委主要领导带头对各乡（镇）、县直各单位党政主要领导进行约谈，层层传导压力，环环相扣责任，共对发现的问题提出整改建议85条。从严追责问责，倒逼责任落实，建立健全责任追究机制，对履行职责不力、失职失责的严肃问责，对重点领域特别是自治区、市党委以及县委督查发现的问题，开展整改落实“回头看”，整改责任不落实的严肃问责，共问责12人。

【严格纠风肃纪】 年内，严格贯彻落实中央“八项规定”及其实施细则精神，坚持把作风建设抓

2018年1月9日，尼木县监察委员会挂牌成立

2018年1月9日，尼木县监察委员会成立大会召开

常、抓细、抓长，坚决挺纪在前，严防“四风”问题反弹，累计开展执纪监督检查66次，查处违反中央“八项规定”精神问题1件，给予诫勉谈话1人，通报曝光1起1人。强化专项整治，严格落实集中整治不作为慢作为、文山会海等形式主义、官僚主义突出问题监督责任，抓住“关键少数”，督促和推动各级党组织履行好主体责任，聚焦集中整治工作敷衍应付走过场等问题，加大监督检查力度，全程监督集中整治开展情况，发现并纠正问题19个，对集中整治工作落实较差的2家单位单独以书面形式反馈，县纪检监察机关带头自查自纠，深入挖掘存在的问题，共查摆出8个问题；开展扶贫领域项目资金管理使用情况专项检查，发现并纠正问题17个；开展援藏资金专项检查，发现并反馈问题4个；开展乡村合作社交叉检查，发现并纠正共性问题3个、个性问题14个；严肃查处扶贫领域腐败和作风问题3件，给予党纪政务处分2人，诫勉谈话3人，提醒谈话1人，通报曝光3起4人。

【纪律建设】 年内，开展经常性纪律教育，利用县委理论中心组传达学习中央以及自治区、市关于党风廉政建设和反腐败工作的相关文件精神，深刻认识和正确把握新形势下全面从严治党的新指示和新要求，教育引导党员领导干部时刻绷紧廉洁自律这根弦，时刻保持警钟长鸣、警惕长存；充分运用“尼木清风”微信公众号加强反腐宣传警示教育，延伸扩大教育宣传效果，督促全体党员干部自觉增强党性意识和纪律观念，尼木清风共更新34期，累计发布172条各类廉政信息。整章建制，协助县委制定《中共尼木县委员会贯彻落实中央“八项规定”实施细则和自治区、拉萨市党委实施办法精神的办法》，制定下发《尼木县关于加强调查研究提高调查研究实效的工作方案》《关于重申简化公务接待要求的通知》，严明党的纪律要求，巩固和拓展落实中央“八项规定”精神成果，坚持不懈改作风转作风，弘扬党的优良作风。督促各级党组织深入学习贯彻《中华人民共和国监察法》，联合县委党校开班培训2期，累计培训干部120余人次。

【巩固反腐败斗争压倒性态势】 年内，持续保持惩治腐败高压态势，力度不减、节奏不变，坚决遏制腐败蔓延势头。规范审查调查工作程序，严格按照四类标准处置反映问题线索，落实“乡案县办市审”工作机制，坚持线索处置和案件查办在向同级党委报告的同时，必须向上级纪委报告，并以上级纪委为主。拓宽线索来源渠道，从信访调查、作风督查排查、专项整治和日常监督等多渠道挖掘问题线索，从加强舆论宣传工作，倡导群众监督举报，提高搜集问题线索能力，受理的问题线索较2017年同比上升14%。坚决查处涉黑腐败，与县公安局建立“扫黑除恶、打非治乱”专项斗争问题线索移送反馈机制，规范案件线索通报和移送流程，实行信息互通制度，加大查处力度，坚决打赢扫黑除恶专项斗争攻坚战。践行“四种形态”，坚持把“四种形态”落实到履行监督责任的全过程和各方面，共运用“四种形态”处理人数21人，其中第一种形态处理16人，第二种形态处理4人，第三种形态处理1人，分别占比76%、19%、5%。全年县纪检监察机关共受理信访举报件16件（含上级转办），初核谈话函询了结10件，立案审查5件，给予党纪政务处分4人，诫勉谈话10人，谈话提醒4人，谈话函询2人，在全县范围内通报曝光10人。其中：查处基层“微腐败”3件，给予党纪政务处分2人，诫勉谈话4人，谈话提醒2人。

【管理机制】 年内，始终在思想上政治上行动上同党中央保持高度一致，坚决维护以习近平总书记为核心的党中央权威，牢固树立“四个意识”，践行忠诚、干净、担当，忠实履行党章赋予的职责和法律赋予的权利，不断提高纪检监察工作水平。层层压实监督责任，召开乡（镇）纪委书记述责述廉评议质询会议，把述责述廉作为新的有效监督形式，推动责任落实；召开全县纪检监察工作座谈会2次，持续深化纪检监察机关自身建设，增强履职本领；围绕县委中心工作谋划和推进纪检监察工作，制定《尼木县纪检监察重点工作任务分解》，列出8个方面15项重点工作的责任清单。加强内控机制建设，内设综合室、党风政风监督室（纪检监察一室）、纪检监察二室等3个科室，制定《关于调整领导班子成员分工和各内设科室成员的通知》，将每项工作任务细化分工、责任到人，各内设机构形成相互协调、相互制约的工作机制。

加强能力素质建设，以“以岗代训”“跟案培训”方式，选派到市纪委锻炼基层纪检干部8人次；组织全县纪检干部参加区市纪委举办的监督执纪培训班15期41人次、区外培训2期2人；组织机关纪检干部参加县委党校举办的十九大精神学习班3期7人，利用每周四学习会深入学习《中国共产党章程》《中国共产党廉洁自律准则》《中国共产党纪律处分条例》《中华人民共和国监察法》等，不断用党的理论创新成果武装头脑。强化内部管理和纪律约束，严格按照“打铁必须自身硬”“信任不能代替监督”的要求，对纪检监察干部违纪违法行为零容忍，严防以案谋私、串通包庇、跑风漏气等违纪违法行为发生，做到秉公执纪、清正廉洁，对履行监督职责不力的乡（镇）纪委书记调整岗位1人，着力打造忠诚干净担当纪检监察干部队伍。

（邱　涛）

2018年9月28日，尼木县委常委、纪委书记、监委主任郝蕾主持召开全县纪检监察工作座谈会

【领导名录】

县委常委、纪委书记、监委主任

郝　　蕾（女，1月任监委主任）

副书记、监委副主任

旦增次仁（藏族，1月任监委副主任）

德吉曲珍（女，藏族，1月任监委副主任）

尼木县受援工作

【概况】 2016年7月，北京市第八批援藏指挥部党委第七支部到受援地——尼木县，在这高寒缺氧的“第二故乡”正式开始三年的援藏历程。第七支部共有8人，援藏干部3人，援藏医生5人。2018年，北京市第八批援藏指挥部党委第七支部始终按照“北京作为首善之区，北京援藏工作具有代表性和指导性”的要求，在拉萨市委、市政府的正确领导下，在北京市援藏指挥部的大力支持下，援藏干部始终坚持争当脱贫攻坚、兴藏富民的带头人，民族团结、维护稳定的带头人，求真务实、为民服务的带头人，清正廉

洁、遵纪守法的带头人,从项目、资金、技术、人才、物资等方面援助尼木县,形成以干部、人才为龙头,以资金、物资援助为重点,以项目建设、经贸合作为载体,以促进双方交流合作、共同发展为目标的援藏工作格局,援藏工作取得了显著成绩。

2018年7月31日,尼木县委常务副书记赵金祥主持召开2018年未开工援藏项目推进会

【项目援藏】 年内,发挥援藏优势,并积极与上级沟通协调,狠抓援藏项目建设。在北京市援藏指挥部和市授援办的关心、关怀、指导下,紧紧围绕县域特色优势产业发展思路,结合尼木实际,全年实施援藏项目 14 个,完成投资 1.89 亿元。其中续建项目 4 个:总投资 4000 万元的尼木县藏香产业精准扶贫示范基地建设项目、总投资 1200 万元的尼木县精准扶贫易地搬迁集体经济建设用房项目和总投资 6000 万元的尼木县农牧民搬迁安居精准扶贫和特色经济建设项目一期工程已完工,总投资 9600 万元的尼木县藏鸡保种育种二期工程 2018 年 12 月底基本完工。新建项目 10 个,其中规划内项目 4 个:总投资 1350 万元的尼木县非物质文化遗产展示陈列设施项目、总投资 1000 万元的尼木县扶贫搬迁户种植标准化就业基地建设项目、总投资 1400 万元的尼木县高效温室大棚建设及附属工程、总投资 400 万元的尼木县中心小学教学楼建设项目。规划外援藏项目 6 个:总投资 150 万元的尼木县制氧站项目、总投资 500 万元的尼木县乡(镇)深水井项目、总投资 2100 万元的尼木县建档立卡贫困户藏鸡标准化养殖基地建设项目、总投资 3000 万元的尼木县农牧民搬迁安居精准扶贫和特色经济建设示范项目二期、总投资 320 万元的尼木县吞巴乡吞达村特色产品展示展销中心绿化工程、总投资 5509 万元的尼木县高原种植业航天育种及产业化推广应用建设项目。

年内,根据国家发展和改革委员会《关于进一步改进和加强对口支援西藏项目管理工作的通知》、西藏自治区发展和改革委员会下发的《关于印发预算内投资项目管理暂行办法的通知》等相关文件及北京援藏指挥部相关具体要求,建立健全援藏项目管理制度,严格执行《尼木县"四产业两园区"重点项目推进工作制度》《尼木县"四产业两园区"重点项目管理办法》。严格项目实施程序,一方面严把项目申报、前期手续办理、项目审批、实施阶段、竣工结算和审计六个主要环节,规范各环节内容,强化项目建设档案管理;另一方面建立跟踪审计制度,确保项目资金支出安全,保障项目建设合法依规。建立周例会制度,项目推进办每周召开重点项目推进会,听取项目的进展情况,研究存在问题和解决办法。积极筹措资金,加快项目建设。

【智力援藏】 8 月 13—21 日,选派 33 名有发展潜力、责任心强的贫困村创业致富带头人赴北京西城区参加乡村旅游、电商、农牧区种养殖等培训;9 月 9—22 日,组织 30 名党政干部赴北京平谷区进行集中培训;10 月 15 日—11 月 13 日,组织 30 名接受能力强、带动能力强的年轻干部赴顺义区委党校进行集中培训。积极协调,争取技术支持:4—5 月,北京市平谷区 3 名技术人员到尼木县卡如乡,开展桃树管理培训专题讲座并到实地进行技术指导、答疑解惑，为卡如乡产业发展出谋划策。

【医疗援藏】 年内，根据中组部、国家扶贫办关于健康扶贫的要求，尼木县医院与北京市房山区良乡医院结为结对帮扶对子，签订2016—2020年结对帮扶协议。2018年，第三批援藏医疗队开展一项新技术新项目“超声引导下腹横筋膜阻滞在下腹部手术中的应用”，使得县人民医院在麻醉可视化方面又迈上新台阶。6月，以北京市房山区良乡医院医联体办公室主任李志峰为队长的9名管理专家到尼木县人民医院协助各部门对二级乙等医院评审准备工作进行再一次夯实和完善。在组团式医疗援藏的帮助和全院干部职工的共同努力下，尼木县人民医院于2018年8月22日顺利通过二级乙等医院的终审并在2018年12月挂牌。9月，为改进自治区评审专家终审时提出的财务管理问题，尼木县人民医院邀请北京市房山区良乡医院财务科总会计师张晓华为队长的财务管理和物价、绩效、人事等五名专家到尼木县人民医院指导和整改评审专家提出的各项条款，培训了县人民医院会计、出纳及其他相关人员，完善医院的固资、物资、耗材、药品等医院经济活动监督机制。为县人民医院下一步二级甲等医院的创建工作打好基础。4月，县人民医院各部门管理人员16名到北京市房山区良乡医院进行短期的管理学培训，取得预期成果。

【携手奔小康】 2016年年底顺义区与尼木县建立新一轮携手奔小康对口帮扶关系以来，两地党委、政府高度重视，双方密切互动，主要领导多次互访，顺义区各结对乡（镇）、企业领导都到尼木县各乡（镇）开展结对帮扶调研工作。2018年，顺义区政府向尼木县捐赠400万元，用于尼木县牦牛标准化育肥基地建设项目；顺义区4个乡（镇）、2家国企分别向尼木县8乡（镇）捐赠20万元，合计160万元。尼木县发改委积极协调各乡（镇），根据实际需求实施项目，各乡（镇）2017年、2018年结对帮扶资金项目顺利实施。5月，尼木县在顺义区“燕京啤酒节”上开展招商、推介活动，展示、展销尼木县的雪菊、藜麦、藏香等特色产品；7月，尼木县与北京顺鑫国际电子商务有限公司签订总价为10万元的雪菊、藜麦销售订单；经尼木县发改委与顺义区对接协调，10月19日，尼木县参加顺义区组织的扶贫对口招商推介会，并与顺义区仁和镇供销益家签订100万元的尼木县特色产品购销协议。根据尼木县人才需求，发改委做好与顺义区的协调，顺义区15名教师、种植、养殖等方面人才于10月15日—31日陆续抵达尼木县，顺利开展为期一个月的培训交流工作。

（常晓钰）

2018年10月29日，北京市房山区良乡医院医务人员到尼木县开展现场教学

中共尼木县委组织部

【概况】 2018年，尼木县委组织部始终把干部队伍作为最大资源，以“打造县乡干部为实干队伍、村‘五支力量’为苦干队伍、领导班子为巧干队伍”为抓手，引导党员干部撸起袖子加油干，甩开膀子抓实事，扑下身子谋发展。以集中整治形式主义、官僚主义“十种表现”专项工作为契机，严格落实《尼木县干部管理办法（试

行)》,研究制定《尼木县调整不适宜担任现任职务干部办法》等制度,全面加强干部作风整顿。

2018年,共通报批评工作拖沓、协调不力的干部15名,调整干部42名,其中9名干部因不适宜担任现职、健康状况不佳等原因调整为非领导职务,尤其是对整体工作推进不力、领导班子不团结的一家县直单位的正副职一次性进行调整,还原了干部选拔任用工作既有激励作用又有震慑作用的本质。严格落实《尼木县干部正常福利发放办法(试行)》,将干部生病住院慰问对象从以往的科级以上干部扩大到全体干部,增加干部职工休假的路途和婚丧假天数。共慰问生病住院干部82名,发放慰问金8.2万元,并为2017年休假未满的168名干部兑现误休补助127万元。制定《尼木县离任村干部待遇补助实施办法(试行)》,为378名正常离任的村干部解决一次性离任补助153.94万元,为92名任职满15年以上的离任村干部每年发放离任补助102.24万元。

【政治建设】 年内,根据九届县委提出的"现代尼木三步走"总体布局和"四产业两园区"发展布局,研究制定《全面建设社会主义现代化尼木新征程的意见》,从8大类31个方面规划全县从现在到2035年奋斗目标。严格执行党的民主集中制,完善《中共尼木县委常委会议事规则(试行)》,制定政府、政协、人大党组和"两新"工委议事规则等17项制度,有效提高议事决策质量和水平。实行县委班子成员分头联系县政府部门工作,县政府分管领导定期不定期向县委联系领导汇报工作制度,全面加强党对全县所有工作的直接和系统领导。

年内,召开基层党建工作部署会,县委与各党(工)委签订党建工作责任书13份;组织开展县乡党委书记抓基层党建工作述职评议考核,全县33名村党支部书记、33名第一书记向乡(镇)党委书记进行述职,有力推动基层党建各项任务落地见效。对全县645名县乡党代表进行深入摸底调研,发现9个方面问题,形成党代表履职现状报告1份,开展党代表履职尽责大排查活动,依规终止停止党代表资格14人,补选14人。指定尼木乡、卡如乡为党代会年会试点乡,先后组织召开党代会年会部署动员会2次、党代表调研工作培训会2次,各党代表通过各种方式发收问卷调查表230份,召开座谈会9次,入户走访236户,形成调研报告9篇。试点乡年会期间,累计受理单独提案8件、联合提案6件、提议8条,大会顺利通过党委、纪委工作报告、党费收缴使用管理情况报告和重要事项决定的决议,各代表对乡党委班子及成员述职述廉满意率达98%以上。

【思想建设】 年内,县委理论中心组开展集中学习研讨活动20次,中共十九大精神专题学习31次。依托县委党校,分期分批举办中共十九大精神、党员政治教育、党章、宗教事务条例等各类培训班30期,为保证学习效果,坚持每期培训结束进行现场测试,并对考试成绩张榜公示,达不到85分合格线的继续参加下次培训,直到合格为止。坚持学用结合,在基层一线和急难险重任务中磨砺识别干部,切实增强干部行动自觉。年内,组织200余名县乡干部职

2018年2月28日,尼木县委常委、组织部部长杜开凡到吞巴乡检查指导工作

工帮助贫困群众种植雪菊300亩。汛期，共出动干部职工1.2万余人次参与救援抢险，处置险情240余处，解救危困群众630余人、受困车辆420余台，疏散往来车辆3.72万辆，确保人民群众的生命财产安全和全县道路及时畅通。

【组织建设】 年内，将村级组织活动场所标准化建设作为基层党组织标准化建设的首抓内容，坚持“打造党的阵地、营造群众之家”的定位，投入500万元对32个活动场所进行功能设置，突出“核心、领袖的引领”和“精神、文化的凝聚”作用，利用场所墙面大量张贴习近平总书记的重要指示和勉励群众的原文原句及图片，把“红船精神”“老西藏精神”“两路精神”展示在楼道拐角显眼位置，精心打造“村史馆”，激励和凝聚群众感党恩、听党话、跟党走。按照“办公区域最小化、服务区域最大化”的要求，将群众办事地点和村班子办公地点统一设置在“便民服务大厅”，实行全程代办制，实现群众办事“跑一趟路、进一道门”。其余所有房间全部用于群众娱乐、学习。深入推进“一乡一业、一村一品”，建立县级领导包村机制，投入500万元持续发展壮大村集体经济。2018年32个村集体经济收入均达10万元以上。按照“三个走遍”要求，大力开展“抓党建促脱贫攻坚、促乡村振兴大调研大谈话大落实”活动，成立4个督查调研组，对全县8个乡（镇）33个村（居）进行专项督查调研，查找整改问题50余项。

年内，依托“互联网+”模式，开发具有“西藏特点·尼木特色”的“红色北斗·智慧党建”系统，为基层党建工作注入新的活力。截至年底，系统正处于测试优化阶段。根据市委组织部《关于做好非公有制企业和社会组织摸底调查工作的通知》文件要求，联合“两新”工委集中对43家社会组织、14家非公企业和1400余家个体户进行摸底调研，为推进“两新”组织党的建设打牢基础。选派14名党建指导员，跟踪督促指导，提升党建工作水平；针对非公企业党组织覆盖率较低的问题，采取属地挂建方式组建党小组6个，单独组建5家非公企业党支部，推动党的组织扩大覆盖。遵循“工委统揽、思想不散，依法依规、步骤不减，优化结构、标准不降，严肃纪律、秩序不乱”的原则，落实从严管党治党责任，把党的领导贯穿全过程，把换届纪律和规矩挺在最前面，把充分发扬民主、贯彻民主集中制作为着力点，依法依规选举产生125名新一届党支部班子成员和书记、副书记，其中党支部班子成员100人，党支部书记、副书记25人。新一届党支部班子成员和书记、副书记中女性35名、占28.0%，少数民族78名、占62.4%，大专及以上学历118名、94.4%，35岁及以下61名、占48.8%，实现结构换优、能力换强、人心换齐、面貌换新目标。按照应建尽建的原则，新建机关党支部1个，国有企业党支部，选举产生党支部书记2名，确保党的组织和工作“全覆盖”，促进基层党组织标准建设，全面进步。

【抓党建促脱贫】 年内，创新开展“支部讲政策，群众帮群众”活动，由党组织向群众宣传党的惠民政策和扶贫政策，激励群众克服“等靠要”思想；由群众与群众结成帮扶对子，区别因好逸恶劳或不善理财导致贫困等情况，由

2018年7月26日，尼木县委常委、组织部部长杜开凡主持召开“两新”工委第一次全体会议

群众对其进行教育帮助，通过传帮带逐步实现共同富裕。在发展壮大农牧民合作社中建立“四个机制”“两个全覆盖”“两个90%”工作机制，带动贫困群众增收致富。截至年底，全县有各类合作社60家，辐射带动742户837人，户均分红1600元以上。

年内，按照“人有一技之长、户有致富门路、村有当家产业”的思路，引导贫困群众用土地、扶贫资金、劳动力等资源入股，促进资源变资产、资金变股金、贫困户变股东，带动贫困群众创业就业，巩固脱贫成果。按照“县班、乡办、村队”的要求，由乡村党组织主动与施工单位联系，了解劳务需求，组织群众集体务工，让群众在家门口增收。截至年底，全县参与务工贫困群众427户，月户均增加现金收入1933.3元。

【发展党员】 年内，以“两学一做”学习教育常态化制度化、“四讲四爱”群众教育实践和“主题党日”活动为主抓手，通过县级重点辅导、乡（镇）集中授课、村级兜底培养方式，教育引导入党申请人和积极分子达400余名。截至年底，各级党组织共开展党性教育200余次。年内，县委组织部深入8个乡（镇）、33个村（居）以及32家县直机关事业单位开展基层党建调研工作；5月，结合精准扶贫对全县30个村（居）开展“党建促脱贫”调研工作，调查出问题11项，规范9种文书格式，整列党员档案材料清单14项。

年内，强化责任人主责意识，将发展党员工作列入党建工作考核目标，作为基层党组织评先选优重要参考依据；举办为期3天的“基层党务工作者专题培训班”，对70余名基层党务工作者进行教育培训；7月，联合县委党校组织全县154名发展对象进行为期3天的集中培训，闭卷考试通过率达99.3%，同时，为加强纪律，对11名因事未训的发展对象不列为预备党员接收对象，取消4名无故不参训、态度不端正、纪律意识差的发展对象入党资格，并在全县范围内进行通报批评。

2018年11月15日，尼木县召开学习贯彻全国全区全市组织工作会议精神暨基层党建工作推进会

【老干部工作】 2018年，尼木县委组织部（老干部局）认真贯彻落实中央和区、市党委、政府以及县委、县政府对离退休老干部服务管理工作的方针政策和各项规定，落实好离退休老干部职工“两项待遇”，努力营造政治上尊重老干部、思想上关心老干部、生活上照顾老干部、精神上关怀老干部的良好氛围。为使老干部及时了解党的大政方针、时事要闻，为离退休党组织征订《人民日报》《西藏日报》《拉萨晚报》《晚霞》等报纸杂志，及时发放各类学习文件，通报全县社会经济发展情况，为他们提供精神食粮，使老干部在政治上、思想上、行动上同党中央保持高度一致。2018年，各离退休党支部集中学习次数达30余次，累计1200余人次参加。坚持每年“三大”节日期间集中召开老干部座谈会和领导干部亲自登门看望慰问老干部，凡退休老干部因病住院或病故，县里都要指派专人前往看望慰问。2018年，老干部慰问资金达26.3万余元。

年内，根据离退休老干部身体状况和个人需求，通过个人申请和组织推荐相结合，组织开展健康疗养活动，让老同志体会到老有所乐、老有所趣、老有所养，消除后顾之忧，增强对美好生活的信心。2018年，共安排40名

2018年5月3日，尼木县召开全县老干部工作会议

离退休老干部职工赴云南进行健康疗养活动，投入资金共计51.6万余元。积极参加区市和县级各项学习文娱活动，丰富老干部的精神文化，展现尼木离退休老干部职工活泼可爱的精神面貌，传递红色正能量，发挥夕阳先锋作用。2018年，共参加各类文体娱乐活动40余场次，获15项个人和集体奖。

【强基础惠民生】 年内，组织99名村党组织第一书记，驻村工作队队长、副队长集中进行岗前培训班，发放尼木县贯彻落实十九大和区市县九届三次全会精神的实施意见2000余册。坚持每月召开驻村工作交流会，制定《尼木县强基惠民工作经费管理办法（试行）》，确保驻村工作扎实有序推进。各驻村工作队始终把学习宣传贯彻中共十九大精神作为驻村工作的首要政治任务，采取灵活多样的形式，深入学习领会精神实质。全县33个驻村（居）工作队共组织群众宣讲中共十九大精神123场次，入户宣传5700余户，受教育群众达2.4万人次。按照市委“两年脱贫、三年巩固”的目标要求，全面摸清1285户贫困户5440人基本现状，分析致贫原因、着力对接政策、精细研究措施、狠抓工作落实。对25人落实以助脱贫大病补偿资金9.7万元，组织开展政策宣讲活动192场次、受教育群众1.3万余人次，举办技能技术培训5场、230余人参训，实现15名贫困群众就近就业。

年内，以解决好“三农”问题作为重中之重，结合尼木实际，围绕现代尼木“三走走”总体布局和“四产业两园区”发展布局，“村三支队伍”共同谋划发展，深入实施乡村振兴战略。各驻村工作队协助村“两委”班子理清发展思路58条，制定完善符合村情民情、富有亮点特色的发展规划26个，初步谋划发展项目29个。始终把群众最关心的热点难点问题作为驻村工作的出发点和落脚点，多措并举，急群众之所急，解群众之所需，赢得广大群众的一致好评。各驻村（居）工作队对“三老”人员和老弱病残困难群众慰问2000余人次，共计送去慰问金31.9万余元，发放便民联系卡5700余张，解决群众“三就”“两保”“六通”等民生问题280余件。开展文艺会演9场、4000余名群众观看。始终把精神文明建设作为驻村工作重要任务，改陋习、树新风，不断引导群众树立健康的生活理念。组织开展学模范活动6场次、法治宣讲活动12场次、受教育群众共计1630余人次。

（魏鸿儒）

【领导名录】

县委常委、组织部部长

杜 开 凡

副部长

嘎旺朗杰（藏族，5月免）

郭 百 顺

罗　桑（藏族，5月任）

贡 加 啦（藏族，7月任）

老干部局局长

贡 加 啦（藏族）

中共尼木县委宣传部

【概况】 2018年，尼木县委宣传部制定实施《尼木县委理论中心组2018年理论学习安排意见》，结合“不忘初心、牢记使命”主题教育活动和“两学一做”学习教育活动，围绕习近平新时代中国特色社会主义思想和中共十九大精神以及中央、区市县党委各项重大决策部署，共组织县委理论学习中心组集中学习23次，学习、研究环境保护工作10次。全县各级党委（党组）开展理论学习350余次，讲党课150余次，开展专题培训35期，同时利用手机APP、在线学习习近平新时代中国特色社会主义思想和中共十九大精神等平台人数达1300人次。并在学好既定内容基础上，为县委理论学习中心组成员发放《习近平谈治国理政》（第一、二卷）和《新时代面对面》《习近平新时代中国特色社会主义思想三十讲》等相关学习资料。

【主题教育】 年内，坚持深入开展新旧西藏对比教育、以“爱国、团结、和谐、发展、文明”为主题的核心价值观教育、“不忘初心、牢记使命”主题教育活动、民族团结进步主题教育、感党恩主题教育为主线，以“学雷锋纪念日”、西藏百万农奴解放59周年和改革开放40周年等活动为契机，深入开展一系列宣传纪念活动。共开展各类主题教育活动140余场次，涉及干部职工、农牧民群众、青少年学生、寺庙僧尼3万余人次，悬挂宣传横幅120余条、并利用电子显示屏24小时不间断滚动播放宣传标语，宣传纪念活动取得成效。

【文明创建】 年内，以培育和践行社会主义核心价值观为着力点，在全县积极开展公民道德建设、农村精神文明建设和未成年人思想道德建设，全力抓好文明创建工作。各级各单位利用宣传栏、板报、红领巾广播站、主题班会等多种方式对传统节日相关知识进行广泛宣传，并与志愿服务、“做一个有道德的人”“童心向党”主题活动相结合，在春节、尼木新年、藏历新年、端午节、中秋节等期间以文化展演、征集童谣、讲述故事、看望空巢老人、环境卫生整治等形式开展“我们的节日”主题活动。在机关、企事业单位开展“爱岗敬业比贡献”“我为企业添光彩”，在农牧区组织开展文明户，文明家庭“好婆婆好媳妇”“先进双联户”等评选推荐活动。2户被评选为拉萨市级文明家庭。推动学雷锋志愿服务制度化、规范化、常态化建设，及时上报学雷锋示范点和岗位学雷锋标兵各1个，上报最美志愿服务组织2个，最美志愿服务项目4个，最美志愿者2名，在人民路设立10个服务点，开展法律法规宣传、务实便民相助、富民政策宣讲、文明交通引导等系列志愿服务活动50余次。

年内，积极开展道德模范评选推荐上报工作，共推荐上报各类道德模范17人，开展进基层巡讲和道德讲堂活动，努力营造互帮互助、包容谦让、见贤思齐、诚实守信的社会心态，培育知荣辱、讲正气、作奉献、促和谐的良好风尚，不断提高市民文明素质和城市文明程度。广泛开展文明村镇、文明单位（文明社区）、文明校园创建活动，及时复查申报自治区文明单位5家，复查申报自治区文明村镇共7个，继续保留拉萨市级的文明单位12家，继续保留拉萨市级文明村镇16个。新申报拉萨市级文明单位1家，新申报拉萨市级文明村镇1个。

【讲文明树新风】 年内，持续开展

2018年6月4日，尼木县委宣传部组织开展环保宣传日活动

文明餐桌、文明旅游、文明交通宣传活动、网络文明传播活动、童心向党、身边好人评选和“爱国、团结、包容、奉献”城市精神文明宣传等各类主题教育活动250余场次。深入开展“讲文明树新风”户外公益广告宣传工作,现有户外公益广告牌70余个。利用户外公益广告牌和LED显示屏张贴播放脱贫攻坚、生态文明和环境保护、“四讲四爱”、国防教育、安全生产、禁毒等各项工作内容160余次,结合“6·5”环保日、“6·15”安全生产日、“6·16”禁毒日、“9·16”平安西藏宣传日、网络安全周等宣传日,发放各类宣传资料2300余份,各类宣传品6000余件。

2018年5月9日,尼木县召开“四讲四爱”群众教育实践活动动员部署会议

【民族团结】 年内,制定《尼木县淡化宗教消极影响工作方案》,以社会主义核心价值观为引领,以深化“四讲四爱”群众教育实践活动、“五有五好”文明村镇创建活动为抓手,扎实开展主题活动,淡化宗教消极影响。县委理论中心组学习宗教内容8次,面向僧尼学习宣讲132场次,受众790余人次;深入开展爱国主义教育。组织老党员、老干部讲述自己的亲身经历;组织农牧民(居民)群众、青少年学生、僧尼参观尼木县烈士陵园等爱国主义教育基地、新旧对比展20余场次,教育引导农牧民(居民)群众、青少年学生、僧尼进一步感党恩、听党话、跟党走的信心和决心,以实际行动争做神圣国土守护者和幸福家园建设者,为推动尼木乡村振兴奠定思想基础。

年内,开展“铭记党的恩情”教育活动,组织开展“升国旗、唱国歌”“国歌大家唱”等各类主题活动45场次,组织文艺会演、电影放映、“五下乡”、读书读报等活动50余场次,3万余人受益。深化“遵行四条标准、争做先进僧尼”教育实践活动。围绕“民族团结”这一主题,在全县寺庙中开展红色电影放映、法律法规知识竞赛、藏语书法比赛,座谈交流,新旧西藏对比、唱民族团结歌曲和宣传民族团结事迹等活动50余场次;开展座谈交流,邀请高僧大德进行专题讲座,现身说法等活动35余场次;开展“神圣国土守护者、幸福家园建设者”书法比赛和“宗教与社会主义社会相适应”征文比赛2次,收到参赛作品30余篇,优秀作品10篇。并按照生态文明工作要求,制定印发《尼木县开展保护生态环境 倡导文明理性煨桑宣传工作方案》,开展理性煨桑宣传工作。

【“五下乡”活动】 年内,在卡如乡开展“文化、科技、卫生、法律、爱国爱教”五下乡活动启动仪式,为农牧民群众发放各类宣传资料4000余份和各类宣传品3000余件,发放食用碘盐100公斤和价值5000余元的82类药品,现场接受医疗咨询200余人次,免费为农牧民群众诊疗50余人次。同时围绕尼木文化年“一月一主题”活动,以“五下乡”活动为契机,开展农闲时节“文化惠民进乡村”,群众性文体活动和“不忘初心、牢记使命”主题演讲比赛等活动,丰富广大干部职工和农牧民群众精神文化生活。共开展文化下乡57场次,受众群众3万余人次;卫生下乡20余次,受众群众8000余人次,免费发放药品100余种价值2.8万余元,接受群众医疗咨询3000余人次。送爱国主义影片下乡600余场次,受众达4.5万余人次。

【未成年人思想道德建设】 年内，在全县未成年人中广泛开展“我的中国梦”“经典诵读”“我们的节日”“学雷锋”“传唱优秀童谣”“新时代好少年”等系列主题实践活动，把培育和践行社会主义核心价值观贯穿工作全过程，全面加大未成年人思想道德建设力度，提升工作实效。

【“五有五好”文明村镇创建】 年内，以“有精神文明宣传栏、有公益广告牌、有文化大舞台、有文明引导员、有志愿服务站，思想觉悟好、道德风尚好、行为习惯好、精神面貌好、遵规守纪好”为主要内容的“五有五好”文明村镇创建活动，深入推进农牧区精神文明建设，教育引导基层群众坚决维护以习近平同志为核心的党中央权威和集中统一领导，坚定不移地反对分裂，维护祖国统一、民族团结和社会稳定，自觉淡化宗教消极影响，营造文明健康的生活环境，争做神圣国土守护者和幸福家园建设者。共设有精神文明宣传栏46个；制作公益广告牌62个；设立文化大舞台中的道德讲堂42个，善行义举榜46个；组建文明引导员82个；成立志愿服务站41个，志愿服务队41个，志愿者数量589名。

2018年5月4日，尼木县召开2018年度宣传思想文化工作会议

【“四讲四爱”群众教育实践活动】 年内，整合全县公益广告资源，利用户外大型广告牌、LED显示屏、宣传栏等媒介，悬挂刊载“四讲四爱”内容。积极动员干部群众投身美丽尼木建设大军，整治公共环境、规范经幡悬挂点、帮助群众种植雪菊，党员干部、联户代表发挥榜样力量，以身作则，引导尼木人践行“四讲四爱”。共开展宣讲1600余场次，受众8万余人次，其中，利用节假日活动开展宣讲600余场次，3.6万余人次受益；全县党员干部通过结对帮扶进村入户宣讲400余场次，8000余名群众在享受党和政府惠民政策的同时接受了思想教育。

在已有宣讲员的基础上，将“五有五好”文明引导员纳入宣讲员队伍，进一步壮大尼木县宣讲团规模；各宣讲团成员积极利用望果节、旅游文化节、赛马节、首届农民丰收节等节庆开展集中宣讲。共开展宣讲1600余场次，受众8万余人次，其中，利用节假日活动开展宣讲600余场次，3.6万余人次受益；全县党员干部通过结对帮扶进村入户宣讲400余场次，8000余名群众在享受党和政府惠民政策的同时接受思想教育。先后开展“习近平新时代中国特色社会主义思想”大学习、“我与改革开放40年故事会”“美丽乡村清洁行动”、深化“遵行四条标准、争做先进僧尼”教育实践活动、开展“小手牵大手”活动等实践活动。全县各级各单位开展“我与改革开放40年故事会”30余次，开展“美丽乡村清洁行动”500余次。尼木县已向区市推送优秀宣讲员拉巴、仁金罗布、伦珠旦塔、嘎玛曲扎，致富带头人拉巴多吉、乡啦等先进典型，并通过拉萨日报、拉萨广播电视台开展宣传推介，其中普松乡雕刻艺人嘎玛曲扎先进事迹已推送至《人民日报》《中国日报》等重要媒体，不断提升典型引领和舆论影响力。

【意识形态】 年内，按照中央、区、市关于意识形态工作一系列重要精神的部署要求，把准工作重点，坚持党的领导，进一步加强新形势下意识形态工作。调整充实以

2018年4月17日，尼木县举办“不忘初心、牢记使命”演讲比赛

县委书记为组长的意识形态工作领导小组、精神文明建设和意识形态专班领导小组，不断加强组织领导和统筹指导，把意识形态工作作为全县党的建设和政治建设的重要内容，纳入重要议事日程，纳入党建工作责任制和领导班子、领导干部目标管理，与尼木经济建设、政治建设、文化建设、社会建设、生态文明建设和党的建设紧密结合，一同部署、一同落实、一同检查、一同考核。

年内，制定《尼木县党委（党组）意识形态工作实施方案》《尼木县党委（党组）意识形态工作考核细则》，及尼木县精神文明建设和意识形态工作任务分解表，将意识形态工作纳入年度目标绩效争先进位考核工作党建考核内容，进一步推动了意识形态工作责任制有效落实。按照拉萨市精神文明建设和意识形态工作专班工作会议和《中共尼木县委员会、尼木县人民政府关于专班推动重点工作的通知》要求，先后4次召开会议，组织学习相关会议和文件精神，研究部署意识形态工作，并分别于4月25日召开尼木县精神文明建设和意识形态工作专班推进会；5月4日召开全县宣传思想文化工作会议；6月23日召开全县意识形态工作推进会，并多次在县委常委会议研究对意识形态工作的支持政策和工作措施，在制度上、人才上、经费上给予较大倾斜，确保各项工作的顺利推进。

坚持建设管理并重，筑牢意识形态工作“主阵地”，不断健全并落实好各类意识形态阵地管理制度，科学管理、分类施策，确保各类意识形态阵地可管可控。

【对外宣传】 年内，制定印发《尼木县2018年新闻宣传工作方案》，有计划、有步骤地开展“改革开放40周年”“现代尼木三步走”“遇见·文香故里”“党建促脱贫攻坚”“四产业两园区”等专题宣传报道，全年各级媒体共刊登尼木县新闻80余条，接待中央驻藏媒体和区、市主流媒体记者37批次赴尼木县采访报道；《人民日报》、中新社、苏州卫视等新媒体赴尼木开展直播活动3场，点击量达275万人次，进一步展示尼木县经济社会发展取得的巨大成就和各族群众的幸福生活。

【网络宣传与管理】 年内，建立重大突发事件新闻应急和网络舆情处置制度，进一步规范舆情信息的摄取、研判和处置工作，严格落实属地网站和各类网络传播平台信息发布制度，完善不良舆情信息监测、举报工作流程，将乡（镇）宣统政委员、村干部、联户长纳入舆情信息监督员队伍，确保网络阵地可管可控。撰写原创性网评文章和引导性评论56篇，努力营造风清气正的网络空间。

（杨秀花）

【领导名录】

县委常委、宣传部部长

索朗次仁（藏族）

副部长

魏 乃 红

杨 秀 花（女，回族）

网信办主任

曹 大 权

中共尼木县委统战部（民族宗教事务局）

【概况】 2018年，尼木县委统战部（民族宗教事务局）共编制10

名(含宗组办),实际人数7名(其中统战部5名,宗组办2名):部长1名(县委常委)、副部长1名,主任1名,副主任1名,副主任科员1名,科员2名。民宗局共有编制4名,实际人数6名:局长1名(副县级),副局长1名,主任科员1名,副主任科员3名。

2018年7月26日,尼木县委书记杜国君与宗教界代表人士召开座谈会

【寺庙基本情况】 年内,尼木县辖区内共有22座寺庙及日追拉康(拉康6座、日追1座)。全县寺庙共分5个教派,10座嘎举派、4座格鲁派、6座宁玛派、1座苯教派、1座萨迦派。拥有自治区级文物保护单位3座,市县级文物保护单位4座。

【宗教领域持续和谐稳定】 年内,尼木县委统战部、县民宗局以深入学习贯彻习近平新时代中国特色社会主义思想和中共十九大精神为主线,围绕发展、稳定、生态三件大事和建设团结美丽健康幸福新尼木的总体目标,贯彻落实党的宗教工作基本方针和国家管理宗教的法律法规,切实增强"四个意识",紧紧抓住全面建成小康社会进入决胜阶段这两大历史性任务,重点在"导"上下功夫,持续深化加强和创新寺庙管理,积极引导藏传佛教与社会主义社会相适应,确保全县宗教领域持续和谐稳定。

【"遵行四条标准、争做先进僧尼"】 年内,尼木县统战民宗宣讲组及各寺管会(专职特派机构)宣讲队伍主要在"五讲"工作上着力,丰富宣讲资源。县委书记杜国君与22名宗教界代表人士进行座谈交流,开展藏文书法比赛,组织僧尼参观烈士陵园、观看《厉害了,我的国》《今昔西藏》等爱国影片、参加"爱国爱教比贡献"演讲比赛和"宗教与社会主义社会相适应"征文比赛,丰富教育载体。积极构建交流平台,组织全县范围的僧尼学习心得交流会、经验交流会3场次。召开全县表彰大会,形成典型引路的实践导向、创先争优的浓厚氛围、共同进步的生动局面。共开展宣讲255余次,受众僧尼2010人次。

【学习《宗教事务条例》】 年内,县委统战部制定并下发各寺管会(专职特派机构)学习宣传工作方案和藏汉"双语"宣传册,积极推进宗教活动场所宪法宣传阵地建设,加强涉宗干部和僧尼宣讲培训工作。共开展宣讲132余次,受众僧尼790人次。

【落实利寺惠僧政策】 年内,尼木县按照相关工作要求,县政府拨付表彰资金8.75万元用于表彰和谐模范寺庙4座、先进寺管会4个,爱国守法先进僧尼69名,优秀驻寺干部(含2名驻寺干警)7名和1名涉宗干部。11月,向县政府争取表彰资金6.3万元用于表彰"遵行四条标准、争做先进僧尼"教育实践活动先进集体和先进个人,其中表彰模范寺庙5座,优秀僧尼43名,优秀组织单位5个,先进寺管干部10名。县政府投资60万元落实提确林寺僧舍维修项目、投资60万元落实热杰寺僧舍维修、投资25万元落实杰吉寺大门、围墙维修,市级投资100万元、县级投资60万元用于夏荣寺僧舍维修。5月9—11日,尼木县委统战部、民宗局联合县人民医院为尼木县22座寺庙(包括拉康、日追)僧尼进行免费体检，重点对风湿病、结核病进行筛查体检。

【民族工作】 年内，以法治政府建设为载体，全面贯彻党的民族政策，以《拉萨市民族团结进步条例》“七进”活动为主线，持续深化民族团结进步创建活动和民族团结进步宣传教育活动。召开民族团结进步创建活动和民族团结宣传教育活动安排部署会，全面部署民族团结进步创建活动和民族团结宣传教育各项工作。

为不断巩固和汲取民族团结进步创建活动和民族团结宣传教育活动中取得的好做法、好经验，尼木县进一步深化民族团结进步创建活动领导小组每季度召开专题会议，通过自查及时查漏补缺，归纳总结前期活动开展中的好经验，全面部署下一步工作。7月25日，尼木县召开2018年度民族团结进步表彰大会，对14个民族团结模范集体、16名个人和4户家庭进行大力表彰。向市民宗局推荐模范集体3个、模范个人4名、模范家庭1户。

【党外代表人士队伍建设】 年内，充分发挥尼木县党外代表人士的作用，建立健全和完善与党外代表人士联谊交友制度，加强日常联络，坚持以“三大节日”为契机，深入开展党外干部走访慰问活动，送去暖被等生活用必需品。以“民族团结宣传月”“3·28”等为节点，组织各族各界代表人士召开座谈会和征求意见会，广泛征集意见建议，广泛汇聚智慧力量。尼木县宗教界人大代表、政协委员积极参政议政，认真履行职责，为促进尼木县民族宗教工作发展建言献策。

2018年6月22日，尼木县召开宗教领域深入开展“遵行四条标准、争做先进僧尼”教育实践活动动员会暨第一期宣讲培训会

【藏胞工作】 年内，按照“爱国一家、爱国不分先后”的方针和区别对待原则，坚持审批、接待和管理衔接统一，切实加强回国探访境外藏胞管理，规范境外藏胞在国内的社会活动行为。关心定居藏胞生产生活，定期开展慰问，为2名定居藏胞送去慰问金4000元，帮助他们解决实际困难。

【江苏省淮安市委统战部结对共建】 12月3日，江苏省淮安市委统战

2018年7月25日，尼木县召开2018年度民族团结进步模范表彰大会

部常务副部长、市社会主义学院院长王子政，淮安市无党派知识分子联谊会副会长郑波一行到尼木县开展结对共建活动。在县政府二楼会议室，召开淮安市委统战部与尼木县结对共建活动座谈会。双方签订《江苏省淮安市委统战部·西藏拉萨市尼木县委统战部关于建立统战工作联系制度的协议》，淮安市委统战部向尼木县捐赠帮扶资金5万元。淮安市委统战部一行与各相关单位进行深入全面交流，对落实结对共建工作进行探讨，分享经验。

（王　男）

【领导名录】

县委常委、统战部部长

普布次仁（藏族）

副部长

速绍富（5月任）

宗教办主任

赤来松布（藏族，12月免）

宗教办副主任

米玛琼达（女，藏族）

民宗局局长

旺　杰（藏族）

民宗局副局长

曲　宗（女，藏族）

中共尼木县委员会巡察工作办公室

【概况】 2017年10月，成立巡察机构，并研究制定《尼木县委巡察机构设置和人员编制规定方案》，成立县委巡察工作领导小组，设立县委巡察工作办公室和2个巡察组，明确了各自职责。县委巡察办、巡察组共核定编制7名，现有工作人员6名，其中巡察办3名，巡察组工作人员3名。县委巡察办和巡察组干部的组织人事关系纳入县委序列，由县纪委统一管理。2018年6月成立巡察办机关党支部，共有党员6名，支部各项建设稳步推进。

2018年，尼木县委全面落实中央和区、市党委巡视巡察工作决策部署，尤其是按照《中国共产党巡视工作条例》要求，把“两个维护”作为最根本的政治任务，增强“四个意识”，坚定“四个自信”，提高政治站位，突出政治巡察定位，围绕“三大问题”、紧扣“六项纪律”、紧盯“关键少数”，坚持发现问题、形成震慑，积极探索实践基层党委巡察工作，力促全面从严治党向纵深发展。

【基本保障】 年内，结合新修订《中国共产党巡视工作条例》和其他党内法规，参照区、市党委巡视巡察五年规划，2018年7月修订《尼木县委2017—2021年巡察工作规划》和“1+10”等系列工作制度。2018年为巡察办配备3间办公室，配置公务用车1辆，落实巡察专项经费24万元，为巡察工作开展奠定了必要基础。

【主要工作开展】 年内，先后成立8个巡察组，完成3轮20个党组织的巡察任务，共反馈立行立改问题118个、“三大问题”188个、移交县纪检监察机关问题线索8件。通过一年的巡察工作开展和探索，全县巡察工作已逐步走向规范化，取得了初步成效。

【做好巡察“后半篇”文章】 年内，为深化巡察成果综合运用，着重抓好巡察、整改、收效三个环节，高质量推进巡察全覆盖，做好巡察“后半篇”文章，把巡察整改落实作为日常监督的重要内容，实现全面从严治党向基层延伸全覆

2018年3月5日，拉萨市委巡察一组组长平措旺堆（左排中）到尼木县巡察工作开展情况

盖，着力打通全面从严治党“最后一公里”。坚持“双反馈”制度。巡察发现的问题既向被巡察党组织反馈，又向被巡察单位分管县级领导反馈，压紧压实整改责任。建立“四方联动”机制。由巡察办牵头，联合县纪委监委、县委组织部、县委和县政府督查室不定期检查被巡察单位整改工作情况，督促整改落实，并建立整改台账，确保一一对照、逐项销号。严肃问责追责。坚持失责必问、问责必严，严格按照《中国共产党纪律处分条例》，对干扰巡视巡察工作或不落实巡视巡察整改要求的，既追究主体责任、也追究监督责任。

【巡察干部素质建设】 年内，严格巡察干部选拔标准，加强理论学习和业务培训，着力打造忠诚干净担当巡察干部队伍。加强业务能力建设。采取“以岗代训”方式，选派到市委巡察办锻炼巡察干部9人次，组织参加区、市纪委举办的巡视巡察业务培训8期37人，组织参加县纪委监委举办的培训班1期11人次。加强机制建设。坚持以制度管人管权，修订完善巡察工作制度10项，实施巡察干部监督测评机制，每轮巡察结束后向被巡察单位发放巡察干部监督测评表，全面测评巡察干部思想政治素质、工作纪律与廉洁自律等情况，测评满意度达90%以上。

（李　品）

【领导名录】

主　任

普　琼（藏族）

副主任

王宗堂

巡察一组组长

李　品（5月任）

巡察二组组长

次仁旺堆（藏族，5月任）

尼木县信访局

【概况】 尼木县信访局为尼木县人民政府工作部门（未单设信访机构）。有干部4人，主任科员1名、副主任科员2名、科员1名。

2018年，尼木县信访局以习近平新时代中国特色社会主义思想为指导，深入贯彻落实中共十九大精神，紧紧围绕县委、县政府中心工作，坚持以人民为中心，以社会持续创新为动力，按照自治区党委书记吴英杰提出的“重点要防、难点要盯、热点要疏、一般要复”的指示要求，以解决问题、化解矛盾、息诉罢访为根本性的工作思路，以深化信访制度改革、信访业务规范化、“四重”信访矛盾化解攻坚为重点，以“三到位一处理”为化解原则，以“三无”“三不出”和两个月以内信访事项“零搁置”为目标，为尼木县改革发展稳定做出卓有成效的工作，持续实现两个月以内信访事项“零搁置”，确保全县信访形势平稳有序，全年实现“三无”“三不出”工作目标。

【来访接待】 年内，尼木县信访局始终坚持把做好人民群众来访接待工作作为信访干部“为党分忧、为民解难”的前沿阵地，着力践行“以人民为中心”的发展思想，以创建“人民满意窗口”为目标，着力在增强服务意识、提升服务水平上下功夫，热情接待来访群众，积极协调责任单位进行化解，对诉求无理或一时难以解决的，耐心进行解释说明，争取赢得信访群众满意。年内，共接待（办理）

2018年5月9日，尼木县委书记杜国君出席县信访工作会议并讲话

群众来信来访23批(件)59人次,办结23批(件),办结率100%(均属初信初访)。上级转办群众来信来访9批(件)34人次,办结9批(件),办结率100%。年内,信访事项主要集中在工程建设领域"双拖欠"、地质勘查草场补偿纠纷、医患纠纷等方面诉求。

【全面部署】 年内,组织召开全县信访工作会议,传达学习区、市信访工作会议精神,总结2017年工作,安排部署2018年工作任务,对在2017年度信访工作中表现突出的3个乡(镇)、2家单位和15名先进个人进行表彰,会后县委副书记、县长普琼代表县政府与全县各乡(镇)、县(中)直单位签订信访工作目标管理责任书,从思想上、组织上、行动上加强对信访工作的领导,把信访工作的责任层层落实到各乡(镇)、各单位,分解到领导,化解到基层,落实到个人。

【畅通渠道】 年内,始终坚持把领导干部接访下访作为密切联系群众和化解信访事项的重要举措,以县级领导全员接访为引领,以乡(镇)、县直单位领导为依托,采取领导带头深入基层、深入一线、深入矛盾多发易发点开展下访活动和县党政领导轮流到接访中心接访,县直机关、乡(镇)党政一把手信访接待做到随时接访、有访必接。接访中心对当日县级接访领导、值班领导、接待人员以LED显示屏进行公示。年内,全县各级领导干部开展下访活动10次28批87人次,解决诉求7件,县级领导接待来访群众7批19人次,解决诉求5件,全县各单位乡科级领导干部接待信访群众12批37人次,解决诉求10批件29人次。

【源头预防】 年内,坚持以源头预防信访问题为抓手,创新和加强信访矛盾排查化解工作,建立健全与基层和职能部门信息互通机制,有效防止矛盾纠纷转化为信访问题、信访矛盾转化为个人极端事件。在各类重大会议、重要节点期间,提前制定印发全县信访维稳工作方案和应急预案,成立工作专班,深入各乡(镇)和全县重点基建项目、矿山现场了解信访工作开展情况,对重点信访事项和矛盾隐患进行实地督办,确保及时掌握各类隐患和重点事项情况,统筹协调全县信访维稳工作部署。对热点难点信访案件,或可能出现越级访的苗头性问题,按照"属地管理、分级负责"和"谁主管、谁负责"的原则,通过召开信访工作联席会议和专题会议形式研究解决措施,逐案明确包案领导、责任单位和责任人,有力推动了问题及时就地解决。年内,召开信访工作联席会议4次、专题会议6次。

年内,为进一步促进社会矛盾纠纷大调解组织网络和工作机制建设,切实发挥综治部门在社会治理和矛盾纠纷调解的相互衔接、互为补充的综合调解优势,8月底社会矛盾纠纷排查化解日常工作,交由县综治委牵头协调。1—8月,尼木县信访局组织开展矛盾纠纷排查活动9次,共排查社会各类矛盾纠纷89件,化解89件,组织召开信访工作联席会议4次,专题会议6次,落实县级领导包案件3件,开展信访案件督促督办16次,对群众来访件协调化解情况开展回访25次,回访率100%。

【规范业务】 年内,紧紧围绕"三

2018年1月12日,县委副书记加略主持召开全县信访工作专题会议

个信访”建设，着力在信访业务规范化建设和依法及时就地解决信访问题上下功夫，坚持定期业务学习制度，实行AB岗轮流上岗工作模式，指定专人负责对各部门业务规范化和信访信息网上录入工作指导，建立规范基础业务工作信访信息交流群。定期开展网上信访系统应用和信访矛盾化解攻坚调研督查，着力解决信访矛盾化解不力、信访业务工作要求不严格、标准不统一、工作不规范等突出问题，针对督办事项，采取发文进行通报，提出具体目标和完成期限等，要求承办单位将督办事项落实情况按时以文字材料上报，使联席会议办公室及时掌握工作进展情况，并根据实际进行催办，进一步压实属地和部门的工作责任，推动信访工作有力有序开展和信访问题及时就地化解。

【“四重”攻坚】 年内，坚持以信访矛盾化解攻坚作为主动对标中央、区、市、县党委政府决策部署，贯彻落实的要求主攻方向，将信访矛盾化解攻坚战作为全年重中之重，注重改进工作方式方法，强化在源头化解、控制增量、减少存量上下功夫，全力开展信访矛盾化解攻坚战活动，维护群众合法权益和社会大局和谐稳定。特成立信访矛盾化解攻坚战领导小组，制定印发攻坚方案，细化工作任务、目标要求和时间进度，组织召开“攻坚战”动员部署会议，统一思想认识，推动相关职能部门形成联调联办、齐抓共管、合力攻坚的工作格局。按照“源头预防、源头化解和源头治理”的工作要求，对全县范围内重点信访问题、重点群体和未息访的信访问题全部纳入化解攻坚的范围，进行拉网式摸排、站役式化解、清单式跟进，摸排一起，建档一起，化解一起，销号一起，对重点领域、重点群体、重点问题一一进行梳理，严格按照“五个一”的工作要求，逐件建立工作台账，明确落实包案领导、责任单位、责任人、解决措施、化解时期、教育转化，形成责任清单，采取定点追踪、逐件化解的方式，一件一件落实，一件一件销号，形成立体化、地毯式的化解体系。

【诉访分离】 年内，严格贯彻落实中办、国办印发的《关于进一步加强信访法治化建设意见》，严格访诉分离，全面推进依法分离处理信访诉求工作。积极主动协调司法机关参与协调，征求司法机关对诉访分离工作提出法律意见、建议，严格把涉法涉诉信访问题与普通信访问题区分开来。同时，为把涉法涉诉信访问题准确分流有效导入司法程序依法处理，积极搭建法律援助平台，推行法官在身边，及时为应当通过涉诉、仲裁、行政复议等法定途径解决问题的信访群众，提供法律援助，信访法治化水平进一步提升。年内，引导司法途径信访件6批(件)20人次。

【法制宣传】 年内，结合各法制宣传节点，积极开展法制宣传活动，引导群众依法有序上访，就地就近反映信访问题。并结合业务工作调研，矛盾摸排活动之际对群众进行法律法规及政策宣讲，做到对信访群众常态化宣传，逐渐形成办事依法、遇事找法、解决问题用法、化解矛盾靠法的法治氛围，为实现阳光信访、责任信访和法治信访奠定了良好的基础。年内，开展法治宣传活动10次，发

2018年8月28日，拉萨市政府副秘书长、信访局局长罗桑（右排右三）到尼木县调研

放宣传资料3000余份。

【机制建设】 年内，为充分发挥信访工作联席会议综合协调、组织推动、督促落实等职能作用，根据拉萨市信访工作联席会议办公室关于印发《关于建立乡（镇、街道）信访工作联席会议的意见（试行）》文件精神，于11月在全县各乡（镇）建立信访联席会议体系，为及时就地解决群众合理合法诉求提供基本制度保障。通过乡（镇）联席会议制度的建立，尼木县信访工作实现由被动应付向主动应对、由单打独斗向合理作战、由应急处置向常态化管理“三大转变”，全县形成齐心协力抓信访、协调联动治隐患、群策群力解难题的工作局面。

【队伍建设】 年内，坚持用习近平新时代中国特色社会主义思想武装头脑，以“两学一做”学习教育和“不忘初心、牢记使命”主题教育实践活动为载体，毫不放松地加强党性教育，采取教育培训、实践锻炼、岗位交流等方法，不断提高信访干部发现问题、解决问题的能力，把握规律、服务全局的能力，综合协调、推动落实的能力，更好地履行为党分忧、为民解难的光荣职责。派送1名乡（镇）信访兼职工作人员到拉萨市信访局开展为期1年的跟班培训，选派该局干部1名到国家行政学院开展为期7天法治政府建设培训，1名到自治区开展为期4天全区信访业务培训。

（胡 刚）

【领导名录】

主任科员

多吉普桑（藏族，主持工作）

尼木县藏语委办（编译局）

【概况】 2018年，尼木县财政安排每人6000元的人头经费，藏语言文字工作专项业务经费由2017年的10万元提高到12万元，翻译印刷费3万元。尼木县藏语委办（编译局）领导职数为2人，主任1名、副主任1名，有工作人员共4人（其中：主任1名、副主任1名、工人1名、公益性岗位人员1名）。

【提高理论水平和业务能力】 年内，尼木县藏语委办以“两学一做”学习教育活动为契机，按照县委统一安排积极开展政治纪律教育，通过集中学习和个人自学相结合的方式，认真学习习近平新时代中国特色社会主义思想、中共十九大精神，以及《中国共产党章程》《中国共产党党组工作条例》《中国共产党地方委员会工作条例》《中国共产党纪律处分条例》等党章党规，进一步提高干部职工的理论水平。认真学习贯彻自治区、拉萨市藏语言文字工作电视电话会议精神，学习《西藏自治区学习使用和发展藏语文的规定》《拉萨市藏语文社会用字管理办法》，以及规范的藏语文名词术语，进一步提高干部职工的业务水平。

【做好编译工作】 年内，尼木县编译局把翻译工作作为该单位的一项重要工作，认真完成县四大办交办的翻译工作任务和各乡（镇）县直各单位报送的相关材料翻译工作的同时耐心接待前来翻译的广大农牧民群众。年内，共完成翻译33.8万余字。围绕县委、

2018年12月4日，尼木县藏语委办（编译局）组织干部职工开展法制宣传活动

县人大、县政府、县政协“四大班子”的中心工作，完成县政府工作报告、县政府2017年为民办实事情况、人大代表和政协委员提出的意见、建议和提案、县财政局工作报告，县发改委工作报告，“遵行四条标准、争做先进僧尼”教育实践活动方案等重要文件和方案以及领导讲话等材料翻译共计15万余字。完成互联网群组信息服务管理规定、相关惠民政策、村“两委”各项规章制度、妇代会工作报告、微博客信息服务管理规定、行政处罚告知书、决定书、催告书以及4个乡（镇）的政府工作报告和卡如乡的党委工作报告和纪检工作报告等各乡（镇）和县中直各部门报送的材料翻译共计14.9余万字。

完成各单位的横幅、广告牌、宣传标语、服务窗口的牌子和服务内容等翻译共计3.5万余字，接待前来翻译的农牧民群众35余人次，共翻译资料0.4万余字。为进一步规范和统一尼木县藏汉地名、广泛推广规范地名、为社会提供全面准确的地名信息、给广大人民群众提供更加便捷和规范的地名服务、促进经济建设和旅游事业的发展，以全国第二次地名普查资料为基础，深入全县33个（居），实地核实地名由来，并进行多次修改和补充，对全县范围内的山川河流、重要水库（水池）、主干道、主干渠、旅游景点等地名进行规范，并按乡（镇）进行汇总，形成“藏汉双语地名汇编”经主管领导同意，下发至全县33个行政村（居）和各乡（镇）以及县（中）直各单位。

【社会用字整改规范】 年内，为进一步规范尼木县社会用字，塑造形象，提升品位，增强文明程度，营造规范的藏语文管理和使用环境，调整充实了尼木县藏语文社会用字检查整改工作领导小组组成人员，进一步加强社会用字监管工作的组织机构。为推进尼木县双语和谐乡村示范点建设，为尼木县全域旅游产业创造和谐的语言文字环境，组织干部职工深入吞达村，对沿街商品房的门牌、道路警示牌、广告牌和吞巴景区内的指示牌、景点简介以及村委会、文化站的宣传栏等社会用字进行全面细致的检查。并对检查中发现的藏文用字错误、漏字、未使用双语、译文不准等问题，及时联系相关人员和单位，要求限期整改。为防止出现类似的社会用字不规范现象，要求相关人员在整改后的社会用字报送尼木县藏语委办（编译局）校审，以免造成财力和物力的浪费。

尼木县藏语委办（编译局）通过制作宣传广告、张贴标语、发放宣传单等形式，开展宣传活动，营造保护传承和发展语言文字和积极使用藏汉“双语”的浓厚氛围。共制作大型宣传广告牌7个，宣传标语34调、发放宣传单300份。进一步加强社会用字检查整改工作，尼木县藏语委办（编译局）按照《西藏自治区学习、使用和发展藏语文的规定》和《拉萨市藏语文社会用字管理办法》，认真开展社会用字管理和监督工作。尼木县藏语委办（编译局）联合工商、教育、文化等社会用字规范领导小组成员单位，联合检查尼木县沿街商户和企事业单位的横幅、标语、牌匾和服务内容、指示牌、路标等社会用字进行全面的检查。并下发整改通知书，要求各商户和各单位在限期内整改，对全县范围内的社会用字不规范现象进

2018年6月26日，尼木县藏语委办（编译局）举办吞达村藏汉“双语”学习培训班

行清理和整顿。年内,共检查9次(联合检查3次、单独检查6次),下发整改通知书36份,共整改45个社会用字不规范问题。

【开展培训活动】 年内,为推进尼木县全国“双语”和谐乡村示范点建设工作,进一步提高广大群众的双语水平,利用双语巩固脱贫成果,县藏语委办充分利用驻村工作队的优势,积极协调拉萨师范高等专科学校驻吞达村工作队,充分考虑当地村民的工作。6月26日,组织吞达村村民,以夜班的形式,举办“双语”学习培训班,正在进行当中。为进一步培养和壮大尼木县藏汉双语翻译工作队伍,提高尼木县各乡(镇)和县中直各部门翻译工作人员的翻译理论和技巧,邀请自治区藏语委办(编译局)、西藏大学等单位的专家教授。7月23日,举办“尼木县第二期藏汉双语翻译培训”,为广大各族群众在生产发展、职业培训、法律援助、救援救助、政策咨询等生产生活提供优质的双语服务,组建尼木县双语服务志愿者队伍。并要求各单位采取每日一句日常用语、组织双语学习会、各自单位藏汉干部结对子等形式,开展双语互学互助活动。认真贯彻落实党中央、区、市和县委关于意识形态工作的决策部署及指示精神,牢牢把握正确政治方向,保持政治清醒和政治定力,严守政治纪律和政治规矩,严守组织纪律和宣传纪律,有令必行、有禁必止,坚决维护中央权威,在思想上行动上同党中央保持高度一致。

【党风廉政建设】 年内,尼木县藏语委办(编译局)加强党风廉政教育工作,组织干部认真学习《中国共产党廉洁自律准则》《中国共产党纪律处分条例》,以及党风廉政建设方面的文件精神,扎实开展政治纪律教育,教育引导党员干部深刻认识全面从严治党的重要性。认真贯彻落实区、市、县党委、政府的相关会议精神,在党风廉政建设和反腐败斗争工作上以一把手履行第一责任的职责,抓班子,带队伍为着力点,以班子成员履行“一岗双责”的责任,抓好职责范围内的党风廉政建设和反腐败工作为落脚点,坚持以高度的政治责任感和严明的党风党纪意识,切实加强领导,层层落实责任制。严格遵守中央“八项规定”、自治区“约法十章”和“九项要求”市委“八项要求”。任何事项都按照章程办理,“三公”经费和业务专项经费都按照县财政的有关规定支配和管理,大额经费都按照县采购办的要求和程序进行采购,在开展重点工作和办理重大事项上,坚持执行请示报告和共同讨论制度,严格执行公车管理办法,到拉萨办完公事,停放在县政府指定的位置,坚决防止公车私用现象。

【党建工作】 年内,尼木县藏语委办(编译局)严格按照县委的统一安排和组织生活会的相关程序要求,藏语委办党支部于1月29日组织召开2017年度专题组织生活会。6月按时进行支部换届,按照组织程序,选举新一届支部书记。坚持把思想理论建设放在党建工作的首位,不断把“两学一做”学习教育活动引向深入。开展集中学习16次,干部职工自学时间每天不少于1小时,每人撰写心得体会3篇,全体党员都积极参加全县的党员政治教育,先后开展党章党规学习及交流活动,通过党员个人自学、集中学习、撰写心得体会、讨论交流等形式,提高党员队伍的思想政治素质、进一步增强了学习效果。全体党员自觉、按时、足额缴纳党费。认真开展结对帮扶工作,按照县委每月电话慰问和每季度入户慰问的要求,慰问和帮助各自的结对户。截至年底,为结对户送去大米、面粉、酥油等生活必需品,折合人民币2500元,全体党员积极参加种植雪菊活动。为纪念中国共产党成立97周年,展现尼木县藏语委办党支部全体党员干部的良好形象。年内,尼木县藏语委办(编译局)机关党支部,开展内容丰富的“庆七一”、支部书记讲党课等主题党日活动12次。

(其美顿珠)

【领导名录】

主　任

其美顿珠(藏族)

副主任

琼　　达(女,藏族)

尼木县总工会

【概况】 2018年,尼木县总工会在抓好工会组建,发展会员,扩大覆盖面,增强工会组织的凝聚力和影响力的基础上深入开展基层工会组织建设，团结动员广大职工群众为推进尼木发展贡献力量。尼木县总工会本着工会组织“建立一个，巩固一个，发挥作用一个”的工作原则，发展工会组织，吸收职工群众。

2018年，尼木县共有86个工会组织，其中1个总工会、8个工会委员会、77个工会小组的基础上，在尼木县33个行政村建立工会组织，村（居）工会组织建设的准备工作全部已经就绪。尼木县33个行政村全面建立健全工会组织。力争把尼木县符合条件的所有农牧民工吸纳到工会组织中，让他们享受党和国家各级工会组织的温暖。为更进一步加强乡（镇）基层工会的体制机制建设，认真贯彻落实县（区）工会“六有”、乡（镇）工会“八有”建设，尼木县工会“六有”建设及乡（镇）工会“八有”建设工作任务已完成。根据区、市总工会的安排2018年年初通过达标的乡（镇）2个（卡如乡、帕古乡），通过率100%。

【服务在基层“五送”活动】 6月6日，拉萨市工会“贯彻落实十九大·工会服务在基层”为主题，以“送温暖、送文化、送法律、送政策、送医送药”为内容的服务职工活动在尼木县卡如乡铁路护路大队举行。此次活动向尼木县20名困难铁路护路队员发放2万元慰问金，并献上洁白的哈达。活动现场市总工会工作人员宣传《中华人民共和国工会法》等相关知识并发放宣传资料120余份；拉萨远大农民工艺术团带来小品、独唱、舞蹈等精彩节目，受到铁路护路队员的厚爱；同时恒大医院的医护人员为护路人员义诊并发放胃药、降压药、感冒药等（藏西药）常见药品30余种。

【“藏地工匠”寻求申报】 年内，尼木县总工会为深入学习贯彻习近平新时代中国特色社会主义思想和中共十九大精神，在全社会弘扬劳模精神、劳动精神、工匠精神、“老西藏精神”“两路精神”，倡导严谨、细致、专注、负责的工作和精雕细琢、精益求精的工作理念，培养职业的认同感、责任感、荣誉感和使命感，激发广大职工干创热情，推动尼木县长足发展和长治久安，及时与各乡（镇）沟通，深入基层了解，推荐申报符合条件的“西藏工匠”5名。

【自身建设】 年内，尼木县总工会以“两学一做”学习教育活动为契机组织学习党的路线、方针、政策，学习习近平总书记系列讲话精神，学习各级群团工作会议精神，第一季度组织集中理论学习3场次，工青妇党支部党员大会3次，切实加强工会干部的政治理论素养和党性修养。尼木县总工会积极精神学习十八届六中全会和各级纪委两个条例及相关文件精神的学习，截至年底，开展党员干部廉政学习教育3场次。尼木县总工会积极在党员干部中开展针对思想、工作、生活、作风、学风等五个方面存在的突出问题，坚持边查边改、边整边改。

【帮困结对】 6月24日，工青妇联合支部委员会深入结对帮扶点尼木乡曲林村开展助力精准扶贫帮扶活动。活动上首先由联合支部委员会副书记琼达向49户建档立卡贫困户、5户边缘户传达学习尼木县脱贫摘帽迎国检总动员会议精神，宣讲精准扶贫政策、

2018年12月19日，尼木县人大常委会副主任、总工会主席张世杰主持发放在档困难职工生活救助金

2018年5月31日，尼木县召开总工会第六次代表大会

解读明白卡并号召大家一定要坚持大局意识，认识迎国检工作的重要性和紧迫性，认真掌握各项扶贫政策、明白卡情况，整治庭院形象，充分做好迎国检工作。活动最后为49户建档立卡贫困户、5户边缘户送去大米、砖茶等价值1.8万余元的慰问品。

尼木县总工会在春节和藏历新年期间慰问环卫工42人，按每人1000元的标准，共计4.2万元。看望慰问退休老职工5名，发放慰问金5000元。并陪同市工会走访慰问尼木县护路队员、公安辅警及9名市级对口困难职工，共计109人，按每人1000元的标准发放慰问金，共计10.9万元。

【服务职工】 年内，尼木县总工会组织乡（镇）工会委员会，深入基层，精心调查，统计出2017年考入大学的132名大学，经过乡（镇）工会委员会、县总工会的严格审查，并通过拉萨市总工会再审，确定自助符合条件的有132名。共审批47.4万元的助学资金。并在10月发放到每个学生手上，帮助解决他们的实际困难。与此同时，为拓宽农牧民群众的生产生活得到更大的改善，早日走上富裕之路。

【职工群众接待】 年内，首先在思想上纠正“好人不信访，信访无好人；好事不信访，信访无好事”的错误认识，持之以恒地开展“开门接访”；在行为上确定“六心”要求，即接待来访要热心，听取反映要诚心，了解情况要细心，说明解释要耐心，排忧解难要真心，处理问题不偏心。对待来访者做到“三个一”，一句问候、一张凳子、一杯茶，使来访者有宾至如归的感觉。

【“抓早、抓小、抓苗头”原则】 年内，在拉萨市总工会、县委、县政府的指示和县综治办、县信访局的具体安排下，县总工会积极配合县信访局等有关部门深入基层、深入企业，广泛搜集外来企业信息，排查摸底，超前预测，防患于未然，2018年县总会联合县信访局、县住建局、县人社局等单位在全县范围的各企业进行工资保障情况、工伤保险参与情况、劳动合同签订情况、施工资质办理情况等方面排查3次，涉及企业10多家，涉及人数达150多人次。

【及时处理企业投诉】 年内，对外来企业反映的问题，第一时间调查、第一时间处理，力争做到案了事了。年内，工会未发生职工群众来信来访和上访事件。面对新常态，工会工作责任重大，使命光荣。紧密团结在以习近平总书记的党中央周围，在区、市总工会和县委的坚强领导下，齐心协力，奋力拼搏，努力建设美丽家园和幸福尼木宏伟事业做出更大贡献。

（索朗云登）

【领导名录】

主　席

普布扎西（藏族，5月免）

县人大常委会副主任、总工会主席

张　世　杰（5月任）

副主席

索朗云登（藏族）

共青团尼木县委员会

【概况】 2018年，共青团尼木县委员会贯彻落实中共十九大精神、习近平新时代中国特色社会主义思想、团十八大精神，聚焦主责主业始终围绕凝聚青年、服务大局、当好桥梁、从严治团的四维工作格局展开团的各项工作，紧紧围绕全县党政中心工作及区、市共青团工作的要求，团结带领广大团员青年，全面深化共青团改革，创新开展共青团工作，取得了较好的成绩。2018年，尼木县七乡一镇基层团委数8个、团总支1个、村团支部33个、全县14～35岁青年11659人，团员数1266人、专职团干2人、兼职团干67人。

【团组织建设】 年内，组织各级团组织、学校少先队负责人、志愿者共计20余人召开尼木县2018年全团工作务虚会议，签订目标考核责任书，就如何开展好团的工作，如何高效服务青年做具体安排部署。以支部换届为契机率先在县城异地搬迁点新成立团支部1个，加强团员青年的管理效能；坚持通过青年大学习、团干例会、培训等方式提高团干部政治思想业务工作能力。年内，3名团员送外培训，举办1次村（居）群团组织负责人综合素质培训班，覆盖33个行政村；为深化团干部作风建设，严防“四风”问题，组织开展10余次廉洁自律教育，坚持把纪律和规矩挺在前面，以身作则带头遵守并将精神落到实处，时刻绷紧廉洁这根弦，真抓细抓牢抓作风建设；通过表彰尼木县五四青年奖章、向上向善好少年，向“时代楷模”卓嘎、央宗学习等活动，用身边的榜样激励争做新时代好青年、好团干、好团员、好队员。年内，共计表彰评选30个先进个人、集体。

【青少年思想引领】 年内，通过深入推进“两学一做”与“一学一做”学习教育常态化制度化，扎实开展“不忘初心 牢记使命”，十九大、习近平新时代中国特色社会主义思想学习活动，抓好“你好 新时代”主题团日教育活动，教育引导团员青年深入学习党章、团章，牢记党的宗旨，坚定“四个自信”，筑牢团员青年精神支柱，自觉做共产主义远大理想的坚定信仰者，做中国特色社会主义共同理想的忠实实践者；深入推进网上团课“青年大学习”，以更加简便的网络形式宣传教育青少年。截至年底，将学习任务推进到各村（居）、学校青少年群体中，累计签到学习1000余次。

年内，组织团十八大精神、习近平“7·2重要讲话”精神、共青团西藏自治区第十次代表大会精神的学习活动。将团的最新思想理论、工作方向、工作方法等传递给每一位团干和团员青年，武装头脑，运用实践。精心选派宣讲骨干，特别是青少年喜闻乐见的形式主要围绕社会主义核心价值观、青少年民族团结、青春自护、保护环境、安全生产等内容开展宣讲教育20余次同时发放《中学生民族团结读本》（藏文版、中文版）500余本。

【服务青少年成才】 年内，狠抓学校开学的契机，团县委联合各中小学校开展“开学第一课”青少年自护教育及法制宣传活动。活动针对不同年龄阶段学生的特点，由德育副校长、法制副校长通过具体事例讲解、短片视频、法制教育、禁毒宣传等宣传讲座方式联系实际，以案释法，以法论事，向在场的学生介绍预防犯罪、打击犯罪及自我防范和保障生命安全的一些方法和策略，讲解包括交

2018年8月3日，拉萨“红领巾相约中国梦”夏令营尼木行

2018年9月18日，西部计划志愿者到县敬老院开展“孝亲敬老”志愿活动

通、饮食、防火、防水、防陌生人等安全知识，切实提高学生安全自护意识与能力，营造“学法、知法、守法、自护”的良好氛围。截至年底，共开展活动8场次，动员1000余名学生。

年内，调整尼木县未成年思想道德建设和预防青少年违法犯罪工作专项领导小组各成员单位，围绕营造青少年的健康成长环境，提高维护自身合法权益能力，开展法制宣传、校园周边环境检查、志愿服务等工作。积极响应2018年“红领巾相约中国梦”夏令营活动，在青少年团体中深刻宣传尼木三绝，扩大藏纸、藏香、雕刻的知名度和影响力，也增强青少年学生的文化自豪感、荣誉感，提高对非物质文化遗产保护的责任感。选推优秀少先队辅导员老师参加2018年全区少先队辅导员培训班，提升服务青少年学生的知识与技能；选荐品学兼优的学生参加“民族团结代代传”西藏少先队员赴广西研学访问活动，促进尼木县藏族少年儿童与内地少年儿童间的交往交流交融，展示尼木县少年的风采，传播尼木县的民族文化，助益少年的健康成长。开展“国酒茅台·国之栋梁——2018希望工程圆梦行动大型公益活动”，从尼木县2018年秋季入学的大学新生中选报符合条件的7名学生，于年底完成3.5万元的助学资金发放；完成2018年北汽集团尼木学生一对一爱心帮扶匹配名单的进一步核对工作，与团市委积极联系，年底完成13名受助学生2.3万元爱心资金的发放工作。完成2018年县域留守儿童的统计工作，共计167人；陆续开展“江苏爱心人士暖冬行动”爱心包裹发放活动，共计将爱心人士捐赠的27包过冬棉服送到每位学生的手上。

【志愿服务】 年内，将社会治理、蓝天保卫战与健康事业有机结合起来，积极调动志愿者队伍力量，开展学雷锋树新风—保护母亲河、“禁白”行动、学雷锋志愿服务活动、母亲节送温暖、重阳节敬老爱老等内容丰富的主题活动志愿服务活动20余场次，自觉践行发扬雷锋精神；进一步规范管理西部计划西藏专项志愿者管理服务等有关工作，加强志愿者团支部建设。组织志愿者展开共青团十八大会议精神学习活动、“青年大学习”网上主题团课学习、开展志愿服务活动等。

【“双创”工作】 年内，紧紧围绕全市“两创示范”建设工作，努力在全县营造重视、支持青年创新创业的良好氛围，为青年创新创业搭建广阔舞台，大力发展、培育、选树青年创新创业人才，激发创业激情，提高创业能力，广泛动员青年参与“十三五”规划，助力拉萨精准扶贫工作，圆满举办尼木县第四届青年创新创业大赛暨《创业英雄汇》海选拉萨站尼木初赛区，选推5名晋级选手参加进一步的培训，参加市级比赛。

年内，以创新创业创优为重点，立足创新创业，进一步引导青年转变就业观念，推进青年创新创业大赛深入基层，助力本土产业，促进青年创业就业。同时充分发挥本土创业青年“当好示范、做出引领、帮扶带动”的积极作用，结合实际情况，以“大学生创业青年+农牧民创业青年”“创业青年+重点青少年”“创业青年+贫困青年”的结对模式，以“交流、参观、帮扶、分享、”为内容，设计开展以“青创尼木·青扶青”“奋斗的青春最美丽”为主题的后期系列配套活动；以“提高青年农牧民创业就业能力、脱贫攻坚青春建功”为目标组织举办第三届助力精准扶贫驾驶技能培训，共计争取29万元培训资金（其中区委下发补助资金17.5万元、县级财政配套9万元、尼木县交安驾校捐资2.5万元），为全县57名农牧民青年提供驾驶技能B、C照培训，助力全县精准扶贫工作。

【特色工作】 年内，举办以“政策宣讲进乡村、就业岗位送上门”为主题的拉萨市就业创业宣讲进乡村及岗位对接活动尼木站；组织举办首期基层群团组织负责人综合素质培训班；团县委与县法院通过多种渠道对预防青少年犯罪做大量的工作，成立少年法庭，建立青少年维权岗；特邀请拉萨市创业协会会长尼玛旦增等4名优秀代表和尼木县优秀创业代表旦增格西为尼木县贫困青年创业者进行创业宣讲、指导，为“两后生”青年进行就业洽谈；圆满举办尼木县第四届青年创新创业大赛暨《创业英雄汇》海选拉萨站尼木初赛区。

【团费收缴】 年内，按照相关规定，共青团尼木县委员会共收缴2017年4月—2018年4月团费8085.6元。

（王世景）

【领导名录】

书　记

　　强措姆（女，藏族）

尼木县妇女联合会

【概况】 2018年9月，尼木县妇女联合会根据《尼木县妇联改革方案》，如期完成县妇联换届改革工作。10月，完成2个试点乡（镇）的改革工作。改革后乡、村两级妇联队伍扩大、力量增强，各级妇联干部和执委围绕脱贫攻坚、乡村振兴等中心工作时时都能看见妇联干部的身影，处处都有妇联的活动，改变过去乡、村两级不动弹，活动很少的现状。在全县脱贫攻坚工作中，各级妇联主动担当，扎实开展系列慰问活动。通过尼木县妇联的积极争取，尼木县基层妇联改革工作经费按乡（镇）、村（居）妇联按每年辖区妇女人均不低于10元且总量不低于2万元标准，层层落实妇女事业发展专项工作经费82万元。

【党建带妇建】 年内，进一步深入学习中共十九大精神，扎实推进“两学一做”学习教育常态化制度化，引领广大妇女党员干部树牢“四个意识”、坚定“四个自信”、增强“五个认同”，推动全面从严治党向基层妇联组织延伸。县妇联采取集中学习和个人自学相结合的方式，全年共开展集中学习36次，每位党员干部自学撰写学习笔记4万余字，撰写心得体会12篇，调研报告2篇。组织建设进一步创新，坚持服务大局，服务妇女这一根本，充分发挥党和政府联系妇女群众桥梁纽带作用，深入开展“下基层、访妇情、办实事”活动，做到政策、资源和人力有效服务基层，帮助妇女儿童得实惠、普受惠、长受惠。作风建设进一步改进，引导妇女党员干部带头落实中央“八项规定”、自治区“约法十章”和市委“八项要求”以及县委的各项规定，强化党的宗

2018年6月21日，拉萨市尼木县第四届青年创新创业大赛暨《创业英雄汇》海选拉萨站尼木初选赛现场

旨意识，始终以优良的作风赢得广大妇女群众的信任和拥护。

年内，认真学习中共十九大、十八届六中全会和习近平总书记系列重要讲话精神；开展党纪政纪和法律法规教育。认真组织学习《中国共产党章程》《中国共产党廉洁自律准则》《中国共产党纪律处分条例》《中国共产党问责条例》等规定和准则。完善和规范党风廉政建设职责制度、干部请销假制度等13项制度。充分发扬党内民主，严格党内生活制度，认真贯彻民主集中制，重大事项均提交单位领导班子集体讨论决定的制度，进一步加强了领导班子建设的制度化、规范化、科学化。

2018年9月20日，拉萨市妇联党组副书记、主席向巴彩喜（左四）出席尼木县妇女第六次代表大会

【家庭文明建设】 年内，深入贯彻习近平总书记"三个注重"重要指示精神，推动社会主义核心价值观在家庭中落地生根。在全县广泛开展"最美家庭"寻找活动，寻找出28户尼木县"最美家庭"，积极上报推荐5户家庭参与市级"最美家庭"评选活动，汇聚起崇德向善的强大正能量。持续开展"廉政文化进家庭"和文明家庭创建活动，发出"廉政文化进家庭"活动倡议书500多份，号召广大家庭特别是领导干部家庭成员增强廉政意识，构建清廉家庭，在全社会形成以廉为荣、以贪为耻的良好风尚。

【维护妇女权益】 年内，认真做好信访接待工作，县妇联坚持以服务妇女儿童，维护社会稳定为己任，主动介入妇女合法权益受侵信访案件，积极为受困妇女排忧解难，帮助她们通过合法方式表达利益诉求。年内，共接待来信来访4件，调解率达100%。不断提高法律素养，以"坚持男女平等基本国策·保障妇女儿童合法权益"为主题，通过举办普法培训、法律咨询服务等形式，开展"学法与守法并重，幸福与平安相依"等系列宣传教育活动，不断提高妇女儿童依法维护权益的意识。年内，开展各种法制宣传活动13次，发放宣传资料5000余份，受益妇女群众3000人次；举办各种法制讲座3次，受教育妇女和儿童500人次。

【服务经济发展】 年内，在打赢脱贫攻坚战中充分发挥妇女"半边天"作用和妇联组织独特作用。各级联组织累计开展扶贫宣传活动10场次，参加妇女群众达2000人次。年内，围绕打赢脱贫攻坚战、建设"现代尼木三步走"总体布局，累计投入6.8万元举办建档立卡贫困妇女手工编织培训3期，参训妇女达79人次。紧扣精准脱贫工作，充分发挥妇女"半边天"的作用，在区市妇联的资金支持下，争取到20万元"妇字号"合作社扶持金，打造具有尼木特色的"妇字号"品牌。截至年底，2家合作社吸纳12户贫困户，户均年增收2000元以上。

【关爱困难群体】 年内，尼木县妇联紧紧围绕县委、县政府工作大局，充分发挥妇联组织在精准扶贫精准脱贫工中的独特作用，扎实开展系列慰问活动。2018年春节、藏历新年等重大节点，县妇联投入7.78万余元，对307名贫困妇女、患病妇女、贫困学生和孤寡老人等开展各种关心、慰问和帮扶活动，把党的温暖实实在在送到贫困妇女手中，引导贫困妇女坚定脱贫志向。为深入贯彻落实中共十九大精神，更好地发挥妇联在进一步营造全社会关爱儿童的良好氛围中的积极作用，开展“童心向党，放飞梦想”为主题的“六一”儿童节慰问活动。为续迈乡和结对村尼木乡曲林村建档立卡贫困家庭的108名学生送上价值1万余元的衣服、书包、文具盒等学习用品。为认真贯彻县委、县政府关于精准扶贫工作的战略部署，发挥妇联组织在脱贫攻坚中的职能作用，从拉萨市妇联争取到贫困女大学生助学金5万元。对2018年考上区外大学的10名贫困女大学生发放5万元资助金，帮助贫困女生缓解就学压力。争取到上级妇联贫困妇女“两癌”救助金4万元，为4名贫困妇女患者每人发放救助金1万元。同时，投入本级财政2万元，救助“两癌”患者4名，在一定程度上缓解了由于疾病给家庭带来的经济压力。

【“妇女之家”建设】 年内，为进一步做实做活做优“妇女之家”，努力打造“五有标准”妇女之家，及时印发《关于进一步深化妇女之家建设的意见通知》，整合各方资源，投入12.6万元，在原有的4个县级标准化“妇女之家”基础上，以一乡一村为基础，完善县级标准化妇女之家6个。全县42个“妇女之家”为辖区妇女提供慰问、维权关爱、教育培训等各类服务100余场，服务妇女群众5000余人次。

【助推乡村振兴】 年内，结合县妇联工作实际，及时制定关于实施神圣国土守护者、幸福家园建设者、“乡村振兴巾帼行动”实施方案。结合乡村振兴巾帼行动方案，在各乡（镇）已确定8个巾帼夜校试点班。年内，各级妇联组织开展夜校培训活动30次，参训妇女群众达5000余人次。通过帮扶学习，妇联干部不仅提高了自身的工作水平，更拉近了与妇女群众之间的距离。

【打牢妇联组织基础】 年内，按照“两学一做”学习教育制度化、常态化的要求，认真选取学习教材，制定周密学习计划，并将“两学一做”学习教育并入党支部“三会一课”学习内容，引导全会党员从思想上增强党性意识。为进一步贯彻好全国、区、市、县妇联改革精神，提升基层妇联主席思想政治素质和业务工作水平，使新一届基层妇联主席尽快进入角色，适应新岗位，做好妇女儿童工作，更好地服务妇女儿童、服务大局。围绕全县中心工作，以县党校培训为主阵地，共举办培训班3期，共培训基层妇联干部228人次。其中，以提高理论水平、政策法规、综合潜力为重点，举办村（居）妇联干部培训班1期，培训2天，培训人员33人；以提高基层妇联干部基础业务培训为重点，举办村（居）妇联执委培训班1期，培训2天，参加村（居）妇联执委150人；以贯彻学习中共十九大精神和中国妇女十二大和西藏妇女十大精神为重点，举办培训1期，参加妇联干部45人。

（琼 达）

2018年4月10日，尼木县妇联主席琼达组织开展妇女工作专题培训

【领导名录】

主 席

琼 达（女，藏族）

副主席

索朗白珍（女，藏族，6月任）

尼木县工商业联合会

【概况】 尼木县工商业联合会（简称尼木县工商联）于2012年10月20日成立。主要职责：参

与县委、县政府大政方针及政治、经济、社会生活中重要问题的政治协商，发挥民主监督作用，积极参政议政；加强和改进非公有制经济人士思想政治工作，引导企业共建社会主义核心价值体系，积极承担社会责任，当好中国特色社会主义事业建设者；引导企业不断推进技术创新、管理创新、文化创新，提高核心竞争力和可持续发展能力走科学发展道路；密切与企业的联系，反映企业的意见、要求和建议，代表并维护企业的合法权益支持企业开展党建工作和工会建设，积极参与劳动关系协调工作，构建和谐劳动关系；为企业提供培训、融资、科技、法律、信息咨询等服务，帮助解决生产经营中遇到的实际问题；引导企业弘扬中华民族传统美德，先富帮后富，走共同富裕道路，热心社会公益事业；按照“统战性、经济性、民间性”相统一的原则，加强自身建设，体现特色，提高履行职责和发挥作用的能力；承办县委、县政府交办的有关工作。

2018年，尼木县非公企业共14家(以公司为标准)，其中建筑业5家、手工业6家、种养殖业2家、旅游业1家。注册资金共12810万元；就业人员931人，产值3250万元，规模以上非公企业一家都没有。

【非公党组织建设】 年内，尼木县工商业联合会在县委“两新”工委具体指导下，积极推动党的组织和党的工作向企业覆盖，以不同方式因地制宜参与，配合非公有制企业党建工作。指定专人负责非公企业党组织组建具体事宜，明确非公企业党组织成立流程，及时将非公企业成立党组织申请报县委“两新”工委审批。服务党员团队培养，帮助非公企业培养发展党员，逐步壮大党员队伍。截至年底，全县5家企业成立党组织，党员共21名，新选举4名企业党支部书记负责日常党建工作的开展。

【企业培训】 年内，随着非公有制经济的发展，非公有制经济人士队伍不断发展壮大，做好非公经济人士的思想政治工作，不仅关系非公有制经济的健康发展，而且关系到社会主义市场经济的完善和国家的长治久安。工商联深刻领会新形势下非公有制经济人士思想政治工作的重要意义，加强非公经济人士的思想政治工作，树立正确的“亲”与“清”的政商关系。全年共组织5次非公经济人士代表，学习宣传中共十九大、全国“两会”、《宗教事务条例》《中华人民共和国宪法》以及习近平总书记给“万企帮万村”行动中受表彰的民营企业家的回信精神等，努力提高非公经济人士的思想政治素质，促进非公有制经济科学发展提供精神动力和智力支持。

【服务企业】 年内，围绕非公有制经济发展中迫切需要解决的问题开展调研，进一步为全县广大非公有制企业做好服务工作，特别是帮助企业搭建好服务平台、帮助企业解决融资难的问题，向市工商联申报6家民营企业“梦创拉萨”扶持资金60万元，缓解了企业融资难的问题。全年先后召开2次民营企业座谈会，听取企业运行情况、生产发展中遇到的困难和问题。企业提出的关于申报市级非遗传承人、尼木藏香“地理标识”的使用权等问题，尼木县工商业联合会及时与相关部

2018年7月17日，尼木县工商联主席王超飞主持召开企业座谈会

门沟通联系以此解决。对企业提出的关于解决营业场所、降低银行放款条件等问题，尼木县工商业联合会及时向县委、县政府上报。工商联积极参加上级各类培训活动，让更多企业家到外地去参观学习，开阔眼界。年内，共6名同志先后到内地、拉萨等区内外参加企业家教育培训班及全市非公企业综合管理能力提升高级研修培训。与此同时积极组织非公经济代表人士参加尼木县开展的党员教育培训、技能培训等，进一步推动尼木县非公经济的健康发展。

2018年10月31日，尼木县工商联副主席次仁组织民营企业负责人传达学习习近平总书记给民营企业家的回信精神

【“百企帮百村”】 年内，为引导非公企业致富思源，勇担社会责任，在打赢精准扶贫、精准脱贫攻坚战中发挥积极作用。县工商联结合实际，切实组织引导广大非公企业参与“企帮村”精准扶贫行动，以产业扶贫、就业扶贫、教育扶贫为主要帮扶载体，为尼木县脱贫摘帽贡献力量。年内，民营企业向尼木县建档立卡贫困户捐赠物资、慰问、分红、解决医疗、资助在校生生活费等共投入资金10万多元，受益人达102人。同时建档立卡贫困户近100人次提供就业岗位，每人每月平均工资达3000元以上。尼木县民营企业以就业帮扶为主，注重贫困村、贫困户的造血功能，一传十，十帮百，以点带面，起到辐射致富的作用。

（次 仁）

【领导名录】

主 席

王超飞

副主席

次 仁（女，藏族）

军 事

尼木县人民武装部

【概况】 2018年，尼木县人民武装部紧紧围绕习近平主席“听党指挥、能打胜仗、作风优良”的强军目标，坚持以党管武装为龙头，以国防动员为中心，不断提高党委班子科学决策能力，深入学习贯彻中共十九大精神，扎实开展“传承红色基因、承担强军重任”主题教育和“不忘初心、牢记使命”教育实践活动，狠抓部队作风纪律建设，持续夯实安全发展根基，圆满完成民兵整组、兵员征集、各重要时段维稳备勤等各项任务，确保部队高度安全稳定和集中统一，全面建设再上台阶，发展势头向上向好，被拉萨市评为“民族团结进步模范集体”和“民族团结进步示范单位”，3名同志被拉萨市警备区表彰为先进个人。

【军事工作】 年内，在警备区党委的正确领导下，按照习近平主席“能打仗、打胜仗”的要求，以陆军军事训练大纲为依据，根据年度军事工作指示精神，科学统筹安排本级军事工作，周密制定军事工作计划，大力推进民兵调整改革工作，扎实开展实战化军事训练，夯实官兵基础体能、技能。深入贯彻陆军“备战打仗”一系列指示精神，积极参加西藏军区人武部系统军事训练考核。认真落实民兵工作制度，组织民兵骨干进行基础训练和防爆处突演（训）练，提高了民兵军事素质，全年基干民兵和普通民兵参训率达85%以上。

按照突出重点、兼顾全面的原则，多次组织应急民兵演练，在“春节”“两会”“国庆”等重要节点，组织民兵开展维稳备勤和武装巡逻；扎实开展国防教育和征兵宣传，根据区市年度征兵工作会议精神，及时成立组织领导，召开专题会议进行安排部署，统一思想、明确任务，各相关单位紧密协作，严把征兵政策、标准和条件关，完成合格新兵选送工作；以

2018年5月2日，县委书记、县人武部第一书记杜国君在2018年度县委议军会议上作讲话

2018年9月7日，尼木县委常委、武装部部长罗立富到比如寺检查指导工作

"百日安全竞赛"活动为牵引，大力加强正规化建设，狠抓条令条例贯彻落实，突出防范重大安全问题，实现"大事之年不出大事，改革之年安全稳定"的安全工作总体目标。

【政治工作】 年内，尼木县人民武装部党委始终把思想政治建设摆在首位，开展"传承红色基因、担当强军重任"主题教育活动，全面贯彻落实军委主席负责制，深刻领会习近平主席重要讲话精神，注重运用理论学习成果指导工作实践，确保人武部正规化建设和民兵队伍建设的正确方向。始终坚决维护党中央、中央军委和习主席核心，维护党的团结，执行上级指示、命令坚决，政令军令畅通；围绕"备战打仗"和"正风肃纪"两个主题深入开展学习讨论，进一步强化官兵备战打仗意识，筑牢了正风肃纪基础。

【保障工作】 年内，以提高人武部、民兵后勤保障能力为核心，以"一保战备、二保生活"为目标，狠抓战勤训练、后勤管理、生产生活和营区建设，先后完成营产营具生活设施改造、荣誉室及配套设施建设、办公室及官兵公寓房改造，大力改善官兵工作生活环境，后勤服务效益明显增强，装备管理水平得到提高，综合保障能力持续加强。

（葛小辉）

【领导名录】

县委常委、部长

罗立富

政治委员

马竹林（2 月任）

尼木县消防大队

【概况】 2018 年，尼木县消防大队圆满完成尼木县节假日、佛事活动、十九大安保任务等各项执勤保卫任务。尼木县消防大队全体指战员视尼木人民为父母，视驻地为故乡，用自己的青春、热血书写了对党和国家的无限忠诚，对党和人民的无限热爱，在各项工作的考验中保卫了人民群众的生命财产安全，为地方经济发展做出了重要贡献。

【消防安全隐患排查整治】 年内，尼木县消防大队按照区、市、县三级党委、政府的要求，认真贯彻落实消防安全隐患整治工作，结合冬春、夏季消防安全排查专项活动，进一步加大人员密集场所、易燃易爆场所、寺庙文物古建筑、施工工地的隐患排查力度，指导派出所开展"九小场所"隐患排查，明确单位落实消防安全主体责任，签订消防安全责任书，强化火灾防范措施；消防大队与治安大队、塔荣镇派出所开展联合执法 26 余次，不断加强错时检查力度。截至年底，大队共排查各类单位、场所 817 余家次，发现火灾隐患或消防违法行为 489 处，下发责令立即整改通知书、责令限期整改通知书 364 份，草拟并上报寺庙文物古建筑调研报告 1 份，对县城单位的火灾隐患进行有效的治理，为全县火灾形势稳定做了扎实的工作。

【思想政治学习】 年内，尼木县消防大队贯彻执行改革强警、"两学一做"专题学习活动，牢固树立"四个意识"，以作风建设为重点，加大组织建设力度，狠抓党风廉政建设和经常性思想政治教育工

2018年11月6日，尼木县消防大队大队长蒋明官主持召开2018年度冬春火灾防控暨“119”消防宣传月动员部署会

作，进一步解放思想，实事求是，与时俱进，保持部队高度稳定，圆满完成以防火灭火、应急救援、维稳处突为中心的各项工作任务，在政治工作、业务建设、部队管理、内外关系、营房建设等方面均取得了较大进步。

【强化“四个意识”】 年内，尼木县消防大队全体指战员深入贯彻落实“四个意识”，不断地强化服从命令、听从指挥的意识，坚决维护县委、县政府的领导，严格执行县委的各项指令和工作指示要求，认真履职，不负重托。

【岗位练兵】 年内，尼木县消防大队优化集成第一出动力量和“六熟悉”工作，共开展“六熟悉”演练60次，普查消防水源6次，开展重点单位灭火救援和易燃易爆危险品处置等实战演练26次。尼木县消防大队以冬训和岗位练兵为契机，深入开展“三基”（基本理论、基本体能、基本技能）训练，加强灭火救援业务理论学习，先后组织开展冬训考核、选送预提班长培训、装备培训和总队驾驶员培训工作，重点强化全员参训及考核验收工作，有效夯实指战员体能技能基础。

【消防宣传及教育培训】 年内，为深入普及全县人民群众防火意识，大队通过“五项举措”开展消防宣传教育培训工作。抢占消防宣传阵地进行集中宣传，在县城人流量最大的县政府门口设置消防宣传点，联合安监、治安大队、便民警务站进行集中宣传，改掉之前仅发放传单的单一方式，积极与过往群众互动，通过灭火器等常用消防器材的展示互动，进一步提高参观群众的兴趣度，同时开展消防小常识问答活动，并为参观群众准备小礼品，起到良好的互动效果；积极招募消防志愿者进行多点宣传，尼木县消防大队提前部署，在学校、超市等人员密集场所进行消防志愿者招募，并进行消防知识培训，在县城的“九小场所”进行全覆盖式的消防宣传，以点带面，在全县范围内掀起消防知识宣传的热潮。

年内，尼木县消防大队利用县城范围内超市、企事业单位、便民警务站及国道边的35个醒目

2018年11月9日，尼木县消防大队邀请县中心小学生“参观团”参加消防开放日活动

位置LED屏幕进行消防常识滚动播放，与此同时大队还制作条幅26条，在县政府门口、主干街道等显要位置进行张贴；积极进行消防站开放活动，大队积极联系县教育局安排中、小学学生进行消防站装备器材参观活动，通过消防器材操作、原地着装、两盘水带连接等展示及互动活动，有效的提升参观中、小学生对消防知识的兴趣，真正意义上起到教育一个孩子，拉动整个家庭，覆盖整个社会的目的；在县城学校等人员密集场所，加油站、加气站易燃易爆场所进行消防演练活动，主要是以演练过程中处理初期火灾的展示、引导人员进行疏散的展示、发现并整改火灾隐患的展示、常用灭火器器材的展示，有效提升该类场所的"四个能力"。

【为民助民】 年内，尼木县消防大队全体指战员以"全心全意为人民服务为宗旨"，只要是人民群众需要的就义不容辞，积极为单位群众运水、送水等，深入福利院、学校、社会单位开展义务劳动8次，打扫卫生15次，走访结对帮扶困难户9户，赠送大米、清油、罐头、砖茶等慰问品共计价值1万余元。

（陈鹏宇）

【领导名录】

大队长

蒋明官

参　谋

旦增朗杰（藏族）

陈鹏宇

阿旺次培（藏族，7月任）

武警尼木中队

【概况】 2018年是贯彻中共十九大精神的开局之年，是改革开放40周年，是决胜全面建成小康社会、实施"十三五"规划承上启下的关键一年，也是武警部队改革重塑启航之年、整风肃纪深入推进之年。2018年，深入学习贯彻中共十九大精神，以习近平强军思想和三级党委（扩大）会议精神为指导，紧紧围绕实现强军目标，按照"建强班子抓中心、落实制度保安全、精细管理上台阶、全面过硬创先进"的工作思路，提升官兵精气神，聚力赶超、比拼争先、狠抓落实，始终扭住"四个经常"不放松，着力在提高以"一个班子、三支队伍"为主体的能力素质上下大力，努力实现法制化运转，促使中队硬件水平上层次、软件建设上台阶，高标准高质量实现"两个确保"。2018年，中队官兵在担负卡如检查站警戒设卡任务中，协助抓获3名网上追逃人员，处置1起毒驾冲卡事件，得到总队、支队首长高度肯定和表扬。全年工作总结，中队被总队评为"先进维稳集体"，1人被总队评为先进维稳个人，3人立三等功，2人被支队评为优秀基层干部、4人被支队评为优秀义务兵、5人被支队评为优秀士官、13人受到支队嘉奖；全年发展党员2名；中队看守目标36年安全无事故，受到总队、支队党委的表彰和县委、县政府高度肯定。

【组织建设】 年内，武警尼木中队各类组织健全，组织生活制度落实、活动经常，班子凝聚力、向心力、战斗力及"三个能力"明显提高，"三支队伍"能力素质大幅提升。党管干部、党管党员严格，指导团支部和军人委员会工作措施得力，实现争创先进党支部、团支部。

2018年7月17日，武警尼木中队中队长马国超组织官兵实地演练

【思想政治】 年内，围绕学习贯彻十九大精神这一重大政治任务，认真贯彻落实三级党委（扩大）会议精神，适应新时代强军目标要求，深化习主席讲话精神、党史、国史、军史学习教育，打牢官兵的思想政治基础，打好意识形态主动仗；开展新时代内部关系教育活动，提高干部骨干知兵爱兵育兵带兵能力，内部关系和谐融洽；文化活动开展经常，努力培养一支能力强、会组织的文体骨干队伍，官兵业余文化生活丰富，思想稳定工作热情高；加强新闻宣传报道，培养会摄影，会撰稿的文化宣传骨干，争取年内新闻上稿数在支队排名前三。同时坚持弘扬官兵一致、军民一致的优良传统。干部对战士态度端正，关心爱护士兵，处理热点问题公道正派，无打骂、体罚和侵占士兵利益的行为，士兵尊重干部，服从管理，中队加大对“双四一”“三互”等载体作用的发挥；军政、军民关系融洽，无军政军民纠纷。

【执勤战备】 年内，战备教育经常，战备制度落实，战备管理到位，装备物资齐全。执勤制度落实严格，官兵执勤能力较强，执勤阵地建设有新发展，利用在队自训训练和参加支队轮训，抓好应急排应急班单兵、小组训练，人装结合训练，着力提升训练水平，细化规范日常战备和紧急出动程序，落实全要素备勤和装备以车代库要求做到任务清、位置清、编携配装清，作战能力有较大提升，战备库室建设和物资储备预置，保证各类库室规范达标、战备物资储备充足，保持高度警惕，做到遇有情况，快速反应，确保中心任务圆满完成。2018年，中队出动官兵出色完成县城武装巡逻、驻地抢险救灾、检查站警戒设卡、尼木县“两会”安保等各类临时勤务多起，受到县委、县政府充分肯定和人民群众的高度赞扬。

【军事训练】 年内，坚决贯彻总队“以战领训、以训促战；按纲施训、从严治训；分类指导、重点突破”的抓训思路，常态运行军事训练“八落实”“六种组训模式”为抓手，突出练兵备战，切实把心思精力用在大抓部队战斗力建设上，坚定不移把军事训练摆在战略位置、作为中心工作，抓住不放，抓出成效。持续抓标准促规范、抓重点求突破、抓弱项补短板，努力推动实战化军事训练上台阶，有效提升遂行以执勤处突为中心、以反恐维稳为重点的多样化任务能力，不断提升实战化军事训练水平。

【行政管理】 年内，认真学习贯彻习近平总书记依法治警、从严治警指示精神，狠抓法治思维、法治方式培养，贯穿全年开展学习贯彻新条令活动，强化安全发展理念，落实好条令条例学习，遵守好各项规章制度，确保“五个秩序”正规，守住“六个不出”安全底线，官兵遵纪守法，组织纪律观念强，作风养成好，内部和谐，管理措施健全，部队安全稳定。干部骨干管理能力明显提高，部队管理正规，干部、骨干依法文明带兵，无事故、案件和严重违纪问题。

【警民共建】 年内，武警尼木中队官兵“视驻地为故乡，视人民为父母”，认真搞好“六共”活动，大力开展义务植树、义务军训、无偿献血和捐资助学、扶贫帮困活动，先后出动政治思想强、军事技术精的优秀骨干人员60余人次，为地方单位、学校学生军训800余人，取得的效果明显。

【后勤建设】 年内，按照“后勤变前勤”和伙食精细管理要求，努力做好后勤方面各项活动。严格落实支部理财，双主官联签制度，各项经费无超支；后勤管理正规，落实伙食管理五项制度，官兵对伙食满意率达90%以上；各项设施管理到位，营产营具管理责任落实到人，维修维护及时；积极搞好营区建设，库室设置规范，室内外卫生整洁。

（马国超）

【领导名录】

中队长

马 国 超

指导员

刘　　威（5月免）

王 振 生（5月任）

副中队长

旺　　堆（藏族，4月免）

张 泽 挥（4月任）

排　长

李　　伟（9月任）

洛桑群培（藏族，9月任）

法 治

中共尼木县委政法委员会

【概况】 2018年，尼木县委政法委认真学习领会中共十九大和十九届二中、三中全会精神和习近平新时代中国特色社会主义思想，紧紧围绕维护社会稳定总体目标，充分发挥综合治理统筹协调的优势作用，在维护社会稳定、创新社会治理体系，提升群众安全感等方面做了大量卓有成效的工作，实现社会局势和谐稳定。尼木县委政法委下设综治办、维稳办、护路办，四块牌子、一套班子。单位人员实际编制7名；2018年正式干警7人，工人3人。其中政法委书记1名（不占编制），政法委副书记、综治办主任1名，政协副主席、护路办主任1名（不占编制），政法委副主任科员1名、科员5名，驾驶员3名（不占编制）。

【维护社会和谐稳定】 年内，尼木县委政法委坚持稳定压倒一切的思想，以“六个不发生”“六个严防”为重点，牢固树立政治意识、大局意识、核心意识、看齐意识，以强化情报信息收集研判、强化社会面整体防控、强化打击非法组织、强化防范暴力恐怖活动、强化涉宗领域维稳工作、强化严打整治专项斗争、强化虚拟社会管控、强化应急处突准备、强化区域维稳协助机制、夯实基层基础、夯实维稳力量为着手，进一步强化忧患意识、风险意识、看家意识，切实把思想和行动统一到区市党委、政府的决策部署上来，下好先手棋，打好主动仗，不断创新维稳工作体制机制，不断深化完善维稳措施，积极应对重大挑战，牢牢掌握反分裂斗争和维护稳定工作主动权，促进尼木持续、长期、全面稳定。

【社会治安综治治理】 年内，把综治工作摆上党委、政府的重要议事日程，纳入年度工作计划和社会发展的总体规划，作为执政

2018年3月6日，拉萨市委常委、纪委书记、监委主任王家民（右一）到尼木县调研

为民的事实来抓，与全局的发展同部署、同落实、同检查、同考核。年初同各乡（镇）、县（中）直各单位签订综治目标责任书56份，并召开综治工作联席会议16次，研究制定全年综治工作要点和深化“平安尼木”建设工作总体方案，及时解决社会治安面临的新情况、新问题。按照“属地管理”和“谁主管、谁负责”的原则，严格落实综治责任制，把综治各项任务分解到相关单位，落实到人头。进一步建立健全重大问题风险评估、矛盾纠纷大调解、综治考核奖惩和责任追究机制，完善社会治安综合治理委员会议事规则、平安创建动态管理实施细则、基层综治专职干部队伍管理实施细则等相关办法和细则，加强3月综治宣传月、6月综治宣传周、“9·16”平安西藏宣传日等宣传活动，加强综治培训，聘请名师开展讲座。做强基层综合服务管理平台，构建县、乡、村三级“综治中心”，充分发挥源头防范作用。

【“平安创建”】 年内，综治办始终把“深化平安创建、构建和谐尼木”作为一项重点工作来抓，坚持以法治思维和法治方式推进平安建设，制定《平安创建动态管理办法》，提升平安建设法制化水平，发挥好人民群众主体作用和基层自治作用，不断增强人民群众的法治观念，引导社会各方面参与平安建设，努力为平安建设提供力量源泉，推动社会管理体制向党政主导、社会共治的社会治理体制转变，不断提升平安建设的水平，在全县范围内不断深化各种形式的基层平安创建活动，实现平安创建全覆盖。同时，加强与邻近县行政边界地区社会治安综合治理协作、治安联防，增强行政边界地区治安防控能力，共创平安边界地区，尼木县与邻近的南木林、仁布、当雄、班戈、曲水六县签订创建平安边界协议书。

2018年3月12日，拉萨市政协副主席孙宝祥（右二）到尼木县检查指导工作

【“三个专项”斗争】 年内，紧扣工作实际，严格落实上级部门“三个专项”斗争的总体要求，紧紧围绕24类打击重点，建立健全“三个专项”斗争各项工作机制14项，不断完善社会治安防控体系，坚决打击黑恶势力、非法组织和重点人违法犯罪活动。年内，尼木县共开展摸排线索157场次、摸排线索2起，清理检查治安乱点98次、清理整治治安乱点4处，破获涉稳敏感案件2起、落地查获18人、行政拘留7人、批评教育11人，抓获涉赌人员4名、没收赌资2750元、收缴麻将机5台，张贴举报线索奖励办法7000余张，发放宣传资料3000余册，悬挂横幅200余条，受教育群众达6万余人次，设立线索举报箱68个。

【“双联户”工作模式】 年内，坚持把“先进双联户”创建活动作为社会治理的主要抓手，始终坚持创新发展新时代“枫桥经验”，与群防群治、网格化管理、街面警务防控模式融合、衔接，充分发挥联户单位互联、互通的优势，织密城乡维稳防控网络，联户长充分发挥基层维稳中坚力量作用，积极有效应对可能出现的各类风险隐患，主动承担起情报信息员、治安管理员、社情联络员等角色，积极协助基层组织开展治安巡逻、排查化解矛盾纠纷、收集社情民意等，联户保平安、促稳定的积极性、主动性不断增强。围绕“联户增收”这个“双联户”工作的核心要义，坚持促进发展、共同富裕，把联户增收与脱贫攻坚结合起

2018年7月14日，尼木县召开上半年维稳工作总结暨下半年维稳工作安排部署会议

来，支持引导联户群众采取“联户单位＋公司＋农户”等方式，因地制宜发展特色产业，宜农则农、宜牧则牧、宜林则林、宜商则商、宜游则游，让群众不离乡、不离土就能融入产业发展、增收致富，促进共同发展、实现共同富裕。全面落实“10+1”目标任务，围绕改革发展稳定这个大局，服务乡村振兴这个战略，服务决战决胜全面建成小康社会这个要务，强化宣传和培训工作，持续在维护社会稳定、助推脱贫攻坚、推进精神文明建设等方面发挥更大作用。

年内，全县631名联户代表共排查化解矛盾纠纷73起，整治社会治安重点部位173处，排查消除各类安全事故隐患262起，环境卫生整治998次，帮助困难群众解决生产生活困难181次，邻里间义务投工投劳3967人次，捐助扶贫、救灾、助学和安居建设房建设物资折合人民币52600元，帮助照顾孤寡老人、重病患者及儿童69人次。组织开展各类宣传活动1097场次，发放宣传资料15775份，受教育群众25514人次；共有各类双联户经济组织和经济实体11个，带动致富70户、158人，实现增收112.2万元。参与中共十九大精神和“四讲四爱”主题教育实践活动宣讲501场次，受教育群众23435人次。联户代表参与扫黑除恶打非治乱专项斗争宣传270场次

【矛盾纠纷排查化解】 年内，始终按照“发现得早、化解得了，控制得住、处置得好”的原则，健全和完善矛盾纠纷排查调处工作机制、方案、制度和职责任务，将矛盾纠纷排查化解作为一项重点工作来抓，定期召开矛盾纠纷联席会议，全面分析形势，研究制定化解措施，严格落实矛盾纠纷排查化解责任制，领导干部包案、接访、下访、回访、联系群众制度以及跟踪督办机制，确保矛盾纠纷化解在基层、消除在萌芽状态，用实际行动践行枫桥经验。年内，全县共排查各类矛盾纠纷122起、化解119起，化解率达97.5%。共接待（办理）群众来信来访23批（件）58人次，办结23批（件），办结率100%。上级转交办群众来信来访9批（件）34人次，办结率100%。协调兑现拖欠民工工资资金813.207万元，引导司法途径解决问题5批（件）。

【铁路护路联防】 年内，本着“铁路护路无小事、事事连政治”的重要原则，按照“反分裂、防恐怖、防爆炸、防破坏、保畅通”的工作要求，从讲政治、顾大局、保稳定的战略发展高度，强化制度保障，突出工作重点、坚持打防结合、狠抓队伍管理、发展以劳养护、加强宣传教育、强化学习培训，实现铁路沿线治安环境有序可控、涉铁矛盾纠纷调处成效明显，铁路护路联防社会影响力逐渐提升，铁路护路联防队伍保持强大的凝聚力和战斗力，各项工作扎实有效开展，确保铁路治安稳定有序，运输安全畅通。年内，开展各类培训12次，宣传活动14次，发放宣传资料1.7万余份，悬挂宣传横幅23条，发放印有爱路护路内容的杯子、帽子、袋子、挂历、文具盒等宣传品2000余份，张贴标语12处、安装警示牌4个，发放各类宣传书籍8000余本，巡逻400余次，巡线1万余公里，尼木县铁路护路联防工作获自治区第二名、拉萨市第一名。

（次仁群培）

【领导名录】
县委常委、政法委书记、公安局局长
黄 鹤
政协副主席、护路办主任
强 巴(藏族)
副书记、综治办主任
次仁罗布(藏族)
法院副院长、维稳办负责人
尹小芬(女)

尼木县公安局

2018年5月18日，尼木县委常委、政法委书记、公安局局长黄鹤主持召开防范电信网络诈骗犯罪宣传月工作部署会

【概况】 2018年,尼木县公安局内设22个部门,分别为:8个派出所、5个业务大队、2个检查站、局直机关5个部门、2个驻村点。有总警力237人(其中:民警180人、辅警57人),实际编制103人,男性民警162人,女性民警18人,藏族127人、汉族47人、回族2人、纳西族1人、满族1人。局领导共7人(局长、政委各1名,其中局长、政委系副县级,3名副局长系正科级,2名党委委员系正科),均为大专以上文化程度。

2018年,尼木县公安局新增6个党支部,共有1个党委,14个党支部,共建立14个基层党支部党员活动室、党委有党员155人(其中正式党员139人,预备党员16人,机关3人,基层12人,延期转正1人)。

【常住人口管理】 年内,尼木县总人口34435人,总户数7891户,新生上户398人,死亡销户222人。入户核对6356户、核查户籍成员信息31477人,纠正户口登记项目错误52次。办理市外迁入业务94人、迁出市外92人、区间移入22人、区县间移出64人,办理身份证2991张、已出证2957张办理挂失申报登记476人,办理临时身份证33张、受理区外异地身份证23人,区内异地身份证10人。

【流动人口管理】 年内,尼木县公安局把流动人口管理工作纳入实有人口进行管理,建立常态化管理机制,深化“以证管人、以房管人、以业管人”服务管理模式,服务管理水平全面提高。有流动人口1997人(男1550人,女447人)、汉族1512人、回族106人、藏族327人、其他民族52人,务工人员1405人(建筑民工1024人、经商人员241人、其他140人)。

【严厉惩治违法犯罪】 年内,尼木县公安局围绕年初制定的工作目标,始终保持严打高压态势,开展“盗抢骗”“电信诈骗”“打黑除恶”“缉抢治爆”等专项行动,共接处刑事案件报警10起,立案9起,破案6起,抓获犯罪嫌疑人6人,刑事拘留2人,逮捕2人,起诉2人,逮捕率和起诉率均达100%,移交监护人1人。行政案件19起,其中,调解4起,简易程序1起,一般程序办理14起,行政处罚违法行为人23人,罚款8900元。

【交通管控】 年内,尼木县公安局共出动警力8640余人次,警车7200余台次,设立流动检查点1080余次,共检查各类车辆132万余辆,查处交通违法行为8071起,其中超速2350起,扣证69本,缉查布控预警2062起,核对录入98起,反馈880起,签收1084起,违法停车录入105起,现场执法简易录入258起,一般程序录入45起,非现场执法108起,高车厢25起,纠正农用车违法载人329

起，纠正摩托车未带安全头盔520起，纠正占道行驶78起，肇事逃逸1起，伪造变造行驶证1起，无证驾驶6起，准驾不符1起，故意遮挡号牌20起。

【交通隐患排查整治】 年内，尼木县公安局对辖区国道、省道、县、乡、村道路进行全面细致的隐患排查，共排查隐患出447处，已整改325处，已向日喀则公路管理分局和尼木县交通局下发隐患整改报告8份和整改通知书22份。

【消防安全管理】 年内，尼木县公安局强化消防安全管理、及时消除消防隐患，共检查532次，下发责令立即整改通知书、责令限期整改通知书230份，消防安全宣传培训21次，签订消防安全责任书500余份，开展重点单位熟悉演练25次，联合公安消防大队对辖区内一家KTV进行消防应急演练活动。

【日常巡逻检查】 年内，尼木县公安局紧紧围绕创建平安尼木工作目标，始终坚持“内紧外松、显隐结合、警便并用”的工作原则，组织公安局民辅警、武警中队、消防大队、群防群治力量强化联勤联动联防联控，最大限度地把武装力量摆在街面，全面加强社会面巡逻防控控制，重点守好水、电、气、油、热等重要民生设施和党政机关、要害部位，有力维护了社会治安局势持续稳定。

【枪支弹药管理】 年内，按照《中华人民共和国民用爆炸物品管理条例》规定，实行每月至少2次安全防范大检查要求，检查枪支弹药80余次，查出问题13次，现场整改10次、督促整改3次，签订枪支弹药安全管理责任书36份。

【流浪犬清理整治】 年内，尼木县公安局先后召开养犬管理工作部署会议2次，走村入户宣传70余次，发放宣传资料600余份；协调拉萨市捕狗队对辖区内开展流浪犬清理抓捕工作，清理抓捕流浪犬1057条，将流浪犬运输至拉萨市流浪犬收容中心8次，共办理家养犬狗证1041张。

【法制宣传】 年内，尼木县公安局以“扫黑除恶、打非治乱、扫黄打非”“3月综治月”“6月拉萨平安宣传周”“9·16平安西藏”“110宣传日”“11·2交通安全日”“12·4宪法宣传日”为契机，在尼木县城主要街道、人员聚集场所等处，采取发放宣传单、悬挂横幅、摆放宣传展板、设立咨询等方式，向广大群众宣传各类法律法规，深入开展各类法制宣传活动，共计宣传166次，发放宣传单3.6万余份，宣传片1万余件，受益群众4万余人次。

【护城河检查站】 年内，尼木县公安局卡如一级检查站严格按照“五逢一快”的工作要求，做好对进入拉萨人员、车辆、物品的检查盘查工作，共检查人员60万余人，检查车辆33万余辆，检查物品45万余件。收缴管制刀具148把，抓获公安部在互联网上通缉的在逃人员5人，抓获一级、二级临控人员10人，扣证1000余张，收缴散装油500余升，易燃易爆120余件，移交交通违法行为60余起，求助5起，移交疑似吸毒人员3人。

【落实加油实名制】 年内，尼木县公安局将散装油管理纳入常态

2018年3月13日，尼木县公安局开展应急处突演练暨誓师大会

2018年10月20日，尼木县公安局在辖区内开展社会面联勤联动机动巡逻

化、规范化监管轨道，严格审批程序和实名登记。按照村、乡、派出所三级审批程序进行严格把关，严格落实“实名”购买、“实情”登记、“实时”报告制度，共开具审批加油单据2万余份，收缴违规散汽油90升，有效地打击了违法私自倒卖散装油行为。

【健全应急处突队伍】 年内，尼木县公安局组建由50人组成的应急处突队伍，实施“三五十分钟”围城战略。覆盖全县的治安防控网络全部建成，健全应急处突、群防群治、义务巡逻队、治安联络员等组织，社会治安防控能力得到极大增强。

【增设治安卡点】 年内，尼木县公安局主要交通要道点增设3个治安卡点，实行24小时全天候盘查、检查工作，确保绝对安全，共检查各类机动车辆8万余台、人员24万余人次，物品20万件，未发现可疑人员、可疑现象。

【抢险救灾】 年内，尼木县公安局在防汛抗洪抢险工作中，公安局共投入警力850余人次，车辆320余台次，资金73800元，解救受陷车辆31台，救助群众1800余人，疏导国道线、省道线、乡村道路等危险路段滞留车辆2.6万余辆，排除险情40余处，获锦旗1面。在雪灾抢险救援中，出动警力150余人次、救助群众6人，解救受陷车辆3台，服务群众130余人次，发布转发预警信息260余条，广大公安民警以超常的毅力战斗在抗灾第一线，展示出尼木公安的优良素质和坚强的战斗力。

【“三个专项”斗争】 年内，尼木县公安局深入学习贯彻区、市党委对扫黑除恶打非治乱专项斗争的各项部署，结合尼木县实际情况，成立专项行动领导小组，由刑侦大队、治安大队、国保大队、法制大队牵头，各派出所配合全警联动。由刑侦大队牵头的打击组，由法制大队牵头的宣传组，由纪委牵头的督导组，充分发挥各小组的优势，加大对黑恶势力的打击力度，本着有黑扫黑、无黑除恶、无恶治乱的工作原则，结合辖区实际情况对辖区内的企业、建筑工地、旅馆、朗玛厅、车站进行清理整治。加大法制宣传工作力度，共出动警力200余人次，张贴宣传标语5000余张，发放宣传单4万余份，悬挂横幅200余条，受教育群众达3万余人，在全县七乡一镇人员密集场所共设立11个黑恶势力线索举报箱。

【清理清查】 年内，尼木县公安局深入开展治安大检查、大排查、整治专项行动。共清查单位635家次、居民院109处、出租房145间、宾馆招待所12家、沿街商铺134间、酒吧3家、网吧3家、木材加工厂1家、加油站1家、废旧金属42家次，音像出版物89家次、施工单位133次，九小场所680次。共清理整治治安乱点4个，查处赌博人员8人，收缴赌具麻将机5台，麻将15副，收缴赌资9900元。

【互联网净网行动】 年内，加强规范网吧管理，全面推行实名上网，有效地杜绝未成年人上网的现象。共检查网吧87次。同时，密切关注互联网站、QQ群、微信群等网络应用平台和新媒体，及时掌握和了解可能影响社会局势稳定的因素、苗头。

【DNA 采集】 年内，尼木县公安局刑侦大队联合辖区各个派出所开展 DNA 采集工作，共采集 DNA 数据 2000 余份。

【涉法涉诉防控化解】 年内，尼木县公安局在全县范围内，全面展开社会矛盾大排查，与各乡政府密切配合，以乡主要领导为直接负责人，全面逐村、逐户、逐人排查涉法涉诉不安定、不放心因素，把排查的问题分为涉法涉诉信访问题和非涉法涉诉信访问题，形成有事及时调解、处理，不留隐患、死角的工作模式，共收集矛盾纠纷 57 起，已调处 51 起，未发生涉法涉诉案件。

【实施“红袖标”工程】 年内，尼木县公安局将“红袖标”队伍包干、分片，加强对主要乡村道路、重点民生目标、重点单位、重点部位、人员聚集场所的巡逻防控力度、密度。有效减少防范盲区，挤压犯罪空间。坚持由辖区民警带队组织“红袖标”队员深入农户、企业、学校等行业场所，口头讲解形式，广泛宣传法律法规、安全防范常识，切实增强辖区群众的法律意识和防范能力。共开展法制宣传 80 次，发放各类宣传单 2 万余份。

【驻村工作】 年内，尼木县公安局采取“县级干部 3 家、科级干部 2 家、普通民警 1 家”工作模式，制定一人一户或多人一户的帮扶的模式进行帮扶，现该局共结对帮扶 77 户，其中一人帮扶一户为 56 户，多人帮扶一户为 21 户。走村入户深开展政策宣讲、法制宣传、建档信息卡信息完善等各项工作，每逢节假日，民警自行组织到结对帮扶家中，送上生活必需品及慰问金，及时了解帮扶对象生活状态，用认真严实的工作态度为群众办实事，全面了解群众生活生产困难，并组织民辅警筹资 20 万元用于普松村、曲水村组织成立农村合作社。

2018年7月23日，尼木县公安局民警为群众解救受困车辆

【签订责任书】 年内，县委常委、县政法委书记、公安局局长黄鹤与尼木县公安局各科、所、队、站领导签订党风廉政建设责任书、八小时以外管理责任书、五条禁令责任书等 8 项责任书，每项责任书 24 份。制定《尼木县公安局党风廉政建设风险防控机制细则》等制度、细则，组织所队领导进一步学习各项规章制度，各科、所、队、站领导与队内民警签订 2018 年各项责任书。

【廉政教育】 年内，尼木县公安局围绕保持党的纯洁性主题，深入开展理想信念教育、党性党风党纪教育和道德教育，进一步加强党风廉政教育，在深入推进“两学一做”学习教育常态化制度化的基础上，开展的“四讲四爱”和“正风肃纪、忠诚履职”主题教育活动，坚持长期组织民警开展政治理论学习，主要对《中国共产党章程》《中国共产党纪律处分条例》《中国共产党问责条例》《祸起贪欲》《忠诚与背叛》等党规党纪和典型案例学习，不断增强民警政治思想觉悟。

【从优待警】 年内，尼木县公安局树立以人为本理念，把慰问因公负伤、生病住院民警作为延伸思想政治工作触角的“暖警”工程，实行人性化管理，积极营造拴心留人的氛围。建立民警健康档案、关心民警身心健康。为关爱民警身心健康，缓解民警因工作、学习、生活及其他原因造成的心理障碍。12月，邀请五洲医院体检专家到公安局为民警进行体检工作，及时收集、汇总，建立民警健康档案，切实保障民警身心健康。认真做好抚恤优待工作建立节日定期慰问的长效机制。元旦、春节期间，民警生小孩、住院民警、因公牺牲民警家庭进行专项慰问，抚恤补助。

【提高执法服务意识】 年内，尼木县公安局法制大队组织各派出所民警开展法律培训，规范民警执法服务行为，不断创新便民服务举措，不断提高公安交管部门为人民服务的水平。

【政治建警】 年内，尼木县公安局开展“全面加强政治建警，锻造过硬公安队伍”学习教育活动，理论中心组集中学习22次，撰写各类心得体会540篇，集中讨论20次、各部门自行组织民（辅）警讨论73次。另外，全局党员实现100%学习和手抄中共十九大报告以及习近平系列重要讲话精神，撰写学习十九大报告心得体会5篇，制作学习宣传十九大展板3个，悬挂学习十九大横幅8条，参加市、县十九大专题培训120人次，开展书记讲党课4场次，开展十九大宣传进社区、进校园、进乡村、进田间地头50余场次。

【党风廉政建设】 年内，尼木县公安局成立局党风廉政建设工作领导小组。强化对党风廉政建设工作与推进惩治和预防腐败体系建设工作，认真解决公安工作中存在的突出问题，明确重点工作，抓好工作落实。

【文化育警】 年内，尼木县公安局在特警楼配建文化长廊、健身房和民警活动中心等公安文化活动场所。在县局内网开辟网上党校、学习园地、先进事迹、政工简报等网上专栏，培育和启发更多民警的文化自觉。充分利用报纸杂志、宣传栏、网络等媒体，宣传公安工作中的先进典型，争取社会对公安工作的理解和支持，优化执法环境。充分发挥文化建设铸魂引路、凝心聚力、促进全面发展的功能，组建文艺小分队、篮球队、足球队，并深入基层开展慰问演出，局篮球队和足球队先后在全县各项比赛中取得优异成绩。

【宣传报道】 年内，尼木县公安局创建“平安尼木”公众号，宣传重大事件、群众关心热点舆论、法律、法规。同时，指定专人文件发布、系统维护，制作尼木公安网站，建立“尼木警魂”“扫黑除恶打非治乱”“四项建设”“政治纪律教育”“忠诚教育月”等专题网站，13个部门板块，加大对内宣传工作力度。交警大队专门建立“尼木交管业务咨询平台”，需要咨询的人民群众通过平台询问各项交管业务，大队交管民警耐心讲解，精心服务，让数据多跑路、让群众少跑路的原则，办实事，不断推出更多服务发展、便民利民新举措；切实解决好群众反映强烈的“办证多、办事难”等问题。

【智慧公安】 年内，尼木县公安局深入建设智慧公安，打造数据警务，推进公安机关社会治理能力现代化。积极探索人工智能应用于社会治安防控体系建设的有效实现方式，建立人像综合数据终端2套，建设高清智能识别摄像头10个。

2018年6月27日，尼木县公安局组织辅警开展体能测试

【"四项"建设】 年内,尼木县公安局紧紧围绕市公安局党委总体工作要求,立足尼木实际,及时安排部署,成立由"一把手"任组长的四项建设工作领导小组,制定工作方案,并从"明确任务、责任到人、每周通报、每月小结"着手,强化机制建设,着力构建"全警参与,强力推进"的工作格局。

【基础信息化建设】 年内,尼木县公安局以实战为导向,加大尼木县城视频监控的资金投入力度,完成67个高清摄像头的升级、改造。通过数据采集和各项基础设施的建成,为创新全局基础信息化提供了坚实保障,创新工作思路,利用无人机,对寺庙、党政机关、重点民生目标等重点部位进行全方位图像建档,探索创新警务新模式。

【警务实战化建设】 年内,尼木县公安局创新科技应用,着力推进警务实战化建设,利用无人机,创新"鹰眼"警务,对辖区重点部位和人员密集场所进行航拍,绘制全方位、无死角的方位图和平面图,并根据现场实际和图貌特征合理布置勤务点位,以更科学、更直观的方式指挥调度警力。配置移动警务终端推动警务工作可视化指挥,依托移动信号,基于GIS系统,充分利用"和对讲"组织架构管理、实施视频回传管理、位置定位等功能,减少了指挥层级,实现由指挥中心到街面警力的点对点扁平化调度。

2018年8月1日,尼木县公安局民警到"八一赛马节"现场执勤

【执法规范化建设】 年内,按照公安部受立案制度改革要求,积极谋划,成立综合办公室、案件监督管理室等4个功能室于一体的案管中心,并配齐工作人员,完善执法流程制度,确保全局案管建设工作高效运转。在成立案管中心的基础上,尼木县公安局始终坚持"法制监督要以执法、执勤和办案全过程监督为中心"的理念,给全体民警配备执法记录仪,设立接处警监督岗、受立案查询岗等4个岗位。同时紧紧围绕以"审判为中心"的刑事诉讼制度改革要求,对警情、案件、人员、卷宗、涉案财物五个执法要素进行全面监管,不断推进刑事案件"统一审核、统一出口"工作制度落到实处,逐步实现警综平台"5个100%"的工作目标。

【队伍正规化建设】 年内,尼木县公安局坚持制度建警,强化队伍管理,出台规章制度88项,成立公安局党委和十四个基层党支部,党组织规范化建设有序推进;每周二、四下午坚持开展各类学习活动,通过学习使民警基本素质得到了有效提高。加强教育培训,提升履职能力。创新使用"伽卡他卡"电教系统应用,将轮值轮训与专业培训相结合,先后开展教育培训班21期,民警参训率达100%;同时积极同北京市公安局东城分局进行对接,形成了"走出去"的跟班培训模式,不断提高民警的工作能力和水平。

(孟雨露)

【领导名录】

县委常委、政法委书记、公安局局长

黄 鹤

卡如一级检查站站长、政委

多吉次仁(藏族)

副局长

尼 玛(藏族)

尼玛次仁(藏族)

刘 桥

尼木县人民检察院

【概况】 2018年，尼木县人民检察院高举习近平新时代中国特色社会主义思想伟大旗帜，深入贯彻落实中共十九大、十九届二中及三中全会精神、区市县九届三次全委会精神以及全国、全区、全市检察长会议精神，全面贯彻落实习近平总书记关于治边稳藏重要论述，结合"两学一做"学习教育常态化制度化教育活动，牢固树立"四个意识"、坚定"四个自信"，做到"两个维护"，全面落实司法体制改革相关工作，积极应对国家监察体制改革后，检察工作面临的新任务、新挑战，强化法律监督和自身监督，全力推进平安尼木、法治尼木建设，各项检察工作取得新进展。

【贯彻落实县委决策部署】 年内，自觉把检察工作置于县委的坚强领导之下，认真贯彻落实县委九届三次全会确定的总体要求、目标任务和重点工作，不折不扣地贯彻落实县委的各项决策部署。坚持检察工作重要部署、重大事项、重点案件及时向县委请示报告，主动争取县委支持。始终向县委看齐，按时参加县委安排的各类会议和活动，每月召开1次党组理论中心组会议，对县委各类会议精神及时组织传达学习、贯彻落实。

【科学理论武装】 年内，尼木县人民检察院党组始终坚持把思想政治建设摆在首要位置，以习近平新时代中国特色社会主义思想为指导，将全面贯彻落实中共十九大及十九届二中、三中全会精神作为检察工作的重中之重，结合"两学一做"学习教育常态化制度化，深入开展政治教育、政治纪律教育、"全面加强政治建检、打造过硬检察队伍"专项教育整顿等活动，召开动员部署会议3次。院党组领导始终带头维护习近平总书记在党中央和全党的核心地位，带头学习贯彻习近平新时代中国特色社会主义思想，自觉在思想上政治上行动上同以习近平同志为核心的党中央保持高度一致。年内，召开党组理论中心组学习12次，支部学习12次，交流发言9人次，撰写个人对照检查材料7篇、心得体会70余篇。确保学出坚定信仰、学出绝对忠诚、学出使命担当、学出专业精神。

【从严治检】 年内，尼木县人民检察院党组深刻领会和坚决落实习近平总书记在中共十九大报告中关于全面从严治党的战略部署的重要指示，对标落实十九大要求，增强管党治党意识，坚持守土有责、守土尽责，严格执行"三重一大"制度和落实"一岗双责"，严格执行中央、区市县关于党风廉政建设决策部署，贯彻执行"三条例两准则"和检察人员纪律有关规定，严格执行中央"八项规定"、自治区"约法十章""九项要求"、市委"八项要求"以及"十条禁令"，制定《尼木县人民检察院党组2018年落实党风廉政建设主体责任工作计划》，组织各科室签订党风廉政建设责任书4份。年内，共召开专题党风廉政建设会议4次，廉政约谈6人次，观看警示教育片2场次。落实意识形态工作责任制，着力淡化宗教消极影响，全体干警全部签订不参加佛事活动承诺书。

2018年1月10日，尼木县人民检察院党组书记、检察长强巴阿旺一行到尼木乡东嘎村慰问结对帮扶户

【党建工作】 年内，牢固树立抓好党建就是最大政绩观念，坚持党的一切工作到支部的鲜明导向，丰富党建活动，加强支部规范化建设，严格执行“三会一课”制度，召开党员大会4次，党支部学习会12次，党组书记及党组成员讲党课4次，党组书记以普通党员参加党支部生活2次，党支部书记讲党课2次，邀请县委组织部、县纪委召开民主生活会1次，召开组织生活会2次，组织开展党员主题日活动2次，组织观看改革开放40周年影片1次，收缴2018年党费4584元并上缴县委组织部。2018年是党支部换届年，按照县直机关工委的要求，检察院党支部已于6月换届完毕，选举出新一届党支部书记1名，副书记1名，委员1名。

【配合市检院巡察】 9月13日，拉萨市检察院巡察组进驻尼木县人民检察院对院党组开展为期两个月巡察，巡察组通过谈话、走访、考试等方式开展巡察，尼木县人民检察院全力配合，为巡察组开展工作创造有利条件。10月31日，召开市检院巡察组反馈意见会，巡察组向尼木县人民检察院反馈十四条问题。11月1日，尼木县人民检察院就反馈的十四条问题召开专题研究会，对十四条问题部署专人进行全面、彻底的整改。

【扫黑除恶】 年内，尼木县人民检察院坚决贯彻习近平总书记关于扫黑除恶专项斗争的重要指示精神，按照区市县扫黑除恶打非之乱专项斗争的会议精神，结合检察工作实际，制定《尼木县人民检察院扫黑除恶打非之乱专项斗争实施方案》，抽调精兵强将，组成以党组书记、检察长为组长的专项小组，紧紧围绕24类打击重点，前往七乡一镇走访了解相关情况。

【主动对接国家监察体制改革】 1月，按照监察体制改革的具体要求，尼木县人民检察院按照编制数22%的比例，划转编制4个，划转干警1人、办案工作区1个以及价值15万元的侦查审讯装备，为县监委会的成立，提供了强有力的保障。

【脱贫攻坚】 年内，紧紧围绕全县脱贫攻坚工作大局，坚决按照县脱贫攻坚指挥部的相关要求，组织全院干警学习精准脱贫应知应会知识和政策，全院共有6户建档立卡户、4户贫困边缘户，基本实现精准脱贫工作的全覆盖，2018年，院党组以及全院干警走村入户30次，送去价值3万元的生活物资，提供精准脱贫措施3条，宣讲政策20余次。

【完善驻村工作机制】 年内，派遣2名干警参与东嘎村驻村工作，紧紧围绕“七项重点任务”，大力宣传中共十九大精神，院党组还不断强化对驻村干警的教育工作，增强驻村干警为群众办实事解难事的能力。

【刑事立案、侦查监督】 年内，尼木县人民检察院派出2名干警对县刑警大队、县交警大队、县治安大队以及七乡一镇派出所受理的刑事、治安、交通违法等案件进行监督，启动立案监督程序2件，向公安局刑警大队发出说明不立案理由通知书1份，县公安局刑警大队将情况说明反馈尼木县人民检察院后，将案件线索向具有管

2018年4月3日，尼木县人民检察院副检察长达娃主持召开2017年度民主生活会

辖权限的部门进行移交，该案已由拉萨市经侦支队立案侦查。通过监督，及时发现并纠正公安机关在办理案件过程中存在的问题，从而规范了案件办理的合法性、合理性。

【刑事执行监督】 年内，始终将对社区矫正执法环节的法律监督作为刑事执行检察工作的重点任务，指派2名干警对全县8名社区矫正人员进行监督，在监督过程中时发现尼木乡一名矫正人员没有下达书面解除社区矫正文书，立即向县司法局发出口头纠正违法1次，县司法局整改后及时将整改情况反馈尼木县人民检察院。还积极配合市检察院执检局、市司法局对全县的社区矫正人员开展监督工作，确保社区矫正人员不脱管、不漏管。依法纠正社区矫正中的执行违法行为，促进社区矫正工作依法规范开展。

【民事行政监督】 年内，尼木县人民检察院办结市检院交办的民事申诉案件2件，1件案件因程序瑕疵已向市中法和代理律所发出检察建议各1份，另1件案件已向市中法提起抗诉，抗诉文书已上报区检院审批。

【开展公益诉讼】 年内，尼木县人民检察院积极调整检察工作重心，注重挖掘生态环境和资源保护、食品药品安全、国有资产保护、国有土地使用权出让等重点领域的案件线索，严厉打击破坏生态环境资源的各类违法犯罪，坚持把诉前程序和提起诉讼放到同等重要的位置，树立“提起诉讼是办案、督促履职也是办案的”意识，积极通过诉前程序推动行政机关主动履行职责、保护公益，公益诉讼案件取得重大突破。2018年，受理公益诉讼线索1条，立案2件，开展诉前程序2件，向相关职能部门发出检察建议2份。

2018年6月11日，尼木县人民检察院组织开展“为祖国点赞·同宪法合影”活动

【筑牢检察舆论宣传阵地】 年内，经尼木县人民检察院党组研究后，分别出资4.85万元与15万元印制公益诉讼宣传册以及建立党建、党风廉政文化长廊。截至年底，尼木县人民检察院是拉萨市检察机关首个印制公益诉讼宣传册的单位；召开与9名司法联络员、5名人民监督员的工作联席会议，再次明确司法联络员以人民监督的职责，增加检察工作的透明度。同时，通过司法联络员、人民监督员工作机制，本着为人民群众提供良好法律服务的愿望，以悬挂服务牌的方式出资4.64万元建立与全县33个村（居）的联系，指定4名检察官、4名检察辅助人员分区负责33个村（居）的法律服务工作；利用“七五普法”“法律七进”“民族团结月”“9·16平安西藏”“12·4国家宪法日”等活动开展十九大精神宣讲以及法制宣传，开展十九大精神宣讲以及法制宣传11次，发放宣传材料1200余份；借力“两微一端”、案件信息公开网以及门户网站，不断强化“互联网+检察工作”新模式，发布党的建设、案件信息以及检察工作新动态，通过新浪微博发布消息110条、“今日头条”发布动态71条、微信公众号发布消息55条，公开案件信息2件2人，公开法律文书3份。

【司法体制改革】 2017年，尼木县人民检察院完成司法体制改革人员分类管理、上报内设机构改革实施方案、组建新型办案组等工作，兑现员额检察官的工资绩效以及检察辅助人员的绩效，建立绩效考核办法。2018年，根据司法体制改革的要求，不断完善绩效考核制度、检察官权力清单、书记员管理办法、员额管理办法等制度，为司法体制改革工作提供了制度保障。

【检务保障能力】 年内，尼木县人民检察院党组深刻认识到信息化建设的重要性，由于业务技术楼为“十一五”规划项目，原有的保密设计已无法达到保密要求，致使尼木县人民检察院信息化建设滞后，整栋楼无外网，仅有一根电话线，在工作上造成极大不便，为此，院党组积极向上级院请示汇报。9月，信息化建设方案已由上级院通过，上级院将拨付70万元的资金用于信息化建设，该资金已下拨至拉萨市财政局。

（拉巴普赤）

【领导名录】

党组书记、检察长

强巴阿旺（藏族）

副检察长

达　娃（女，藏族）

李若愚

尼木县人民法院

【概况】 年内，尼木县人民法院受理各类案件161件（旧存1件），案件总标的534.1万余元，审结154件，结案总标的539.7万余元。综合结案率达95.65%，案件上诉1件、改判1件、发回重审为0件，服判息诉率达99.4%。

2018年6月28日，尼木县人民法院开展为祖国点赞活动

尼木县人民法院机构性质为审判机关。内设办公室（研究编译室）、立案庭、刑事审判庭、民事审判庭、审判监督庭、执行局（司法警察大队）7个部门及3个派出法庭。法院编制为25人，实有21人（其中：长期借调人员4人，驻村2人），实际在岗人员13人。男女比为8∶13，藏汉比为18∶3，中共党员15人，正科级3人，副科级7人，科员10人，有在岗干警15人。学历结构为：研究生1人、本科19人、专科1人，已通过司法考试的11人；年龄结构为：30岁以下的4人，30岁以上17人，平均年龄33岁。

【立案信访工作】 年内，尼木县人民法院始终坚持“公正司法，司法为民”的理念，不断强化组织领导，严肃纪律要求，严格落实案件风险评估、重大敏感案件请示汇报、“三同步”原则等制度，不断推进领导干部接访活动，推行“院庭长接待日”“首问责任制”等制度，借以规范立案信访窗口建设和立案信访服务工作。年内，尼木县人民法院再次推行便民利民举措，以开展“立案信访窗口建设”为抓手，细化服务节点，深化服务内容，简化审批程序。在实行“电话立案”“巡回立案”的同时，全面启动“网上立案”“预约立案”“邮寄立案”“电子送达”等信息化功能，成立“格桑花”流动诉讼服务队，开通尼木法院微信公众平台，完善民生案件立案“绿色通道”，为当事人提供更加全面细致的诉讼程序指引；完善涉民生案件“绿色通道”和快速调处机制，妥善审理劳动争议、社会保障等领域的涉案纠纷，并不断拓展“远程立案”、调解、庭审直播等更多的司法功能。

【审判工作】 年内，尼木县人民法院以审判工作为核心，以提高案件质量和效率为目标，以改进审判作风，严格审判流程为方式，深入落实“公正与效率”的工作主题。惩治各类刑事犯罪促进“平安尼木”建设。尼木县人民法院以司法公正为出发点，认真贯彻落实“宽严相济”的刑事审判政策，严厉惩治刑事犯罪，严格按照区高院，市中院关于量刑规范化建设的有关要求，对被告人严格适用量刑规范化建设意见处以刑罚，严格约束法官自由裁判权，确保刑事审判工作公正、公开、公平。关注民生、服务群众、维护民权、消除民怨是民事审判工作的基本理念，在司法审判实践中坚持“调解优先、调判结合”的指导原则，不断加强调解力度，多途径解决矛盾纠纷，强化“三个注重”，即注重辨法析理，让当事人输赢明白；注重案件调解，努力化解矛盾纠纷；注重案结事了，使纠纷解决不留尾巴。使当事人自觉服判息诉。

尼木县人民法院深化执行体制机制规范化建设，加强组织领导，将执行工作重点放在提升四个核心指标等关键实质性的指标上，并为执行攻坚战提供人、财、物保障，努力提高执行工作效率，充分提供执行司法保障。2018年尼木县人民法院以诚信建设为向导，加大失信惩戒力度，全年公布失信被执行人1人，限制高消费1人，30余名申请人合法权益得到实现和保障。

2018年6月28日，尼木县人民法院组织干警开展向宪法宣誓活动

【诉调对接中心】 年内，尼木县人民法院作为全市诉调对接试点法院，为满足尼木社会日益膨胀的非诉服务需求，在继续发挥“诉调对接中心”平台作用的基础上，不断“深挖诉调对接中心”潜力，积极把非诉矛盾纠纷的化解工作同县委、县政府的中心工作有机结合起来，通过积极协调政法委、信访、财政、发改、人社等职能部门，把行政和社会资源统筹整合到实际问题的解决中去，以“调为背景、调为引导、诉为管理、诉为保障”的诉调对接工作机制为尼木社会和经济的平稳发展做出积极贡献。

【法制宣传】 年内，针对人民群众普遍关心的婚姻、继承、劳务用工等问题，充分发挥“格桑花”流动诉讼服务队在法制宣传中发挥的独特作用，尼木县人民法院深入乡(镇)、牧区、学校、寺庙等以“法治下基层”“法治续迈”为平台开展“扫黑除恶、打非治乱、扫黄打非”“用两到三年基本解决执行难”、宪法宣传等专题法治宣传活动34场次，参与宣传干警20人(次)，发放各种宣传材料9000余份，受教群众达4000余人(次)。

【“格桑花”流动诉讼服务队】 年内，本着司法便民、司法利民的宗旨，尼木县人民法院继续发挥“格桑花流动诉讼服务队”广覆盖、宽服务、方便快捷的优势，抽调业务骨干组成“格桑花流动诉讼服务队”，2018年为七乡一镇33个村居挂牌包乡联系法官，实行联系法官上门立案、上门调解、以最短暂的时间、最低廉的成本、最便捷的方式让广大农牧民群众及乡(镇)获得全方位的司法服务。共受理各类案件109件，其中引入诉讼程序81件，诉外调处28件。

【强基础惠民生】 年内，积极开展精准扶贫结对帮扶，选派2名干警入驻续迈乡河东村，扎实开展精准扶贫、党建、维稳、感党恩教育等工作。驻村干警驻村以来为当地群众办好事办实事共19件，积极帮助村委会解决办公设施资金2万余元。成立“法官爱心基金”，为扶贫对象及家属捐赠财物4万余元。

【队伍建设】 年内，尼木县人民法院始终把思想政治工作和全面从严治党作为首要工作任务，把从严治党与从严治警有机结合，以党建带队建，以党务促警务，坚决维护习近平总书记党中央和全党的核心地位，坚决维护党中央权威和集中统一领导作为政治的首要前提，筑牢“四个意识”特别是核心意识、看齐意识，坚定“四个自信”，在大是大非问题上，立场坚定，把坚决维护党中央权威和集中统一领导作为法院政治建设的首要任务。2018年，组织开展中心理论组学习15次，人均撰写心得体会6篇、学习笔记2万余字，召开专题民主生活会1次、组织生活会2次，通过讲党课、“微型党课”“廉政短信”“不忘初心、励志勤学”系列主题学习活动和特色党日活动，极大地增强了干警的模范意识、党性修养，使之内化于心、外践于行。

尼木县人民法院党组积极发挥党风廉政建设主体责任，始终坚持把党风廉政建设和反腐败工作摆在重要位置，与审判执行工作同部署、同落实、同检查，年初专题召开党风廉政建设工作会议并层层签订党风廉政建设目标责任书与干警日常行为规范责任书，院内中层以上干部每半年进行一次述职述廉，建立内、外部监督机制，对内设立廉政监察员3名，明确监察职责，对审务工作实行自上而下、自下而上的双向监督，对外聘请3名人大代表、政协委员身份的廉政监督员，对法院各项工作进行廉政监督。认真开展集中警示教育活动，通过观看廉政教育片、节假日发送“廉政短信”等举措，浓郁廉政学习氛围，切实优化司法作风。坚持“能者上、平者让、庸者下”和“以德为先”的用人导向，建设忠诚、干净、担当、风清气正的法院干警队伍。

【基础设施建设】 为改善基础设施和装备条件，优化司法环境，自2016年开始，尼木县人民法院先后完成新审判综合大楼、吞巴法庭、诉讼服务中心、院内附属设施、尼木法庭等项目建设。诉调服务中心在设计上更具特色，建有带有浓郁和谐特色的“温馨调解室”；进一步加强软硬件设施配置，建成网上办案系统、办公系统、监控系统、科技法庭系统、视频会议等信息化设施，实现“审判流程网络化、卷宗管理信息化、司法信息公开化”，完成从传统粗放型审判管理模式向精细化、信息化、全面化管理方式的转变，智能化的智慧法院初步形成。

（卢晓姝）

【领导名录】

党组书记、院长
　罗　红（女，藏族）

党组成员、副院长
　尹小芬（女）
　尼　玛（女，藏族）
　格桑旺青（藏族）

尼木县司法局

【概况】 2018年，尼木县司法局人员编制11名，尼木县司法局人员编制3名（其中正科1人、副科2人），乡（镇）司法所编制8名；县司法局内领导编制职数：局长1名，副局长2名。实有人数局长

2018年7月4日，西藏自治区人大常委会副主任王峻（左六）到尼木县司法局调研宪法学习宣传贯彻实施情况

1名，主任科员1名，副局长1名，司法所所长1名，科员3名，工勤人员2名，驾驶员1名，乡（镇）司法助理员8名。

2018年，尼木县司法局以深入推进社会矛盾化解、社会管理创新工作为重点，围绕全县“四产业两园区”工作部署，不断夯实工作基础、创新工作方法、强化队伍建设，全面履行法制宣传、法律服务、法律保障职能作用。法制宣传、人民调解、社区矫正、安置帮教、法律援助等各项工作稳步推进，为维护社会局势稳定，促进经济和社会各项事业跨越式发展做出积极贡献。

【法制宣传教育】 年内，《西藏自治区关于认真学习宣传和贯彻实施〈中华人民共和国宪法〉的工作方案》下发后，县9届56次常委会进行集中学习，并安排县委宣传部结合尼木县实际，制定《尼木县关于认真学习宣传和贯彻实施〈中华人民共和国宪法〉的工作方案》，并下发各单位，各乡（镇），认真组织学习。将干部学习法律知识，特别是学习宪法列入县委理论中心组学习及县政府党组理论学习中，领导带头学法，2018年共开展学习20次，参与领导干部达200余人。县普法办统一安排、精心部署。印发《关于加强宪法学习宣传的通知》，强调宪法学习宣传的重点和要求。成立以县委副书记加略为组长的宪法学习领导小组，对全县的宪法学习活动进行安排部署，督促检查。

印制《中华人民共和国宪法（最新修正版）》（藏汉“双语”）宣传资料1万余册，着力让学习者熟知《宪法修正案》，更加深刻地认识宪法精神。县普法办、县司法局会同县委统战部、县民宗局于3月、5月分别组织在编宗教教职人员及驻寺干部进行宪法法律知识考试，尼木县208名在编宗教教职人员及36名驻寺干部参与，在编宗教教职人员参考率95.9%，合格率达100%。有效利用驻村工作队、第一书记、寺管会、寺庙特派机构普及法律知识。在农闲期间，联合驻村工作队、第一书记，开展法制宣传活动，并将县普法办专门定制的《中华人民共和国宪法》等“七五”普法宣传材料送到各驻村工作队、第一书记、寺管会工作人员、“双联户”手中，让他们在开会期间，将法律知识宣传给村民和僧尼。同时，各县直单位按照《尼木县国家机关“谁执法谁普法”责任制实施意见》，结合各自领域实际，开展普法工作，共开展普法135次，惠及群众3万余人。2018年，共开展培训14次，参与党员干部达2000余人，其中包括“双联户”户长。投入2.5万元，建立尼木县法治文化长廊，内容包括宪法、扫黑处恶等。

2018年3月28日，尼木县司法局工作人员到续迈乡开展法制宣传活动

【人民调解】 年内，尼木县各级人民调解组织注重围绕社会矛盾难点、热点纠纷建立健全矛盾排查调解工作机制，采取措施，防止矛盾激化，做到小事不出村、大事不出乡（镇）、重大纠纷不出县，把纠纷化解在基层。年内，尼木县80%以上的矛盾纠纷是通过乡（镇）村人民调解的途径解决的。2018年10月，全县各级调委会共调处矛盾纠纷56件。同时，成立尼木县人民调解工作指导中心，各乡（镇）人民调解工作指导中心。成立专家团、师资团、志愿队伍，共计40余人。尼木县通过《尼木普法手机报》加大对人民调解法及人民调解工作的宣传。使

2018年3月9日，尼木县司法局工作人员到麻江乡朗堆村开展反家庭暴力宣讲

全县广大干部群众进一步了解人民调解工作。2018年市司法局与县司法局共同开展人民调解员培训，参训人数达40余人。

【安置帮教】 年内，尼木县司法局积极落实“6+1”管理措施，充分整合社会资源，扎实推进安置帮教的各项工作。按照“刑五矫三”的工作要求，尼木县安置帮教人员达26名，建立帮教档案26宗，其中重点帮教对象2名。

年内，在全面实现尼木县安置帮教工作各个环节的无缝对接工作中，坚持从每一个细节出发，积极整合各方面资源，在出监必接等环节上下足功夫，与他们面对面交流，鼓励他们树立信心，用积极的心态面对今后的人生。春节、藏历新年，尼木县司法局与人社、民政等对生活困难刑满释放人员进行走访帮教送温暖活动。共送去慰问金0.5万元，解决就业1人。其中1人列入异地搬迁并搬迁至经开区。双联户长在日常工作中，加强对安置帮助人员的管理和教育，协助司法所开展走访，法制宣传教育。对辖区内的安置帮教人员做到情况明，底数清。

【社区矫正】 年内，尼木县共有社区服刑人员5人，其中严管2人，普管3人。针对社区服刑人员，尼木县司法局严格按照社区矫正流程开展社区矫正工作。做好对社区服刑人员节假日及重要时期监管教育和安全教育；做好矫正人员的排查工作。要求工作人员在重要节点前必须与社区服刑人员见面；强化对社区服刑人员的管控措施，严格按规定办理外出请假审批手续，落实审批责任。对重要节点期间事先做好社区服刑人员的教育管控。严格执行特殊节点期间的请假外出手续，针对矫正对象级别进行教育。组织开展排查，及时掌握社区矫正人员的实际情况，把妥善解决社区矫正对象的实际困难作为帮教的重要任务，通过以帮促教的方式，确保社矫人员管得住，控得牢。同时，把平时表现差、有违规现象的矫正人员作为重点监管对象，要求每日一报到，加强检查频率，强化针对性措施，确保不出问题。为规范司法局社区矫正工作，在制定《尼木县社区矫正工作实施方案》的基础上，完善社区矫正工作各项制度，制作上墙制度牌及流程图。明确工作职责、工作原则、工作范围及任务。尼木县司法局积极组织社区服刑人员每月开展公益劳动，截至年底，开展公益劳动4次。完善5名社区服刑人员的档案，同时，要求工作人员一月一整理档案，以确保社矫人员的档案完整和连续性。

【法律援助和法律服务】 年内，尼木县司法局以促进和规范法律援助工作为中心，对经济困难，弱势特殊群体实行应援尽援，2018年共受理法律援助案件16起，接受群众法律咨询30人次，涉及合同、邻里纠纷、婚姻家庭等多个方面。代写起诉状4起，涉及人员19人，涉及金额50余万元。

（白玛曲旦）

【领导名录】

局 长

央 青（女，藏族）

主任科员

董全胜

副局长

占 旭（5月任）

续迈乡司法所所长

宗 央（女，藏族）

经济管理

尼木县发展和改革委员会

【概况】 2018年,尼木县实现地区生产总值8.97亿元,同比增长9.3%,完成目标任务(8.22亿元)的109%。全社会固定资产投资同比增长40.7%;实现社会消费品零售总额0.70亿元,同比增长10.3%,完成目标任务(0.70亿元)的100%;一般公共财政预算收入1.54亿元,同比增长8.55%,完成目标任务(1.51亿元)的101.9%。

【项目工作】 年内,紧紧围绕保障和改善民生,实施尼木县藏鸡原种保护二期建设项目、尼木县建档立卡贫困户藏鸡标准化养殖基地建设项目、尼木县高原种植业航天育种及产业化推广应用建设项目、尼木县县城污水处理厂建设项目、尼木县帕古乡垃圾无害化处理设施建设项目、拉萨市尼木县既有节能改造项目等重大项目。

【固定资产】 年内,尼木县开复工项目113个(续建11个,新建102个),固定资产投资完成额同比增长40.7%。

【完善拉日铁路后续工作】 年内,积极开展对拉日铁路征地拆迁过程中历史遗留问题的梳理工作。排查化解火车站配套设施项目建设过程中出现的拖欠民工工资等问题,消除上访隐患。建设完成拉日铁路尼木段吞巴站周边环境整治工程、拉日铁路尼木段卡如货运站公路项目,向市支铁办积极争取并实施吞巴乡铁路沿线失地农民站前综合服务站合作社、吞巴乡火车站站前配套设施工程、铁路沿线实地农牧民就业培训三个项目。另外,积极争取尼木火车站站前特色小城镇基础设施工程和尼木县卡如乡铁路沿线生态恢复经济林项目。

【粮食工作】 年内,协调县有关部门,准备及报送粮食生产安全县

2018年2月13日,尼木县发改委组织召开支部专题组织生活会

长责任制考核材料；利用粮食局仓库，储备尼木县应急救灾物资；迎接江苏省无锡市粮食局有关领导，到尼木县洽谈粮食产品方面援藏事宜，向无锡市粮食局争取到对口帮扶资金20万元。

【物价监测】 年内，根据上级部门和尼木县工作要求，先后2次组织工商、商务、食药监等部门，对与群众生活密切相关的生活必需品价格进行专项检查；3月，对尼木县教育收费进行专项检查，并形成调查报告报上级部门。4月，对尼木县桥头各中餐馆菜品价格进行检查，督促经营者整改不合理收费。积极与市物价局和其他县区沟通，对尼木县农村客运班线收费和尼木县幼儿园收费提出合理建议；受理价格鉴定事项一起，为公安机关科学决策提供可行依据。

【收入增长】 年内，在一系列支农惠农政策的支持下，农牧民收入继续保持稳定增长态势，农牧民人均可支配收入实现12865元，同比增长10.57%。

【易地扶贫搬迁】 尼木县易地搬迁一、二期项目已完工，并完成县城一期易地扶贫搬迁100户505人的搬迁入住工作，为194名劳动力安排就业岗位；2017年，计划实施易地搬迁400户1655人，其中，搬迁至拉萨经开区225户951人，搬迁至尼木县城115户436人、帕古乡彭岗村44户209人、麻江乡16户59人。争取到1200万元民生改善项目资金，用于九座乡村农用桥建设；实施尼木县2017年农村饮水安全维修工程、尼木县农村饮水安全巩固提升工程、尼木乡、麻江乡等中低压配电工程、尼木县帕古江热桥改造工程等项目，农牧区基础设施建设得到持续加强。

2018年5月21日，北京市顺义区委副书记、区长（代）、天竺综保区管委会主任孙军民（前排左三）率领顺义区代表团到尼木县开展对口帮扶工作

【党风廉政建设】 年内，全面贯彻落实中共十九大和十九届二中、三中全会精神，深入学习领会习近平总书记系列重要讲话精神和治国理政新理念新思想新战略，深入推动"两学一做"学习教育常态化、制度化建设，全年开展支部学习20余次，撰写心得体会10篇。单位组织集体学习十九大精神3次，组织专题讨论2次。认真抓好党风廉政工作，坚持思想建党和制度治党紧密结合，坚决贯彻党中央"八项规定"精神，进行整治纪律教育学习7次，专题讨论1次，支部书记讲政治纪律党课1次。做好节前提醒和检查监督，一以贯之纠正"四风"，狠刹公款吃喝风，杜绝吃拿卡要，营造风清气正的良好政治生态。

【综治工作】 年内，召开全体干部职工会议，研究成立以主任为组长、其他科级领导干部为副组长、其他党员为成员的安全稳定工作领导小组，结合单位实际，完善维稳值班应急预案，合理安排值班，做好全年值班工作；购置抓捕器等处突器材，做到有组织、有领导、有计划，各项工作落实到实处。

【结对帮扶】 年内，召开精准扶贫、结对帮扶和驻村工作相关会议4次，安排干部走访、看望、慰问结对困难群众4次，与群众促膝长谈，宣传惠民政策，查找贫困原因，落实帮扶措施，力促"亲戚"脱贫。"三大节日"慰问退休干部1次，全年看望、慰问驻村干部3次。

【日常工作】 年内，在全力以赴做好项目审批工作的同时，加强重大项目网上录入工作；积极配合安监局开展安全生产大检查、大排查工作，做好事故整改；及时传达县委、县府会议精神、文件要求，并反映发改委工作开展情况；配合、协调各乡（镇）、各单位，做好其他工作。

（常晓钰）

【领导名录】

主 任

杨 虎

副主任

旦增晋扎（藏族）

马国强

尼木县财政局

【概况】 2018年，尼木县财政局人员编制共7人（其中财政局行政编制4人、政府采购办事业编制2人、公益性岗位编制1人），实有在岗人员16人（其中机关行政编制6人、政府采购中心3人、会计核算中心4人、公益性岗位3人），核算中心人员编制仍在原单位。

【财政预算收支】 年内，总财力92147.96万元（含超收收入790万元及净结余30万元），比2017年增加1085.96万元，增长1.2%；其中转移性收入68900.43万元，占总财力的75.4%，比2017年年底增加15842.43万元，增长29.86%；返还税收收入6777.53万元，公共财政预算收入完成15470万元，占总财力的17%，比2017年增加1219万元，增长8.55%；调入预算稳定调节基金1000万元；政府性基金收入1632.67万元。2018年公共财政预算收入15470万元，其中税收收入完成12553万元，比2017年下降867万元，下降6%。非税收入完成2917万元，比2017年增加2086万元，增长251%。2018年政府性基金预算收入121万元。全年支出91327.96万元，比2017年增加1084.96万元，增长1.2%。其中：一般公共服务支出21291.19万元，公共安全支出6195.4万元，教育支出15316.34万元，科学技术支出38.4万元，文化体育与传媒支出1556.71万元，社会保障和就业支出11713.17万元，医疗卫生与计划生育支出6249.85万元，节能环保支出1119.82万元，城乡社区支出3163.26万元，农林水支出19301.46万元，交通运输支出199.09万元，商业服务业支出1500万元，国土海洋与气象支出492.38万元，住房保障支出3011.19万元，粮油物资储备支出73.02万元，债务付息支出106.68万元。

2018年1月23日，尼木县副县长贺东参加县财政局机关支部2017年度组织生活会

【党建工作】 年内，把扎实开展"不忘初心 牢记使命"主题教育活动与深入学习十九大精神紧密结合，引导党员干部筑牢信仰根基，把稳正确的政治方向。通过理论学习、专题辅导、业务培训等形式，组织23次学习活动。严格按照学习计划，以丰富的内容活动，创新的受教方式，扎实开展"书记讲党课"活动3次。班子成员围绕党建主题，开展党日专题活动11次，不断增强党员干部政治理论素养。着力完善从严治党、从严管理干部的体制机制，深化法治财政建设，局机关支部安排4次专题"懂法、学法、普法"活动，系统梳理财政工作涉法涉诉风险和应对措施，增强运用法治思维推进工作，解决问题的能力。组

织开展专题组织生活会3次，广泛开展谈心谈话活动，坚持集体领导，在政策制定、资金安排、选用干部等重大事项上，严格执行局机关支部“三重一大”议事规则和决策程序，提高依法科学决策水平。坚持民主集中制，定期开展批评与自我批评，严肃认真提意见、满腔热情帮同志，真诚平等谈工作、一针见血找问题，大力营造民主和谐的内部环境。坚持以优秀党员标准，严格执行《干部选拔任用办法》，对日常工作状态进行客观准确的记录，确保选人用人在阳光下运行，做到公平公正。严格执行局班子成员个人有关事项报告制度，督促班子成员和党员干部自觉净化社交圈和生活圈，切实做到不踩红线、不越底线。

【党风廉政建设】 年内，认真贯彻落实《关于新形势下党内政治生活的若干准则》《中国共产党党内监督条例》以及中央关于意识形态工作的决策部署，严守党的政治纪律和政治规矩，严守组织纪律和宣传纪律，在思想上、政治上、行动上，始终与党中央保持高度一致。牢固树立“党要管党，党风治党”主责意识，全面贯彻上级纪委部门关于落实党风廉政建设“两个责任”实施办法和意识形态工作责任要求，着力创新创优党建工作的理念、思路、方法、步骤和路径，扎实开展“加强政治纪律”学习教育活动，坚持不懈地推进作风建设，提升服务效能。健全党风廉政建设责任体系，年初召开党风廉政建设及反腐败工作动员部署大会，定期召开局机关支部党员大会4次，研究分析党风廉政建设形势，传达贯彻上级要求，部署落实具体任务。健全完善一把手负总责，班子成员各负其责，业务骨干齐抓共管的工作机制，局机关支部书记作为“第一责任人”既“挂帅又出征”，班子成员严格履行“一岗双责”，纪检委员认真履行监督职责。

制定党风廉政建设实施方案和计划，党员干部签订党风廉政建设承诺书，将任务和责任分解细化、落实到人。开展系列廉政警示教育活动4次，征集“家规家训”，制定《尼木县财政局干部管理办法》《财政局内部管理办法》等规章制度，营造勤政廉洁氛围。组织“不作为、慢作为、不担当”和“庸、懒、散、怠”等突出问题排查，开展财政工作满意度测评，针对存在问题逐项制定整改措施，扎实抓好各项整改落实工作。严格把关部门预算编制、专项资金管理、政府采购、投资项目评审等重点领域和关键环节，强化权力运行的制约和监督。规范会计行业管理，加强全县财务人员再教育再培训，开展财务培训活动3次，推进各单位财务制度规范有序。2018年局领导班子成员以身作则，带头执行改进作风、厉行节约、自觉遵守廉洁从政准则，全年0起督查通报，0起违规违纪行为查处，营造了风清气正的良好局面。

【助力脱贫攻坚】 年内，科学合理配置县扶贫专项资金，在积极争取中央及区市扶贫资金的同时，县财政严格按照每年不低于一般公共预算收入12%的比例安排扶贫专项资金1710万元，为精准扶贫工作的顺利开展打下了坚实的财力基础。强势推进以迁脱贫，挪穷窝、拔穷根，安排各级易地搬迁贴息资金302.98万元；同时，为丰富搬迁户业余生活安排项目资金26.16万元，用于数字电

2018年9月21日，邀请西藏自治区卫生健康宣讲员到尼木县财政局为干部职工普及卫生与健康相关知识

视的安装。积极推进以补脱贫，重生态、利长远，以补岗位到位资金930.95万元，以补岗位2500人，落实资金875万元；定向补助2152人，落实资金55.95万元。做强产业项目，夯基础、促脱贫，围绕藏鸡育种基地一期、温室大棚维修、藏鸡林下养殖、牦牛标准化育肥基地建设4个产业项目，到位资金8110.81万元(其中：中央及区级到位资金5427.86万元，市级到位资金949.93万元，县本级配套资金1733.02万元)，实际支出1098.5万元。

2018年3月7日，尼木县财政局局长洛布次仁邀请公安、消防、安监对管辖出租房开展安全隐患大排查

持续推进以教脱贫，育人才、断穷根，到位资金142.93万元(其中：中央及区级到位资金49.15万元、县本级配套资金63.38万元)，实际支出140.8万元。全力推进以助脱贫，保健康、奔小康，县本级到位资金100万元，实际支出15.86万元。稳步推进以保脱贫，补短板、兜底线，到位资金731.87万元(其中：中央及区级到位资金415.29万元、市级到位资金164.74万元、县本级配套资金151.84万元)；实际支出405.95万元。扎实推进以业脱贫，换穷业、促增收，到位资金110.5万元(其中：市级到位资金109万元，县本级配套资金1.5万元)，实际支出110.5万元。

【加大重点领域投入】 年内，紧紧围绕“现代尼木三步走”总体布局，及“四产业两园区”中心工作，以33个村(居)为主战场，以提高贫困群众收入、改善生产生活条件和公共服务水平、调整优化产业结构为抓手，着力在“六脱”措施和“十项提升工程”上下功夫，以做足总量、整合存量、保障重点、兼顾一般为原则，切实做到千方百计抓收入、集中财力保重点、厉行节约压一般、完善机制增效益，积极推动尼木县各项社会事业全面进步。坚持把维护稳定作为一项政治任务来抓、作为压倒一切的硬任务来落实，坚定不移落实维稳防控工作目标，千方百计筹措资金，确保打好综治维稳工作主动仗。在保障公检法司与政法统战部门日常预算经费的同时，表彰民族进步、先进“双联户”、爱国守法先进僧尼以及支持扫黑除恶、打非治乱、扫黄打非专项斗争开展专项资金25867万元，切实满足社会治安管控的需要。坚持以人民为中心的发展思想，坚持把财政支出重点用于民生领域，持续推进十项惠民工程，大力解决群众牵肠挂肚的问题。提高村(居)干部基本报酬、积极推进农村“三老”人员、养老保险制度改革、调整干部职工工资性收入、增加各类人群收入等各项政策，涉及支出项目184个，落实资金20741.73万元，全县各族群众的获得感、幸福感不断增强。支持完善社会保险体系。

年内，优先发展教育事业，优化教育资源配置，加大基础教育的投入力度，善教育教学条件，提高教育教学质量。落实教育事业资金4871万元。其中：落实教育“三包”资金1702万元(标准提高到年生均3720元)；农村义务教育营养改善计划资金319万元，县本级教育事业配套2850万元。落实“三病筛查”防治、健康尼木建设、健康扶贫医疗政府兜底及基层卫生室等重大公共卫生专项资金115.83万元，公立医院综合改革级藏医药事业发展资金252.7万元，新型农村合作医疗补助1698.26万元。落实资金1038.4万元，其中：科技特派员补助资金、生物防控、农村小型农田水利设施及防汛抗旱资金348.4万元，河长制专项资金30万元，尼木县第七批强基惠民工作经费660万元。2018年尼木县基本建设领域落实资金4866.5万元。其中：用于尼木县31个村级组织活动场所标准化建设及优化功能设置1360.9万元，实现村级组织活动场所标准化建设齐步走；农村公路养护配套60万元；2018年第二批保障性安居工程配套基础设施项目资金375万元，公共租赁房屋项目476.6万元、特色小城镇项目1500万元；支持县城污水处理设施项目建设，落实资金1094万元。

【财政监督】 年内，实现全县国库集中支付及电子化支付功能，强化预算执行动态监管，对预算执行进度较慢或难以执行的资金，及时收回或调整用于亟须支持的领域。预决算公开制度不断完善，公开范围不断扩大，公开内容不断细化，预算管理制度改革取得新进展。开展财税优惠政策清理规范工作，严禁违法违规对企业（个人）实行税收返还或变相税收返还政策，有力维护公平竞争的市场环境，推动尼木县经济可持续发展，税收制度改革有序推进。规范预算编报，减少代编预算规模和预算执行中的二次分配，加强项目库建设，全面实施中期规划管理。进一步提高预算执行效率，硬化预算执行约束，强化“先有预算、后有支出”“没有预算不得支出”的要求，严格预算执行考核和规范预算支出管理，加强结转结余资金管理，盘活存量资金，统筹用于亟须资金支持的领域。

年内，严肃财经纪律，认真落实中央“八项规定”，厉行节约。2018年“三公经费”支出946.46万元，比2017年增加254.47万元，增长36.8%。其中：公务接待费6.08万元，比2017年下降1.35万元，减少18.2%，公务用车运行维护费691.95万元，比2017年增加78万元，增长12.7%，公务用车购置费248.42万元，比2017年增加，177.82万元，增长252%。盘活存量资金，建立健全结转资金定期清理机制，及时收回部门预算结余资金8万元，用于保障重点民生支出，进一步提高资金使用效益。清查出政府债务21958万元（异地扶贫搬迁、产业发展扶贫信贷），在安全可控范围内。成立尼木县地方政府性债务管理领导小组，开展地方政府债务投资项目资产清查，清理规范地方政府融资举债。建立健全地方政府债务风险应急处置机制，强化债务风险处置，防范政府性债务风险。同时，规范政府采购管理，加强制度建设和监督，进一步精简优化政府采购管理流程，不断提高业务水平。

【存在不足】 年内，在肯定成绩的同时，也清醒地看到，财政运行还面临着一些困难和问题，主要是：产业及税源基础薄弱、受政策性因素影响较大等，导致财政收入增长缓慢；财政支出主要依靠中央、区市支持，基础设施、民生保障、公共服务发展短板依然突出；财政收入中底速增长与支出刚性增长矛盾突出；财政支出结构有待进一步优化，支出项目只增不减的固化格局没有根本改变，资金使用碎片化问题亟待解决；全面实施预算绩效管理十分紧迫，一些部门仍然存在重投入轻管

2018年12月7日，尼木县财政局召开县委脱贫攻坚巡察部署会

理、重支出轻绩效的观念，民生等重点领域资金的投入规模逐年递增，维稳工作繁重，导致支出资金量较大部分预算单位法治意识和绩效意识淡薄，预算管理水平参差不齐，执行进度缓慢；资金使用不规范，导致资金沉淀闲置，发挥效益不够明显。针对以上问题，将高度重视，采取有效措施，改进和加强预算绩效管理，确保财政资金安全有效使用。

（彭　柯）

【领导名录】

局长、国资委主任

洛布次仁（藏族）

副局长、国资委副主任

央金卓嘎（女，藏族）

彭　柯

尼木县审计局

【概况】 2018年，尼木县审计局认真学习贯彻落实中共十九大和十九届一中、二中、三中全会精神，坚持以习近平新时代中国特色社会主义思想为指导，坚持新发展理念和稳中求进的工作总基调，紧紧围绕全县经济社会发展大局，全面贯彻落实区、市审计工作会议精神，切实履行审计监督职能，充分发挥审计的建设性作用和“免疫系统”功能，为促进全县经济社会转型跨越发展发挥应有的作用，为进一步助推尼木县经济社会发展做出了审计贡献。

【审计工作】 年内，注重把查处问题与分析整改结合起来，继续加大对审计情况的综合分析和反馈力度，为政府部门科学决策提供了重要的信息支持。

【审计监督】 年内，牢牢把握财政资金流程这条主线，坚持将预算执行审计与经济责任审计、专项资金审计相结合。重点关注领导干部任中（离任）审计、教育、社保、医疗卫生等涉及民生资金投入情况，分配和预算编制、执行情况。围绕权力运行轨迹、推进治腐为根本，把重大经济事项决策、重大项目安排、大额度资金使用等情况中出现的国有资产流失、严重损失浪费、重大决策失误问题作为重点，结合专项审计集中反映和揭示财政资金运行中体制、机制和管理中存在的问题。截至年底，共向县委、县政府和上级审计机关报送各类审计报告、综合性报告和动态信息7篇。向被审计单位提出审计建议26条，被采纳审计建议20条，促使被审计单位健全各项管理制度4项。特别是反映审计整改跟踪检查、各部门主要领导离任审计、城市建设工程、教育三包专项资金使用的使用等审计情况专报上报后，引起县委、县政府主要领导的高度重视，并先后做出重要批示，有效地服务党委、政府决策。

【思想建设】 年内，结合“两学一做”学习教育常态化及政治纪律教育活动，以中共十九大精神为重点，坚持集中学习和自学相结合，学习原文与讨论相结合，撰写读书笔记与学习心得相结合，真正使十九大报告入脑入心，成为指导新时期审计改革创新的纲领。共计学习43次（其中集中学习33次）。支部书记带头讲党课全覆盖共计2次，理论中心组学习61场次、参学党员143人次；撰写学习心得体会20余篇。

【党建工作】 年内，充分发挥基层

2018年2月10日，尼木县审计局党支部书记、局长徐静到续迈乡续迈村慰问驻村工作队

党组织的桥梁纽带作用。坚持立党为公、执政为民，发扬党的优良传统和作风，扎实做好联系服务群众工作，把广大群众紧紧凝聚到党组织周围；维护群众权益，树立群众利益无小事的观念，积极推进党务公开，在决策重大事项或做出重要决议、决定前，广泛征求群众的意见和建议，努力使制定的政策措施更好地体现群众的利益。

【党风廉政建设】 年内，严格落实“一岗双责”制度，完善“局党组统一领导、齐抓共管、部门各负其责”的党风廉政建设工作机制，建立以“一把手”为组长的党风廉政建设责任制领导组，与干部职工签订廉政自律责任状，做到党风廉政建设工作与业务工作同部署、同检查、同考核，形成纵向到底、横向到边，“一级抓一级，逐级负责任”的廉政工作责任体系。建立完善学习教育机制，提高干部自我防范能力，增强自重、自省、自警、自励的自觉性，从思想源头筑牢防腐防线，有效地推动了党风廉政建设的深入开展。

【精准扶贫、精准脱贫】 年内，尼木县审计局干部细化帮扶措施，巩固脱贫工作。并积极配合县委强基办工作要求，下派审计局副局长到续迈乡续迈村担任驻村工作队队长，认真配合村“第一书记”开展村级各项工作，带领村“两委”班子，壮大村集体经济，带动贫困户发家致富打造特色的群众活动场所。

（徐　静）

【领导名录】

党支部书记、局长

徐　静（女）

副局长

达　扎（藏族）

尼木县国土资源规划局

【概况】 2018年，尼木县国土资源规划局人员编制共计8人，行政编制3人，事业编制5人，其中在岗6人。尼木县国土资源规划局以习近平总书记重要思想为指导，切实加强全局基础业务建设和效能队伍建设。把城镇建设和新农村建设工作与国土资源管理工作紧密结合，不断地总结经验，扎实工作，做到中心工作与常规工作两不误，使土地市场在尼木县经济建设、产业结构调整和社会主义新农村建设中得以充分体现。

尼木县地处西藏东南部，雅鲁藏布江中游北岸，系西藏前后藏接合部，位于西藏第一、第二大城市拉萨与日喀则之间，距拉萨市129公里，距日喀则140公里，距机场100公里，距羊八井地热温泉90公里，交通便利。尼木县地貌形态多姿，山峦起伏，河谷纵横，尼木、安岗两河纵贯全县南北60余公里，流入雅鲁藏布江。境内平均海拔4000米以上，最高点琼穆岗嘎海拔7048米，终年积雪，是拉萨境内第二高峰，最低点为玛曲河汇入雅鲁藏布江处，海拔3700米。全县属高原温带半干旱气候，四季变化分明，夏季雨水集中，辐射强，年日照时数2947.2小时。年无霜期为136天左右，年降水量为368毫米左右。

【征地工作】 年内，共征地342.067亩，所有征地方案都通过县委常委、县长办公会议决定，2018年征地补偿费全部兑现，兑现征地补偿资金1196.69万元。7月，

2018年4月1日，尼木县国土局局长索朗次仁主持召开工作安排部署会

2018年6月29日，召开关于对尼木县整改后的麻江乡1.5万亩新垦土地专家评审会

缴纳新增建设有偿使用费共计1018.288万元，其中缴纳2017年新增建设有偿使用费798.894万元、2014年100亩以下新增建设有偿使用费219.3944万元，并顺利拿到建设用地批复。尼木县2018年城镇建设用地386.097亩，村镇建设用地245.425亩，组报件5批次（城镇报件2批次，村镇报件3批次），其中城镇1批次、村镇1、2批次已完成市国土局评审并上报至自治区国土厅，城镇2批次、村镇3批次定于11月21日在市国土局进行勘界评审。

【1.5万亩土地开发项目】 麻江乡1.5万亩土地开发项目于2016年10月由拉萨市国土局验收后。6月30日，由自治区政府办公厅副秘书长祁腾武、区国土资源厅副厅长次仁央宗和拉萨市领导组成的专家检查组，对尼木县2017年度土地例行督察发现问题进行整改落实情况进行验收，检查组一致同意通过验收。2018年，县委、县政府决定在1.5亩土地上进行种植，种植方案由尼木县国土资源规划局起草，县农牧局、县城投公司组织实施，复垦工作也通过区国土资源厅专家验收，一并同意通过。

【不动产工作】 年内，按照区、市国土部门及县委、县政府的要求，尼木县国土资源规划局完成尼木县农村宅基地确权登记发证工作。全县应发5047本不动产权证书，截至年底，实发农村宅基地不动产权证书4444本。不包括精准扶贫易地搬迁户（恩泽小区）、小康安居及卡如搬迁户。办理国有建设用地首次登记3件，抵押证明16件，变更登记4件，转移登记12件，分割登记1件。

【农村集体土地确权登记】 年内，尼木县共有集体土地392宗，面积117.9平方公里，在项目实施过程中，成立领导小组、并制定实施方案。6月19日，尼木县国土资源规划局聘请第三方对测绘公司的外业数据进行抽查验收，局工作人员对内业资料完整度进行检查。7月，组织县里相关单位进行县级自验，8月通过市国土资源局进行复验。10月，通过自治区国土资源厅组成的专家组进行终验。

【矿山检查】 年内，按照西藏自治区国土资源厅、市国土资源局及县安监局的工作要求，为确保全县矿产资源整顿规范和安全生产工作取得实效，继续做好矿产资源整顿和安全生产工作。尼木县国土资源规划局先后6次对县境内所有探矿权和采矿权企业进行全面清查、安全检查工作。申请注销对普松岩金矿的采矿权和泽弄铜矿探矿权，对2家企业（尼木铜业矿业有限公司、拉萨盛源有限公司）办理延矿手续。

【地质环境】 由于尼木县地理位置特殊，地形地貌复杂，年降水集中及自然生态环境较为脆弱，致使泥石流、山体滑坡等自然灾害的发生频率较高。结合尼木县地质灾害情况，年初尼木县国土资源规划局制定《尼木县2018年度地质灾害安全隐患排查治理工作实施方案》《地质灾害应急预案》等有关防治方案。就汛期来临前，尼木县国土资源规划局领导及相关工作人员一一到尼木县存在的地质灾害隐患点29个行政村（除塔荣村、巴古村、尼木村外）和续迈乡恩布寺再次详查了地质灾害隐患点，同时对地质灾害监测人员安排2018年地质灾害监测任务，全年很好地完成地质灾害排查与监测工作。

【地质灾害防治】 年内，制定《尼木县2018年度地质灾害安全隐患排查治理工作实施方案》《地质灾害应急预案》《地质灾害防治方案》，成立以米玛潘多为组长的地质灾害领导小组，制定并落实汛期24小时值班制度。新设立警示牌8块，修复警示牌14块，全年排查地质灾害隐患43次，排查隐患点123处，覆盖率100%。及时更新《尼木县地质灾害隐患点基本情况》，作为2019年排查依据。

【卫片执法】 2018年，尼木县共涉及52个疑似变化图斑，经实地核查确定合法图斑43个，违法图斑9个，其中宅基地违法图斑6个，乡（镇）基础设施建设违法图斑3个，已对9个违法图斑进行处罚，正在对9个违法图斑逐步补办审批手续。

【精准扶贫】 年内，尼木县易地搬迁项目共有三个点，分别是县城易地搬迁、麻江乡易地搬迁点及帕古乡彭岗村易地搬迁，年初完成选址工作，按照工程的进度尼木县国土资源规划局已经给项目实施单位办理“选址意见书”“用地规划许可证”及“建设工程规划许可证”，并已组件向上级部门上报农用地转建设用地的相关用地手续。截至年底，已通过。

【宣传工作】 3月，尼木县国土资源规划局局长及工作人员到尼木县七乡一镇33个行政村进行“国土资源、规划法律法规”相关知识的宣讲。同时利用“4·22”地球日；“5·12”防灾减灾日；“6·25”土地日宣传《中华人民共和国土地管理法》《非法买卖农村集体土地宣传册》《土地管理法律法规》、“地质灾害防灾减灾知识”等内容，而且所有宣传材料翻译成藏汉“双语”，发放到尼木县各县直单位、企事业单位、乡（镇）、村、组、户、各寺管会以及寺庙僧尼，同时将“非法买卖农村集体土地”与“违法占地”等相关法律法规尼木县国土资源规划局已做成海报（藏汉“双语”）形式在全县范围内进行张贴。

【信息上报】 年内，尼木县国土资源规划局共报送简报128期，做到及时让上级业务部门以及尼木县委、县政府了解国土工作情况。

（丁军军）

【领导名录】

局　长

索朗次仁（藏族）

副局长

白玛卓嘎（女，藏族）

尼木县工业和信息化局

【概况】 2018年，尼木县工业增加值完成0.68亿元，同比增长33.33%，完成目标任务（0.67亿元）的101.5%。实现社会消费品零售总额0.7亿元，同比增长13.3%。消费品零售额增长的主要原因：卡如、吞巴旅游景区的投产带动了餐饮、运输、尼木三绝等行业的发展；尼木县农牧民人均收入增加拉动了消费增长；尼木县实施精准扶贫项目增多，到尼木县从事建筑业的外来务工人员增多，拉动消费需求明显。

【项目跟踪、推介】 年内，尼木县

2018年10月11日，西藏自治区商务厅党组书记、副厅长李文革（前排右一）到尼木县调研商贸流通工作

工信局坚持把重大项目建设作为推进经济发展的总抓手，牢固树立"抓项目就是抓经济、抓发展、抓跨越"的思想，加大对项目的跟踪督促力度，全力推动重大项目建设。尼木县有2家光伏企业，分别为广东瑞德兴阳光伏科技有限公司和西藏藏能股份有限公司都已投产。

2018年1月20日，尼木县委副书记、常务副县长尹世强一行到安徽双赢集团考察交流

【安全生产】 年内，尼木县工信局多次召开安全生产会议，传达区、市、县有关安全生产会议精神，组织人力、物力按照"全覆盖、零容忍、严执法、重实效"的总要求对县辖区进行安全检查，确保尼木县全年安全生产无事故。严格按照拉萨市工信局会议要求，统计全县的货车数量，对货车非法改装情况进行统计，对改装车辆责令限时整改，现非法改装车辆已完成整改工作。

【工业信息统计】 年内，尼木县工信局每月10号之前定时向拉萨市工信局上报消费品报表、民族手工业报表、工业企业报表以及规上规下企业报表。

【全县安装电子政务外网】 年内，尼木县工信局严格按照要求，完成对全县未接入电子政务外网的所有单位实现全覆盖。尼木县共计上报81个点位、其中前期上报42个点位，后期上报39个点位，涉及所有县直单位，乡村一级的点位（包括33个行政村和6个乡镇）。

【众创空间搭建】 年内，已完成尼木县第一个众创空间搭建工作，投入200万元，孵化面积500平方米，入驻团队12个，带动就业42个，且正在向拉萨市工信局申请认定市级众创中心。

【小微企业集中示范基地】 年内，正在进行尼木县小微企业集中示范基地打造工作，基地孵化面积3800平方米，其中商务办公孵化面积1500余平方米，街区创业面积1200平方米，创业商铺40个。9月初已完成移交挂牌工作，正在针对40个创业商铺进行店招改造升级、创业街区打造以及基地进行软装和硬件采购工作。

【乌米农业现代化高新技术产业园基地】 年内，根据拉萨市两创示范科技平台搭建工作的要求，两创办人员组织专家人员到乌米农业高新技术示范园区调研，主动申报拉萨市农业科技孵化器申报工作，已完成相关资料的整理和前期调研工作。

【招商引资】 年内，招商引资到位资金完成7.006亿元。2018年尼木县招商项目11个，总投资27.958亿元（其中续建3个、新建8个）。实际到位资金为7.006亿元，完成年任务（7亿元）的100.1%。

【招商项目建设】 年内，藏能20兆瓦和明阳10兆瓦光伏发电项目已投产，运行状况良好；中核地热项目为自治区央企入藏·富民兴藏战略的重点项目，正在开展勘探井钻井工作，已完成1号井位钻井任务，正在开展数据分析工作；尼弘元仓供应链经济港项目已完成施工和设备的竞争性谈判，施工队已进场，部分设备已完成采购资金预付；经开区尼木产业园已完成一期道路基础建设项目。

【专班服务】 年内，依据藏博会签约项目服务专班建设依据，尼木县积极响应自治区招商工作要求成立重点项目服务专班，由县级干部任组长，实行全程代办，专班服务，着力解决服务跟不上的问题，实现“五个一”服务承诺。

【开展“走出去”“请进来”】 年内，尼木县参加第27届北京国际燕京啤酒文化节、顺义区扶贫协作和支援合作招商推介会，并以“京交会”和党政代表团考察为契机开展自主招商活动，并对重点落地企业进行回访。全力加大“请进来”招商引资力度。8月，参加市政府开展“雪顿节”招商活动。9月，参加“藏博会”招商及产品展销活动。

【市场运行监测和检查】 年内，为全面贯彻落实市级商务部门工作要求，及做好春节、藏历新年、雪顿节、藏博会、国庆节等节假日期间商贸市场安全整治工作，尼木县工信局牵头，联合食药局、卫计委、工商局、公安局等单位对尼木县商贸市场进行节前拉网式全面大检查、大排查工作。主要针对县域超市、药店、商品零售店、餐饮店、私人诊所、农贸市场、成品油市场等直接面向人民群众的领域及商品集散地、流通节点、批发市场等领域出现的过期变质劣质食品药品、“三无”商品、劣质日用化工品、餐饮卫生条件差、证件执照不全等情况开展联合整治行动。通过检查，进一步确保尼木县商贸流通市场安全。

【碘盐工作】 年内，配合县委宣传部组织的“三下乡”“五下乡”活动，在全县共发放精制碘盐174399.5公斤，并散发碘盐宣传图片和宣传册各100份。下乡活动受到群众热烈欢迎，食用碘盐观念已深入人心。

【地下油罐防渗整改】 西藏自治区、拉萨市加油站油气回收改造工作开展以来，县商务局认真贯彻落实区市文件精神，加强领导，硬化措施，加强督办检查，截至6月30日，尼木县加油站完成油气回收及地下油罐防渗改造任务。

【散装油、成品油相关工作】 年内，完成散装油、成品油的月统计工作；根据市商务局要求，做好尼木县成品油市场供应和安全工作，制定应急预案，联合公安、消防、安监、电力等部门，实地走访检查尼木县加油站储油罐、加油机、配电设施、消防设备、值班等情况，确保各项安保措施到位，积极预防成品油供应出现重特大事件，做到早预防、早准备。

【电子商务建设】 年内，成功申报为商务部电子商务进农村综合示范县，委托多家单位编制电子商务示范县实施方案和可研，最终通过专家组论证，择优选择实施方案，正在开展电子商务示范县项目招标工作。

【创新创业载体建设】 年内，按照尼木县创新创业载体建设任务，尼木县共建设包括尼木众创空间、尼木乌米现代农业基地、尼木县小微企业创新创业基地三个孵化载体建设。

【“两创”系列活动】 年内，围绕尼木“两创”工作系列配套活动，组织开展针对尼木县小微企业创业领军人物创业训练营、尼木县高校毕业生岗前技能培训、尼木县农牧民合作社创新创业能力提升培训、第四届创业大赛参赛企业负责人培训等活动10余场次。覆盖人次达300人次以上。

2018年11月14日，尼木县副县长贺东主持召开“双创”工作会议

2018年11月19日，尼木县中新石油公司一行考察实体落地选址

【商业街区建设】 年内，按照市商务局下达的商业载体建设工作指标任务，积极开展尼木商业载体的建设和认定工作。已经完成商业街区规划，建设规划围绕尼木县域内主要的商业街建设为尼木"两创示范"特色商业街区。近期将上报市商务局对其进行实地考察。

【就业创业培训】 年内，累计新增就业394人，达到年度指标的52%，小微企业新增就业336人，达到年度指标的50%，尼木县小微企业吸纳就业2814人，达到年度指标的93.8%，解决高校毕业就业人数39人，超过年度指标要求。

【"两创示范"宣传推广】 年内，为推动尼木县"大众创业、万众创新"浪潮，制作并投放尼木县创业创新微动漫宣传片，同时设计制作"两创示范"宣传折页、宣传册、宣传展板等，开通"尼木两创"微信公众账号，专题发布关于创新创业相关动态，影响人次达3000人次以上。

【线上小微企业公共服务信息化平台】 年内，完成小微企业创业创新公共服务信息化平台搭建工作，可通过该平台为尼木县小微企业、创业青年及农牧民合作社提供政策咨询、法律咨询、投融资等服务，使"两创示范"建设工作能够高效、高速进行。

【资金拨付】 年内，尼木共到位"两创示范"专项资金共计1000万元，已使用350万元，主要针对尼木两创县域服务平台的建设方面，剩下的650万元分别用于尼木县小微企业(合作社)技术产业引导资金350万元及"两创"示范特色街区打造资金300万元，已经完成小微企业资金申报材料收集及初审，待完成整体评审后，进行资金的集中兑现，特色街区打造已经完成方案和可研报告。

【质量强县】 年内，根据区、市的统一部署，尼木县紧紧围绕"净土拉萨、质量引领"的工作主线，按照"抓发展质量、提生活品质、建质量强县"的总体要求，精心组织，周密部署，狠抓落实，确保质量强县工作扎实有序推进。产业依托，提高整体经济发展质量。以"四产业两园区"为抓手，把产业发展摆到更加突出的位置，促进经济社会发展。

【质监工作】 年内，根据市局特种设备安全生产大检查要求，尼木县工信局在全县范围内组织开展了共检查特种设备6家，特种设备8台，发现隐患0处。为确保贸易计量的准确，维护消费者权益，尼木县工信局抽派人员对县城农贸市场在用贸易计量器具进行检查，共检查25台(件)，农贸市场在用计量器具受检率达80%，已经就检查情况进行通报，并督促商户尽快受检。

【品牌建设】 年内，首先尼木县大力推进品牌建设联动机制，形成政府重视、部门主抓、企业为主的品牌培育创建机制。品牌建设与项目推进有机结合，推动产业做大，企业做强，产品做精，品牌作响。同时大力创建有机种植业和养殖业生产基地，打造尼农产品，努力叫响尼木特色农产品品牌。

【精准扶贫】 年内，结合尼木县扶贫工作总体部署，尼木县工信局6名干部(其中3名为借调干部)结对帮扶塔荣镇林岗村10户贫困户，尼木县工信局干部细化帮扶措施，签订帮扶责任书，每月至少电话慰问一次，每季度至少入户一次，详细了解“亲戚”家具体困难，帮“亲戚”出谋划策，力促脱贫成果得到巩固。

【党建工作】 年内，尼木县工信局召开全体干部职工会议，对党建工作进行安排部署，明确全年党建工作的目标和任务，真正把党建工作纳入重要议事日程，责任到人，逐项兑现，构建起上下同心、齐抓党建的良好运行机制。在组织领导上，做到“四个明确”，即明确指导思想、原则和目标要求；明确党建活动的总体安排、方法步骤；明确党支部每个阶段的工作重点、工作目的；明确各项工作的责任领导和责任人；在落实措施上，做到“四有”，即有学习计划、有学习资料、有学习记录、有心得体会，保证党建活动的扎实推进；在方式方法上，采取自学、集中学习、支部书记讲党课、大讨论等灵活多样的形式，确保学习效果。购买党建相关书籍《中国共产党的九十年》《习近平讲故事》《脱贫攻坚》《人民的论坛》《干部大讲堂》等30多本数目供党员干部阅读学习。进一步提高党员队伍的思想政治素质，坚定理想信念。尼木县工信局共集中学习12次、开展“严明政治纪律和政治规矩”专题讨学习活动1次，观看教育片2次，重点组织学习了专题节目《榜样2》，做到学习全面、交流充分、宣传到位，边学边查边改。

【党风廉政建设】 年内，尼木县工信局成立以局长为组长的党风廉政和反腐败工作领导小组，对单位党风廉政建设和反腐败工作进行总体安排部署，签订责任书，将任务责任到人；每季度召开一次会议，研究存在的问题和下一步任务；根据《西藏自治区贯彻落实〈建立健全惩治和预防腐败体系工作规划〉实施方法》，制定尼木县工信局落实方案和主体责任工作计划；及时传达、贯彻各级反腐倡廉重要文件，安排学习《中国共产党廉洁自律准则》《中国共产党纪律处分条例》《中国共产党问责条例》等，及时纠正不正之风；组织观看专题片《永远在路上》；加强对重要节日、重要工作的督查；针对单位干部管理、财务报销、公车使用等突出问题，制定《干部职工考勤制度》《尼木县工信局工作要求》《工信局财务管理制度》并试行，成效明显。认真执行党的组织纪律，严格执行民主集中制、落实“三重一大”制度；厉行勤俭节约，反对铺张浪费，成效明显；规范“三公”经费支出管理，重要节点早提醒早警示党员干部，紧盯干部执纪守规情况，常年把纪律和规矩挺在前面。

（高军周）

【领导名录】

局　长

刘春华

副局长

杨胜全（土家族）

尼木县统计局

【概况】 尼木县统计局于2015年5月由原尼木县发展和改革委员会管理的统计局（副科级）调整为县政府工作部门（正科级）并加挂社会经济调查队牌子。共有编制6人，行政编制3人；事业编制3人。有2个行政编制、2个事业编制；借调1个，三支一扶1个；外

2018年5月21日，尼木县统计局局长索朗卓玛慰问结对帮扶户

聘招聘1个。

【基本职能】 贯彻执行统计法律、法规、规章、基本统计制度和统计标准,组织协调全县统计工作,确保统计数据真实、准确、及时。拟订统计现代化建设规划并组织实施;指导全县统计工作;建立健全尼木县国民经济核算体系和统计指标体系;建立和完善全县经济、社会、科技统计调查制度;监督管理各乡(镇)、各部门统计和国民经济核算工作。组织实施全县人口普查、经济普查、农业普查等国情国力普查和大型专项调查,汇总、整理和提供有关统计数据。组织实施农林牧渔业、工业、建筑业、批发和零售业、住宿和餐饮业、能源、投资、科技、人口、劳动力、环境基本状况、文化体育和娱乐业以及装卸搬运和其他运输服务业、仓储业、计算机服务业、软件业、科技交流和推广服务业、社会福利业等统计调查,收集、汇总、整理和提供有关调查的统计数据,综合整理和提供地质勘查、旅游、交通运输、资源、房屋、对外贸易、对外经济、邮政、教育、卫生、社会保障、公用事业等全县基本统计数据。组织各乡(镇)、各部门进行经济、社会、科技和资源环境统计调查;统一核定、管理、公布全县性基本统计资料,定期发布全县国民经济和社会发展情况的统计信息。

组织实施区域经济和社会发展情况的统计监测评价考核。对国民经济、社会发展、科技进步和资源环境等情况进行统计分析、

2018年1月17日,尼木县统计局普查指导员现场讲解经济普查PAD操作

统计预测和统计监督。建立并不断完善的宏观经济监测系统。向县委、县政府及有关部门提供统计信息和咨询建议。做好全县统计专业基础工作,加强基层统计业务基础建设。建立健全统计数据质量审核、监控和评估制定,开展对重要统计数据的审核、监控和评估。指导全县统计专业技术队伍建设,开展统计科学技术研究交流合作及统计资料的编辑出版工作;会同有关部门组织管理全县统计专业资格考试培训、服务评聘和从业资格认定工作。建立并管理全县统计信息自动化系统和统计数据库和网络的基本标准和运行规则,指导各乡(镇)、办事处统计信息化系统建设。

【统计基础工作】 年内,尼木县统计局紧紧围绕全县中心工作和经济社会事业发展的各项指标,认真落实区、市统计局的各项工作部署,以"提升统计能力,服务经济发展"为中心,全力打造现代化服务型统计,加强内部管理,强化统计基础工作,优化统计服务,大胆改革创新,抓好基础数据统计。为推动全县经济发展尼木县统计局充分认识新形势下做好统计工作的重要性,重点宣传《中华人民共和国统计法》,全面加强统计能力建设,提高统计服务水平,发挥统计工作在经济社会发展和宏观决策中的信息、咨询、督查作用,更好地位加快实现经济社会跨越式发展和长治久安目标服务。加强对统计报表的分析,做好每个季度全县国民经济运行分析工作;及时调整2018年统计资料,进一步增强统计服务领域的广泛性和时效性,完成《2018年统计年鉴》资料的编纂。每季围绕全县主要经济发展指标,特别是考核指标,加强分析,及时预警预测,统计服务水平进一步提高,较好地完成农林牧业、工业、固定资产投资等各专业的2018年年报

工作。各专业明确审核重点，加大审核力度，统计数据的完整性、时效性和准确性进一步提高，全面反映全县发展实际。

【经济总量】 年内，实现地区生产总值8.97亿元，同比增长9.3%(可比价)，完成目标任务(8.22亿元)的109%。

【全社会固定资产】 年内，固定资产投资力度不断加大，同比增长40.7%。

【农牧民收入】 年内，在一系列支农惠农政策的支持下，农牧民收入继续保持稳定增长态势，全年农牧民人均可支配收入达12865元，同比增长10.57%。

【社会消费品】 年内，消费品市场较为活跃，社会消费品零售总额达0.70亿元，同比增长13.3%，完成目标任务(0.70亿元)的100%。

【财政收入】 年内，财政收支稳步增长，一般公共财政预算收入1.54亿元，同比增长8.55%，完成目标任务(1.51亿元)的101.9%。

【工业增加值】 年内，工业经济健康发展，实现工业增加值0.68亿元，同比增长33.33%，完成目标任务(0.67亿元)的101.5%。

【报表报送】 截至年底，较好地完成农林牧业、工业、固定资产投资、贸易等各专业的2018年的定期报表工作。各专业明确审核重点，加大审核力度，统计数据的完整性、时效性和准确性进一步提高，全面反映全县一年经济社会的发展状况。根据市局召开的固投统计法改革的专题会议精神，尼木县统计局及时成立尼木县进一步加强民间投资统计工作的领导小组，并制定2018年尼木县500万—5000万元固定资产投资统计月报表、法人单位基本情况表、2018年尼木县民间投资统计月报表，而且下发《关于认真做好2018年度500—5000万元固定资产投资项目统计工作的通知》《关于进一步加强全县民间投资统计工作的通知》，要求各单位按照通知内容，在规定时间内上报相关报表。

根据现行民间投资项目认定标准，及时对现有在报项目进行梳理，对填报单位的登记注册类型、控股情况逐一进行核实，确保项目库中民间固定资产投资项目认定准确。其次，加强对上年民间投资项目法人单位的基本情况表逐一进行审核，并联同县工信局、招商局等单位对现有企业在2018年有无固定资产投资进行咨询。

【统计监测】 年内，有序开展规模以下工业、限额以下贸易业、群众安全感满意度调查、人口抽样调查等专项调查，积极开展妇女儿童统计监测工作，较好的完成各类专项调查。

【统计法治化建设】 年内，严格遵守纪律，以《中华人民共和国统计法》为准绳，认真做好尼木县的统计工作。2016年以来均依法建立统计原始资料和统计台账，严格按照统计制度收集资料并形成统计报表。3月8日，利用3天时间对全县范围内工业、固定资产、4家限额以下批发零售业、3家限额以下住宿餐饮业及1家服务业，采取查看资料、座谈了解、实地察

2018年6月21日，尼木县统计局召开党支部学习会

看等形式进行检查，检查中没有发现违反统计法律法规，虚报、瞒报、篡改、拒报统计资料，违法公布统计资料，违法泄露统计调查对象资料等问题。同时各企业结合自身情况认真进行自查，对发现的问题及时进行整改。

【第四次全国经济普查】 年内，制定第四次经济普查方案，成立由县政府常务副书记为组长的普查领导小组办公室，并已落实普查经费。乡镇(街道)8个，各乡(镇)已组建领导小组办公室。划分普查33个，划分普查小区36个；已核实、验收普查区边界33个，已核实、验收普查小区边界36个。普查指导员和普查员已选聘81人，开展业务培训和软件培训81人次；收集整理部门数据，从县民政局收集整理33个行政村(居委会)的普查相关资料，并完成上报；协同县工商、税务、招商等部门，收集整理17年以后注册的贸易、服务业注册型企业的相关资料，并完成上报；从县国土局、民政局等相关部门收集资料，确认县、乡、村三级边界，完成普查区、普查小区的划分工作；全县各乡(镇)四经普单位清查情况。通过地毯式清查，全县共清查法人和产业活动单位957家，个体工商户1493家，核查率达100%，经后期上级再次审核，并排除其中存在的底册重复、破产、吊销、关闭等无经营的企业之后，正式普查中底册生成数共为690条，其中单位普查底册为587条、个体户底册为103条、新增企业底册为23条、个体运输户底册为50条。

通过一个多月的精心筹备和组织实施，全面查清尼木县的法人和产业活动单位957家，个体工商户1493家，核查率达100%，经后期上级再次审核，并排除其中存在的底册重复、破产、吊销、关闭等无经营的企业之后，正式普查中底册生成数共为658条，其中单位普查底册为557条、个体户底册为103条、新增企业底册为23条、个体运输户底册为50条。

【党建工作】 年内，坚持民主集中制，班子团结，凝聚力强，机关党建工作扎实有效。同时，按照县委部署，认真推进“两学一做”学习教育常态化制度化主题实践活动，确保各项活动按计划有序进行。

【党风廉政建设】 年内，进一步完善反腐倡廉的各项规章制度，严格实行廉政建设责任制，全局领导干部无违规违纪现象发生。健全机构，认真开展预防职务犯罪教育培训。

【精神文明建设】 年内，以“四讲四爱”实践活动为契机，积极开展文明单位创建活动，为尼木县创建市级文明城市贡献了一分力量。年内，尼木县局结合自身的具体情况，全面深入开展“岗位大练兵，服务树形象”等创先争优活动，全局干部职工特别是党员干部的民主意识、廉政勤政意识、办事公开意识和监督意识得到了明显提高。

【精准扶贫】 年内，统计局工作人员深入包村点朗堆村和赤朗村入户走访，按照一对一帮扶的方法，帮扶责任人对贫困户的家庭成员、主要经济来源等具体情况进行详细的问卷调查，认真分析帮扶户的经济状况及贫困原因，仔细询问帮扶的脱贫意向，对2018年的精准扶贫工作做具体安排。在春节和藏历新年、尼木年“三大节日”期间和平时对帮扶户进行慰问，为包村点帮扶户送去大米、面粉、清油、酥油、砖茶、衣物、食品、牛奶、水果等慰问品，送去的慰问品折合资金共计3200元，2018年每人走访联系户3～4次。

（扎西普拉）

【领导名录】

局　长

索朗卓玛(女，藏族)

副局长

巴桑潘多(女，藏族)

社会经济调查大队副队长

吴　斌

尼木县农牧(科技)局

【概况】 按照“稳粮、调油、兴菜”的目标要求，紧紧围绕农牧业增效、农牧民增收这一目标，以结构调整为主线，以加强基础建设为根本措施，狠抓农牧业各项工作，积极开展农资筹备、调运、调节工作，确保春耕春播农用物资及时足额到位。共外调优良种子33.75吨(“喜拉22号”种子23.25吨、“藏青2000”种子3吨、“藏青320”种子7.5吨)，调运化肥865

吨；其中尿素300吨、二铵165吨、氯化钾100吨、复混肥300吨。

【青稞种植】 年内，尼木县青稞面积稳定在2.56万亩左右，落实建立“藏油五号”原种田300亩（种植地：尼木乡曲林村），每亩平均单产211.9公斤，比其他油菜每亩增产55.75公斤；“喜玛拉22号”推广面积4500亩，其中“喜玛拉22号”二级种子田600亩，每亩平均单产412.25公斤，比“藏青320”每亩增产41.85公斤；“藏青320”二级种子田500亩，每亩平均单产740.8斤；“藏青2000”二级种子田200亩，每亩平均单产372.95公斤。

【中低产田改造】 年内，安排常规低产田改造4500亩，测土配方施肥面积3万亩，农家肥积造90000吨，种子精选44.055万公斤，精选率达100％，种子包衣9.59万公斤，良种推广面积1.88万亩，良种统共率85%，绿色高质高效创建示范面积3万亩，农作物有害生物灾害损失控制率2%以内。

【粮、经、饲种植】 年内，尼木县粮经饲的种植比例为72∶16∶12。尼木县耕地确权面积43623.89亩，经过测产统计，全县总播种面积65623.89亩，其中粮食播种面积31427.77亩（青稞播种面积25577.77亩、春小麦播种面积3150亩，豌豆播种面积965亩、藜麦面积1735亩），经济作物播种面积7000（单播油菜播种面积5000亩、蔬菜播种面积2000亩），饲草面积5196.12亩，芫根复种面积22000亩，完成率100%。经实际测定，2018年尼木县粮油总产为1399.35万公斤，比2017年增产540.25万公斤；其中，粮食产量为1300.7万公斤，同比增产514.2万公斤，比拉萨市下达指标增产0.7万公斤；青稞产量为1117.25万公斤，同比增产441.7万公斤，比拉萨市下达指标增产367.25万公斤；油菜产量为98.65万公斤，同比增产26.05万公斤。2017年粮食直补和农资综合补贴享受户3904户，粮食直补总面积26374.054亩，总金额为1130630.53元。

【春秋动物防疫】 年内，全面推行动物防疫防控“双轨三包两挂钩”工作制度，“事前检查、事中检测、事后追溯”制度和防疫示范点挂牌管理制度，确保全县春秋防疫工作质量。春季防疫工作于3月26日开展，4月9日全面结束，共免疫178189（头、只），免疫率达99.91%；禽类免疫数为5908只、免疫率达99.93%。秋季防疫工作于10月10日开展，10月30日全面结束，共免疫178877（头、只）。主要接种疫苗为禽流感、猪瘟、猪五号病、猪蓝耳病、羊O、A型双价疫苗，牛A、O、亚洲I型三价灭活疫苗，羊反刍疫苗。

2018年9月16日，拉萨市委常委、市政府党组副书记、常务副市长纂剑（右一）到尼木县尼木乡聂玉村调研食药用菌项目运营情况

【农牧民合作社管理】 截至年底，尼木县农牧局备案的农牧民专业合作社共87家，其中养殖业合作社11家，建筑施工、采石专业合作社15家，手工艺合作社41家，种植合作社3家，销售类合作社6家，加工类合作社9家，农机汽修合作社1家。入社成员总数1362人、辐射带动贫困户417户、注册资金7620.6万元、销售收入3312.5万元。被评为“两创示范”合作社10家、市级示范合作社6家。

【农机购置补贴兑现】 年内，农机

2018年3月5日，尼木县农牧局工作人员到麻江乡开展“幸福健康文明乡村建设”科普志愿服务活动

三项作业共完成7万亩，其中机耕面积3.5万亩、机播面积2万亩、机收面积1.5万亩；落实农机购置补贴875台，农机购置补贴资金3367280元。其中小四轮拖拉机166台、脱粒机253台、联合收割机1台、微耕机323台、割晒机127台、乐星拖拉机5台；投入深松机8台对塔荣镇、续迈乡、尼木乡、普松乡、帕古乡、吞巴乡6个乡（镇）开展农机深松整地工作，已完成农机深松整地作业面积12600亩。

【项目建设】 年内，尼木县农牧局建设项目共有3个，其中续建项目1个，新建项目2个。共计投资1155万元，均为国家投资。2018年农牧业项目实施3个（续建项目1个投资300万元的农产品质量安全监测中心、投资230万元人工种草项目、投资625万元的村级兽医室），截至年底，3个项目均已完工并投入使用。主要涉及现代农业生产发展项目、人工种草、黄牛改良及其他惠农项目。

【牧业生产】 年内，尼木县牲畜存栏130167头（只、匹），仔畜成活率97.6%，成畜死亡率1.1%；出栏率33.8%。猪牛羊肉产量2500吨，奶产量8000吨，山羊绒产量1.04吨，禽蛋产量128吨，牲畜两种覆盖率7.02%。

制定防抗灾应急预案，建立健全防抗灾领导小组，明确责任。在县、乡两级实行24小时有事报事、无事报平安的防抗灾值班制度。截至年底，尼木县防抗灾物资储备情况为：县级储备价值15万元的防抗灾兽药和60万元的防抗灾资金。此外，结合全县实际制定尼木县草原防火实施方案。

【人工种草】 年内，尼木县人工种草项目为2000亩，投资230万元（种植地：麻江乡、续迈乡、帕古乡）。农牧局组织人员赴拉萨采购草种子燕麦草10080公斤、紫花苜蓿2000公斤、网围栏9338米、割草机1台，化肥尿素1.4万公斤、农家肥5000公斤，另外利1.5万亩土地开发，分别在麻江、续迈、帕古种植饲草1.2万亩，恢复草场3000亩，收获饲草93.66吨。

【草补奖工作】 年内，尼木县达到草畜平衡的农牧户为5547户29162人，占全面参与草原生态保护补助奖励机制总户数的99.3%，达到草畜平衡面积为387.5万亩。超载户37户150人，占全面参与草原生态保护补助奖励机制总户数的0.7%，超载面积为0.025万亩，全县牲畜存栏达到草畜平衡。2018年度草畜平衡奖励资金为716.82万元，村级草原监督员补助资金42.66万元，共计2018年草补奖补助资金759.48万元下拨给各乡（镇）（其中塔荣镇17.12万元；卡如乡41.86万元；尼木乡51.61万元；普松乡15.07万元；吞巴乡30.99万元；帕古乡126.31万元；麻江乡326.53万元；续迈乡149.99万元），各乡（镇）已一卡通形式全部兑现完。

【奶牛示范户】 年内，兽医站下派工作人员开展奶牛示范户顺利完成全县奶牛示范户市、县两级审核筛选工作，共筛选奶牛示范户100户。

【动物包虫病防治】 截至年底，家犬驱虫共19776只，办理犬只免疫登记证1668本（其中：县城内办理犬只免疫登记证31本、塔荣镇办理犬只免疫登记证321本、普松乡办理犬只免疫登记证135本、尼木乡办理犬只免疫登记证324本、卡如乡办理犬只免疫登记证45本、续迈乡办理犬只免疫登记证329本、帕古乡办理犬只免疫登记证173本、麻江乡办理犬只免疫登记证199本、吞巴乡办理犬只免疫登记证111本),新生羔羊免疫注射两次共46788只。

【畜禽养殖禁养区划定】 年内,成立尼木县畜禽养殖禁养区划定专项工作领导小组,对全县七乡一(镇)畜禽养殖(场、合作社)进行摸底调查,在征求相关单位及各乡(镇)意见后,结合全县实际,制定《尼木县畜禽养殖禁养区实施方案》,批转《尼木县畜禽养殖禁养区限养区划定方案》。划定12个畜禽养殖禁养区地块,面积为12377.32公顷,并通过市级验收,在此基础上,尼木县计划对畜禽养殖杨禁养区划定设立永久性界桩。

【非洲猪瘟防控】 8月,尼木县开始制定专人负责对本辖区内每日进行非洲猪瘟排查工作。截至年底,生猪存栏73头(其中尼木乡13头、吞巴乡2头、县护路队2头、续迈乡56头),生猪养殖场(户、合作社)6户。同时在卡如一级检查站设立检疫设卡点,对进出入动物及动物产品的车辆进行严格检查及消毒工作。

【牦牛短期育肥】 年内,尼木县已投入产业资金2700万元,计划在麻江乡建设牦牛短期育肥基地,并通过东西部合作顺利从北京顺义区争取到牦牛短期育肥基地周转资金1000万元,确保尼木县牦牛产业发展资金问题。2018年全县共育肥出栏牦牛1007头,顺利完成市级下达指标。

【黄牛改良】 2017年黄牛改良工作于2018年9月顺利通过市级验收,截至年底,2018年黄牛改良配种已完成2389头、受胎率达82.5%,顺利通过黄牛改良市级验收。

【农产品质量安全及渔业执法】 截至年底,尼木县技术人员以及各乡(镇)通力配合,杜绝一切从源头发生的农畜产品质量事故,在各大小型农贸交易市场、各蔬菜种植基地,不定期指派专业技术人员做抽检工作并将检测结果在全县给予公布,在禁渔期杜绝电鱼、毒鱼、钓鱼事件发生,分时段在318国道沿线巡查工作,并立牌禁鱼宣传牌5块,分别在其中麻江乡1块、帕古乡1块、吞巴乡2块、卡如乡沿线1块。

【科技创新】 截至年底,尼木县共有科技特派员91名。在市科技局的大力支持下,2018年全县共选派37人到区内外种植养殖基地学习,通过学习提高了他们的业务能力和知识水平,为更好地开展全县科技工作提供了有力的保障。此外,建立七乡一镇科普活动站,寺庙科普活动站1个。采取科技展示、科技宣传、技术指导、科技种植等多种形式,开展“创新创业、科技惠明”“6·5世界环境日”等各类科普宣传活动,重点宣传生态环境保护、食品安全、科学健身、应急避险、健康生活、防灾减灾等科技创新相关知识。县财政设立“科学技术普及专项经费”30万元,10月18日中国流动科技馆巡展西藏首站在尼木县正式启动,为尼木县提供免费的科技教育服务。2018年,尼木

2018年5月12日,尼木县农牧局技术人员到区域试验地种植青稞、小麦、油菜新品种

县共开展科普宣传10次，发放宣传资料2500余册和1000余个环保袋，参与人数3000余人。

【农村改革】 年内，完成农村集体土地所有权确权登记工作，为4693户农户颁发农村土地确权证书。稳步推进农村集体资产清产核资工作，与各乡（镇）签订目标责任书，落实工作责任，发放宣传手册，已完成卡如乡卡如村清产核资工作并已公示，对清产核资工作的各类资产台账、凭证、账簿、报表、图像等资料进行了整理归档。于9月顺利通过拉萨市市级清产核资验收。

【有机农业示范县创建】 年内，尼木县打造有机基地3420亩（其中有机藜麦1000亩，有机雪菊300亩，有机蔬菜120亩，有机土豆200亩，有机油菜300亩，有机青稞1500亩），保持土豆、雪菊、藜麦、牦牛、油菜、青稞六个产品有机认证转换证书有效性，在2018年完成以上产品升级为有机产品的工作，已取得有机牦牛认证证书，其余五个已通过有机认证，后续颁发有机认证证书。计划新增有机大棚蔬菜（5～10个）、食用菌、有机水果等有机证书，已取得西红柿和黄瓜为2018年的有机转换产品。

【尼木原种藏鸡保护基地】 年内，一期德青源原种藏鸡保护基地存栏1.2万只。其中产蛋母鸡1万只，成年配套公鸡2000多只，母鸡日产蛋4000多枚，二期工程土建已经完成，孵化厂孵化种蛋15万枚，孵化率30%，把藏鸡产业作为农牧民群众增收致富、巩固脱贫成果的重要渠道，在原种保护、品种优化、扩大规模和技术创新上下功夫，加大对藏鸡自抱窝孵化的奖励和补贴力度。

【产业脱贫项目】 年内，实施产业脱贫项目13个，总投资7.13亿元。截至年底，8个项目在建设中，2个项目已完工，其余项目正在进行初步设计评审、招投标工作或等待验收。

（尼　珍）

【领导名录】

局　长

刘　华

主任科员

边巴多吉（藏族）

普达瓦（藏族）

副局长

德吉卓嘎（女，藏族）

阿旺顿珠（藏族）

尼木县农牧（扶贫）开发建设办公室

【概况】 尼木县农牧（扶贫）开发建设办公室共有干部职工7名，其中正科级干部2名，副科级干部2名，技术人员1名（驾驶员），党员6人。尼木县地处西藏自治区中南部、雅鲁藏布江中游北岸，县城距拉萨市城区约130公里，是拉萨市“西大门”和重要的生态安全屏障，平均海拔4000米以上。全县下辖8个乡（镇）、33个村居（其中1个村居为县城易地扶贫搬迁安置点新成立居委会）、128个村民小组（其中农牧民人口30986人），县域总面积3275.8平方公里，耕地面积4.18万亩（含2016年新开垦耕地），人均耕地面积不足1.3亩，面临着自然条件较差、地理位置偏远、资源禀赋不足的“三差”实际，条件型与素质型贫困叠加凸显，属集中连片贫困

2018年7月6日，精准扶贫国家验收组工作人员（中）到尼木县吞巴乡验收精准扶贫工作

地区。

2018年，实现地区生产总值8.25亿元，同比增长9.7%；一般公共财政预算收入1.54亿元，同比增长8.55%；农牧民人均可支配收入12900元，同比增长10.9%；全社会固定资产投资22.06亿元，同比增长19.24%；社会消费品零售总额0.70亿元，同比增长13.6%。

【动态调整】 2015年底，尼木县建档立卡贫困户1259户5018人、贫困村32个，贫困发生率16.3%。2016—2017年贫困人口动态调整后全县建档立卡户1289户5450人，2016—2017年累计脱贫1252户5277人（其中2016年脱贫299户1296人、2017年脱贫953户3981人），2018年脱贫36户172人，未脱贫1户1人；贫困发生率下降至0.003%，群众认可度达96.72%以上；建档立卡贫困人口人均可支配收入达10799.81元，比2017年增长12.18%，其中自创收入9538.39元/人，占人均可支配收入的88.32%，比2017年增长23.62%，人均政策性收入1261.42元，占人均可支配收入的11.68%，比2017年下降55.79%，经营性、工资性、财产性等自创收入比例明显提高，收入结构更加优化，项目促增收"五个带动"作用初步显现。2018年7月，尼木县接受国家专项评估检查，9月18日国务院扶贫办向自治区函告了2017年贫困县退出专项评估检查结果，尼木县符合贫困县退出条件；9月28日西藏自治区人民政府正式下达关于批准尼木县退出贫困县的批复，全县实现整体脱贫摘帽。

【短期脱贫靠项目】 年内，对应打赢脱贫攻坚战，在产业还未形成明显带动效应的情况下，坚持把项目带动作为当前脱贫攻坚的主要抓手，积极争取国家投入和援藏支持，大力实施"项目促增收"行动，强化"五个带动"。实施"转移就业带动"。按照"县班、乡办、村队"的要求，县乡成立项目促增收工作推进组，制定建档立卡贫困户项目促增收实施方案，针对建档立卡贫困户劳动力搭建就业增收平台。实施"家庭经济带动"。以户为单位，以种植、养殖、加工为主要内容，发展家庭经济脱贫致富。以建档立卡贫困户为主体，按照"党支部+合作社+农户"的模式，发展壮大合作社，带动贫困群众增收致富。以农业供给侧结构性改革为契机，大力调整产业结构，推广种植藜麦、雪菊，通过提升农产品质量，增加农牧民收入。将全县扶贫产业项目进行整合，规范产业品牌、销售价格和生产标准，提升产业效益，带动建档立卡贫困户增收。

【建成小康靠产业】 年内，对应第一个百年目标，把产业发展作为巩固脱贫成果、全面建成小康社会的重要支撑，重点推进"四产业两园区"建设。在发展产业的过程中，坚持"五个原则"。坚持"党建引领"。按照"两保四促一巩固"中"党建促产业"思路，坚持发挥好各级党组织引领作用，保证产业正确发展方向，使产业真正惠民利民。在提高产品质量的基础上，以市场需求为导向，通过产品多样化和特色化来细分市场，创造市场需求，在扩大市场需求中推进产业升级。引入技术人才，大力开展技术培训，培育一批懂技术、会生产的专业人才，促进产业不断发展壮大。把生产要素的

2018年7月4日，拉萨市委常委、常务副市长占堆（右三）一行到尼木县检查指导脱贫摘帽国家第三方评估考核准备工作

2018年12月17日，尼木县委书记杜国君出席西藏天润2018年度食用菌产业扶贫项目分红仪式

最优组合和有效运行摆在首位，将土地、劳动力、资金、设备、经营管理和信息适度集中，发挥规模经济效益，促进优势主导产业集聚、集约、集中发展。通过鼓励农户开展多种经营，发展食品加工、农资制造和农畜产品流通、销售及观光旅游业等，实现农村一、二、三产业融合发展，打造农业产业综合体和联合体，实现产业链、价值链提升。

【现代尼木靠科教】 年内，对应第二个百年目标，把科技和教育作为可持续发展的最大保障，立足“五个要点”，全面提升发展新动能。贯彻落实好15年免费教育政策，加大教育经费投入，落实教育经费“三个增长”，大力推进素质教育、改革基础教育，不断提高人口素质。以现代农牧业为主，推动科技创新与经济发展紧密结合，大力发展有机农业、现代畜牧业等科技含量较高的产业。大力引进内地专业人才，用好对口援藏优势资源，坚持才智双引，把内地先进理念和经验做法引入尼木，并通过“请进来、集中学、个别带”等方式，为尼木县产业发展培养一大批专业人才。继续全面深化改革，加大农业供给侧结构性改革力度，深入实施创新驱动发展战略，不断激发改革创新强大活力。大力开展以现代农业、全域旅游、商品流通等为主要内容的教育培训，着力打造以种养殖为主的现代农业职业农牧民队伍和以藏香等特色产品生产、全域旅游经营为主的产业工人队伍，使懂技术会生产、懂市场会经营的新型农牧民成为全县农牧民的主体，努力培养一支懂农业、爱农村、爱农民的“三农”工作队伍，不断推进全县产业升级。

【科学谋划长远布局】 年内，对应“两个一百年”目标，为坚决打赢脱贫攻坚战、尽快建成现代尼木，积极探索、大胆创新，科学谋划了短期脱贫靠项目、建成小康靠产业、现代尼木靠科教的“现代尼木三步走”总体布局，对照经济社会发展的各个阶段，将每一步细分为“三个五”，精准规划了从现在起到2035年经济社会发展思路。同时，以“全面、协调、可持续发展”为统领，在充分调研论证的基础上，提出了发展藏香文化产业、藏鸡产业、全域旅游产业、有机农业和建设拉萨经开区尼木产业园、尼木现代农业高新技术产业示范园区的“四产业两园区”发展布局，为巩固脱贫成果建立了长效机制。

【广泛凝聚脱贫力量】 年内，积极拓展党员联系服务群众工作，按照党员干部、农牧民党员和普通群众三个群体，坚持“你努力我帮忙，大家携手奔小康”的工作思路，充分发挥党员干部的引领作用、农牧民党员队伍的带动作用、广大群众的互助作用，凝聚全县党员干部群众合力，形成上下共抓、全员参与、合力打赢脱贫攻坚战的生动局面，厚植脱贫攻坚“原动力”。立足“把县乡干部打造成实干队伍、把村‘五支力量’打造成苦干队伍、把领导班子打造成巧干队伍”的目标，狠抓干部作风建设和能力提升，引导党员干部甩开膀子干实事，扑下身子谋发展。通过党员干部的共同努力，推动了全县各项事业快速、全面、可持续发展，为精准脱贫积蓄物质力量；通过党员干部的作风转变，带动农牧民群众更新观念、主动作为，为脱贫攻坚打牢了思想基础。

以支部为单位，充分发挥农牧民党员直接联系群众的作用，组织广大农牧民党员，按照就近就便的原则，采取“一对一”或“一对多”与群众结成对子，根据结对群众的实际情况和自身特长，量身定制年度增收计划，帮助出点子、谋思路，寻找致富项目、拓宽增收渠道，帮助贫困群众增收致富。针对贫困户内生动力不足的实际，创造性开展“支部讲政策、群众帮群众”（支部讲政策，即充分发挥基层党支部的战斗堡垒作用，注重宣传党的扶贫政策，向群众讲明“自力更生、艰苦奋斗、勤劳致富”的道理，激励贫困群众克服等、靠、要思想，充分发挥主观能动性，将“要我脱贫”变“我要脱贫”。群众帮群众，即群众与群众结成一对一、多对一的帮扶对子，坚持扶志与扶智相结合，对好逸恶劳致贫的群众，由通过自力更生、艰苦奋斗已脱贫群众对其进行教育帮助；对不善理财致贫的群众，由懂经营、会管理、善理财的富裕群众对其进行教育引导，通过传帮带逐步缩小收入差距，如期实现全部脱贫）及“你努力我帮忙，大家携手奔小康”两个活动。

【建立利益联结机制】 年内，在发展壮大农牧民合作社中建立“四个机制”“两个全覆盖”和“两个90%”工作机制。依托合作社、企业等市场主体，创新“党支部＋合作社（企业）＋农户”发展模式，引导贫困群众用土地、扶贫资金、闲置房屋、劳动力等资源入股，促进资源变资产、资金变股金、贫困户变股东，带动贫困群众创业就业。如，卡如乡加纳日绿色农业发展农牧民专业合作社，完成土地流转164.25亩，种植雪桃、平谷大桃、核桃等果品和林下经济作物，实现收益35万余元，为59户合作社社员劳务分红91500元；尼木县吞巴乡藏香农民专业合作社采取“党支部＋公司＋合作社＋贫困户＋农户”的运营模式不断发展壮大，2018年率先在全县建立党建引领、技术带动、能人经营、贫困户为主的4个机制，带动吞达村32户32人建档立卡贫困户及边缘户通过入股和就业的方式实现脱贫增收，户均年增收7300元。

【建立扶贫保障机制】 年内，在全面落实农牧区医疗制度的基础上，出台《尼木县贫困人口大病专项救治工作实施方案》《尼木县健康扶贫医疗救助兜底保障实施方案》，对建档立卡贫困人员自付费用及门诊费用进行兜底，实现建档立卡贫困群众医疗费用“零支出”。出台《尼木县人民政府资助大学生学费实施办法（试行）》，率先在全区对2009年以后考上大学的农牧民子女和城镇低保户子女学费进行全额资助。2018年，在全面落实区市资助政策的基础上，出台《尼木县建档立卡贫困家庭子女接受高等（中职）教育实施免费教育补助政策实施细则（试行）》，实现建档立卡家庭经济困难学生资助政策全覆盖，下大力气解决贫困家庭因学返贫、因贫辍学问题，坚决阻止贫困代际相传。

【深化援藏帮扶机制】 年内，针对尼木县“三差”实际，依托援藏优势，主动对接，积极争取援藏资金和项目，不断提升尼木县经济内生动力和“造血”能力。“十三五”

2018年1月31日，尼木县扶贫（农发）办工作人员到帕古乡慰问结对户

期间，在北京市援藏指挥部和市受援办的关心、关怀、指导下，实施规划内援藏项目共计12个，总投资2.25亿元；规划外援藏项目9个，总投资2.18亿元；计划内、外项目资金史无前例的达4.43亿元。重点建设包括精准脱贫奔小康示范乡、现代农业高新技术示范园区等一批示范性、带动性都很强的项目，积极助推尼木县经济、社会、科技、人才、智力的跨越式发展和基础设施的不断改善。自2016年底北京市顺义区与尼木县结成帮扶对子、开展“携手奔小康”扶贫协作工作以来，两地党委、政府双方互动交流10余次，推进援藏帮扶政策、资金、项目等精准流向重点扶贫产业，签订《北京市顺义区—西藏自治区尼木县携手奔小康协议书》，确定产业合作、教育合作、医疗卫生合作、旅游合作、生态环保合作、乡（镇）结对帮扶等8个方面的帮扶内容，顺义区6个乡（镇）、2家国企采取一对一结对帮扶形式对口帮扶尼木县7个乡1个镇。安排帮扶资金1090万元，向民生和基层倾斜，扎实推进企业合作、市场对接、人才交流、产业共建等全方位多领域的深度融合。帮助销售30万元的尼木雪菊、藜麦等特色产品，成功举办“京藏牵手—铸梦尼木”文化展活动并应邀参加北京国际燕京啤酒文化节推介活动，对尼木县全域旅游发展、高原净土产品开拓北京市场起到了积极的促进作用。

【建立督查覆盖机制】 年内，县委成立9个精准扶贫专项督查组，县委、县政府主要领导亲自挂帅督查；县级领导包乡包村定点督查；单位主要负责人和扶贫专干交叉督查，乡（镇）主要领导入户检查；相关职能部门对各督查组进行倒逼监督，构建大督查格局，形成督查合力。在脱贫攻坚督促检查中坚持听取汇报与实地督查、暗访与明察、突击检查与回访复核、发现问题与解决问题、督查检查与成果转化、教育引导与严肃追责相结合，既督任务、督进度、督成效，又查认识、查思想、查作风，有力推动精准扶贫精准脱贫政策要求落实。

【党的领导核心作用】 脱贫攻坚战役打响以来，县委总揽全局、协调各方，以上率下、层层推进，深入推进脱贫攻坚各项工作，不断增强了创造力、凝聚力、战斗力和领导力、号召力，为打赢脱贫攻坚战，战胜各种风险挑战提供了根本保证。县委在选优配强村组织领导班子的基础上，选派优秀干部下沉到村任党组织“第一书记”，成为脱贫攻坚一线的“领头雁”，在建强基层党组织、打赢脱贫攻坚战方面发挥了重要作用，党的凝聚力、战斗力、号召力在基层得到不断提升。从开展党的群众路线教育实践活动到“三严三实”专题教育活动再到“两学一做”学习教育常态化制度化，党员干部的先进性和纯洁性不断增强。尼木县254个基层党组织充分发挥脱贫攻坚战斗堡垒作用，3527名党员成为干事创业的先进模范，活跃在脱贫攻坚第一线，树形象、做表率，党在人民群众中的形象进一步提升，党同人民群众的联系更加紧密，汇聚起脱贫攻坚的磅礴力量。

【县域经济发展】 年内，县委始终坚持以脱贫攻坚统揽全县经济社会发展全局，认真落实“五大发展理念”，坚持稳中求进、进中求好、好中求快、补齐短板的工作总基调，坚定不移地推进“现代尼木三步走”总体布局，着力补齐发展短板，培育内生动力。按照“四产业两园区”发展布局，推动县域经济发展提质增效，获“2016年拉萨市争先进位三等奖”“2017年拉萨市争先进位一等奖”。

【村级集体经济】 年内，按照“扶持薄弱村、壮大一般村、提升富裕村”的村级集体经济发展思路，积极依托所在乡（镇）、村的优势资源，深入推进“一村一品、一乡（镇）一业”，大力发展有特色、可持续、附加值高的优势产业。出台《关于发展壮大村级集体经济实施意见》，在县财力预算十分紧张的情况下，从2016年起，每年预算500万元帮助发展壮大村集体经济，持续用好用活市县两级村级集体经济专项扶持资金，大力扶持农牧民专业合作社、家庭农场（牧场）等新型经营主体。

【贫困群众内生动力增强】 年内，县委始终把激发贫困群众内生动力作为脱贫攻坚工作的重中之重，针对一些贫困村地处偏远，一些贫困群众思想观念因循守旧、甘于现状、不思进取，脱贫动力不足等问题，深入开展“支部讲政策、群众帮群众”活动，坚持“志智双扶”，对贫困群众进行教育引导，通过传帮带逐步缩小收入差距。通过开展社会主义核心价值观教育和“四讲四爱”群众教育活动，持续做好淡化宗教消极影响工作，引导群众感党恩、听党话、跟党走，珍惜当下时光，过好今生幸福生活。同时，按照“人有一技之长、户有致富门路、村有当家产业”的思路，积极搭建创业就业平台，引导贫困群众就近就便就业，不断增加现金收入，充分调动起群众脱贫的积极性，增强了脱贫信心。

【党员干部能力提升】 年内，面对条件艰苦、任务繁重的脱贫攻坚工作，县委坚持在扶贫一线使用干部、培养干部、选拔干部。对在基层扶贫一线埋头苦干、大胆负责、敢于碰硬、表现突出的干部，坚持成熟一个使用提拔一个，真正让想干事的有机会、能干事的有舞台、干成事的有地位，逐步形成了干部到一线锤炼、从一线选拔的用人导向，充分调动了脱贫攻坚一线干部的积极性，激发干部愿意到扶贫一线工作、机关干部到基层干事创业的热情，增强干部参与扶贫一线工作的使命感和自信心。2016 年以来，从精准扶贫精准脱贫第一线选拔任用干部 198 名。

【建档立卡贫困人口减少】 年内，全县上下以贫困户脱贫、贫困村退出、全县摘帽为目标，以易地搬迁为基础，以产业扶贫为突破口，统筹推进“六脱”工作，不断加强组织领导，层层压实主体责任，强化工作措施，始终把精准识别、精准帮扶、精准验收、精准退出贯穿工作全过程，确保扶贫对象有进有出、动态管理，坚决杜绝“虚假脱贫”“数字脱贫”和“被动脱贫”。截至年底，累计减贫 1288 户 5449 人，贫困发生率从 16.3% 下降至 0.003%。

（廖　浩）

【领导名录】

主　任

　　旦　增（藏族）

副主任

　　扎　桑（女，藏族，主任科员）

　　卢贤鹤

尼木县林业局

【概况】 尼木县林业局下属有一个林管站和一个国有苗圃（果塘苗圃），林业局全面负责林政、造林、野生动物保护、退耕还林、森林生态补偿金、护林防火、脱贫巩固等林业工作，是一个综合型单位，全局在职职工 17 人。2018 年，尼木县林业局有工程师 1 人、技术员 3 人，借调技术员 1 人，公益性 1 人，临时聘用工 9 人，行政人员 2 人。

【森林资源】 尼木县天然林木主要是由爬地柏、杜鹃、狼牙刺、高山柳、沙生槐、沙棘、银白杨、蔷薇、榆树、三棵针等 70 多种，主要药用植物有：贝母、虫草、黄连、雪莲等。均集中在卡如、吞巴、帕古和麻江等一些高海拔山坡地，主要是爬地柏、高山柳、杜鹃等。在卡如有一株胸径为 4 米的核桃树王，年产量 500 公斤左右，枝繁叶茂，树冠如巨型伞，二三十人坐在树下乘凉，不受日晒。

尼木县国土总面积 326994.870 公顷，其中林地面积 35227.974 公

2018年4月11日，尼木县林业局工作人员到海拔4300米以上的霍德村试种树木

顷，占国土总面积的10.77%，非林地面积291766.896公顷，占国土总面积的89.23%，全县森林面积34138.044公顷，森林覆盖率10.44%，林木绿化率10.45%。

在林地面积中，有林地面积1861.275公顷，占5.28%；灌木林地面积32276.769公顷，占91.62%；未成林地面积26.153公顷，占0.07%；无立木林地面积531.02公顷，占1.51%；宜林地面积513.596公顷，占1.46%；苗圃19.161公顷，占林地面积的0.06%。

2018年8月19日，森防专家到尼木县调研木材蛀虫情况

林地面积按地类分：有林地面积1861.275公顷，占林地面积的5.28%。有林地均为乔木林地，其中：纯林面积1790.353公顷，占乔木林面积96.19%；混交林面积70.922公顷，占乔木林面积3.81%。灌木林面积32276.769公顷，占林地面积91.62%。全部为国家特别规定灌木林。未成林造林地26.153公顷，占林地面积0.07%。无立木林地531.020公顷，占林地面积1.51%。宜林地513.596公顷，扎林地面积1.46%，其中宜林荒山荒地494.633公顷；宜林沙荒地18.963公顷。苗圃地19.161公顷，占林地面积的0.06%.

全县各类林木蓄积：全县活立木总蓄积量33315立方米。其中：森林蓄积量30769立方米，占活立木总蓄积92.36%；散生木蓄积量242立方米，占活立木总蓄积0.73%；四旁树蓄积量2304立方米，占活立木总蓄积6.91%；四旁树71735株。全县各乡（镇）中，活立木蓄积量最多的为塔荣镇，蓄积量11338立方米，占34.03%；麻江乡活立木蓄积量最少，为4立方米。

全县天然林资源：天然林资源总面积31373.220公顷，占林地面积的89.06%；天然林资源总蓄积量3立方米。其中有林地面积115.970公顷，占0.37%；国家特别规定灌木林地面积31257.250公顷，占99.63%。尼木县的天然林资源面积占全县森林资源的绝对优势，蓄积量所占比例很小。

人工林资源：尼木县人工林资源总面积2790.977公顷，占林地面积的7.92%；人工林资源蓄积量30766立方米，占活立木蓄积的92.35%。其中：乔木林地面积1745.305公顷，占62.53%；灌木林地面积1019.519公顷，占36.53%；人工未成林造林地面积26.153公顷，占0.94%。全县人工林资源比重较小，造林树种主要以北京杨为主，近年来由于尼木县实施退耕还林和重点区域造林等工程造林项目，人工林资源不断增加。

【2017年（2018年实施）拉萨周边防护林工程】 尼木县2017年拉萨周边防护林工程规模：人工造林2180亩，封山育林2000亩，总投资为129万元。造林每亩投资500元，封育每亩100元。由于投资低，本着按需设计的原则，将计划面积折合，工程总面积84.3亩，涉及两个作业区为塔荣镇东松村、林岗村；东松村人工造林48亩，林岗村庭院经济林36.3亩。树种为沙棘、水蜜桃、苹果。

【国土绿化（消除“无树村”“无树户”）】 年内，成立国土绿化领导小组，加强造林绿化工作的组织领导；逐级签订责任状，明确造林任务和责任；加强督导，主要领导要亲自抓，分管领导要具体抓，深入现场及时调度。

根据《西藏自治区人民政府

关于大力开展植树造林推进国土绿化的决定》文件精神，自2017年5月开始，为大力开展国土绿化提升行动，在深入基层摸底调研的基础上起草尼木县“无树村无树户”绿化实施方案、尼木县生态文明村建设方案。

尼木县辖7个乡1个镇、33个行政村115个自然村（村名小组），其中无树村4个（海拔4300米以上）；无树户1047户其中海拔4300米以下无树户为316户、海拔4300米以上无树户为731户，按照每人每年义务植树5棵计算需85910株。结合尼木2018年国土绿化工作实际，总共栽植树苗112953株，苗木来源于林业局果塘苗圃（树种为杨、柳树），另外县城内部及吞达村、卡如村等分别栽植万年青5000株、油松157株、云杉125株、西藏巨柏368株、桃树1250株、榆树1000株、苹果树750株、红叶李200株，栽植的所有树苗折合造林面积：1800余亩，其中4300米以上“无树村、无树户”试种绿化：麻江乡达琼村500株、强聂村500株、续迈乡霍德村200株。尼木县无树户316户全部建立一户一档案栽树前后的对比图片资料。

【2018年生态安全屏障防沙治沙工程】 年内，尼木县防沙治沙工程工程布局在续迈乡河东村共两个作业区，工程规模为4628亩，其中草方格1128亩，封山育林（草）3500亩。总投资为100万元。建设内容为架设网围栏4140米，安装警示牌1块，宣传牌1块，并在草方格作业区进行人工补播西藏蒿草种子1128公斤。该工程经过公开招标程序，由四川恒欧建设工程有限公司承建。

【退耕还林】 尼木县2003、2004、2007年3个年度共实施8004.7亩退耕地还林，全为生态林，分布于全县5个乡（镇）21个行政村，划分小班数37个，涉及农牧民1291户8518人，该工程自2003年在尼木县实施以来，进展顺利，成效显著，不仅加快国土绿化进程，增加林草植被覆盖面积，水土流失和风沙危害程度基本得到遏制；同时，尼木县相当一部分农民生活得到较大程度地改善和提高。2018年通过银行群众一卡通方式兑现2017年度退耕还林补助100万元。每亩补助为：125元（其中生活费105元/亩、年，管护费20元/亩、年）。

【新一轮退耕还林】 尼木县2015年度新一轮实施退耕还林工程面积为65亩（2016年实施），共涉及1乡1个村18个作业区19个退耕户、总人口为119人。第二次补助1.95万元（第一次每亩补助标准300元）该资金已兑现。

【生态补偿金】 年内，尼木县现有公益林面积386033亩，管护人员265名涉及七乡一镇，其中：吞巴乡面积37466.4亩、管护人员22名；卡如乡面积87618.53亩、管护人员49名；尼木乡面积24080.49亩、管护人员17名；塔荣镇面积7042.06亩、管护人员6名、普松乡3474亩，管护人员8名；续迈乡13158.18亩，管护人员14名；帕古乡面积99048.14亩，管护人员71名；麻江乡面积114145.2亩，管护人员78名。尼木县公益林面积386033亩，2016年到位资金197万元、2017年到位资金203.84万元（其中管护费197万元）。以上资金按每亩按4.85元的标准兑现，2018年资金未到位。

【野生动物肇事补偿】 年内，尼木县林业局认真做好野生动物肇事调查登记工作，积极向上级相关部门反映情况争取落实补偿资金，对野生动物伤害牲畜等损失降低到最低程度。2016年野生动物肇事补偿费494490元。涉及4乡9个村；共312户；黄牛2头、牦牛273头、绵羊249只、山羊104只；共损失金额494490元，2018年已全部兑现。2017年野生动物肇事损失补偿涉及5个乡11个村；共112户、牦牛106头，绵羊72只、山羊17只、青稞6.1亩、油菜1.9亩；共损失金额187120元，其中，县级补贴10%（18712元）、市级补贴30%（56136元）、区级补贴60%（112272元）2017年损失统计表已上报，资金未到位。林业局正在审核一卡通工作，持卡人员与证件完全吻合后兑现肇事补偿资金。

【林业有害生物防治】 年内，尼木县林业局结合县城周边个体林片以及公路沿线检查中发现少部分藏川杨上发现叶脉蛾、潜叶蛾情况，进行全县范围内开展排查病虫害情况,排查中发现杨树叶脉蛾、潜叶蛾均在尼木乡、塔荣镇部分村庄的个体林地,采取低毒高效措施,所发现虫害的杨树上进行喷散灭幼脲进行杀虫。在群众自家椽子木上发现的家茸天牛,采取椽子木打孔注射氰戊菊酯、熏烟等等措施,但效果不理想。由于入秋温度基本下降,成虫活动不明显。尼木县林业为配合云南省昆明林规院开展的西藏林业有害生物普查工作自8月28日开始至9月5日结束外业调查任务,共为期9天。普查范围覆盖全县8个乡(镇),共完成踏查线近60条、踏查点150余个,记录标准地数量达百余次,开展灯诱调查4次(涉及天然林、人工林、苗圃地和建筑施工场地)。年内,调查共采集昆虫标本近50种、500余号,病害标本20余种、百余号,鼠兔害标本1种、3号。定期对病虫侵害过的木枝丫和经过药物处理后的树木集中在指定地点烧毁,同时组织群众每年对成龄林树木进行修剪、打头等工作。

【以补脱贫】 年内,为全面落实精准脱贫攻坚"六脱"工作措施要求,大力实施生态扶贫,构建生态安全体系,拓宽贫困群众增收渠道,加快脱贫致富奔小康步伐,根据市、县有关通知要求,充分利用行业资源,将扶贫工作与相关责任单位发挥各自优势整合资源,深入推进扶贫工作,改善贫困地区生存环境,提高尼木县贫困户群众收入。在县脱贫攻坚指挥部的领导下,以补脱贫专项工作组,按照精准扶贫、精准脱贫的要求,安排好以补脱贫岗位,将以补脱贫岗位资源用好,用活。完成对尼木县2017年以补脱贫建档立卡贫困人员和非建档立卡低保户、农村低收人口的数据核对工作。全县涉及以补脱贫的各个口子单位制定各单位的管护制度及责任等材料。各乡(镇)与以补脱贫推进组签订责任书和合同,并制定一户一档材料。针对非建档立卡低保户和农村低收入人口新增的人安排以补岗位。对符合条件的2500人兑现生态岗位资金。对全县建档立卡和非建档立卡低保户中的无劳力者2018年2152人兑现政策性补助资金。对各乡(镇)不定时监督检查工作开展情况,兑现以补资金共计930.077万元。

【森林防火】 年内,为贯彻执行森林防火戒严令,切实做好今冬明春尼木县森林防火工作,提高广大农牧民群众的森防意识,林业局以张贴标语的形式结合各乡(镇)村有关人员向广大农牧民群众宣传了有关森林防火知识。

【安全生产】 年内,坚持预防为主,超前谋划。强化组织领导,成立安全生产工作领导小组;突出宣传教育,采取多种形式全面宣传安全生产各项方针政策和措施目标,着力提高职工安全生产意识和安全防范能力,营造良好氛围;加强检查治理,认真开展隐患排查治理专项行动,全面落实安全生产责任,建立并完善安全监控长效机制,做到防患于未然。通过采取切实有力措施加强安全生产目标管理,确保了全年无安全事故发生。

【党建工作】 年内,尼木县林业局党支部先后学习《习近平新时代中国特色社会主义思想三十讲》等各类学习教材20余册,并以支部中心组学习、专题党课、座谈研讨等形式学习"平语近人""社会主义有点潮"等,引导广大党员干部深入领会精神实质,不断增强"四个意识",坚定"四个自信",自觉在思想上政治上行动上同以习近平同志为核心的党中央保持高度一致。中共十九大召开后,组织广大党员干部认真学习宣传贯彻习近平新时代中国特色社会主义思想,切实在学懂弄通做实上下功夫,在深学笃用中打牢听党话跟党走的思想根基,把理论学习转化为理论自信,把真理力量升华为信仰定力,把对党绝对忠诚内化于心、外化于行,进入头脑、融入血脉。把推进"两学一做"学习教育常态化制度化为一项重大政治任务,抓住"关键少数",突出问题导向,在补齐基层党建短板、解决职工群众身边不正之风和腐败问题上持续用力,以有效制度机制推动领导干部以身作则、当好表率,带头旗帜鲜明讲政治、带头强化党性修养、带头严格自律,全面抓好植树造林、森林防火等重点工作。

年内,林业党支部带领广大党员干部特别是领导干部严格落实了"三会一课"、民主生活会、组织生活会、领导干部双重组织生活、民主评议党员、谈心谈话等制度,推动党内政治生活若干准则落实落地,认真落实党章、党内政治生活准则、党内监督条例、民主生活会规定,督促指导了各党支部创新方式方法,用好批评和自我批评武器,提高组织生活质量和效果。林业局支部每个月召开一次支委会,每个季度召开一次党员大会,每个月开展一次主题党日活动,通过严格执行"三会一课"制度,开展形式多样的党日活动,提高了党员同志的政治素质和政治修养,支部也充满了活力。加强支部建设,支部配齐支委班子,确保党建工作有人抓、有人管。落实组织部门部署,组织开展党员组织关系、党费收缴、党代会代表和党员违法违纪处理等"四项排查"工作,及时完成支部党费收缴及党员档案清理工作专项检查,按时上缴党费1141元,进一步夯实了抓基层强党建的基础。在广大党员中广泛开展理想信念宗旨教育、党的路线方针政策教育等,并把党员教育和支部管理结合起来,坚持"三会一课"制度,组织开展每个季度上一次党课、受教育党员达28名,进一步增强了广大党员的廉洁意识、责任意识。坚持贯彻中央"控制总量、优化结构、提高质量、发挥作用"的总体要求,做好党员发展工作,注重在高学历、青年职工中发展党员工作,严把党员发展质量,全年共发展发展对象1名,优化了党员队伍结构。

【纪检工作】 年内,坚持把党风廉政建设"两个责任"抓在手上、扛在肩上、落实到行动上,制定党风廉政建设责任制分工,明确党风廉政建设的"责任清单"。坚持以各级领导人员和关键岗位人员为重点,广泛开展形式多样的廉洁教育活动。组织党员领导干部认真学习《关于新形势下党内政治生活的若干准则》《中国共产党党内监督条例(试行)》《中国共产党问责条例》等一系列党内法规和条例。着力抓早抓小抓苗头,落实廉洁谈话制度,对党风廉政建设不到位或出现其他违规违纪苗头性问题的单位和领导干部进行约谈。

年内,严格落实中央"八项规定"、自治区"约法十章"、市委"八项要求"等纪律规定,认真结合"两学一做"教育实践活动,以纠正"四风"问题为重点,扎实开展作风监督检查和整治工作,并督促落实整改,取得明显成效:加强公务用车管理,公车私用现象杜绝;通过精简办文办会,会议次数、会议时间明显减少;"三公"经费进一步规范,办公经费逐年在减少。严厉查处慵、懒、散和损害政府窗口形象等问题。扎实开展纠"四风"专项行动,严查整治干部职工打牌赌博风、公款吃喝风和违规办酒风。认真开展"三资"清理工作,摸清底数,全面整改公款私存、公物私用等违规行为。年内,积极配合尼木县委巡查组的督导检查工作工作,分别在生态补偿金、退耕还林补助、以补岗位资金等等进行巡查,根据巡查组反馈意见林业局一对一的整改并建立工作台账。坚持用制度管人、管事,先后出台《考勤管理制度》《公车管理制度》《财经管理制度》等制度和规定,使全局作风建设有章可依。

【结对帮扶】 年内,根据精准扶贫结对帮扶相关文件要求,结对帮

2018年7月23日,尼木县林业局工作人员到续迈乡河东村实施防沙治沙草方格工程

扶工作开展情况：根据精准扶贫结对帮扶相关文件要求，尼木县林业局按照结对帮扶工作要求进行充实调整，全局精准扶贫结对认亲联系户正在开展结对帮扶措施落实情况工作。

（德　吉）

【领导名录】

局　长

普　　布（藏族）

副局长

洛桑扎西（藏族）

尼木县水务局

【概况】 2018年，尼木县水务局内设科室4个，分别为局办公室、防汛抗旱兼水土保持办公室、小型农田水利办公室、农村饮水办公室，在职干部职工21人，其中正科级1人，副科级1人。人员结构：行政3人，事业8人，工人10人。2018年，按照"节水优先、空间均衡、系统治理、两手发力"新时代水利工作方针，以水利"十三五"规划为统领，紧紧围绕全县社会经济发展，加快推进农田水利工程建设，积极推进为民办实事工程，全力以赴抓好防汛抗旱工作。

【小型农田水利工程】 投资67.94万元完成2016年小型农田水利维修工程项目尼荣村玉萨水渠、续迈村帕兴水渠复工建设；投资268.7万元完成2017年小型农田水利维修工程复工建设；投资2495.02万元完成2017年重点县项目复工建设；投资40万元完成续迈村甲朵水塘维修工程建设（2017年防汛抗旱补助资金）；投资537.67万元实施2017年第一批脱贫攻坚项目，共3个点，完成总工程量的41.5%。积极做好"十三五"水利规划重大项目——帕古水库的配合工作。

2018年5月10日，西藏自治区水利厅第一轮综合督导检查组到尼木县检查指导工作

【中小河流治理工程】 年内，完成预算资金70万元用于维修水渠、水塘、挡墙等6个点；完成帕古乡帕古村博巴组防洪堤建设项目，该项目资金由县级财政从精准扶贫投入12%的资金，共43.4万元；投资85.4338万元（县级财政配套37.4338万元）完成2017年自治区财政防汛补助资金项目——曲德寺防洪堤挡墙；投资84.25万元完成扎西沟简易防洪堤工程，总长度1000米；投资66.77万元完成尼木和诺瓦段防洪堤工程，总长度600米；顺利实施投资600万元的续迈乡春才水土流失综合治理工程项目（自治区水保专项资金），完成总工程量的80%。

【饮水安全工程】 年内，强化全县139处农村水源点的管理和监控，有效避免禽畜养殖污染和其他污染源污染水源点。同时，严格监控水源点周边的污染物排放，确保水源地水质安全。强化水源污染水源整治力度，加强对饮用水源保护区的巡查，严厉打击违法排污行为。

【维修养护工程】 年内，根据各乡（镇）、村组自然地理和经济社会条件，因地制宜地开展农村供水工程建设，农村饮水安全状况得到明显改善。2018年加大投资力度，县级投入资金217万元，上级下达投资213.46万元建设、维修农村饮水安全工程共计24处，管线总长度74.64公里，受益1144户，6606人，牲畜21035头（只、匹），有效地改善农村地区饮用水条件。实施水库除险加固项目1座（普松乡措杰水库）总投资290万元，灌溉耕地3960亩，林地6100亩，受益2289人、牲畜4390头（匹、只）。

【防汛抗旱】 年内，始终把防汛抗旱保护人民生命财产安全作为水利工作的首要任务，认真贯彻落实上级防汛部门的指示精神，牢固树立防大汛，抗大灾的思想，提前启动防汛抗旱工作，做到早安排、早部署、早落实，切实做好汛前工作，2018年未出现人员与牲畜被洪水冲走现象，确保全县安全度汛。为有效利用全县现有防汛资源与力量，6月5日，组织县防汛抗旱指挥部、交通局、住建局、水务局以及6家建筑企业、县运输车队等负责人召开划定防汛应急抢险区专题会议，组成抢险机械队伍，按照统一领导、分级负责、综合协调、快速高效的原则，结合建筑企业所在地划分防汛应急抢险区，在易发频发地段提前停放机械设备并派专人值守，确保抢险机械第一时间赶往灾区现场进行抢险。年内，投入抢险机械415台次，机械作业2869小时，投入油料及机械维修资金160万元左右，出动抢险人员600余人次。向受灾及隐患区域发放编织袋40万条、铅丝笼108圈、手推车5辆、雨具8套、彩条布15包、多功能巡检工程灯15个，投入资金约20万元。

【“河（湖）长制”工作】 年内，严格按照区、市“河（湖）长制”工作要求，稳步推进区域内主要河流生态保护及综合治理工作，切实加强尼木玛曲河等水资源保护、水域岸线管理、水污染防治、水环境治理，按照“建立管理机构、明确工作目标、落实管理责任、严格管理考核”的要求，建立区域与流域相结合的县、乡、村三级“河（湖）长制”组织体系，对全县范围内33条主要河湖段等全部落实责任人；继续开展全县河湖基础数据、河湖长基本信息填报工作、河湖区域管理范围划分，以及河湖及湿地的现状调查、摸底、完善和充实相关数据及信息，2018年4月通过市级全面鉴定“河（湖）长制”验收工作。

【项目前期工作】 年内，围绕解决群众最关心、最直接、最现实的民生水利问题，扎实做好水利项目前期工作和项目储备工作，集中人力、财力、物力规划储备一批有深度、有效益的水利项目，争取更多的切合尼木实际、符合投资方向的水利项目列入区、市的计划盘子。特别是当前要紧紧围绕乡村振兴战略目标，认真研究“十四五”水利发展规划，科学谋划尼木县“十四五”水利改革发展的主攻方向、目标任务、工程布局、体制机制和重要举措，为争取水利项目资金、促进水利更好更快发展提供科学依据。

【河湖巡查监管】 年内，为进一步提高尼木县水域岸线管理保护工作，积极发挥上下联动作用，充分调动社会监督和群众参与积极性，大力加强对河道堤防、河道采砂、水库库区的现场实地检查、排查，并做好巡查日志记录，同时积极参与联合执法行动，保证尼木县主要河道的水环境安全，护岸生态环境逐步得到改善。

【节水型社会建设】 年内，为加快推进节水型社会建设，进一步提高群众节水、惜水意识，通过多

2018年3月30日，拉萨市建设工程质量安全监督站工作人员到尼木县验收自来水厂扩建工程

种渠道、利用多种方式开展大型节水宣传活动5次，发放节水宣传单550余份、宣传纸杯200余个。根据尼木县节水型社会建设目标，经多方协商探讨，已确定节水型社会建设规划设计单位。已编制完成《尼木县“节约用水”进校园主题宣传教育活动方案》、收集活动宣传材料、编制宣传稿等，在县中学、县小学分别开展节水教育宣传活动。

【取水许可管理】 年内，为深入贯彻落实最严格的水资源管理制度，加强取水许可管理，尼木县水务局积极争取建设项目水资源论证经费，在尼木县第十三届人民政府第29次常务会议上同意解决尼木县自来水厂、东风灌区、幸福灌区的水资源论证经费，共计42.075万元，并与河南省郑州地质工程勘察院签订合同。同时，督促尼木县取用水大户开展水资源论证和取水许可证的办理工作，不定期地进行取水许可专项检查，共3次。通过检查有效遏制了水资源浪费现象，为实现水资源可持续利用提供了有力保障。

【饮用水源地保护】 6月，根据《尼木县饮用水源地突发水污染事件应急预案》方案，开展饮用水源地突发环境事件应急演练活动，演练模拟县城水源地上游100米处，油罐车翻入河流造成水源污染，在现场，组织应急小组迅速进行应急处置工作，从直观上真正认识到突发事件，提高对突发事件风险源的警惕性，促使公众在没有发生突发事件时，增强意识，主动学习应急知识，掌握应急知识和处置技能，提高自救、互救能力。

【捐助净水器】 年内，在县委、县政府和县人大领导的帮助下，协调碧水源公司为尼木县捐助净水器，安装部分设备，并初步商定碧水源公司下一步捐助计划。

2018年12月24日，尼木县召开实行最严格水资源管理制度考核汇报会

【精准扶贫、精准脱贫】 年内，组织干部入户，与结对贫困群众谈心交友，帮助寻找致富门路。积极做好扶贫保障工作。结合各乡（镇）自身实际、人员自然增减以及转移就业等，解决水生态以补脱贫岗位345个。

【建议、提案办理落实】 年内，承担办理人大建议（意见）18件、政协提案7件，在规定时限内全部给予答复，答复率达100%。

（格桑曲珍）

【领导名录】

局　长

丁永红（藏族）

副局长

李　品（5月免）

尹林华（5月任）

尼木县安全生产监督管理局

【概况】 2018年，尼木县安全生产监督管理局核定行政编制3人，事业编制2人，实有人员9人。尼木县安全生产监督管理局在做好非煤矿山、烟花爆竹、危险化学品领域安全生产监管工作的同时，作为县安委办对全县的安全生产工作开展情况进行协调和督查，及时掌握全县的安全生产形势并向县主要领导反映。2018年，尼木县共发生各类安全事故78起，死亡7人，伤10人，直接经济损失704.755万元，未发生较大及以上事故。与2017年同期（安全事故59起，死亡2人，伤13人，直接经济损失35.952万元）相比，事故起数上升32.20%，死亡人数上升5人，受伤人数下降23.08%，事故损失增加668.803万元。

【非煤矿山安全监管】 年内，拉萨天利公司未进点作业，尼木铜业公司依然处于停工状态。2018年尼木县安全生产监督管理局共独立检查、联合检查尼木铜业公司采矿区、电解车间、聂玉采石场24家次，参加检查人员56人次，未发现安全隐患。

【危险化学品安全监管】 年内，尼木县安全生产监督管理局对县加油站、撬装加油机、县加油站一体化改造施工项目进行独立检查、联合检查安全检查25次，参加检查人员77人次，发现隐患11处，下发整改指令书4份，整改11处，下发整改复查意见书4份，监督县加油站顺利完成了一体化改造项目。

【烟花爆竹零售经营安全监管】 尼木县烟花爆竹系季节性销售，只限在尼木年、春节和藏历新年期间销售。在1—2月烟花爆竹售卖期间，对县城烟花爆竹售卖情况进行安全检查6次，出动检查人员14人次，未发现隐患。截至2月25日，3家商铺将剩余的烟花爆竹退还至拉萨市烟花爆竹协会，尼木县安全生产监督管理局收回3家烟花爆竹经营商铺的烟花爆竹（零售）经营许可证，圆满完成烟花爆竹零售工作。

【安全生产宣传教育】 6月，尼木县安全生产监督管理局组织开展全县“安全生产月”活动，通过悬挂横幅、播放安全生产音频资料、滚动播放安全生产月标语、接受群众现场咨询、摆放安全知识展板、发放安全生产宣传资料等多种形式进行宣传，共摆放展板28块，悬挂横幅25条，向农牧民群众、企业发放手提袋2000余个、纸杯3000余个、安全生产围裙2500余个、安全生产宣传帽1000余顶，《安全生产宣传图册》《日常安全知识手册》《农牧民消防安全手册》《寺庙消防安全手册》等宣传资料1万余份（本），受益群众2000余人次。通过宣传，普及安全生产知识，增强了农牧民群众安全生产意识。

8月，根据区、市安委办安排，县安委办定制《地方党政领导干部安全生产责任制规定》（藏汉“双语”版）3850本，向各乡（镇）、县安委会各成员单位发放，要求各乡（镇）、县安委会各成员单位认真组织学习，进一步增强做好安全生产工作的责任感、紧迫感，并将学习贯彻情况报送至县安委会办公室（尼木县安全生产监督管理局）。

【安全生产行政许可】 年内，尼木县安全生产监督管理局做好对烟花爆竹零售经营和危险化学品批发、零售（无储存设施，仅限票面经营）的行政许可工作。

年内，尼木县烟花爆竹系季节性销售，只限在尼木年、春节和藏历新年期间销售。尼木县安全生产监督管理局作为烟花爆竹零售经营的行业监管部门，在烟花爆竹销售之前，牵头组织县消防大队、县公安局治安大队、县工商局严把烟花爆竹零售（经营）许可关。经过严格审核把关，经四部门一致同意，尼木县安全生产监督管理局确定3家售卖烟花爆竹的商铺，核发烟花爆竹（零售）经营许可证和尼木县烟花爆竹零售

2018年5月23日，尼木县安监局副局长德庆卓玛一行到中石油尼木加油站检查一体化改造施工项目

上岗证。

年内，尼木县安全生产监督管理局按照《危险化学品经营许可证管理办法》《关于补充县（区）危险化学品经营许可行政审批相关规定的通知》《关于进一步加强无仓储危险化学品经营单位安全监管和行政许可工作的通知》的要求，完成对苏拉能源有限公司扩大经营范围、尼木中商石油化工有限公司和西藏恒泰艾普能源开发有限公司危险化学品经营许可证变更法人工作。

2018年6月30日，尼木县委常委、副县长郑同生，县安监局局长王万宪到尼木铜业公司检查汛期安全工作

【严格执行月通报制度】 年内，尼木县安委办（尼木县安全生产监督管理局）继续严格执行安全生产月通报制度。2018年，安全生产月报已印发12期。

【迎接国务院安委会安全生产考核】 1月、3月14—20日，国务院安委会先后对自治区2017年度安全生产工作进行考核、对自治区落实全国“两会”期间安全生产工作情况进行督导检查。县安委办及时向各乡（镇）、县安委会相关成员单位下发相关通知，要求认真开展安全生产大检查，严格落实安全监管措施，对照备查资料清单，细化工作措施和台账。同时县安委办按照拉萨市安委办要求，将相关备查资料报送拉萨市接受国务院安委会考核、督导组的抽查。

3月15日，西藏自治区安委办常务副主任、安全监管局局长达木拉陪同国务院安委会安全生产第8专项督导组对尼木县道路交通安全生产工作进行督导检查，提出指导意见。尼木县陪同检查的领导表示一定按照国务院安委会安全生产第8专项督导组领导和自治区安全监管局领导的指示，认真落实安全生产各项措施，并举一反三，督促各乡（镇）、各行业领域监管部门细化强化安全监管措施，加大安全隐患排查治理力度，切实做好安全生产各项工作。

【安排部署安全大检查】 2月，尼木县安委办初起草《关于在全县全覆盖开展拉网式安全生产大检查大排查的工作方案》，并以县政府名义下发，并督促各乡（镇）、县安委会各成员单位、各企业开展拉网式安全生产大检查大排查，并按照要求将相关数据向拉萨市安委办汇报。按照拉萨市安全生产大检查工作方案，县安委办结合尼木县实际，制定尼木县安全生产大检查工作方案，对全县道路交通、消防、危险化学品、县加气站、非煤矿山及工贸、施工项目、冶金等行业安全生产和职业病危害、特种设备、学校、旅游、重点时段安全生产工作、汛期安全等进行安排部署，并督促各乡（镇）、重点行业领域监管部门开展安全生产大检查工作，并按时向拉萨市安委办报送大检查工作开展情况。

【汛期安排部署】 年内，针对尼木县雨季偏早降雨量偏多，汛期事故易发、多发等特点，及时下发《关于切实做好2018年度汛期安全生产工作的紧急通知》《关于在全县范围内开展汛期安全生产大检查的工作方案》等文件，对汛期安全生产工作和防汛抗灾工作及时进行安排部署，提出工作要求，督促各乡（镇）、县（中）直各单位做好汛期安全生产和防汛抗灾工作。通过全县上下一致努力，实现尼木县安全度汛。

【制度建设】 年内，为进一步明确各行业领域安全生产监管责任，根据《拉萨市安全生产委员会成员单位安全生产职责分工》，县安委会结合尼木县实际研究制定《尼木县安全生产委员会成员单位安全生产工作职责分工》，并下发至各乡（镇）、县安委会各成员单位，要求各乡（镇）、县安委会各成员单位认真学习，明确行业管理部门安全生产管理职责，切实履行安全生产监管责任，防止出现监管盲区和空白。

【牵头开展事故调查处理】 3月30日，在尼木县尼木乡、麻江乡等中低压配电工程项目吞巴乡吞达村二组施工点发生一起一般触电事故，事故造成1人死亡，直接经济损失169.99万元；5月1日，在尼木乡聂玉村尼木县藏鸡原种保护基地二期建设项目（父母代区、商品代区）施工工地发生一起高坠事故，事故造成1人死亡，直接经济损失150.75万元；5月1日，在尼木县吞巴乡吞达村一组电力工程施工点发生一起一般事故，事故造成1人死亡，直接经济损失149.01万元；10月11日，西藏优拉建筑装饰工程有限公司作业人员在吞巴乡根比村三组修建到“朗玛日山”的荒山便道时，发生一起装载机操作不当倾斜导致翻车事故，事故造成1人死亡，事故直接经济损失103.5万元；10月18日，县中心小学教学楼施工工地一名工人在室内作业时不慎从2.03米高木制人字梯上掉下致重伤，立即送往人民医院，经抢救无效死亡，直接经济损失107.6万元。

事故发生后，县委、县政府高度重视，第一时间作出部署，积极开展事故调查和善后处理工作。根据县委、县政府主要领导同志指示要求，依据《中华人民共和国安全生产法》《生产安全事故报告和调查处理条例》等有关法律法规，尼木县安全生产监督管理局牵头相关部门组成事故调查组开展事故调查。截至年底，“3·30”一般触电事故、“5·01”一般建筑施工事故、“5·01”电力工程一般事故、“10·11”一般事故和“10·18”一般建筑施工事故已调查完毕，形成事故调查报告，并经县人民政府批复同意上报拉萨市安委办备案；事故相关企业及责任人缴纳了事故罚款141.259万元，事故相关企业、相关单位（不含“10·11”一般事故和“10·18”一般建筑施工事故相关企业）已上报事故整改报告。

【党的建设】 年内，尼木县安全生产监督管理局党支部认真落实好各项工作，要求党员干部按时交纳党费；组织干部党员干部学习党章、中共十九大精神等理论，抓好理论武装头脑；做好发展党员工作，召开党员大会将预备党员岗桑旦增发展为正式党员，为局党支部注入新鲜血液；按照县直机关工委的安排部署，按照相关程序完成党支部换届工作；严格落实基本制度，坚持“三会一课”、组织生活会、谈心谈话、民主评议党员等党内制度，完善各项会议记录，规范党内组织生活。按照县委组织部的安排部署，党支部召开党员政治教育动员会，制定实施方案，按照实施方案对党员进行了政治教育。

【党风廉政建设】 年内，始终把廉政建设作为高压线，把纪律和规矩挺在前面，督促干部职工严格遵守中央“八项规定”，严格执行廉政承诺、廉政谈话等制度，勇

2018年4月26日，尼木县召开2018年度第三次安全生产工作会议

于开展批评与自我批评，自觉接受各方面监督。严格上下班考勤及日常工作纪律，进一步加强机关作风效能建设。加强对党员干部的廉洁教育，在“三大节日”、清明节、端午节、中秋节、国庆节等重要节点前及时传达学习县委、县纪委关于廉洁过节的纪律要求，要求干部职工廉洁过节；开展不作为、慢作为、文山会海等形式主义、官僚主义的集中整治，进一步改进工作作风；加强政治纪律建设，召开政治纪律学习动员会，组织干部职工学习习近平总书记“七个有之”“五个必须”，及《中国共产党章程》《中国共产党纪律处分条例》《关于新形势下党内政治生活的若干准则》《中国共产党问责条例》等，进一步提高了党员干部纪律规矩意识，使党员干部做到心中有戒行之有界，自觉以党员标准规范自己的行为。

【九届县委第三轮巡察】 年内，尼木县委巡察办对安全生产监督管理局党支部2014年以来党的建设、党风廉政和反腐败工作进行巡察。为做好巡察各项准备工作，局支部召开会议对迎接巡察工作进行安排部署，按照巡察内容进行责任分工，对2014年以来党的建设、党风廉政和反腐败工作相关材料进行分类整理。在县委巡察组巡察期间，全局干部职工严格工作纪律，积极配合。12月，向县委巡查组办公室报送了整改方案，正在对存在的问题进行整改。

为做好县直单位重点工作考核工作，尼木县安全生产监督管理局按照县委、县政府督查室的要求，准备相关材料，认真做好考核准备工作。针对考核反馈存在的问题，坚持问题导向，制定整改方案，积极进行整改。

（杨　卓）

【领导名录】

局　长

王万宪

副局长

德庆卓玛（女，藏族）

尼木县税务局

【概况】 2018年，尼木县税务局认真贯彻落实年初召开的全市税务工作会议精神，把“为国聚财，为民收税”的总要求贯彻落实到税收工作实践中，努力推动各项工作在不断创新中取得发展。进一步深化推进供给侧结构性改革工作，以党风廉政建设为主线，以绩效管理为抓手，坚持务实创新，推进依法治税，强化科学管理，提升纳税服务，促进尼木县税务局税收各项事业的顺利发展。2018年，尼木县税务局共完成组织收入38154.21万元，2017年同期共组织收入29223.41万元，较2017年同期增收8930.8万元，同比增长31%。

【增值税改革】 3月28日，国务院常务会议提出进一步深化增值税改革三项措施：“降税率”“统一标准”“退还留抵税额”。“降税率”，将原适用17%、11%税率的行业，税率分别降低为16%、10%；“统一标准”，将增值税小规模纳税人的年销售额标准统一上调到500万元，并在一定时期内允许符合一定条件的已登记为一般纳税人的企业转登记为小规模纳税人。此外，对装备制造等先进制造业、研发等现代服务业符合条件的企业和电网企业，在一定时期内未抵扣完的进项税额予以一次性退

2018年6月15日，拉萨市税务局党组副书记、局长孙清明（左二）到尼木县税务局指导办税服务大厅标准化改造工作

还。为更好推动深化增值税改革工作落地见效，尼木县税务局迅速行动、积极部署、统筹协调、细致缜密抓好各项工作。

【机构改革】 根据《中共中央关于深化党和国家机构改革的决定》《国务院机构改革方案》和国家税务总局关于国税地税征管体制改革的部署要求，尼木县税务局于2018年7月20日成立，新成立机构继续本着“为国聚财，为民收税的理念”做好税收征管工作。

【纳税服务】 年内，为深化“放管服”改革，加强事中事后监管，尼木县税务局积极探索推行实名办税，维护纳税人合法权益，也让纳税人得到便利。积极参与开展“问需求，优服务”活动。向纳税人发放“拉萨市税务局问需求优服务调查问卷”，征求纳税人对拉萨市纳税服务工作的意见和建议，进一步推进纳税服务工作。尼木县税务局持续推进“互联网+税务”工作的落实，认真做好网上申报的宣传工作，通过多种形式让纳税人全面了解网上申报系统的流程、功能和便利点，从而使纳税人掌握网上申报的操作方法和流程，鼓励纳税人在全面掌握网上申报方法的基础上积极使用网上申报系统进行申报。严格按照区市级工作要求进行2018年度纳税信用等级评价工作，层层审核，严格落实，圆满完成此项工作。办税服务厅在上级部门的指导帮助下完成县局办税服务厅的标准化建设工作，优化了办税环境。

【社会保险费】 年内，为顺利承接社会保险费和非税收入征管职责划转工作，尼木县税务局已在税务机构改革工作小组下成立社会保险费和非税收入征管职责划转工作办公室，负责社会保险费和非税收入划转的组织领导及实施工作，并根据尼木县实际，下发《国家税务总局尼木县税务局社会保险费和非税收入征管职责划转工作实施方案》，构建社会保险费和非税收入划转工作机制；制定《国家税务总局尼木县税务局社会保险费和非税收入征管职责划转工作实施方案》任务分工表，对重点工作任务层层分解，实现任务到人。

【环境保护税推广开征】 年内，环境保护税改革是税务系统一项重大税制改革任务，时间紧、任务重、要求高、专业性强，事关广大纳税人的切身利益，受到社会广泛关注。根据《中华人民共和国环境保护税法》以及《拉萨市国家税务局环境保护税开征工作实施方案》，尼木县税务局工作人员充分认识改革的重大意义及其艰巨性和复杂性，统一思想，积极行动，认真落实工作方案措施，确保环保费改税顺利实施。为此，尼木县税务局成立尼木县税务局环境保护税开征工作领导小组。加强与财政、环保部门配合，摸清税源底数，尽早实现污染物排放种类、数量和应纳税额等征管信息的共享。在做好部门间协作的同时，内部各有关科室之间既要明确分工、细化责任，又要密切配合、团结协作，形成合力，共同抓好开征前各项准备工作。加大政策宣传力度，通过网络、纸媒等各种媒介，向社会各界宣传开展环境保护税开征工作的重要意义和主要内容，争取社会各界的理解和支持，营造良好的舆论氛围。

【电子税务局正式上线】 10月1日，西藏自治区电子税务局正式

2018年1月10日，尼木县税务局干部职工到塔荣镇慰问结对帮扶户

2018年4月25日，尼木县税务局开展“便民春风行动——纳税人开放日”活动

上线，在此之前，尼木县税务局税务干部积极参加市局开展的内部培训，熟悉电子税务局所有操作，旨在能准确辅导纳税人，让纳税人在使用电子税务局时有更好的体验，另外组织纳税人参加市局举办的电子税务局业务培训，详细讲解电子税务局网上申报、发票验旧和发票申领的基本功能，操作流程和注意事项，在办税服务厅设立电子税务局体验区，由专人负责对纳税人进行手把手辅导，促使“电子税务局”推广工作落实到位。

【党风廉政建设】 年内，建立健全党风廉政建设的各项制度。定期组织干部职工学习市局下发的文件和党风廉政相关文件精神，通过学习提高党员干部的理论水平和业务素质；每半年举行一次民主生活动会，认真分析存在的问题、查找工作中的不足，落实整改措施，令其整改，达到预期的目的；对车辆的出行安全、油耗等都有严格的规定；对领导干部出行、外出考察学习、培训、个人财产等按相关规定及时地向上级主要领导进行报告；日常经费使用从不搞主要领导个人说了算。在重大事项决策上，坚持党政民主议事会制度，必要时召开会议，重大事项的决策，提高党支部议事制度的公开性和透明度，重大事项采取一票否决制。

（姚 璐）

【领导名录】

局 长

李 纲

纪检组长

格桑卓玛（女，藏族）

副局长

米玛平措（藏族）

尼木县工商行政管理局

【概况】 尼木县工商行政管理局坐落于尼木县人民路9号，占地面积1563平方米，建筑面积800平方米，其中办公楼1栋（两层）、住宿楼2栋（1栋两层、1栋一层），执法车辆2辆，现有在职人员12人，其中干部10人（男干部5人、女干部5人）、职工2人（均男性）。

【“全面服务”抓落实】 年内，尼木县工商行政管理局实行“一审一核”“全程电子化”“限时办结”和“简易注销”营商机制，为创业者“开绿灯、创便捷”。2018年，简易注销个体工商户78户，企业全程电子化营业执照1户。

年内，尼木县工商行政管理局执法人员走乡入户，为偏远乡村农牧民合作社、个体工商户填报纸质年报，共计500余份；为商标持有者提供双语“商标指导书”，共计发放指导书33份。年内，尼木县工商行政管理局始终实行优质服务、专业指导、如实审批的原则，大力激活市场主体活力。截至年底，辖区市场主体共1973户，新增市场主体501户，同比增长78.3%，其中企业69户、个体427户，分别同比增长91.7%、104.3%，农专新增5户；新增地理标志证明商标2件。

【“全面监管”抓落实】 年内，尼木县工商行政管理局在市场准入阶段，告知市场主体需要办理的后置许可审批手续，向审批部门推送市场主体登记信息，为事中事后监管做好基础性工作，并开展全县22家协同监管单位的“双告知推进会”。发放告知书、抄告函共387户。年内，尼木县工商行政管理局先后开展三批次“双随机、一公开”监管工作，共检查市场主体78户，其中未发现问题市场主体53户，下达责令限期改正通知书11份，列入经营异常名录6户。

年内，尼木县工商行政管理局通过宣传引导、落实责任、督促检查等步骤，积极开展2017年度年报公示工作，年报公示率达94.65%。其中企业、农专、个体年报公示率分别为96.9%、100%、93.52%。列入异常名录与标记异常状态市场主体92户，公示率100%。吊销无正当理由连续6个月以上未经营5家企业营业执照，公示率100%。办理案值500元“无证无照”经营案件1件，公示率100%。年内，尼木县工商行政管理局深化专业市场监管，重点监管网络、旅游、电子、农业市场；深化专项执法行动，重点开展对网络传销、扫黄打非、不正当竞争、虚假宣传、建材、汽修市场、高危行业等专项整治行动。共计出动执法人员500余人次、执法车辆200台次。

2018年2月24日，拉萨市工商局副局长晋美（右二）到尼木县工商局检查指导企业注册及档案管理工作

【“全面维权”抓落实】 年内，尼木县工商行政管理局以315消费者权益日、安全生产月、民族团结日等重点时间点为契机，以《中华人民共和国消费者权益保护法》、“月重点宣传内容”及相关法律法规为主题，共开展12次宣传活动、发放宣传材料700余份、受理消费者咨询200余人次。

年内，尼木县工商行政管理局积极处理消费者投诉事件，派遣执法人员到现场进行调解，一共处理2起事件，其中市局“12315”投诉举报中心分流1件，直接投诉举报1件，2起投诉举报均调解成功，办结率100%。年内，尼木县工商行政管理局通过协调乡（镇）政府、派出所，新增6个消费维权联络点与打传联络点，全覆盖辖区七乡一镇。

【“全面培养”抓落实】 年内，尼木县工商行政管理局按照具体学习培训计划，以岗位需求为导向，有针对性地开展综合素质、专业基础和岗位能力的教育培训工作。区局2017年度公务员初任培训3人次、区局2018年度公务员初任培训2人次、北京工商局挂职学习1人次、井冈山基层党支部书记培训1人次、井冈山文秘综合培训1人次、市场监管综合业务网络培训2人次、南通执法培训1人次、赴北京调研地理标志证明商标使用情况1人次、到市局业务科室跟班学习1人次。

【“党建思路”抓落实】 年内，尼木县工商行政管理局干部职工主要采取集中与自学的方式，学习中共十九大、十九届三中全会精神以及党章和宪法修改部分。年内，尼木县工商行政管理局从思想观念入手落实党建工作，组织干部职工全程关注全国“两会”，以习近平新时代中国特色社会主义思想为指引，转变思想观念。

年内，尼木县工商行政管理局开展践行“三个表率”建设“模范机关”和强化政治纪律教育活动，召开专题讨论会议2次。引导大家想干，能干，干成，叫你干，到我要干，干就干好。

（嘎玛达杰）

【领导名录】

局　长

姜德刚

副局长

仁青次仁（藏族）

尼木县净土产业投资开发有限公司

【概况】 尼木县净土产业投资开发有限公司成立于2014年3月，是尼木县人民政府批准设立的国有独资公司，尼木县人民政府履行出资人职责。注册资本5000万元人民币（其中现金出资1000万元，实物资产4000万元）。

尼木县净土产业投资开发有限公司承担范围内高效生态农牧产业项目、农牧业综合开发项目、净土健康产业研发基地、净土健康农业示范基地的建设和项目与运营管理、尼木县范围内农牧业及相关项目。承担现代种植养殖业发展、农产品市场推广、农牧产品物流网建设、农牧业招商引资、农牧业对外合作。建立现代化奶牛养殖示范基地和畜禽养殖基地，组织开展粮食、畜牧产品流通、加工、贸易及相关产业合作业务。

【发展模式】 年内，县委立足实际，制定尼木县农业产业“三步走”发展规划（第一步，实现尼木县果、蔬、菌、肉、奶、蛋的自给；第二步，填补拉萨市果、蔬、菌、肉、奶、蛋的市场缺额；第三步，作为北京顺鑫集团在西藏的生产基地），大力实施农业产业“3212工程”和“五年十万蛋鸡工程”，进一步明确思路，科学布局，加大工作力度。到2020年，在麻江、帕古、续迈北部三乡建成牦牛标准化养殖与产品深加工区；在吞巴、塔荣、尼木三乡（镇）建成现代设施蔬菜、藜麦种植为主的农业产业发展区；建成一条自尼木乡乌米园区至卡如乡赤朗村以果品产业为主的一、二、三产融合发展的沟域经济产业带；建成设施农业、牦牛两条产业链；实现商品藏鸡22万羽。

【种植业】 年内，在确保粮食安全的前提下，积极调整种植业结构，2018年尼木县共种植粮食作物31427.77亩，经济作物7000亩，饲草5196.26亩，粮经饲比例调整为72∶16∶12，农业产业结构进一步得到优化。

【创建工作】 年内，尼木县共打造有机基地3420亩（其中有机藜麦1000亩，有机雪菊300亩，有机蔬菜120亩，有机土豆200亩，有机油菜300亩，有机青稞1500亩），获得“国家有机产品认证创建示范区”称号并取得“牦牛、雪菊、藜麦”3个有机产品认证证书的基础上，保持“土豆、油菜、青稞”3个有机转换证书的有效性，新增“黄瓜、西红柿”2个有机转换证书。建立尼木有机农业网站，建成尼木县有机农产品追溯管理系统并投入使用。不断完善有机农业九大体系建设，健全各项规章制度和技术规范，保障有机农业建设顺利实施。

【提高农业组织化程度】 年内，尼木县建成农牧民藏鸡养殖、藏香制作、经幡印刷、雕刻等各类合作社60余家，入社成员837户，辐射带动农牧民群众742人，户均增收1600元以上。在发展壮大农牧民合作社中建立“四个机制”“两个全覆盖”和“两个90%”工作机制。依托合作社、企业等市场主体，创新“党支部+合作社（企业）+贫困户”发展模式，引导贫困群众用土地、扶贫资金、闲置房屋、劳动力等资源入股，促进资源变资产、资金变股金、贫困户变股东，带动贫困群众创业就业。如，卡如乡加纳日绿色农业

2018年1月23日，拉萨市副市长扎西白珍（右二）到西藏德青源原种藏鸡保护基地检查指导工作

发展农牧民专业合作社，完成土地流转 164.25 亩，种植雪桃、平谷大桃、核桃等果品和林下经济作物，实现收益 35 万余元，为 59 户合作社社员劳务分红 91500 元。

【品牌建设】 年内，已获得“尼木藏鸡”“尼木藏鸡蛋”“尼木菜籽油”国家地理标志证明商标，同时积极申报为国家农产品地理标志；“尼土尚品”已取得国家知识产权局认证。

【科技人才培育】 年内，组织实施新型职业农牧民培育工程、农村发展带头人培训工程，举办九大体系培训班、有机农业专题知识培训班等各类培训参训人员达 320 人次。在北京顺义区、拉萨市农牧局的支持下，邀请种植专家和技术人员到尼木县开展技术培训并全程跟踪指导，以现有农技人员为基础，组建县、乡、村三级技术服务队伍。

【参加各类特色产品展销会】 9 月 8 日，第四届藏博会正式开馆。本届藏博会以“畅游新西藏·守护第三极”为主题，充分展示中共十九大以来，西藏经济社会发展取得的历史性成就、发生的历史性变化。展览展示围绕高质量发展、绿色发展的美好前景，深度挖掘西藏旅游和文化资源潜力，全方位、多角度、立体化呈现西藏旅游文化的独特魅力。尼木县净土产雪菊、藜麦、糌粑、藏鸡蛋、石斛、藏香、藏纸、雕刻等亮相藏博会，并且取得消费者的一致肯定和好评。9 月 23 日，西藏首届“中国农民丰收节”庆祝活动主会场在拉萨市林周县举办，尼木县特色净土有机特色产品积极参展，并且得到各级领导和消费者的高度评价。

（吴　斌）

【领导名录】
总经理
　　贾保军（10 月免）
　　南　文（10 月任）
副总经理
　　吴　斌

尼木县城乡建设投资发展有限公司

【概况】 尼木县城乡建设投资发展有限公司（以下简称城投公司）。城投公司于 2017 年 7 月 1 日正式开展各项工作，开展的主要业务有项目代建、招商合作、项目融资、物业管理、产品营销等。

【代建工作】 年内，县城投公司代建的建设项目共 34 个，签约合同价约 196517936.31 元，包括市政道路项目 3 个，市政基础设施项目 3 个，房屋建筑项目 25 个，其他项目 3 个。截至 11 月，已累计完成投资额 185269113.41 元。

【2018 年完工工程】 年内，已经完工工程有 15 个：尼木县日措村亮化工程项目、彭岗村农业综合开发土地治理项目、帕古乡农业综合开发土地治理项目、塔荣镇雪拉村农业综合开发土地治理项目（改造提升）、尼木县麻江乡完全小学太阳能热水采暖系统工程、尼木县尼木乡人民法庭建设项目、尼木县广电中心建设项目、尼木县中心小学教工宿舍建设项目、尼木县藏医院建设项目附属工程、尼木县普松乡护林围墙工程、尼木县村级兽医室建设项目、尼木县桥头环境绿化改造提升项目、尼木县温室大棚维修改造建设项目、尼木县供电有限公司综合办公楼建设项目、尼木县吞巴乡吞达村特色产品展示展销中心绿化工程，累计完成投资额 32828414.42 元。

【2018 年在建工程】 年内，在建项目工程有尼木县高原种子业航天育种及产业化推广应用建设项目、尼木县建档立卡贫困户藏鸡标准化养殖基地建设项目、尼木县烈士陵园改扩建项目、拉萨市尼木县普松乡如白村扶贫点公路工程、拉萨市尼木县吞巴乡吞普寸雍组至 G318 链接公路工程等共 17 项。签约合同价约 127172252.55 元，其中 3 个 EPC 项目无最终概算批复暂时无法定价。已启动但未进入施工阶段的项目。2018 年启动的项目中，未进入施工阶段的项目有 2 个：普松乡藏鸡养殖项目、尼木县 2018 年新建公共租赁住房建设项目。计划总投资约 23041828.68 元。

【净土工作】 年内，已获得“尼木藏鸡”“尼木藏鸡蛋”“尼木菜籽油”国家地理标志证明商标，同时积极申报为国家农产品地理标志；

2018年7月4日，尼木县委常委、副县长张文明到塔荣镇林岗村检查指导藜麦种植工作

“尼土尚品”已取得国家知识产权局认证。西藏德青源原种藏鸡保护基地存栏2万只，把藏鸡产业打造成农牧民群众增收致富、巩固脱贫成果的重要渠道，在原种保护、品种优化、扩大规模和技术创新上下功夫，加大对藏鸡自抱窝孵化的奖励和补贴力度。把生态农业发展作为农牧业提质增效和推进农业发展的一项重要措施，引导农牧民群众转变生产方式，推动农村土地流转，培育藜麦、雪菊、特色果品、食用菌、石斛、温室大棚蔬菜种植等市场价值高、发展前景好的特色种植产业，促进农业生产由以数量为主转向数量质量并重，更加注重效益，注重市场导向。

【扶贫工作】 年内，城投公司扶贫重点抓住扶贫户就业及各乡（镇）扶贫户劳务增收工作，公司在停车站、农贸市场、建材市场等管理上空出职位，解决就业。同时在各乡（镇）项目点让扶贫户通过与施工队签订劳务合同，让贫困户、边缘户适龄人员通过就业和靠双手增收享受到企业扶贫成果、摘掉贫困帽子。

【党建工作】 年内，利用每周四学习时间，积极抓好“三会一课”和集中学习教育，同时，采取召开专题会的等方式，把学习党章、十九大、十九届二中及三中全会精神和自治区党委、拉萨市委系列会议精神作为一项重要的政治任务，对党员大力开展社会主义核心价值观教育、爱国主义教育、业务知识和职能技能教育、党员意识教育培训、党的路线方针政策，马克思主义“五观”“两论”、十四世达赖及达赖集团的反动本质等内容。年内，公司支部先后组织学习30余场次。通过培训学习，带动了机关不同层面干部职工的学习热情，加强党性锻炼和修养的理解和认识，进一步强化了公司党员的责任意识。

【党风廉政建设】 年内，成立由班子成员组成的党风廉政建设领导小组，切实抓好项目上从设计、施工、验收等各个环节的监管工作，确保资金管理规范，运行安全。同时通过学习教育让公司职员注重自身修养，做到自重、自警、自省、自律，工作上高标准，生活上低要求，严于律己，踏实工作。

（斯加措姆）

【领导名录】

董事长

尹世强

总经理

杨胜全

副总经理

南　文

社会事业

尼木县民政局

【概况】尼木县民政局是县人民政府管理社会行政事务的主要职能部门，下设二级单位为县残疾人联合会，下辖事业单位2个（县特困人员集中供养服务中心、县居民家庭经济状况核对中心）。2018年，全县最低生活保障对象523户、1092人（其中农村最低生活保障对象271户、803人），特困供养人员143人（其中集中特困供养人员114人），60岁以上老年人3683名（其中县城易地搬迁户老年人107人），残疾人844名（其中重度残疾128人，残障儿童90人），留守儿童112人（其中困境儿童6人）。

【社会救助】2018年，尼木县民政局严格按照“户户登门、人人见面”的原则和“精准识别、精准认定”的要求。4—10月，对全县农村最低生活保障对象678户、2579人，进行专项核查审批后，保留257户、746人，清退421户、1833人，新增13户、55人，现实有农村最低生活保障对象270户、801人，减少率31.05%，入户率99%。有效杜绝“人情保”“关系保”“错保”“漏保”等问题，切实做到动态管理、应保尽保、应退尽退，程序严格、公开透明，积极筑牢兜底保障底线。

2018年农村最低生活保障对象271户、803人，落实保障资金193.84万元（包含“两线合一”资金108.5万元）；对城市最低生活保障对象252户289人，落实保障金230.51万元；对分散特困供养人员26人，落实供养金29万元；对集中特困供养人员117人，落实供养金54.67万元（其中上级拨款1.177万元/人·年，本级拨款1.26万元/人·年）；对残疾人742人，落实“两项”补贴资金111.67万元；医疗救助对象661人（次），落实救助资金255.163万元，对临时救助对象336人（次），落实救助37.6万元，切实解决生

2018年7月18日，西藏自治区福利彩票发行中心工作人员到尼木县慰问农村老党员

活难、养老难、就医难就学难的问题，确保底线兜的住。

2016年农村最低生活保障标准由A类2270元/年、B类1730元/年、C类1123元/年，提高到2017年A类3031元/年、B类2427元/年、C类1713元/年。到2018年全面实施差额救助办法；特困人员供养标准由2016年5710元提高到2017年5910元/年，到2018年特困人员分散供养标准达5760元/年，集中供养标准达11700元/年。集中供养对象，县级每年投入272.8万元，用于提升和改善特困人员生活水平。“两线合一”（即最低生活保障线与扶贫线衔接）补助标准由2016年A类1075元/年、B类1615元/年、C类2222元/年，提高到2017年A类883元/年、B类1487元/年、C类2201元/年。到2018年全面实施差额救助办法；残疾人“两项补贴”（即困难残疾人生活补贴和重度残疾人护理补贴）由2017年困难残疾人补贴660元/年、重度残疾人护理补贴1320元/年，提高到2018年困难残疾人生活补贴1200元/年、重度残疾人护理补贴2400元/年。

2018年3月16日，尼木县民政局开展“民生是稳定之基、稳定是和谐之本”为主题宣传活动

【组织建设】 年内，尼木县民政局共吸收预备党员1名，推荐入党积极分子2名。健全党员先进性考评体系和党员党性定期分析制度，完善以“党员评议、群众评议”为主要内容的“双评”制度和“三会一课”制度，同时，加大对工作的投入，落实党员教育和党组织活动经费，完善党内激励、关怀、帮扶机制，“七一”建党节期间，到县革命烈士陵园和县特困人员集中供养服务机构开展“惠从何来、恩向谁报、我心向党”为主题系列宣传教育活动，极大激发了党员干部争先创优意识。

建立规范的党员基础资料档案，完善干部岗位目标管理，局机关党支部与各党员干部签订目标管理责任书，强化绩效考核机制，定期进行督办检查，及时组织召开组织生活会和党员生活会，推行每季一评和年终述职评议、民主测评。

【作风建设】 年内，针对尼木县民政局机关党支部查找出来的“作风不实”“不敢闯、不敢试，缺乏担当”等“四风”问题，以“坚决整改，立行立改”的态度，从“加强理论学习”“提高党性修养，扎牢宗旨意识”“密切联系群众，切实转变作风”等五个方面进行整改，使自己理想信念更加坚定，党性修养得到进一步增强、宗旨意识更加牢固。深入组织开展“四风”专项整治活动。在专项整治“慵懒慢浮”“门难进、脸难看、事难办”方面：建立健全相关制度，进一步激发全体职工的工作热情和动力，强化敬业奋斗的意识，规范广大干部职工的服务行为，通过制度约束和强化管理，使全体干部职工宗旨意识、纪律意识、服务意识进一步增强。

年内，在日常工作中能够做到严格按照法律、规章制度办事，有效地杜绝个人主义在工作中的不良影响。结合民政业务特点，深入开展党风廉政建设教育活动，自觉遵守党员干部廉政准则，做到不行贿受贿，廉洁自律，坚决克服不思进取、得过且过、贪图享乐、庸碌无为的消极腐败思想，为民政系统干部职工依法管理、遵纪守法起到了良好的带头表率作用。

【减灾救灾】 年内，调整充实尼木

县防灾减灾委员会，由分管副县长颜泽伦任组长，县民政部门主要负责人任副组长，气象、国土、水利、农牧、住建、林业、驻县部队等县（中）直单位主要负责人和各乡（镇）长为成员，并细化委员会职责，切实做到县人民政府统一指挥，县民政部门牵头，相关部门协调的工作运行机制，为全县自然灾害的防范和应对工作提供有力的组织保障。按照“横向到底，纵向到边”的要求，进一步完善县、乡、村三级预案，实现救灾应急预案三级全覆盖。按照灾情应急抢险队伍建设要求，调整充实灾情信息员队伍，保障每个乡（镇）和村居专门一人负责灾害信息报送工作；按照防抗灾应急队伍建设要求，建立由驻县部队为的突击力量队伍，由公安消防为主骨干力量队伍，由县直单位、乡（镇）、村（居）干部为主辅助力量队伍，由县直救灾业务精干人员为主灾情评估队伍，确保有灾情有应对人员。

针对各类易发灾害，联合县国土、气象、水务等部门定期开展地质灾害隐患排查，对新增地质灾害点进行登记造册，树立地质灾害警示牌，老旧的地质灾害警示牌进行更换及维修、到村组召集群众，地质灾害群测群防人员进行宣传培训业务知识工作，做到“群众参与、上下联动”的地质灾害防治体系。截至年底，全县境内主要气象地质灾害隐患点共有122处，其重点沿河沿江区域地质灾害隐患点有28处。全面检查更新县、乡级救灾物资储备消防器材，并更换老化的电线、安装防盗监控设备，维修各村组救灾物资储备库门窗和屋顶，切实消除各类隐患，确保救灾物资储备库物资安全。

按照《西藏自治区应急救灾物资管理办法》，县民政部门建立健全岗位责任制度、出入库管理制度、安全巡查制度、安全管理制度、安全工作责任制度、物资发放使用制度、物资储备管理等制度，做到物资完好、账物相符、手续完备、专人负责、制度上墙、出入库登记台账准确细致。结合历年自然灾害发生频次及影响范围、群众生活习惯、民族习俗等，科学确定和配备各类救灾物资品种和规模，形成以县级储备为基础、乡（镇）和村组储备为补充的全县救灾物资储备体系。

年内，县级投入95.76万元，购置棉大衣737件、帐篷270顶、棉被1000床。严格落实24小时值班制度、领导带班制度和重要情况报告制度，进一步加强气象地质情况的检测预警预报，县民政部门与县气象部门建立协调沟通机制，掌握每日全县天气变化信息，切实做到密切关注天气，科学研判，预警预报。灾情一旦发生，要在第一时间赴灾区，同时通过《国家自然灾害灾情报送系统》，第一时间（2小时之内）及时报送灾情，确保12小时内受灾人员基本生活得到初步救助，各项救助措施落实到位。

年内，严格按照“户报、村评、乡（镇）审、县定”的程序，结合各乡（镇）受灾实际，对2017年受灾对象675人，2018年第一季度发放冬春救助资金27万元。2018年雨水灾害灾后，对急需缺粮家庭12户、25人，发放救助口粮2500公斤（折合人民币1万元）；对因灾紧急困难户15户、80人，发放临时救助7.053万元；对因灾转移安置6户、32人，发放救灾帐篷8顶。对2018年全县受灾人口4123人，按照“重点救助、分类

2018年6月12日，尼木县民政局机关党支部召开换届选举大会

救助”为原则，市级受灾群众冬春救助款下拨后，开展冬春生活救助工作，切实保障受灾群众基本生活。

【社会福利】 年内，全面排查农村留守和困境儿童，结合尼木县实际，出台关爱保护对象认定标准。积极协调县卫计委、县教育局、各乡(镇)人民政府、各村(居)民委员会、各留守儿童监护人，共同签订留守儿童关爱保护协议，对农村留守儿童106人、困境儿童6人，提供监护指导、医疗救治、心理辅导、思想教育、行为矫治、法律援助等服务，落实关爱保护资金17万元。全面排查登记高龄老人，建立基础资料档案，对70岁以上高龄老人1335人，发放健康补贴132.5万元。

【社会事务】 年内，婚姻登记进一步规范，服务能力和服务水平明显提升，档案归档科学化，全年结婚登记233对，离婚登记30对，补办登记31对。深入开展“天葬台”调研工作，制定天葬台管理制度，明确管理内容，积极申报受损“天葬台”维修保护项目，已获得上级批准的有续迈“天葬台”维修项目。截至年底，全县范围“天葬台”共计69台。

【基层政权】 年内，加强村民组织自治和农村社区建设工作。2017年基本完成9个农村社区建设试点工作，2018年巩固和推进24个村(居)农村社区建设工作。加强村务公开和民主管理工作。编制尼木县村务公开目录，全面实行“五规范，一满意”的工作推进方式，“五规范”即规范公开内容、规范公开时间、规范公开形式、规范公开阵地、规范公开管理，一满意即公开的效果群众满意。加强对村务监督委员会工作的督促和指导，重新编制《尼木县村务监督委员会工作细则》，细则中详细规定村务监督委员会的工作职权及针对村务监督工作需建立的监督工作报告制度、监督工作台账制度、监督工作公开制度、监督工作反馈制度等各项制度。

2018年10月17日，尼木县民政局联合县文化旅游局开展“重阳节”慰问演出活动

年内，指导开展村(居)消防工作，对全县33个村(居)设立微型消防站，配套消防器材，并建立村民委员会主任担任队长，5～7名联户代表担任队员的微型消防志愿队伍。县民政局对33个村(居)委员会主任颁发基层群众性自治组织特别法人统一社会信用代码证书，意味着尼木县基层群众性自治组织正式开始获取特别法人“身份证”。

【区划地名】 年内，按照国家民政部、公安部对村组织印章使用和管理的有关规及《西藏自治区地名管理办法》，向县人民政府请示公章规范事宜，安排专人收集公章变更及新刻所需资料，依法变更47枚、新刻19枚，并印发村组织印章管理使用制度，确保安全规范用印，保障广大群众的切身利益，促进农村基层组织建设健康发展。

年内，尼木县荣获自治区“平安边界县域”称号，并完成尼木县与班戈县、浪卡子县、曲水县行政区域界线联合检查工作，并签订“平安边界”共建协议。完成县城区域5条街道更名及设立道理标志牌和乡(镇)村名牌、道路标志牌12个维修工作。

【双拥创建】 年内，根据《军人抚恤条例》和《拥军优属若干规定》以及区市优抚对象等人员抚恤和生活补助工作的相关要求，对农村籍60岁以上退伍人员15人，落实生活补助2.628万元；对重点优抚对象4人，落实抚恤金10.525万元，无一例违反政策和上访事例发生；无一拖欠、挪用现象发生，从政策法规上维护了优抚对象的合法权益。深入开展“9·30”烈士纪念日活动，县级投入12.65万元，全面排查失联烈士家属，特意邀请遗属14人，召集全县党政军民系统，共同缅怀革命先烈。

年内，加大拥军优属拥政爱民工作。积极联系军队部门，新增双拥联系点1个，进一步增强军政军民团结，实现双拥工作“组织健全、政策落实、活动经常、关系融洽”的总要求。大力支持驻军部队建设，增进党政军民鱼水关系。年内，县委、县政府投入15万元，建设武装执勤设施，并2018年起本级财政预算5万元，用于改善部队官兵生活；对县公安消防大队投入194万元完善基层消防设备设施，并2018年消防业务经费200万元列入财政预算，有效的改进驻军部队工作和生活环境，切实增进党政军民鱼水关系。加大优抚对象关怀力度，切实把党和政府温暖的送到心坎上。

2018年，藏历新年期间慰问退役人员5人，送去慰问金0.8万元；春节先后慰问驻县部队和公安机关，送去慰问金4.2万元；“八一”建军节慰问退役人员16人，送去慰问金1.8万元。驻县各部队按照县委政府的统一号召下，积极参加救灾、植树造林、积雪清扫和垃圾漕运等各项工作10余次；积极投身于精准扶贫攻坚作战中，军政联合开展“送温暖·献爱心”捐助活动2起，对贫困学生送去慰问金0.5万元，同时开展失学儿童返校、军训进校园等活动；“就业贫困户，推进精准扶贫”活动6起，受益服务对象16人，体现了双拥工作新景象，为建设“和谐美丽小康尼木”做出了不可代替作用。

【残疾事业】 尼木县残疾人联合会特邀西藏五洲医院专家们对参加残疾鉴定的儿童和0～6岁持证脑瘫儿童的康复需求进行筛查，通过筛查，有4名儿童通过矫形器能够得到康复，有2名残疾儿童通过手术能够得到康复，5名脑瘫儿童通过及时进行康复治疗，状况能得到明显改善。特别是2名3岁之前的脑瘫儿童及时进行康复，康复效果会非常好。县残疾人联合会成立残疾人康复服务小组，通过入户调查、邻里访问、医院鉴定等方式评估康复需求，填写《残疾人精准康复服务手册》，录入服务信息管理系统，组织业务精干人员，对94人登门发放拐杖、手杖、轮椅、助行器、站立座椅等辅助器具；对32人联系县人民医院检查身体、配备药物；对8人提供康复训练平台，并指导康复训练方式，辅导心理健康。认真组织开展残疾人精准康复工作，满足残疾儿童和持证残疾人134名的康复需求。县残疾人联合会积极联系区市康复专家，为尼木县16名听力障碍人士免费佩戴上了量身定做的助听器；对13名断肢残疾人进行假肢筛查，确定可装配4人，4人的照片、医院证明等相关材料已上报到北京博爱医院。县残疾人联合会特邀拉萨市妇幼保健专家进行孕龄妇女预防“新生儿出生缺陷”讲座1次，开展残疾预防宣传活动3次。落实“政府购买残疾人居家托养服务项目”受惠对象37人，每人每年落实补贴资金3600元（每人每月500元），满足了重度残疾人护理需求。

（顿　珠）

【领导名录】

局　长

次　　珍（女，藏族）

副局长

益西措姆（女，藏族）

尼木县人力资源和社会保障局

【概况】 尼木县人力资源和社会保障局核定编制6人（公务员编制4人、行政事业编2人），现有公务员9人、工人1人、基层平台2人、公益性岗位4人。2018年，始终深入贯彻落实中共十九大和十九届历次全会精神，坚持“两学一做”学习教育活动常态化制度化。紧紧围绕2018年人社工作目标任务，坚持以“民生为本、人才优先”的发展战略，认真落实各项方针、政策，扎实推进班子队伍建设、党风廉政建设、劳动就业、社会保险、工资福利、劳动监察、专业技术等各项工作，努力为尼木县经济发展、社会稳定提供坚强的社会保障和人才支撑。

【职业技能培训】 年内,开展就业再就业培训人数215人,完成市局下达任务的107.5%;开展农牧民转移就业培训1186人,培训合格率92%,培训后就业率71%,完成市局下达任务的118.6%,其中建档立卡贫困户培训450人,培训合格率95%,培训后就业率87%,完成市局目标任务的112.5%;开展创业培训50人,创业成功3人,带动就业9人,分别完成全年目标任务的151.5%、100%和100%;农民工职业技能鉴定126人,完成157.5%。

【城乡劳动力就业形势总体平稳】 年内,实现城镇新增就业766人,完成全年目标任务的102.1%,其中就业困难群体就业217人,完成144.7%,城镇失业人员再就业174人,完成116%。易地搬迁建档立卡贫困人口转移就业629人,完成目标任务的211.8%。农牧区劳动力实现转移就业0.83万人、2万人次,实现收入0.68亿元,分别完成全年目标任务的103.8%、100%和123.6%,确保城镇登记失业率控制2.2%以内,城镇调查失业率控制在5.5%以内;小微企业实现新增就业717人,完成102.4%,小微企业吸纳就业3184人,完成106.1%。

【拓宽就业渠道】 年内,开展人力资源洽谈会3期,后期实现就业68人,完成目标任务的100%;

2018年11月29日,尼木县人社局局长主持调解农民工劳资纠纷

开展职业介绍329人次,完成全年目标任务的109.7%;职业介绍成功189人,完成126%;开发就业岗位434个,完成108.5%。

【高校毕业生就业】 年内,制定尼木县高校毕业生实名制信息登记花名册,实名制信息登记率达100%。通过举办或参加区市举办的招聘会和创业大赛、政府购买服务、岗位开发、开辟见习基地等多种方式,拓宽高校毕业生就业渠道。通过与县内企业联系,成立5家高校毕业生就业见习基地,安排12名高校毕业生到见习基地见习,通过以上措施,尼木县2018届高校毕业生就业179人,就业率91.8%,完成目标任务的101.7%。

【企业职工基本养老保险】 截至年底,尼木县参保企业6家、参保人数478人,征缴基金624万元,分别完成年度目标任务的133.14%和141.88%。

【机关事业单位基本养老保险】 截至年底,尼木县机关事业单位参保45家单位、参保人数1519人,征缴基金5204万元,分别完成年度目标任务的101.19%和107.98%。

【城乡居民养老保险】 截至年底,尼木县城乡居民养老保险参保人数14927,个人缴费总额151万元,分别完成年度目标任务的98.8%和99.8%。

【城镇职工基本医疗保险】 截至年底,尼木县城镇职工基本医疗参保1755人(含退休),征缴基金2426万元,分别完成年度目标任务的112.93%和121.27%。

【失业保险】 截至年底,尼木县失业参保1172人,征缴基金112万元,分别完成年度目标任务的

101.29% 和 107.08%。

【工伤保险】 截至年底，尼木县工伤参保 2433 人，征缴基金 101 万元，分别完成年度目标任务的 130.8% 和 137.8%。

【生育保险】 截至年底，尼木县生育参保 1755 人（含退休），征缴基金 133 万元，分别完成年度目标任务的 112.93% 和 117.82%。

【基金管理】 年内，尼木县社保基金由县财政局代扣单位 44 家、县教育局代扣 2 家、县人社局自收 5 家。按照市人社局及财政局相关文件规定，社保基金应纳入社会保障基金财务专户，实行收支两条线管理，单独记账、核算。尼木县人力资源和社会保障局于 2016 年年底就在县农业银行开设机关事业单位养老保险基金收入户、机关事业单位职业年金基金归集户、职工医疗保险收入专户、生育保险专户、工伤保险收入专户、失业保险专户、职工养老保险收入专户，共 7 个专户已投入运行。全部实现专款专用、专户专储，防止虚报、套取、侵占及贪污等违法违纪现象，确保了资金安全规范运行。

【工资福利】 年内，尼木县人力资源和社会保障局高度重视干部职工切身利益，认真开展工资福利核算清算工作。及时上报 2017 年度尼木县机关事业单位干部职工工资年报，完成 486 人的正常晋升和级别晋升，按照每人 1200 元 / 月的标准，落实尼木县政法系统在编 25 名正式工作人员的政法机关工作津贴，及时兑现尼木县员额内 10 名法官、检察官以及 21 名司法辅助人员、司法行政人员的 2017 年度基本工资标准增资和绩效考核奖金，按照每人 710 元 / 月执行尼木县 179 名人民警察、司法警察的加班补贴。完成 2018 年度高校毕业公开考录人员、非西藏定向生源、部队生源定向生等共计 40 名新分配人员的工资定级。完成机关事业单位职务（职称）变动 119 人，各类固定 72 人，浮动 74 人。完成 2017 年 7 名享受 64 号文件提前退休人员的工资审批工作。

【劳动监察】 年内，人力资源和社会保障局全面贯彻落实法律法规宣传教育，对用人单位及劳动者及时进行法律法规宣传教育，切实增强劳动者依法维权意识。成立以县委副书记、县长为组长，相关业务部门为成员单位的尼木县集中解决拖欠农民工工资支付工作专班。建立分管副县长领导牵头的工作协调机制，分管副县长定期组织专班召开工作会议，协调处理劳动监察相关事宜。制定年度工作计划并严格按照计划实施。通过日差巡查、专项检查等方式，对用人单位遵守劳动保障法律、法规和规章情况依法开展监察。截至年底，共受理劳资纠纷案件 55 起，结案 40 起，涉及劳动者 178 人，追回工资 43 万元。因劳务合同导致故意拖欠工资移交法院处理 1 起。在县财政局开辟专户设立 200 万元的民工工资应急周转金账户，制定《尼木县民工工资应急周转金管理办法》，加强对应急周转金的管理。积极做好民工工资保证金收缴工作。截至年底，全县民工工资保障金专户余额 3098 万元，涉及企业 91 家。切实加强执法能力建设，成立县劳动监察执法大队，安排 4 名专

2018年9月21日，尼木县召开高校毕业生就业创业工作专题会议

职工作人员负责劳动监察工作，统一工作制服，开展相应执法工作。

【专业技术】 年内，全面落实人社厅及市人社局专业技术人员、工人的职称考试工作，严格筛选各参考人员考试资格和职称评定工作。按时、保质的完成各类统计工作，并于2018年完成尼木乡、卡如乡和水务局的岗位设置工作。截至年底，全县共有101名专业技术人员聘任技术等级职称，其中聘任初级职称90人，中级职称9人，副高级1人，高级1人（还有25人的职称评审资料正在上报中，其中初级20人，中级5人）。同时，及时加强继续教育申报管理系统管理，并对已提交的继续教育全部审核完毕，2018年度继续教育手册登记54本。

【返乡创业就业】 年内，尼木县人力资源和社会保障局扎实开展高校毕业生返乡创业就业，为他们送岗位、送服务、送政策，动员参加招聘会、就业见习、创业就业培训等工作。根据县委、县政府安排部署，结合尼木县产业发展，尼木县人力资源和社会保障局努力将藏香产业打造为尼木县劳务品牌。严格按照县委提出的藏香产业“123”发展思路（“1”即做好“藏香文化”这个非物质文化传承；“2”即建设吞巴手工藏香制作中心和县城藏香产业园区现代化生产中心；“3”即抓好产品体系、品牌体系、市场体系3个体系建设）要求，积极做好从事藏香劳务人员的就业跟踪管理和宣讲等工作。通过组织藏香技能人才参加自治区和拉萨市的职业技能大赛，并囊括所有奖项，进一步对尼木藏香进行宣传。同时，按照“培训育品牌”的劳务发展思路，狠抓农牧民职业技能培训工作。根据市场需求，积极组织农牧民参加装挖机、厨师、停车场收费员、客运公交驾驶员、汽车维修等培训，通过培训，不断提高农牧民的综合素质，增强品牌劳务的质量，增加市场信誉度。

2018年11月23日，尼木县人社局组织工作人员开展惠民政策宣传活动

尼木县人力资源和社会保障局高度重视高校毕业生返乡下乡就业创业培训工作，2018年共举办高校毕业生岗前技能培训班一期，培训30人，通过培训，有效提升了高校毕业生就业能力。通过招聘会、岗位开发等多种方式，2018届高校毕业生中实现本县范围内就业23人，占就业总数的13.4%。大力开展高校毕业生就业创业扶持政策宣讲，在县级层面针对宣讲员进行政策培训的基础上，要求各村以村民大会的形式进行宣讲，33个行政村（居）均已开展宣讲活动，基本实现全覆盖。同时积极落实高校毕业生就业创业补贴，共为2名返乡创业的高校毕业生兑现了创业启动资金10万元。

（达娃桑旦）

【领导名录】

局　长

速 绍 富（5月免）

达娃桑旦（藏族，5月任）

副局长

西热平措（藏族）

占　　旭（5月免）

李 德 胜（5月任）

尼木县教育（体育）局

【概况】 2018年，尼木县各级各类学校26所，其中中学1所，小学5所，幼儿园20所（包括县中心幼儿园1所，乡级幼儿园7所，村级幼儿园12所)。尼木县中学在校学生1115人,初中入学率99.91%。小学在校生2938人,小学入学率99.97%。幼儿园在园人数1269人,入学率84.94%。初中毕业生380人,招生420人。小学毕业生492人,招生487人。全县教职工420人,其中工人4人,事业管理人员1人,专任教师393人,专任教师学历合格率均为100%。

【党建工作】 年内,制定下发《2018年教育系统党建工作要点》《大力推进基层党组织标准化建设实施方案》,召开年度党建工作部署会,明确工作重点和任务要求。认真开展好年度党建述职评议会、专题民主生活会(组织生活会),加强督导检查,切实做到聚焦主业、履行主责、反思差距,深挖管党治党薄弱环节,推动管党治党从严从实。严格按照标准要求集中整治软弱涣散党支部1个。截至年底,县教育系统设有党委1个、党总支1个、党支部11个。扎实做好教育系统党支部换届工作,圆满顺利完成11个党支部换届工作,配齐配强各支部带头人和成员。推行党组织领导下的校长负责制,稳妥推进党组织书记、校(园)长“一肩挑”,3个党组织实现党组织书记、校长(园长)“一肩挑”。

2018年吸收入党积极分子10人,发展预备党员11人,预备党员转正8人,现有党员203人。大力开展“双培养”工作,把9名骨干教师培养成党员,把11名党员教师培养成管理骨干。规范有序做好党费收缴、使用、管理和党组织关系接转工作。尼木县教育系统全年共收缴党费4.26万元。“七一”表彰先进基层党组织2个,优秀党务工作者、优秀共产党员共计20人,表彰资金1.6万元。围绕8个方面深入推进基层党组织标准化建设,同时拨付35万元作为开展党建工作提供经费保障,2018年底教育系统党组织基本实现标准化。以“两学一做”学习教育常态化制度化为契机,以“三会一课”“主题党日活动”为载体,以“政治纪律教育”为手段,集中学习研讨和个人自学相结合,扎实抓好中共十九大精神,中央和区、市、县重要会议精神特别是习近平新时代中国特色社会主义思想的学习贯彻,开展各类集中学习活动22次。

【党风廉政建设】 年内,研究制定《2018年教育系统党风廉政建设工作要点》,召开年度党风廉政建设工作部署会,明确工作重点和任务要求。局党委坚持把党风廉政建设和反腐倡廉工作纳入全年工作的整体布局中,围绕全面从严治党这条主线,将党风廉政建设工作与中心工作同安排、同部署、同考核,明确各级党组织抓党风廉政建设的主体责任,把落实“一岗双责”作为党风廉政建设的一项重要手段和有力措施来抓。层层签订党风廉政建设责任书,局主要领导与分管领导、各校园、局领导与分管科室主要负责人签订党风廉政建设责任书,做到责任到岗、责任到人,确保主体责任明确、履责有依、问责有据。

年内,将学习培训作为提升党员干部、教职工素质能力重要途径,抓严抓实。以集中学习研讨和个人自学相结合,扎实抓好以中共十九大精神,中央和区、市、县重要会议精神特别是习近平新时代中国特色社会主义思想、《中

2018年8月19日,拉萨市教育局副局长陈渠汇(右二)一行到尼木县检查指导2018年秋季开学工作

国共产党纪律处分条例》《中国共产党问责条例》《关于新形势下党内政治生活的若干准则》《中国共产党党内监督条例》和各级纪委全会精神等为重点内容，面向党员干部教职工的学习教育，有效树牢“四个意识”“四个自信”、纪律规矩意识，坚决做到“两个维护”。在立足自身的基础上，依托县委组织部和上级教育部门开展党务、业务培训、网络培训，切实提升党员干部教职工履职能力。年内，培训党务工作者 52 人次，系列培训不断优化了党员干部、教职工的知识结构、开阔工作思路、有效提高了党员干部、教职工作运用科学理论分析和解决实际问题的能力。

2018年8月30日，尼木县举行教育系统学籍管理人员专题培训

【教研教学】 年内，严格遵照课程设置要求，开齐开足课程，保证数量，注重质量，大力推进双语教育教学，各中小学将普通话、规范字（藏、汉）的训练纳入常规教学工作中。各校结合“大练兵”活动，积极组织开设丰富多彩的兴趣小组，开展课堂教学技能大赛、教学论文评比、藏汉演讲、书法、朗诵等各类活动。本年度为提升小学科学和中学理化生实验课的教学质量，添置了教学仪器设备和实验药品。依托国培、区培和市、县培训，广泛开展多层次、多形式的培训，促进师资队伍的建设、素质的提高和发展。2018 年选派教师参加国培 149 人次，区级培训 980 人次，市级培训 82 人次，县级培训 95 人次，合计参加人数达 1306 人次。有力助推了为教育人才的培养和教育、教学工作模式由“经验型”向“科研型”的转变。同时补充新鲜血液，2018 年赴内地引进人才 17 人。坚持执行校领导和幼儿教师每次交流一年、普通教师交流两年的工作，参加过交流的校领导、教师达 96 人次，在校交流教师达 24 人次，交流成效日趋明显。

年内，建立健全以教育局长、校长、教务处主任、教研组长、任课教师层层负责的教学管理责任体系，形成教学工作有专人抓、有责任人抓、有具体人落实的工作格局。健全县、校教研机构，加强教研队伍建设，切实形成分级负责、上下联动、整体推进的教研工作机制，广泛深入开展校本教研和“小课题”研究，经常性开展教学反思，持续改进教学方法，提高教学质量，同时采取送教下乡、蹲点指导等方式，提高对教育教学工作指导的实效性。围绕“五个 100%”教育目标，深入实施基础教育提升工程，制定实施《尼木县全面提升教育教学质量三年（2018—2020）行动方案》，狠抓教育教学质量提升。2018 年尼木县中考成功实现进位目标在七县区中排名第四，小学三、六年级统考实现进位目标，在七县区中三年级排名第四，六年级排名第三，尼木县教育教学质量呈现向上向好的发展态势。

【基础设施】 年内，共投入 14514.9 万元开展教育事业，其中教育事业费预算指标 11664.7 万元，本级财政教育投入 2850.2 万元，占 2017 年县级财政收入的 20%。投入 208 万余元为 9 所乡村幼儿园配齐配全工作生活设施设备，投入 50.9 万元为 5 所幼儿园更新设施设备。2018 年秋季学期 7 所新建村级幼儿园（东嘎村双语幼儿园、聂玉村双语幼儿园、尼荣村双语幼儿园、普巴村双语幼儿园、强尼村双语幼儿园、赤朗村双语幼儿园、吞普村双语幼儿园）顺利完成开园招生。大力推进义务教育阶段学校标准化建设，县中心小学教工宿舍、援藏教学楼、1号及2号学生宿舍和续迈乡完小学生宿舍、续迈乡完小风雨操场麻江乡完小供暖项目全面建成。

【德育工作】 年内，制定《尼木县教育系统2018年德育工作实施方案》和《尼木县教育系统“师德师风建设”活动实施方案》，依托“五有五好”文明村镇创建活动，把有知识、有能力、有社会经验、有活动能力并且能真正了解学生和受学生所欢迎的优秀教师，补充到德育工作队伍中来。尼木县各中小学开展宣讲教育活动88场次，涉及89223人次，主题实践活动53场次，涉及70652人次。制作25块广告牌、32个宣传栏、42个橱窗、25个展板，悬挂35条横幅并在LED显示屏上滚动播放“四讲四爱”内容。

【电化教育】 年内，投入70万元为尼木乡小学建设精品录播教室1间；投入69.95万元为尼木县中心幼儿园建设监控及校安指挥中心；为教育局电教站配备12万元信息设备；初步完成拉萨市教育城域网。

2018年，拉萨市微课大赛中参赛教师人数达62人，其中获奖人数20人。针对现代化教育技术手段的发展，各学校也相应地组织开展培训，通过教研、电教人员联合下乡，以服务基层为宗旨，积极承担基层学校教师集体培训和单独培训任务，并组织教师积极参加网络国培计划，省级、市级远程培训以及县级集中培训，占全县教师总数的90%。微信公众平台订阅号“尼木教育发布”，及时发布最新教育动态信息168次，在发布教育咨询和推进政务公开上给关注的用户带来了更好的体验。

【校园安全】 年内，召开安全维稳专题会议15次，深入学校基层检查指导安全维稳工作20次，联合各成员单位开展校园安全、食品安全、卫生防疫、周边环境整治18次，及时处理政府服务热线转办件2起。大力开展“三病”筛查工作，做到教育系统学生全覆盖，并以“综治宣传月”等为契机，深入开展安全知识宣传教育，加强“三防”演练，切实增强学生的安全防范意识和应急避险能力。各项措施的落实，有力确保了全县教育系统持续和谐稳定。

【体育卫生】 4月，组队参加首届拉萨市运动会暨民族传统体育运动会；5月，开展全县“五四”干部职工篮球联赛；8月，组队参加拉萨市干部职工“8·8日”全民健身日工间操比赛，同时以“赛马节”“望果节”等民俗节庆日为契机，广泛开展拔河、赛马、赛牦牛、民族锅庄舞、抱石头、押加等群众乐于参加便于参加的群众体育活动；10月，开展尼木县第九届琼穆岗嘎杯全县干部职工足球比赛。

年内，严格按照课程设置要求，把小学一至二年级每周3节体育课变更为每周4节，三至六年级体育课，七至九年级体育课由每周2节变更为每周3节。在开足开齐体育课程的基础上，各学校以全面增强学生体质为目标，广泛开展阳光体育运动，安排各种体育竞赛活动。春秋季学校体育运动会、校园足球联赛、冬季长跑比赛等活动，切实丰富了师生业余文体活动，达到人人参与

2018年9月11日，尼木庆祝第34个教师节暨表彰大会合影

体育活动目标。全县中小学专兼职体育教师24名。琼穆岗嘎杯全县干部职工足球赛提供资金5万元；拉萨市首届运动会暨首届民族传统体育运动会提供资金26万元；拉萨市校园足球联赛以及干部职工工间操比赛保障经费13万元。2018年，从自治区发改委申请国家投入资金100万元修建2个笼式足球场，全县中、小学校普遍对校内体育场地进行维修，添置体育器材；为各学校配齐羽毛球，乒乓球、篮球、足球、跳绳等运动器材。

【"三包"管理】"三包"和营养餐政策是国家针对西藏自治区农牧民子女能够顺利接受学校教育的一项特殊优惠政策。积极将符合条件的在校学生全面纳入政策覆盖范围，包括全县所有农牧民及城镇困难家庭在校九年义务教育学生，在园接受学前教育幼儿，以及从区内其他地市、县、乡转入尼木县农牧民子女。

截至年底，享受"三包"及营养餐补助和学前教育补助金的学生总数达4105人，其中中学生1110人，小学生1773人，享受学前教育补助金1222人。从2018年秋季学期开始，各类区各学段教育"三包"政策标准在现行基础上年生均定额提高240元。调整后的年生均补助标准为学前教育阶段二类区3120元、三类区3220元、四类区3320元。义务教育阶段二类区3620元、三类区3720元、四类区3820元。2018年全年拨入学前教育补助、"三包"及城镇困难家庭子女助学金、营养改善计划资金2033.48万元，落实"三包"及学前教育补助资金、营养改善计划资金2032.38万元。

【教育扶贫】年内，尼木县建档立卡贫困家庭在校生1691人，"两后生"157人。为提升"两后生"就业创业能力，共计17名贫困"两后生"参加"3+2""1+1"学历提升。抓好建档立卡大学生资助工作，制定完善《尼木县建档立卡贫困家庭子女接受高等（中职）教育补助政策实施细则（试行）》，兑现127名建档立卡大学生学费、住宿费、书本费、生活费。为减轻贫困家庭供养大学生的经济负担，本年度本级财政对2014年、2015年脱贫的47名建档立卡大学生兑现生活费补助资金20.5万元。加强控辍保学工作，贯彻落实《尼木县人民政府办公室关于印发〈尼木县进一步加强控辍保学工作实施方案〉的通知》精神，深入开展控辍保学工作，努力让每个孩子享有公平而有质量的教育，实现义务教育阶段学生"零流失"，全面提升贫困人口受教育水平。

（田鑫玥）

【领导名录】

局　长

薛　勇

副局长

田茂飞（土家族）

尼　玛（藏族）

尼木县中学

【概况】尼木县中学始建于1978年，位于西藏拉萨市西南部，紧靠雅鲁藏布江中游北岸，距离拉萨市约130公里，系拉萨市建立在半农半牧地区的一所初级中学。学校占地面积78104平方米，总建筑面积30868平方米，实验室建筑总面积3149平方米，图书馆建筑面积216平方米；尼木县中学于2003年通过"普九"验收；2006年通过"普九"复查；2011年通过"两基"

2018年3月30日，西藏自治区教育厅副厅长陆世成（左一）一行到尼木县中学调研

迎国检；2015 年通过“教育均衡”的验收；2017 年 5 月通过“素质教育”的验收。学校现有 24 个教学班级，在校学生 1115 人，正式教职工 119 人，专任教师 115 人。

尼木县中学基础设施建设较完善，有 1 栋多功能五层现代化教学大楼、2 栋食堂、5 栋学生公寓、5 栋教师公寓、1 栋行政办公楼、1 栋职业教育楼、1 栋综合实验楼（投入使用）及相关基础设施；学校建有录播教室 1 间，白板教室 24 间，物理实验室 2 间，化学、生物实验室各 1 间，计算机教室 3 间，图书室及图书阅览室各一间，总藏书 34221 册，生均 30.69 册，校园环境优美，建有标准的塑胶运动场和室内篮球馆及青少年活动中心，体育场馆总面积 25516 平方米，生均 22.88 平方米。

2018年5月24日，拉萨市教育局副局长杜建峰（左一）到尼木县中学检查指导工作

【党建工作】 年内，尼木县中学党总支组织开展学习中共十九大和习近平新时代中国特色社会主义思想，学习宣传贯彻自治区第九次党代会、区党委九届三次全会精神；学习宣传贯彻拉萨市第九次党代会、市委九届二次、三次全会精神；开展“两学一做”“四讲四爱”“政治纪律教育”等主题教育实践活动；组织全体党员教师学习党章、党史等；为纪念“3·28”百万农奴解放纪念日，增进尼木县中学民族团结，学校党总支开展升国旗仪式、趣味运动会、学生拔河比赛；4 月 4 日，组织师生前往尼木县烈士陵园祭扫；6 月，举办“四讲四爱”师生红歌比赛；7 月 1 日，组织党员教师重温入党誓词及教师“优秀党员、党务工作者”表彰大会；举办“民族团结月”欢庆活动；9 月 10 日，举行庆祝教师节活动，丰富了广大教师的业余生活；12 月，尼木县中学成功召开支部书记抓党建工作述职评议大会。尼木县中学全年开展各种学习、宣传、宣讲活动共计 21 次，643 人次参与。

【教育教学质量】 年内，尼木县中学立足学校实际，着眼于未来意识及办学总体规划，开拓进取，大胆实践。学校全面贯彻党的教育方针，积极投入新课程实施。在新课程的实施过程中不断更新教育理念，不断加强师德师风教育，狠抓教学管理，努力提高教学质量。根据学校的总体工作部署，结合学校实际，集思广益，制定了教务教研工作计划，计划的制定做到有内容、有时间、有专人负责，有措施要求等，实现计划的层层细化，提高了针对性和可操作性，保证各类教学、教研活动的有序进行；狠抓基本常规管理，强化管理工作的科学化、实效性，在课程的设置与课表安排上注重了现代教育理念和科学、严谨的治学精神，合理编排课程表，规范早读、晚自习，端正教风、学风、考风；强化实验室的管理和使用，根据“5 个 100%”要求，合理制定符合尼木县中学实际的实验室管理等相关制度，规范实验室的使用和登记，努力完成实验开出率达 100%。

年内，加大教研力度，加强对教师教案、学生作业、课堂教学的检查，尼木县中学采取教研组组内检查、教研室集中检查、课堂抽查等方式，对全体教师的教案、作业布置、批改和听课情况进行检查，有效的规范教师的备课、作业布置、批改和听课等常规教学行为；按照相关要求，尼木县中学对“教学评比制度”“考试制度”“优秀教研组评比制度”等制度进行完善与修改，使之更加符合尼木

2018年5月4日，尼木县中学举办庆“五四”文艺汇演

县中学的实际情况且更有可行性与操作性。通过全体教师的共同努力，尼木县中学2018年中考在七县区取得第四名的好成绩。

【综治工作】 年内，尼木县中学高度重视安全教育和安全防范工作，成立由书记、校长统领全局，分管校长具体抓，以德教处和总务处为中心，各班主任分管和科任老师、后勤工作人员协作的全员安全工作网络和安全工作责任制；召开全体教职工会议，严格落实安全专项行动方案；建立完善的安全教育制度、安全工作责任制及岗位追究制；学校还定期开展消防安全检查，消防演练，重新配备了消防器材等设施设备，防止火灾事故发生；进一步加强学校食品安全监督管理工作，消除学校食品安全隐患，有效控制学校食品安全事发生；做好学校施工场地的建筑安全工作，学校加强施工安全教育，采取施工防范措施，定期排查安全隐患，确保师生人身安全，及时做到“防患于未然”；经常对师生进行安全常识教育，结合国家法律法规讲安全，结合生活实际讲安全，结合安全隐患讲安全，大力宣传如何预防煤气中毒、预防食品中毒、防溺水、防电、防交通事故、防意外伤害等安全知识，树立师生安全意识，制定各种应急预案，做到安全工作警钟长鸣，确保学校财产安全、师生人身安全。

【学生安全知识】 年内，尼木县中学共举办2次开学第一课，开展2次消防安全知识讲座和4次法制讲座、6次防火防震疏散演习；20次周假前的安全教育会；16次消防安全检查；6次安全卫生食品讲座。完善各类应急预案，加强“三防”（火灾、洪灾、震灾）演练，增强学生的安全知识，提高学生的安全防范意识，提升他们的应急避险能力。

【“廉政文化进校园”】 年内，尼木县中学制定并落实“廉政文化进校园”活动工作计划，成立工作领导小组，坚持统筹兼顾，相互配套，全员参与。由党总支牵头，党政齐抓共管，部门各负其责，全校师生共建，形成工作合力，将廉政文化建设纳入学校文化建设的整体之中，将廉政教育纳入学校德育建设的整体之中，积极推进廉政教育进教材、进课堂、进头脑；根据县政法委的安排部署，学校成立“双联户”工作领导小组，每栋楼设立联户长，此学期各联户长对教师宿舍的安全、卫生等情况检查5次。有效保障“双联户”工作扎实开展，切实推进“群防群治、共保平安”工作。

【德育工作】 年内，尼木县中学成立学校“四讲四爱”领导小组，结合学校学生年龄、学龄、学段特点，按照区、市、县“四讲四爱”办总体要求，结合教体局实施方案要求，开展尼木县中学第一、二、三节点主题教育实践活动；加强组织领导，推动形成学习宣传贯彻十九大精神的长效制度，建立全面有效的制度根本保证十九大精神“进课堂、进教材、进头脑”；为了培养全校师生崇高的爱国主义思想，尼木县中学以社会主义核心价值观、中国梦、新旧西藏对比、民族团结月等活动为契机开展了一系列活动；2018年，尼木县中学共青团工作在团支部书记旦增列培的主持下多点开花，扎实推进，开展“敬老爱亲从我做起”“缅怀先烈·感恩当下”“心怀感恩·梦想启航”等具有重大意义的爱国主义系列教育活动；为传播优秀中华民族传统文化，尼木县中学结合重阳、清明、端午等传统节日在全校范围内举行“读经典诗文·做儒雅少年”“敬老爱亲·从我做起”“网上祭英烈”“缅怀革命先烈·珍惜幸福生活”等活动。

年内，尼木县中学以文明校园创建为载体在校内开展形式多样的环保主题教育活动，在县内开展以“环保卫士争当做”为主题的废品利用活动；法制意识重于泰山，当今社会要求人人做到知法、守法、懂法。为培养尼木县中学学生明理知法的意识，2018 年，尼木县中学联合县法院组织学生参观模拟法庭增强学生法律意识，此外，还邀请人民路警务站的干警来校开展常态化的法制教育工作；尼木县中学为教育学生树立相信科学的意识，淡化宗教消极影响。尼木县中学副校长格桑加措为学生进行专项主题讲座，使学生懂得宗教消极影响是有害的、骗人的，始终树立“相信科学，淡化宗教消极影响”的思想观念，自觉抵制宗教消极活动，破除陋习，崇尚科学，热爱科学，努力学习，用科学的知识武装自己的头脑；为了使学生充分认识毒品的种类和危害，从小树立远离毒品的意识，全面提升尼木县中学青少年毒品预防教育的工作成效，学校以知识竞赛、讲座等形式开展多项工作，加强对学生的禁毒宣传教育，让“禁毒知识”走进校园，走进课堂，走上讲台，在全校范围内进行了禁毒宣传教育。

【家校联系】 年内，尼木县中学组织召开学生家长会及各乡乡长座谈会，建立起学校、社会、家长三位一体的教育网络；同时，各班级组建微信群，假期间各任课教师利用微信群对学生作业进行批改、辅导，校级领导分年级加入各班级微信群，对各班级微信群进行监管和督促。

（刘建明）

【领导名录】

党总支书记、校长

吕 道 坤

党总支副书记

邓 易 才（土家族）

副校长

格桑加措（藏族）

尼木县卫生和计划生育委员会

【概况】 尼木县卫生和计划生育委员会为尼木县人民政府组成部门，编制为行政编制 3 名，其中科级领导职数 2 名。2018 年，尼木县卫生计生工作紧紧围绕中心工作任务，以中共十九大及十九届二中、三中全会和习近平总书记在全国卫生与健康大会上的讲话精神为指导，以提高居民健康素养为目标，以夯实公共卫生服务为抓手，以进一步深化医药卫生体制改革为重点，扎实开展好“政治教育”和“政治纪律教育”学习活动和党风廉政建设等工作，加强卫生民生工程建设，构建和谐医患关系、推进健康尼木建设和“三病”综合防治，为打造“小康尼木、健康尼木”提供了强有力的健康保障。

2018 年，尼木县共有县、乡、村三级医疗机构 34 个，其中县级 2 个（县人民医院、县疾控中心），乡（镇）卫生院 8 个，村卫生室 24 个。三级卫生医疗机构共有卫生医技人员 252 人，其中编制内医技人员 161 人（高级职称 2 人、中级职称 14 人、初级职称 72 人、员

2018年8月1日，尼木县副县长张振生主持召开包虫病综合防治第四次工作推进会和“三病”综合防治工作推进会

2018年8月24日，召开尼木县人民医院创建“二级甲等”综合性医院终审会议

级73人），公益性医技人员26人、聘用医技人员65人，全县卫生系统共设编制床位50张（其中县医院25张，乡（镇）卫生院共计25张），实际开放床位70张。

【农牧区医疗制度】 年内，尼木县参加农牧区医疗制度共30587人，参合率100%，农牧民大病医疗报销额度继续保持为年封顶6万元，人均筹资30元，上级配套及群筹资金共计1428.76万元。全年共计补偿大病统筹基金1314人次，补偿金额1025.01万元；其中736人次享受“先诊疗后结算”优惠政策，金额466.77万元，及时为348人发放住院分娩补助资金38.5万元。

【健康扶贫】 年内，按照健康扶贫“三个一批”的总体思路和具体路径，县卫计委进一步强化主体责任，加强领导、完善机制，全面落实“三个一批”工作措施。全面开展家庭医生签约服务，签约率达96.8%，建档立卡贫困户签约率达100%；对9类15种大病实行免费救治，组织19名建档立卡贫困人员赴拉萨市人民医院进行疑似先心病及白内障筛查救治；出台《尼木县贫困人口大病专项救治工作实施方案》，减轻贫困农牧民群众医疗费用负担，2018年3月按要求将贫困户报销比例在原有基础上提高5个百分点，7月开始将2014年、2015年脱贫户全部纳入政府兜底保障，全年共兜底281人，兜底医疗费用18.79万元。2018年，尼木县健康扶贫工作获得国务院扶贫办和国家卫计委联合通报表扬。

【慧育中国·尼木县试点项目】 9月，中国发展研究基金会携手北京中金公司在尼木县塔荣镇、续迈乡试点开展“慧育中国”项目，由西藏自治区母子保健协会负责技术指导，县卫计委负责具体实施，致力于6～36个月儿童早期智力干预和巩固“儿童营养改善项目”成果。年内，共对295名幼儿开展干预工作，共发放家访员、督导员生活补贴6.3485万元。

【健康尼木】 年内，坚持把人民健康摆在优先发展的战略地位，将健康尼木建设工作列入重要议程来抓。营造健康环境，优化健康服务，培育健康人群，提高人民群众健康水平。深入开展爱国卫生运动，进行城乡环境卫生大整治，广泛开展全民健身，组织干部职工每个工作日做广播体操，举办足球、篮球联谊赛和登山比赛，大力开展食品安全环境和安全饮用水工程建设，推进绿色生态建设，构建舒适宜居环境，打造特色旅游项目，积极开展健康教育，改善农牧民群众健康生活习惯。

【“三病筛查”】 年内，尼木县结核病应筛查人数23412人，已筛查22092人，筛查率94.36%，症状问诊发现疑似患者46人，确诊7人，管理7人；风湿病应筛查人数18878人，已筛查17838人，问诊和体格检查发现疑似患者1093人，血样采集14990份，采血率84%；乙肝查漏补种工作有条不紊地进行。

【组团式援藏】 年内，高度重视医疗人才组团式援藏工作，积极与北京市良乡医院研究县医院发展定位和措施，签订帮扶协议，从人才培养、学科建设、现代医院管理等方面提出明确需求，顺利完成第八批援藏医院第三批次与第四批次交接工作。援藏医疗对通过成立医疗质量控制小组、疑难病例抢救小组、规范常见病诊治流程、开展讲课、带教等工作，有效带动了县人民医院医疗技术和服务管理水平提升。

【健康教育】 年内，在学校、铁路沿线、矿区、农牧区及流动人口聚集地等开展健康教育活动30次，健康教育宣传覆盖率达95%以上，在学校开展3次健康教育知识讲座，累计发放宣传材料25354份、宣传布袋600余个，展出宣传栏15期，接受咨询人数达126次，累计受益人群达27500余人。

【妇幼保健】 年内，尼木县育龄妇女总数7920人，孕产妇总数794人（其中孕妇389人、产妇405人），高危孕产妇113例。全年无孕产妇死亡。尼木县0～14岁儿童人数8149人，7岁以下儿童数4474人，5岁以下人数3842人，3岁以下儿童人数2684人。婴儿死亡7例，死亡率17.7‰。

【卫生监督执法】 年内，对全县学校开展定期或不定期卫生监督检查6次，卫生监督覆盖率达100%，卫生合格率达98%，从业人员体检率及两证持证率均达100%；公共场所卫生监督9次，监督覆盖率达100%，卫生合格率达98%。同时圆满完成水质采样、送检工作。

【结核病管理】 年内，共痰检45人次，在治各类结核病人15例（其中涂阳4例、涂阴11例，治愈率100%，治疗率91%）。

【免疫规划】 年内，尼木县辖区内6岁以下建立预防接种证数3720人，建证率100%，卡证填写率达98%，常住儿童九苗接种率达99.18%。

【传染病工作】 年内，尼木县报告法定传染病乙、丙两类9种，无甲类传染病报告，发病总数63例，无死亡病例，总报告（乙丙类）发病率为185.69/10万，与2017年同期相比明显下降。

【鼠疫防控】 5月，召开县级鼠疫防控专题会，调整充实尼木县鼠疫预防控制工作领导小组，实行鼠疫疫情报告奖励机制，同时完成各项鼠疫监测工作。

【碘缺乏病监测】 年内，认真开展碘缺乏病宣传活动，累计发放碘盐宣传资料808份，对全县300户家庭食用盐进行碘盐定量检测，碘盐食用率、合格率均为100%。

【慢性病管理】 年内，共完成3031例慢性高血压患者的四次随访和宣传以及国家公共卫生服务规范慢性病管理档案（第三版）更换等工作，管理率达100%；管理糖尿病患者16人、管理率达100%、规范化管理12人，规范化管理率达75%；积极协调相关部门对全县严重精神障碍疑似患者进行全面排查、认真梳理、统计汇总，共确诊严重精神障碍患者19例，并对患者进行定期随访管理。65岁以上老年人共管理2075人，接受健康管理2061人，管理率达99.3%。

完成全县227名僧尼慢性病管理及随访工作，同时对52人次乡村医生开展国家基本公共卫生

2018年2月8日，尼木县卫计委组织医务人员到卡如乡开展“五下乡”活动

服务规范慢性病培训,提升基层慢性病管理能力。发放慢性病防控宣传手册1456余册、宣传图画489余张,受益人群累计达15086人次。

【人口计生】 年内,共开展计生宣传活动16次,发放避孕药具1600余盒,宣传单2000余份,宣传手册500余册。于“5·29”协会活动日开展宣传及座谈会,慰问流动人口15人,发放总价值7800元的慰问品,同时对15户贫困母亲代表进行慰问,发放慰问品总价值8250元。

对符合尼木县“两项扶助”政策人员进行摸底、审核、确认、录入,并用藏汉“双语”进行公示,设立监督、举报电话。委托县农行以“一卡通”的方式代发两项扶助资金123.864万元,其中“一孩双女”受助对象474人(每人960元,共计45.504万元),“特别扶助”受助对象148人(伤残标准13人,每人4200元,死亡标准135人,每人5400元,共计78.36万元)。年内,共对160户259名流动人口开展清查登记工作,宣传流动人口计划生育法律政策,摸底调查全县流动人口的分布,了解流动人口的身心健康和需求,使流动人口均等化政策真正落到实处。

(吴开江)

【领导名录】

主　任

罗　刚

副主任

沈世阳

尼木县食品药品监督管理局

【概况】 尼木县食品药品监督管理局监管辖区面积3275.8平方公里,涉及576户食品经营店(含乡镇),分别为副食店238户、餐饮店312户、食品加工店15户、学校食堂11个,调配7名干部(行政编2名、工人2名、借调事业编2名、三支一扶1名)。尼木县食品药品监督管理局紧紧围绕县委、县政府的中心工作,以“依法行政、执政为民”为原则,积极发挥协调、督促作用,加大食品安全日常监管力度,着力规范食品餐饮服务行为,大力整顿药品生产经营秩序、农牧区,监管效能逐步提升,整体食药品安全监管稳中趋好。

【食品监管】 年内,加大食品抽检力度,确保尼木县食品加工、流通质量,切实保障人民群众饮食安全,深入开展覆盖全县范围的食品安全大检查、大摸底工作。4月,尼木县食品药品监督管理局召开2018年全年食品药品安全监管工作会议,与各乡(镇)、各食安委成员单位签订2018年食品安全监管工作责任书,安排部署2018年食药重点工作,贯彻落实食药安全党政同责。集中整治超范围、超限量使用食品添加剂、非法添加非食品物质、索证不全、篡改日期等问题,坚决取缔“黑作坊、黑窝点”,对输入性食品加大摸底调查;针对个别卫生差的学校食堂、超标不合格的食品加工店、过期变质的经营销售店,限期责令整改,开展反复突击检查100多次、日常监督检查236次、食品专项检查48次(包括食品添加剂、地沟油、校园食品安全、餐厨废弃物等专项检查)、组织开展联合执法活动10次,出动执法人员820多人次,出动执法车87台次。检查执法范围涉及全县8个乡(镇)。

2018年6月11日,尼木县食药局局长刘卓娅到塔荣镇东送村慰问结对帮扶户

现场下达整改责令书10份，口头责令整改28次，有效遏制食品加工、经营、销售的系列违法行为，切实保障人民群众饮食健康。

2018年10月25日，尼木县食药局局长刘卓娅主持召开教育系统食品安全专题会议

【食品安全保障】 年内，开展重大活动食品安全保障工作4次。加强尼木县辖区集体食堂、学校小考、中考期间的食品安全保障工作。在学校小考、中考期间至少1～2名执法人员驻地保障，或以巡查方式开展保障工作，切实保障广大师生的饮食安全。在春节（藏历年）、春季校园、“萨嘎达瓦”“五一”“雪顿节”“十一”“中秋”、冬季校园等重要节庆期间，开展联合执法7次，创新性地开展严查、严整、严治、严管活动，新增节庆期间食品供、销、营的登记备案及责任签订，确保节庆期间“三不出”。

【行政许可申请审批】 年内，新办理餐饮许可100余份，更换过期许可40多份，尼木县辖区餐饮单位持证率达99.2%以上。无投诉举报情况，群众满意度达100%。

【药品、药械日常监管】 年内，累计抽查县级医疗机构、药店、乡（镇）卫生院、村级卫生室28次，给县辖区8个乡（镇）的食药监所，配备办公电脑、桌椅等配套设施设备，同时给乡（镇）食药监所下发食药安全监管制度。截至年底，各乡（镇）食药监已全部配备完毕。

【化妆品流通市场监管】 年内，开展化妆品日常督查、检查专项工作20次，出动执法人员75人次，未查出无证经营及不合格产品。

【案件办理】 年内，办理校园食品过期案件一起，按照相关法律法规做出行政处罚9万元，罚款上缴国库并结案。

【“明厨亮灶”工程】 年内，根据区、市关于“扎实推进明厨亮灶工程的通知”的精神，尼木县食品药品监督管理局建立全程网络监控，已有30多家餐饮单位纳入监管，计划在全县范围抽取100个试点安装并实施食药安全全程监管（监控）措施，第一阶段已实施并已开通网络监控。

【食品药品抽检】 年内，按时完成食品药品抽检任务，其中：食品抽检87批次（包括初级农产品和预包装食品），药品药械抽检任务4批次，抽检覆盖率达98%以上。截至年底，未发生抽检超标或不合格问题。

【普法宣传】 年内，深入基层，走村入户40余次，以现场举例的方式，创新性地宣讲食品安全薄弱环节的健康安全知识及防御措施；利用挂横幅、宣传栏、集中宣讲食品安全法律法规及食品安全知识讲座等形式开展宣传月、宣传日、宣传周活动，共发放宣传资料、画册、普法读本等4000余份，惠及群众3000余人，着力提升民众对饮食安全认知度；在“尼木县食品药品监督管理局微信公众平台”，先后发布40余条食药监管新闻动态，引导全社会民众积极参与饮食安全监管。

（索朗卓嘎）

【领导名录】

局　长

刘卓娅（女，藏族）

副局长

平孙卓玛（女，藏族）

尼木县人民医院

2018年4月24日，北京市良乡医院院长谢宝元（左排左三）一行到尼木县人民医院检查指导工作

【概况】 2018年，尼木县人民医院以高分通过“二级乙等”医院的标准。尼木县人民医院已成为全县唯一一所集医疗、教学、健康体检、急救于一体的二级综合医院。医院承担着全县范围内突发公共卫生事件应急处置及7个乡（镇）卫生院医务人员进修、培训等任务。全院编制床位25张，实际开放床位数45张；年门诊量5万余人次，年住院病人 1000余人次。正式在编职工105人，其中卫生专业技术人员83人（职称结构：主任医师1名，副主任医师1名，主治医师11名，医师及护师38名，员级32名），工人3人，公益性岗位7人；2018年新建藏医院的投入使用，担负着尼木县3万余人口及其周边县、乡的医疗、急救、预防保健、乡医培训等任务。2018年，尼木县人民医院未发生过大的医疗事故，急诊的应急能力及抢救危重病人的能力明显提高，收治的疑难危重病人越来越多，院内会诊、院内病案讨论增多，收治病种前广泛，来诊病人扩展到周边县，医院呈现出蓬勃发展的良好势头。

【精神文明建设】 年内，尼木县人民医院开展“两学一做”学习教育活动，广大干部职工切实改进工作作风，提升服务能力，认真学习马克思列宁主义、毛泽东思想、邓小平理论、“三个代表”重要思想和习近平新时代中国特色社会主义思想、学习中共十九大。

【行风建设】 年内，加强法律法规知识的学习，并组织精干的医务人员和援藏医生一起到县偏远山村进行义诊活动、送医送药到家中、访贫问苦，联合北京市组团式援藏医疗队及拉萨市委组织部“百名专家”下基层活动下乡义诊，2018年累计开展巡诊活动共30余次，累计为当地老百姓送去免费药品10万余元，就诊人数达1.4万余人次。

【医疗质量】 年内，根据自治区卫生厅和拉萨市卫生局有关医疗质量管理规定制定医疗质量管理的原则：以病人为中心，以医疗质量为核心。将提高医疗质量建在“三基三严”基础上，对全院医务人员进行基础理论、基本知识、基本技能的考核和测评，并记入其个人技术档案。全年进行医学“三基”知识考试4次，参加应急演练2次，有效地促使医务人员在临床中严格执行基本规章制度和各项技术操作规程，更加熟悉自身医学理论知识和各项技术操作规程，增强了医院医务人员的业务技能和突发事件的医疗应急处置能力。

通过“送出去”的方式，利用北京和拉萨市的医疗资源优势，2018年选派管理人员16人到北京市房山区良乡医院参观学习，参加自治区、拉萨市组织的中、短期业务培训20次，累计参加60人次。

【业务开展】 年内，术后患者开展无痛化管理：利用麻醉的优势开展术后无痛治疗，有效缓解手术的急性疼痛，增强术后患者的舒适安全并有效地减少手术并发症。

疼痛治疗：百余例涉及病种如肩颈痛，下腰痛、膝关节退疗性变，岗上肌炎，足跟痛，落枕等，所用治疗方法包括局部封闭，臂丛神经阻滞，腰丛阻滞，膝关节腔注射等取得良好的诊疗效果并无一例并发症，赢得广大患者的一致好评。

【设备更新】 年内，随着社会的发展及患者就医的需求，县委、县政府的大力支持及援藏的无私援助下检验科改建及购进新设备，新建的尼木县藏医院和援藏专家楼的投入使用，大大改善了患者的就医环境，获得老百姓的好评。

【全民体检】 年内，结核病应筛查23412人，已筛查22092人，筛查率94.36%，症状问诊发现疑似患者46人，确诊7人，管理7人；风湿病筛查18878人，已筛查17838人，筛查率95.5%，问诊体格检查发现疑似患者1093人，血样采集14990份，采血率84%；乙肝筛查漏补种工作有条不紊进行。

【指标完成情况】 医务人员“三基”考核率100%；医疗器械设备完好率100%，使用率92%；门诊总人次44661人次，其中藏医门诊18213人次；二级以上医疗事故发生次数“0”；住院病人数936人次；出院病人数705人次；治愈人数685人次；治愈率97.11%；病床使用率83.46%；出院病人平均住院日8.3日；病床周转率36.2次；门诊处方合格率92%；门诊病历书写合格率90%；住院病历书写合格率100%；入出院诊断符合率95%；危重病人抢救成功率98%；无菌手术切口感染率0%；护理指标：护理技术操作合格率90%；基础护理合格率87%；一级护理合格率98%；常规器械消毒合格率100%；五种护理书写合格率85%；院内感染率0%；急救用品完好率100%；年褥疮发生次数0；年护理事故发生次数0。

藏医指标：针灸治疗4070人次；TTP治疗862人次；放血疗法92人次；牛角治疗705人次；火罐治疗752人次；按摩治疗758人次；金针治疗54人次；足浴102人次；牵引治疗122人次；住院31人次；妇产科及计划生育门诊指标：取环47人次；皮下埋置缓释避孕药11人次；取皮埋137人次；发放避孕药具320余人次；检验科指标：血常规15420人次；尿常规12586人次；大便常规5726人次；生化全套10940人次；肝功能2567人次；乙肝两对半4583人次；血型7083人次；乙肝表面抗原8323人次；电解质1187人次；白带常规235人次；梅毒检测1023人次；沙眼、淋球菌检查465人次；凝血四项检查760人次；B超室指标：彩超7586人次，其中检查阳性6789人次，阳性率89.9%；放射科指标：拍片3023人次，透视405人次；CT：905人次。

【县级公立医院改革】 年内，整合院内资源成立尼木县人民医院创二级医院综合办公室，抽调14人分为行政管理组、医疗组、护理院感组、药事医技组4个组集中办公，按照西藏自治区《医院评审实施细则(2017年通用版)》的要求逐条进行资料整理，并每两周召开一次由医院院长、卫计委主任参加的创建工作推进会，每一个月召开一次分管副县长主持的创建工作汇报会，会后每次问题限期整改。

积极协调市级及自治区级相关专家加强现场督导及业务指导；利用北京市房山区良乡医院的优势医疗资源，积极争取良乡医院的援藏支持。尼木县人民医院创建二级乙等医院一年多以

2018年3月8日，尼木县委书记杜国君到县医院调研创二级乙等医院工作

来，7月25日，市卫计委调研员王代君、市医院医务科科长普布次仁一行10人专家组到尼木县人民医院进行二级医院初审；此次初审顺利通过。8月22日，区卫计委医管医政处处长陈伟、自治区妇幼保健院副院长郑晓琳为组长的一行10人专家组到尼木县人民医院进行二级医院终审，专家组通过听取汇报，查阅资料、现场考察、现场问答、人员访谈等方式对尼木县人民医院创建工作全面评审。12月，顺利通过自治区二级医院等级评审。

【药政工作】 年内，根据拉萨市食品药品监督管理局的有关精神，进一步加强药品监督管理，规范药品生产、经营使用秩序，保证药品质量，保障人民用药安全，维护人民健康和用药的合法权益，尼木县人民医院实行药品网上采购。

【发展外科完善手术功能】 年内，在援藏医疗团队到来之前，尼木县医院外科发展零起步，医护人员无菌观念淡薄，手术器械认不全。在医疗队的带领下，尼木县医院共完成手术260例，实施多例疑难症手术治疗。手术患者年龄跨度从3岁到75岁。其中80%添补当地空白，如胆囊切除术、“胆总管探查+T管引流术”、肝包虫囊肿切除术、大隐静脉剥脱术、痔PPH术、CT定位异物取出术、B超引导胸腔积液穿刺引流术、无痛人流、无痛胃镜等。

【重点科室建设】 之前尼木县医院产科、妇科业务单一、功能局限；内科病房一般收治病种少，并且在用药上存在着严重的抗生素滥用问题。援藏医疗队将良乡医院相关技术带到医疗工作中，逐项改革完善，大幅提高医院妇科、儿科、内科等科室的诊疗服务能力，新生儿诊疗能力显著提升，同时指导临床规范合理用药，带来显著效果。

【完善住院病区建设】 随着外科手术的开展，妇产科、新生儿科、内科等科室功能的完善，尼木县医院改善以往严重疾病都转院的状况，充分利用现有床位资源，完成由不满床到住院预约的转变，一部分原本需要辗转上百里去拉萨的患者回归到县医院接受诊疗，真正做到小病不出县。

（边巴顿珠）

【领导名录】

党支部书记、院长

谭申权（土家族）

党支部副书记、副院长

强巴次仁（藏族）

副院长

罗布次仁（藏族）

尼木县文化旅游新闻出版广电局

【概况】 尼木县文化旅游新闻出版广电局是县人民政府主管全县文化、旅游、艺术、广播电影电视事业的职能部门。成立于2017年5月，单位属正科级，行政编制4人，有人员21人，下属单位有县电视台、县电影管理站、县综合文化活动中心、县新华书店、县民间艺术团。

【领导重视、上下合力】 尼木县全域旅游产业是主要经济支柱产业，县委、县政府领导一直以来都高度重视，对全域旅游产业的发展更是苦心孤诣，为加强尼木县

2018年6月6日，拉萨市文化局党组副书记、调研员次拥（左四）一行到尼木县续迈乡文化站检查创建验收达标情况

全局旅游的组织领导，尼木县文化旅游新闻出版广电局成立以县长为组长，分管副县长为副组长，县直各单位和各乡（镇）主要负责人为成员的文化旅游工作领导小组，统筹部署全县文化旅游产业发展。

【旅游宣传】 尼木县全域旅游产业是未来主要的经济支柱产业，为有效提升尼木县全域旅游知名度，使尼木的文化、自然资源在更多的人面前得以展示，让尼木走出去，积极加大宣传工作力度，依托自身资源优势，吸引和欢迎广大媒体记者和各大旅游企业公司到尼木县举办健康旅游体验活动和文创产品拍摄，通过网络媒体报道的方式，使更多的游客了解尼木，走进尼木。先后拍摄《遇见·天堂尼木之藏香迷醉》《遇见·天堂尼木之天堂渡口》《尼木非遗》等宣传片，并在中央电视台10套、中国旅游卫视、西藏卫视、拉萨电视台、新华网网站进行播放，有效将尼木县独有的自然风貌、手工技艺进行宣传，使全县文化旅游知名度和影响力不断得到提升。同时为进一步打响文化旅游品牌，4月，投资92万元拍摄旅游宣传片，邀请西藏神奇小子文化传媒有限公司拍摄制作尼木县文化旅游电视音乐MTV《缘起·文香故里》专辑，12月底制作完成，完成后向区内外企业发放宣传片，扩大“文香故里”的影响力，提升招商引资软实力。

【吞巴景区提档升级】 9月7日，尼木县政府与西藏文旅公司签订《吞巴景区投资框架协议之补充协议》，由西藏文旅投入约2.8亿元以上，对吞巴景区进行提档升级。项目分三期进行建设，协议规定10月开工，2020年完工，主要对吞弥故居、藏文字博物馆、游步道、吞巴庄园、游客接待中心进行提升改造，新建温泉酒店、演艺中心、博物馆群落，恢复吞巴宗古堡，新增鲁热景点。利益分配上，每年首先拿出净利润的5%成立专项扶贫基金。然后按照尼木县30%、公司70%的比例进行净利润分成；西藏文旅公司已完成公司内部立项，并报集团总部审批，集团已通过立项审批会，要求西藏文旅按EPC模式走招投标程序，西藏文旅正在走招投标程序，12月底完成招投标，并向尼木县政府提交规划设计；同时由于2018年的降雨量大，对吞巴景区各景点破坏较大，“十一”期间西藏文旅公司对吞巴景区故居、博物馆、庄园进行防水和围墙的加固。

【琼穆岗日雪山景区开发】 年内，为确保雪山景区资源尽早发挥应有的作用，带动更多的农牧民群众增收致富，在县委、县政府的大力指导和帮助下，积极争取3868.675万元的上雪山公路建设项目、国家1300万元的旅游配套基础设施建设项目、拉萨市旅发委300万元观景台建设项目，同时引进北京山海旅游有限公司对雪山进行开发，双方已达成合作意向，并签订《尼木县人民政府与北京山海旅游有限公司关于尼木县琼穆岗嘎雪山景区项目合作协议》，计划投资6.6亿的投资金额，两年内完成景区建设达到试营业条件。明确由双方派驻人员共同成立项目推进工作组，及时推进项目前期手续办理等各项工作，确保琼穆岗嘎雪山景区早日开工建设。

【民俗为主题卡如沟域经济】 依

2018年4月7日，尼木县文旅局局长米玛向西藏自治区政协副主席王亚蔺（前排右二）等调研成员讲解公共文化阵地建设中如何推动乡村文化振兴

2018年2月4日，尼木县委副书记、县长普琼在公共文化创建推进会上做重要讲话

托318国道的交通优势，围绕卡如村千年核桃树打造“核乡寻忆”景区、非遗文化展示区、民俗、民宿文化体验区，进一步促进卡如村旅游示范带动作用。卡如沟域经济一期建设已完成，总投资6000万元，已完成对接待中心、非遗展示中心、民俗文化体验区的建设，已投入运营；同时依托赤朗村国家森林公园地域优势，发展高原咖啡屋和自然生态观光打造，已在海拔4800米的赤朗沟建成以主题为“世界上最孤独的咖啡屋”项目建设。卡如沟域经济二期建设项目计划投资3092.95万元，建设包括温泉驿站休闲区、阳光温室大棚、卡如核桃广场（景观）及附属设施建设，在一期项目建设的基础上，对服务功能、游览线路、旅游产品等缺失方面进行补充，项目已开工建设。

【续迈温泉整体建设】 国家投资840万元的续迈温泉旅游配套设施建设项目主要建设内容有房屋建筑1464.86平方米及停车场等其他附属设施。主要功能有旅游观光、洗浴、餐饮、住宿等温泉休闲度假功能，每天接待280人。该项目已进行初验。10月19日，在县委书记杜国君的带领下，已与拉萨市交通产业集团达成对续迈温泉承包经营和下步续迈整体旅游开发的合作意向，将于近期签订承包经营合同；国家投资1000万元的续迈温泉嘎拉汤景区，可研评审已通过，已完成对项目的选址和勘界工作，并于10月15日之前完成设计工作。

【文化下乡】 年内，尼木县文化旅游新闻出版广电局根据本地农牧民对公共文化服务的需求，进行新形式、新举措依托传统节日积极开展“不忘初心、牢记使命、坚决打赢脱贫攻坚战”为主题的精准扶贫文艺下乡活动、“庆春节、藏历新年”“学习宣传十九大精神暨欢庆3·28歌颂新时代”为主题的文化进校园活动、“公共文化在路上之尼木非遗润民心”文艺活动、尼木县首届“中国农民丰收节”文艺活动、“麻江八一赛马节”“第六届吞弥文化旅游节”、33个行政村“3·8妇女节文艺活动”“农民丰收望果节”“十一”庆国庆文艺演出，结合“党的十九大精神”“公共文化服务保障法”“尼木县三绝七技”非物质文化遗产的讲解和宣传等开展一系列文化惠民文艺下乡活动；为进一步加强当地文化产业的发展，2018年尼木县创建国家公共文化服务体系示范区工作中积极推动11名农牧民合作社授誉为拉萨市首批文化产业示范基地；截至年底，尼木县民间艺术团赴乡（镇）、村、社区开展文化下乡63场次，观众人数达3.15万人，极大地丰富了全县农牧民群众的精神文化生活。

【文化市场监管】 年内，尼木县有17家文化经营场所，其中：音像制品销售店3家、网吧3家、KTV4家、朗玛厅1家、酒吧1家、打字复印店5家。县委、县政府始终把“文化市场和扫黄打非”工作摆在重要位置，纳入意识形态工作重要内容，2018年又是尼木县“文化加强年”，县委主要领导和分管领导多次对“文化市场”工作作出重要批示，召开“扫黄打非”暨文化市场管理工作会议，制定工作实施方案并调整充实尼木县2018年“扫黄打非”工作领导小组。印发《尼木县2018年“扫黄打非”进基层方案》及《扫黄打非净化专项行动方案》，并与各乡（镇）签订工作目标责任书，与全县文化市场经营单位签订责任书；加强对文化市场的监督管理力度，规范尼木文化市场秩序。结合方案要求，成立以宣传部部长为组长，文旅局局长为副组长，各乡（镇）、县直各单位为成员的工作领导小组。同时按照上级要求，与各单位签订工作目标责任书，进一步整合行政执法力量，明确职责，落实责任。

年内，尼木县文化旅游新闻出版广电局利用“雷锋宣传日”“综治宣传日”“民族团结宣传月”及各宣传活动之际，发放400余份关于文化市场内容的宣传资料，进一步防范青少年违法犯罪行为和普及群众对文化市场法律法规的知识；加大“扫黄打非”排查整治工作力度。联合公安局、消防大队按照日常检查和突击检查的工作方式，在日常工作和重要节假日期间以及重要节点期间，针对重点领域、重点部位进行集中整治，特别是“三大节日”“两会”“萨嘎达瓦”及各节假日期间严厉打击对市场造成不稳定因素的不法行为，持续净化尼木县文化市场环境。年内，共计开展排查专项整治行动27次，责令5家打字复印店进行整改，已全部整改到位。

【非物质文化遗产】 2017年向文化部和自治区文化厅成功申请到投资1200万元的白面具藏戏传习所项目，该项目已开始动工，计划2019年竣工。2月7日，尼木县文化旅游新闻出版广电局组织区、市、县三级非遗传承人在县敬老院举办“文艺乐民、非遗润民、服务暖心”活动的方式认真开展尼木县“公共文化在路上”的主题文化活动，为更好地传承和保护这些珍贵的文化资源，此次活动中组织尼木县“尼木三绝”和尼字体的传承人在现场展示和制作，并开展非遗讲解、非遗体验、发放非遗资料等活动，非遗讲解员用生动的语言传达尼木县特色的非遗传统历史，传承人在现场展示制作手艺和尼木县非遗的独特魅力。同时，通知各传承人参加区、市、县各级党委政府举办的商品展销活动，进一步促进传承人的增收，充分调动传承人在非物质文化遗产传承、保护工作的积极性，为进一步保护、传承、发展尼木县非物质文化遗产起到积极的作用。

【文物保护】 年内，尼木县文化旅游新闻出版广电局在结合尼木县文物保护单位和重要文物点的实际情况，与各保护单位签订目标责任书，并在“三大节日”“两会”“萨嘎达瓦节”和重要节假日期间，联合县委统战部、政法委、消防大队、公安局等部门，对全县范围内的文物保护单位和重要文物点的用火、用电、防盗等情况进行全面细致的检查，确保尼木县各类文物安全；积极开展文物保护和消防安全系列宣传活动进文物单位，通过编印发放书籍资料、媒体宣传、短信提示等手段向群众宣传文物安全的重要性，在节假日，发放《中华人民共和国文物保护法》《中华人民共和国非物质文化遗产法》以及图册、光盘等宣传资料1000余份，提醒群众注意安全用火，确保文物古迹的安全。同时针对各古老文物建筑的现实隐患，专门邀请专家对各文物单位进行勘测，结合实际，制定抢救性维修设计方案工作计划。

年内，圆满完成尼木县切嘎

2018年2月4日，首次召开尼木县创建第三批国家公共文化服务体系示范区工作推进会

曲德寺文物平安保护工程前置手续办理工作及拉萨市水利局投资80万元（包括县投资35万元）切嘎曲德寺文物防水工程修缮工作。积极配合市文物局做好文物保护单位消防基本情况调查统计、新中国成立以来被盗文物及相关案件信息统计、问题地图统计等圆满完成了上级交付的任务。利用文物保护经费，对尼木县区、市、县三级文物保护单位，如：比如寺、如巴寺、墨卡拉康、岗仲寺、卡曲寺等解决修缮存在的安全隐患问题，共投入资金7万余元。截至10月15日，共开展文物检查19次，无任何重大安全隐患。组织人员对尼木县辖区各寺庙重点开展文物用电用火安全检查，并及时对存在的安全隐患进行整改。

【公共文化服务体系建设】 年内，为全面贯彻落实拉萨市《关于加快构建现代公共文化服务体系的意见》《关于建立健全基本公共服务标准体系的指导意见》《关于支持沿边重点县（区）开发开放若干政策措施的意见》的重要决策部署，尼木县先后制定出台《尼木县创建国家公共文化服务体系示范区实施方案》《尼木县创建国家公共文化服务体系示范区任务分解表》《尼木县公共文化基础设施建设规划方案》等文件，始终坚持以政府为主导，公共财政为支撑，以公共文化单位为骨干，积极引导和鼓励全社会各级参与的工作运行模式，将公共文化服务体系示范创建工作摆上重要工作日程，主动将其融入"文化兴市"战略，深入推进"美丽乡村"建设，努力解决公共文化创建工作面临的各项问题，不断完善县、乡、村三级公共文化服务体系网络设施、设备，以"公共文化永远在路上"之恒心，不断开创尼木县公共文化服务均等化共享资源平台。

【新闻宣传】 年内，为进一步提高新闻的采访、编辑、制作等各个环节的质量和水平，体现尼木新闻特色，先后制定《三审规章制度》《节目制作播出室管理制度》等20余项制度，明确电视台工作人员的"责、权、利"，充分调动全体工作者的主动性、积极性和创新性，同时通过严格落实新闻审稿规章制度，加强对舆论宣传的指导、监督和管理，确保尼木新闻安全播出。年内，尼木县上传到拉萨市电视台及各大媒体稿件41条，尼木新闻录制148条，尼木县新闻内容在拉萨电视台播放12条。

国家投资200万元的制播能力建设项目通过公开招标形式确定项目建设单位，指派专人负责该项目的具体实施情况，全程跟进。已完成并投入使用，已邀请供货商对全体新闻工作人员进行详细的设备操作使用技能培训，便于快速掌握新设备的使用技术和设备日常维护的注意事项。

2018年12月10日，尼木县文旅局举办首届非物质文化遗产培训

【广播电视设备维护】 年内，认真开展"户户通"、铁塔定期维修和巡查工作。每季度组织电视台技术人员对全县境内"户户通"和"舍舍通"设备以及铁塔实行定期巡查。上半年，共检修、调试设备2569个，确保广大农牧民群众广播电视的天天通、长期通、优质通，保证广大农牧民基本文化娱乐生活，满足广大农牧民群众的精神文化需求。在县政府大力支持、密切配合下，广电统一规划、精心组织、积极推进，抓好具体实施工作。截至年底，可正常播放115套电视节目和11套广播，现

已入户安装 291 户（政府大院、巴果小区）有线数字用户。

年内，县城和 6 个乡的广播电视收转站建设工作已基本完成，并确定负责人，已基本完善相关配套设施。乡（镇）广播电视发射台站项目建成后，全县广播电视播出电视节目套数由以前的 5 套电视节目提升为 24 套，另有 4 套广播数字节目。广播电视收听收看效果更好，覆盖范围更大，中央和自治区、市、县广播电视节目覆盖能力得到全面提升。国家投资 350 万元的新建县广电中心建设项目包含机房、值班室和附属设施等的综合用房，建筑面积 1000 平方米。该项目已完成可研、初设、选址、环评、节能、风险评估等前置手续，3 月 25 日正式复工建设，已完成基本建设，每周不定时对施工现场进行严格的检查，确保做好安全生产工作。

【电影放映】 年内，按照上级的有关要求，督促电影管理站，按照全年不低于 500 场次的电影放映要求，扎实开展电影进机关、进部队、进寺庙、进学校、进社区、进工地为主要内容的电影“六进”活动。截至 10 月，共计电影放映 570 场次，受益群众 42638 人次，其中：进寺庙 15 场、进部队 15 场、进学校 40 场、进社区及进村 500 场。大大超出预期的放映标准，真正为宣传党的富民惠民政策、丰富群众的业余文化生活起到积极作用。县城数字影院已全面建成，待最终验收通过后即可投入使用。

（尼 珍）

【领导名录】

局 长

米 玛（藏族）

副局长

洛桑旦增（藏族）

张艳峰（白族）

尼木县气象局

【概况】 尼木县气象局机构规格为正科级，内设机构有人工影响天气办公室、气象台、防雷减灾管理办公室。编制人员为 7 人，其中公务员编制 3 人，事业编制 4 人，有正式职工 6 人。其中汉族职工 1 人，藏族职工 5 人。其中学历结构：本科 6 人。职称结构：工程师 2 人，助理工程师 4 人，平均年龄 34 岁。

【气候概况】 年内，平均气温为 4.8℃，与历年平均气温 7.2℃相比较偏低 2.4℃，2018 年降水量为 370.7 毫米，与历年同期值 343.4 毫米相比较偏多 27.3 毫米，降水主要集中在 6—9 月，一日最大降水量为 22.3 毫米，出现在 7 月 12 日，年极端最高气温为 28.0℃，出现在 7 月 7 日，极端最低气温为 -15.5℃，出现在 1 月 15 日，全年大风日数为 49 天，无霜期 336 天。

【气象灾害】 7 月 9 日，帕古乡发生紧急强降雨，多处发生泥石流自然灾害未造成人员伤亡及牲畜损失，耕地因泥水浸没损失约 41 亩（帕古村 36 亩，彭岗村 5 亩），水渠因泥石流堵塞损失约 500 米（严重段约 50 米），帕古村一组水源点被冲毁（水管损失约 25 米，涉及户数 121 户，590 人）。7 月 14—15 日，卡如乡赤朗村妥夏大桥赤朗村、彭岗八组、尼木乡普巴四组等发生泥石流灾害，因山体垮塌严重，导致道路交通堵塞，经过紧张抢修，被泥石流阻断的公

2018年11月13日，拉萨市气象局副局长强德厚（右一）到尼木县气象局对气象防灾减灾学习室进行验收

路恢复正常通车。

【灾前服务】 5月1日，为加强防范强降水引发的山洪、泥石流等地质灾害，尼木县气象局气象服务人员及时制作气象信息专报专题材料，并向县领导汇报，同时利用手机短信将天气实况和预警信息发布给县委、县府领导及各个防汛部门负责人、相关乡（镇）负责人，并通过电子屏等渠道发布雨量信息和天气预报，第一时间提示相关领导、部门和责任人员做好应急防范工作，及时通报雨量和预报情况，全力做好应急气象服务工作。

【灾后服务】 年内，灾情发生后，尼木县气象局第一时间与县水利局、县民政局等部门赶赴受灾乡（镇），组织开展灾情查实统计及急救工作，并及时制作气象服务信息，及时报送给县委、县政府领导，同时利用手机短信将未来一周天气预报预警信息发布给县委、县政府领导及各个防汛部门负责人、相关乡（镇）负责人。

年内，尼木县气象局始终坚持"一年四季不放松，每一次天气过程不放过"的服务理念，密切关注天气变化，在每个整点通过电话、短信平台及时汇报和发布雨量情况和未来天气预测情况，为防汛抗洪提供了科学的决策依据。由于服务及时到位，有效地避免中到大雨造成的人员和财产损失，没有造成人员伤亡，受到县委、县政府等各级领导和群众的普遍好评。

2018年3月23日，尼木县气象局开展"世界气象日"宣传活动

【气象服务】 年内，尼木县气象局制作日预报、周预报等相关气象服务信息，并通过手机短信和电子屏等渠道将预报信息发布给县委、县政府领导干部及乡（镇）负责人，6—9月汛期期间，尼木县气象局制作地质灾害预警信息、强降雨预警信息、重要天气预报等专题材料，及时向县领导和相关单位汇报。

3月23日，尼木县气象局积极组织开展世界气象日宣传活动，这次的主题是"智慧气象"，通过专题展板展示、气象宣传资料发放、悬挂气象宣传横幅和展板现场讲解等多种形式，同时利用电子显示屏、视频、微信等方式向全县宣传气象科普知识，由尼木县气象局气象业务人员解答群众提出的关于天气预报及防灾减灾的各项疑问，为群众宣传气象科普知识，引导群众认识到气象的重要性，使尼木县广大农牧民在防御灾害性天气上增强了安全意识，帮助其避免和减轻灾害。

【精准扶贫】 2月13日，尼木县气象局组织人员到帕古乡彭岗村结对帮扶点开展精准扶贫调研工作，并为4户帮扶对象送去茶米面油等慰问品。3月30日，尼木县气象局职工到帕古乡彭岗村走村入户并探望贫困户帮扶结对的对象，从每一个帮扶对象了解他们的家庭情况、收入情况、所拥有的牲畜情况，并询问每一个家庭现今所面临的困难等一一详细记录来取得今后如何才能做好脱贫攻坚战的工作。

6月25日，尼木县气象局组织干部职工到帕古乡彭岗村结对帮扶点进行慰问工作，先后走访4户精准扶贫户，详细了解贫困户家庭的生产生活情况、致贫情况和存在的问题以及致富想法和打算等，鼓励他们再接再厉发扬自力更生、勤劳致富精神，争取早日脱贫。

【防灾减灾】 3月27日、30日，尼木县气象局组织干部职工分别到林岗村委会驻村点和帕古乡开展气象防灾减灾知识科普宣传活动，宣传活动通过发放气象防灾减灾宣传科普资料（包括人影日历、防雷减灾挂图、气象灾害防御明白卡及气象灾害防御手册等），并向村民现场讲解气象科普知识等形式开展，加深村民对气象防灾减灾知识了解，帮助其避免和减轻灾害。

4月10日，拉萨市气象局党组副书记、局长陈友珍带领专业技术人员一行到尼木县气象局检查指导汛前气象综合观测业务工作。按照汛前检查流程，检查组成员实地勘察观测场，逐项逐条对照检查。特别是针对气象技术装备、各项业务软件运行以及计算机网络、设备供电和应急备份系统情况进行深入细致检查。随后检查组来到新建自动气象站实地进行查看，并对尼木县气象局今后局站分离工作做具体指导。

2018年5月12日，是第十个气象防灾减灾日，为进一步增强百姓的防灾减灾意识，普及防灾减灾知识和技能，提高防灾减灾的自救自护能力，组织全体职工开展防灾减灾宣传活动，此次活动共摆放展板10余块，发放气象防灾减灾宣传资料300余份，并为众多咨询的群众详细讲解，让广大老百姓增强了防灾减灾的意识，提高了他们的防灾减灾能力。

9月26日，尼木县气象局会同续迈乡人民政府、水务、民政、消防、公安等有关部门在续迈乡开展2018年山洪灾害应急演练。整个演练活动由制定预警演练方案、召开预警演练动员会、成立工作组并明确各工作组职责、会商并发布等级预警、开展实战抢险救援演练等部分组成，演练中，各组人员行动迅速，配合默契，转移灾民、抢救伤员等各项工作严格按照应急预案和演练程序进行，达到预期目的。通过演练，有效提高了对气象灾害事故的应变能力，增强了广大群众的防灾减灾意识及能力。

11月13日，拉萨市气象局验收组到尼木县气象局对尼木县气象防灾减灾学习室项目进行验收工作，对尼木气象防灾减灾学习室配套设备和应用情况进行详细的检查，并已达到验收要求，同意尼木气象防灾减灾学习室项目通过验收。

【宣传气象法规】 年内，依据《气象宣传工作管理暂行办法》，大力宣传气象法规，将气象宣传工作纳入领导议事日程，建立和健全气象宣传管理制度，并将气象宣传经费列入年度计划。积极和区、市防雷办联合对尼木县各乡（镇）小学幼儿园、加油站和宏立液化气站进行执法检查，通过查阅档案、资料、现场查询等方式对被检查单位的防雷装置设计审核和竣工验收、防雷行政审批、防雷装置检测等方面情况进行认真细致地检查，并下达整改通知书，要求各单位在规定的时间内整改存在的防雷安全隐患。

12月5日，尼木县气象局开展气象法制宣传活动，通过悬挂气象法制宣传横幅、气象宣传资料发放和现场讲解等多种形式宣传气象法制的相关知识，为群众宣传气象科普知识、气象法制知识，加深群众对气象部门和气象业务了解。

【基层党建】 年内，深入学习贯

2018年8月3日，尼木县气象局开展人影培训

彻中共十九大精神和区、市、县的重大战略部署，牢牢把握加强党的执政能力建设、先进性和纯洁性建设这条主线。贯彻落实党建工作责任制，充分发挥基层党组织的作用、提高做好群众工作的本领及党建科学化水平，未发生各类违纪事件。以健全基层组织、加强党员管理、选好配强基层党组织带头人、完善基层党建工作责任制为重点，形成具有气象部门特色的基层党建工作体制机制。根据气象部门管理体制实际，弘扬和践行“准确、及时、创新、奉献”的气象精神，建立基层党建工作共管机制，定期召开党风廉政和党建工作会议。立足气象职工队伍建设实际，加强党员管理工作，局内6名在职职工当中4名已发展为正式党员。

【气象业务与现代化】 年内，尼木县气象局从规章制度入手，狠抓业务学习和技能培训，完善和规范业务质量考核办法，制定业务目标管理和业务学习计划，定期开展业务学习和质量分析会，学习内容有业务知识、基础理论、岗位职责、规章制度等。通过学习和典型个例的分析讨论，并开展多形式多地点的讨论交流会，进一步提升工作人员的综合素质和业务水平。通过牢固树立“公共气象、安全气象、资源气象”的发展理念，不断加强业务管理，业务人员素质明显提高，2018年基础业务稳步上升。坚持以科学发展观为统领，大力推进气象工作政府化、气象业务现代化、气象服务社会化，建立适应需求、结构完善、功能先进、保障有力的气象现代化体系，全面提升气象保障全面建成小康社会的能力，2018年天气现象和日照实现自动化观测，同时进行人工平行观测，县级气象局综合机构改革稳步进行，增强气象综合实力，逐步实现气象业务现代化。始终坚持以需求为牵引、服务为引领，全面推进气象现代化建设。

（贵桑央吉）

【领导名录】

局　长

丁　钢

副局长

洛桑平措（藏族，9月任）

纪检员

杨　培（藏族）

尼木县供电有限公司

【概况】 根据《关于西藏自治区国家电网覆盖区域农电代管框架协议》，2014年11月18日，尼木县供电有限公司正式由国网西藏电力有限公司拉萨供电公司全面实施代管。尼木县供电有限公司位于尼木县幸福路，具体负责尼木县域内的输、配、变、售电及七乡一镇的供电任务，为尼木县社会经济发展提供安全、可靠的供电保障。

2018年，公司管辖的35千伏变电站3座，总变电容量15100千伏安，35千伏线路3条83.3公里，10千伏配电线路10条，长度471公里，10千伏配变337台。公司电网覆盖营业用户14912户，供电人口62184人，供电面积4500多平方公里，2018年累计完成购电量2574.65万千瓦时，完成售电量2073.21万千瓦时。

【人员情况】 年内，尼木县供电有限公司在岗职工29人，其中正式职工19人、劳务派遣人7人、临时工3人。2018年国网西藏公

2018年1月9日，尼木县供电有限公司经理达嘎一行开展电力普查工作

司统招新进 4 名大学生。男性职工 21 人,女性职工 8 人。30 岁及以下职工 19 人,30 ~ 40 岁职工 7 人,40 岁及以上职工 3 人。藏族职工 23 人,汉族职工 6 人。高中及以下学历 18 人,大专 5 人,本科 6 人。

【国网人才帮扶】 10 月 16 日,国网北京顺义供电公司吕士旺、毕成等 2 人顺利完成在尼木县供电有限公司的对口人才帮扶工作,吕士旺等 2 人在公司对口帮扶一年期间的工作,提升公司在安全生产管理、经营管理、电力设施保护、法律事务、农电管理提升、员工安全教育及技术培训、班组建设等方面的工作。根据国网公司计划,10 月 23 日,国网徐州供电公司张磊、吕军、邢高远、周岩等 4 人到尼木县供电有限公司分别挂职副总经理、运检部主任、综合管部主任、营销部主任,开展为期一年半的对口人才帮扶工作。

【安全管理】 年内,尼木县供电有限公司始终坚持“安全第一、预防为主、综合治理”的方针,强化各级安全生产责任制,提高全员安全生产意识,有效预防各类事故的发生,确保公司安全生产目标的实现。2018 年未发生人身伤亡事故和重大设备事故、重大火灾及交通事故。为规范安全管理制度,在公司和各部门签订年度安全生产责任状的基础上,加大对安全的监管力度、考核力度,加强跟踪落实,对安全生产工作做到一级抓一级,一级对一级负责,层

2018年12月30日,尼木县供电有限公司组织员工到贡嘎村开展结对帮扶活动

层抓落实,不留安全死角,明确公司系统各级机构和人员安全工作职责,健全安全责任体系,维护企业生产安全。

2018 年,尼木县供电有限公司认真开展春季安全大检查、汛期前安全隐患大检查、安全生产月专项大检查、迎接“两会”期间安全大检查等活动,以“三查三强化”活动为契机,全方位彻查安全隐患,强化风险管控,夯实安全基础,提升安全生产水平。做到紧急缺陷不过夜、重大缺陷限时改。正视安全生产的周期性规律,牢记“心存侥幸、万祸之源”的安全警句。确保安全生产每天从零开始,杜绝习惯性违章。针对安全生产工作中的不足,积极开展《安全规程》培训学习工作,规范变电站、输电线路作业的安全帽佩戴、安全带使用、操作票及工作票的规范填写,严肃现场“两票三制”执行力度,逐步改变过去安全管理方面的落后局面。对公司内部各项管理体制进行规范和整顿,完善周例会制度、考勤制度、文件签发管理制度、值班管理制度、车辆管理办法、差旅费管理办法、安全管理制度、仓库定置管理制度等等,梳理财务费用报销流程,完善企业管理制度框架,提高企业管理效率。公司各项工作正向规范化、制度化管理的方向发展,整体水平有了较大提高。

【电费回收】 年内,针对尼木公司账面资金紧张、陈欠电费多的问题,通过查阅历年抄表收费台账,清查用户欠费记录,拟订、发出电费催缴通知书逐户走访、实地了解企业生产情况,依法催费。截至年底,该项工作已初见成效,公司账面资金已大幅度增加,经营情况大幅改善。从业扩报装、电费回收两个方面拟订《营销分析报告》,开展营销分析,跟踪电力市场增供扩销情况,开展电量增长潜力分析;跟踪当月、上月电费

2018年11月23日，尼木县供电有限公司经理达嘎主持召开公司安全生产会

回收率和全年电费回收率，开展公司电费催收情况分析。在全力催缴陈欠电费的基础上，每月检查当期电费收缴情况，依法依规发送催费通知书、欠费停电通知书，杜绝新欠费。

【完善基础台账档案】 10—12月，尼木县供电有限公司制定PMS系统数据普查工作方案，全面开展配网基础资产清查。经过两个月的现场核查，理清3座变电站、10条线路、50家专变户、202台公变关系，建立准确的配网PMS2.0基础档案资料。确保基础数据台账一致、数据准确、现场实用，为下一步营销PMS系统上台做基础准备。

【结束尼木无电历史】 年内，通过电网建设和升级改造工作，尼木公司共新建10千伏线路36公里；安装100千伏安变压器5台，解决"无电户"共计34户。至此，尼木县已实现供电范围100%全覆盖，"无电户"已彻底退出历史舞台。

【结对帮扶】 年内，尼木县供电有限公司开展结对帮扶工作，针对结对帮扶的6户贫困家庭，对口帮扶人员及时了解他们的家庭生产生活情况和存在的具体困难，定期上门送上慰问金以及粮油等生活必需品。鼓励贫困家庭要照顾好自己，树立战胜困难的信心，并给予生活上的帮助。尼木公司定期为贫困家庭检查用电线路以及户内的用电设备，帮助他们及时更换老旧线路、插座、开关等。通过有效开展结对帮扶，受到帮助的贫困家庭深受感动，他们对党的关怀表示了由衷的感谢，也对供电公司每年的帮扶表达谢意。

（索朗旦增）

【领导名录】

经　理

　达　嘎（藏族）

城市建设·环保

尼木县住房和城乡建设局

【概况】 尼木县住房和城乡建设局(城市管理局)2010年成立,现有行政编制4人,工人4人,公益性有5人,三支一扶1人,志愿者1人,城管6人,环卫43人(均为聘用工人)。2018年,尼木县住房和城乡建设局开复工房屋建筑和市政基础设施项目共10个,并按要求做好县城城市维护、管理工作。

【党员思想政治教育】 年内,尼木县住房和城乡建设局始终把学习作为一项重要任务,党支部成员以"两学一做"学习教育常态化制度化为契机,以"三会一课""主题党日活动"为载体,以"政治纪律教育"为手段,集中学习研讨和个人自学相结合,将习近平新时代中国特色社会主义思想和中共十九大精神,中央和区市县委、县政府重要会议精神,《中国共产党纪律处分条例》《新形势下党内政治生活的若干准则》《中国共产党党内监督条例》等纳入支部集中学习计划,开展集中学习活动30余次,党支部书记讲党课3次,参加学习累计达300余人次。

【党支部换届】 年内,尼木县住房和城乡建设局机关支部委员会严格根据《中国共产党章程》《中国共产党和国家机关基层组织工作条例》《中国共产党基层组织选举工作暂行条例》规定,按照换届实施方案要求,扎实开展党支部换届工作。于6月22日经县党工委同意,完成换届工作。换届选举结果如下:平措为县住建局机关党支部委员会书记;王斌为县住建局机关党支部委员会副书记;桑阿曲吉为县住建局机关党支部委员会委员。以上级党委相关要求为标准,严格做好党员管理、教育、和发展工作。

【党员发展】 年内,按照《中国共产党章程》要求和党员发展流程,共发展达瓦次仁、次仁顿珠2名

2018年3月7日,拉萨市住建局副局长高建红(左三)到尼木县吞巴乡调研特色小城镇(棚户区)改造项目建设情况

预备党员转正为正式党员，发展入党积极分子1人。

【巡察整改】 9月10日—10月25日，县委第一巡察组对局机关党支部进行巡察，11月20日将巡察意见向局党支部进行反馈，巡察组实事求是、客观公正地指出局党支部在党的建设、党风廉政建设等工作中存在的问题和不足共3个大方面9项24条具体问题，有针对性地提出了改进意见和建议。

尼木县住房和城乡建设局机关党支部委员会对巡察反馈意见高度重视，成立以党支部书记平措为组长，党支部其他同志为成员的巡察反馈意见整改落实工作领导小组，召开支委会和支部党员大会形式逐条讨论，剖析根源、反思反省，从思想上进一步提高认识、端正态度，在不折不扣、全面扎实抓好整改落实上形成共识、明确目标，对巡察组反馈的3方面9项24条问题，照单全收，全面整改，不留一处死角、不落一个问题，将全部问题均纳入整改方案，围绕“立行立改、限期整改、制度促改”的要求，制定《尼木县住建局党支部关于县委巡查一组巡察反馈意见的整改方案》，能立即整改的立即整改，不能立即整改的详列整改措施和整改时限，稳步推进，对个性问题对号入座，落实到人，立行立改，对共性问题进行分类汇总、逐项梳理归类，真正做到问题不解决坚决不松手，整改不到位坚决不收兵。截至年底，共完成20项整改工作。

2018年3月18日，尼木县住建局局长平措到工地现场检查建筑领域安全生产情况

【社会综合治理】 年内，尼木县住房和城乡建设局联合县人社局、信访局等多次深入工地就拖欠民工工资的问题进行调查，做到及时发现及时处理，将矛盾和纠纷在源头上杜绝。截至年底，现场调解民工工资纠纷20余起，涉及人员150余人、资金200余万元，切实保护民工的合法权益。积极参与县委、县政府组织开展的排查调处工作，深入基层进行矛盾纠纷排查调处，及时解决群众反映的各种问题，化解各种矛盾，把矛盾消除在萌芽阶段。同时，按时保质保量完成交办、转办的各种信访案件，认真做好来信来访工作，认真处理信访案件4件，14人次，处理结果满意率100%，避免群体信访事件、越级上访事件的发生。

【城镇基础设施项目】 尼木县城污水处理厂及收集系统工程概算批复总投资2807.36万元，新建县城污水处理厂及收集管网，本项目为PPP项目，由西藏碧水源环境技术有限公司代建，4月开工建设，县住建局协调参建各方及相关单位，有序组织施工作业，有效协调各方关系，不断推进项目建设进度。截至年底，结构主体已封顶、设备采购已到位。

垃圾无害化处理设施（垃圾转运站）建设项目。帕古乡垃圾无害化处理设施（垃圾转运站）建设项目概算批复总投资398.51万元，4月移交县城投公司代建。截至年底，结构主体已封顶；尼木乡、吞巴乡、卡如乡、普松乡、麻江乡、续迈乡垃圾无害化处理设施（垃圾转运站）建设项目已完成前置手续办理，已交至拉萨市发改委进行申报2019年投资。

“厕所革命”建设项目。自治区下达尼木县新建厕所指标任务31座，拉萨市下达尼木县新建改建厕所指标任务15座。截至年底，自治区下达指标31座已建成并通过验收，拉萨市下达指标15座已完成项目前置手续。

县城停车场建设项目。概算批复总投资134.50万元，项目建设地点为尼木县幸福路（原街心花园处）和幸福路沿路（发改委至警务站沿路空地），该项目于5月开工建设，已建成并投入使用，一定程度上缓解了县城主街道停车难的问题。

年内，投入38万余元用于垃圾填埋场正常运营和维修工作，投入6.6万元用于垃圾填埋场水质、污水检测，确保尼木县生活垃圾填埋场正常运营。

【吞巴乡特色小城镇】 尼木县吞巴乡德吉路、土萨路市政道路工程以《尼木县吞巴乡特色小城镇示范点规划》为引领，由拉萨市设计院进行实地勘查并进行初步设计，总投资1140.13万元，土萨路、德吉路市政工程均于3月20日复工，现土萨路完成总工程量的94%，德吉路市政工程均于3月20日复工，已完成总工程量的70%。

吞巴乡特色小城镇棚户区设计改造任务为275套，改造面积68075.86平方米，概算总投资4403.52万元，由拉萨市政投建设项目代建管理有限公司实施阶段代建，项目已完成，并于10月24日完成初验。

【小康安居集中搬迁点建设项目】 尼木县小康安居集中搬迁点建设项目概算批复总投资7261.61万元，设计新建86户及配套设施。年内，实际报名小康安居搬迁群众共33名，实际新建33户及配套设施本项目由市政投公司代建，截至年底，结构主体已封顶。

尼木县住建局通过召开群众大会，入户宣传等方式，深入乡（镇）、村、组、户宣讲小康安居工程《实施指导意见》、《搬迁补偿指导意见》及各项惠民政策，制定《尼木县小康安居集中搬迁点建设项目资金筹措方案》，明确了群众自筹资金的筹款方式和缴款方式及时限，现确定报名参与小康安居工程在县城集中安置群众30户，自筹资金的50%均已到位，该项目建成后即可分配入住。

【新建公共租赁住房建设项目】 年内，尼木县2018年新建公共租赁住房建设项目概算批复总投资2453.59万元。截至年底，已完成前置手续办理，施工单位已进场。

【尼木县既有建筑节能改造项目】 尼木县既有建筑节能改造项目建设单位为拉萨市住建局，总投资6475.79万元，县住建局全力配合协助拉萨市住建局做好尼木县既有建筑节能改造项目，完成县城既有建筑统计、测量等工作，截至年底，已完成县政府大院、中心小学、塔荣镇政府大院改造工作。

【吞巴乡特色小城镇规划局部调整】 年内，为强化招商引资，确保引进拉萨尼弘元仓实业有限责任公司建设的尼弘元仓供应链经济港项目顺利落地，尼木县住建局按照规划修编程序，积极协调自治区住建厅、拉萨市规划局、拉萨市规划设计院、自治区建筑勘察设计院等单位，开展规划调整论证报告编制、规划成果修改、组织专家评审等工作，逐级上报审批。截至年底，规划调整论证报告已获自治区政府领导批示同意，规划成果修改已通过专家评审。

【老旧小房改造项目】 年内，尼木县住建局制定《尼木县农牧区群众老旧小房改造工作方案》，成立

2018年1月2日，尼木县住建局召开建筑领域冬季施工（停工）安全生产部署会

2018年11月23日，尼木县住建局工作人员发放2018年度租赁住房补贴

工作领导小组，组建工作专班。深入33个行政村128个村民小组，实地进行核查，开展尼木县农牧区群众老旧房改造工作，投资579万元，安排尼木县7家当地农牧民施工队对全县76户老旧房进行改造，做到统一图纸、统一标准、统一实施、统一验收，确保材料合格、工艺合格、质量合格。

【城市管理】 年内，投入11万余元对县城主干道破损路面、人行道进行维修并更换井盖100余处。投入4万余元开展辖区范围内“有路无灯、有灯不亮”的集中整治和路灯安全隐患排查修复工作，修复路灯60处。按照“总体部署，整体联动，集中力量，逐项整治”的措施，集中清理乱摆摊点、占道经营、乱牵乱挂等500余处，签订“门前四包”责任书220余份处理各类乱张贴、乱书写、乱喷涂200余次。

【租赁住房补贴】 2018年，尼木县住房和城乡建设局根据《西藏自治区城镇低收入家庭租赁住房补贴管理办法》，严格按照申请、审批、公示、上报等规定程序，认真完成2018年租赁住房补贴工作。2018年，尼木县符合条件的城镇低保户共计8户9人。年度财政预算安排的租赁住房补贴保障资金实行分级负担的原则，县级财政负担所需资金的5%，地(市)级财政负担所需资金的15%，自治区负担所需资金的80%，按每月255元/人标准，区市财政承担26163元，本级财政承担1377元。为了使该项工作顺利有序地进行，尼木县住房和城乡建设局本着公开、公平、公正原则，切实把惠及民生的租赁住房政策落实到实处，5月1—15日在全县内公示申请租赁住房补贴人员的名单，在11月25日之前全部兑现完毕。

【城市绿化管理】 年内，投入40万余元在环城路、幸福路绿化带种花种草，撒播花籽、草籽7500余平方米。累计投入近百人次对县城绿化带施洒有机肥、移栽花草等。投入5万余元、50余人次补种县城绿化树木，修剪树枝，清除杂草等工作，实现县城绿化带绿化、美化，提升了县城城市形象，城营造生态、宜居的生活环境。

【行业安全生产监管】 年内，强化工程安全生产日常监管，突出抓好建筑工程深基坑、高支模、起重机械等重点危险源的监管。严格行政执法，进一步加大监管力度、规范执法程序，督促企业落实安全生产主体责任。重点整治和查处企业落实安全生产主体责任落实不到位，主要管理人员不到岗、不履责，安全隐患整改不到位等违法违规行为。年内，检查施工企业30家次，督促整改安全隐患点200余处。强化燃气站监管，对燃气充装站运行情况检查30余次，督促其落实安全生产主体责任。

【施工现场扬尘治理】 年内，强化组织领导，成立以局长平措任组长工作领导小组，制定工作方案，明确扬尘防治工作要点，对扬尘防治具体工作进行安排部署。狠抓落实，组织召开扬尘防治专题会议，建立检查制度。年内，共督促监管的施工工地30余家，共查处未作密封、覆盖运输渣土运输车30余辆，督促清扫被污染的路面5000余平方米。

【“放管服”行政服务】 年内，认真落实责任人制度，落实“放管服”工作要求，严格按照相关法律法规进行行政服务工作。年内，受理并办理施工许可证41份；受理并办理房产交易抵押登记18宗；受理房产交易登记8份；受理并办理农牧民施工队资质12个。

【供暖工程项目】 年内，完成尼木县城供暖工程三期建设项目竣工决算审计工作。

（桑阿曲吉）

【领导名录】

局　长

平　措（藏族）

副局长

王　斌

尼木县环境环保局

【概况】 2018年，尼木县环境保护局始终坚持“绿水青山就是金山银山、冰天雪地也是金山银山”的发展理念，认真贯彻落实中央、区、市党委、政府关于生态环境保护工作会议精神及有关领导指示、批示精神，围绕构建国家生态安全屏障目标，始终坚持把生态环境保护作为底线、红线、高压线，严格落实生态环境保护责任，以环境宣传教育为先导，以严格执法、强化管理为手段，明确目标，突出重点，团结拼搏，狠抓落实，全面推进了生态环境保护与经济可持续发展。

2018年，尼木县主要河流断面水质保持在国家Ⅲ类水质标准以上；县城集中式饮用水源地水质达到国家Ⅲ类水质标准以上；大气环境质量持续保持在优良水平；农村饮用水源点抽查监测数据指标合格，全县生态环境质量总体优于2017年同期水平。

【生态创建】 年内，统筹规划，有序推进自治区级生态乡（镇）、生态村（两级同创）申报工作。为认真做好自治区级生态乡（镇）、生态村创建工作，尼木县环境保护局提前安排部署，对具体工作任务进行责任分解，将创建基本条件、考核指标以责任制的形式落实到相关单位，并逐一明确工作标准、完成时限。同时尼木县环境保护局充分发挥组织协调、督导服务作用，指定专人负责指导各乡（镇）、各村开展创建工作，并对创建工作情况进行交流汇总，及时掌握工作动态，推动创建工作的深入开展。

截至年底，已完成8个乡（镇），29个行政村的生态创建工作，并已获得自治区命名；深入推进生态保护红线划定工作。为积极构建国家生态安全屏障、建设美丽西藏，协调好环境保护与发展的关系高度重视生态保护红线划定工作，成立生态红线划定专班，制定《尼木县生态保护红线划定工作方案》以及《尼木县生态保护红线方案（征求意见稿）》，并组织相关工作人员进行实际踏堪。根据尼木县长远发展需要，对自治区拟定的尼木县生态红线划定范围进行相适当核减，已完成生态红线划定对接工作，并通过区、市的核准，已报请国家生态环境部审批。

【中央环保督察反馈问题整改】 中央第六环保督察组督察西藏自治区反馈问题无涉及尼木县具体问题，需尼木县配合整改的共性问题27大项99子项（其中，牵头单位为县委、县政府的10项，配合单位为县委、县政府的89项）；尼木县共接办区、市整改办下发中央环保督察期间转办的长期整改任务3项（即麻江乡1.5万亩土地开发项目种草恢复整改、帕古乡彭岗村取石点种草恢复整改、

2018年8月21日，县委副书记、县长普琼带领环保局、国土局等部门到尼木铜业采矿厂督导检查环境整治工作

拉萨天利矿业有限公司麻江乡强聂村探矿便道种草恢复整改）；西藏自治区第一环境保护督察组督察拉萨市反馈问题76项，其中，个性问题1项（即尼木县节水型社会建设试点）、配合整改的共性问题47项。按照区市整改时序已完成整改47项，其他整改事项均按序时要求积极推进。

【污染减排】 年内，坚持以科学发展观为指导，结合尼木县的实际情况，积极制定详细的污染减排计划，与县直各单位、各乡（镇）以及县域企业签订环境管理目标责任书，明确分工，落实责任，狠抓运行监管，扎实推进污染减排工作。积极探索环境保护与经济发展“双赢”的结合点，大力发展尼木净土产业，全域旅游、清洁能源等环境友好型、资源节约型产业，实现“三高”企业的零引进、零审批；全力打造有机农业。

2018年，尼木县打造有机基地3420亩（其中有机藜麦1000亩，有机油菜300亩，有机雪菊300亩，有机蔬菜120亩，有机土豆200亩，有机青稞1500亩），取得8个有机产品转换证书，6个有机证书。通过大力发展有机农业及净土产业，确保化肥、农药使用零增长，通过多年的探索，逐步走出一条具有尼木特色的绿色发展道路。抓好监督管理实施减排。坚持“削减存量、控制增量”的减排原则，严格执行环境影响评价和“三同时”制度，对新、改、扩建项目坚持以新代老，实现增产不增污，确保从源头控制污染总量。加强对污染源的监督管理，全面强化对重点企业和城镇生活垃圾填埋场的监督管理，确保重点企业污染物达标排放。通过层层分解总量控制指标，严把总量控制目标关，全面完成市政府下达主要污染物约束性指标。尼木县主要产污排污国区控企业（尼木铜业开发有限公司）处于停产状态，县城垃圾填埋场运行管理均能达到规范化、无害化填埋标准。2018年度较好地完成年度总量减排任务，通过开展清洁能源建设有效地确保了尼木的天蓝、山青、水绿。

【建设项目环境管理】 年内，严格项目审批，严把项目引进源头关。2018年尼木县继续加强企业（项目）准入制度，严格实施项目审查制度，对不符合国家产业政策的企业（项目）一律不予引进。严格按照《中华人民共和国环境影响评价法》深入开展环境影响评价工作，县域内所实施的项目，无越权审批和违法违规的现象。截至年底，拉萨市环境保护局审批尼木县建设项目11个，自治区环保厅建设项目环境影响评价备案系统备案88个，县域内实施的新、改、扩建各类项目环评执行率达100%。

【环境监察】 年内，深入开展环境安全隐患大排查大整治、绿盾2018自然保护区监督检查专项行动、环境保护联合执法检查、危险废物专项执法检查、建设项目“未批先建”专项排查整治、守护净土等各类环保专项行动。不断加强对国区控重点企业、重点建设项目、农村公路、饮用水源地、垃圾填埋场、医院、采砂采石等企业（项目）单位的现场执法监察力度。采取定期与不定期、明察与暗访的方式对环保“三同时”制度执行情况等进行检查。

2018年，共计出动执法人员300余人次，车辆150余次，检查企业（项目）、单位60余家，对查出的问题现场提出具体的整改意

2018年6月12日，尼木县环保局局长蒋西荣到县医院督导检查辐射环境安全工作

见,并依法下达处罚通知书2份,整改问题10余项,共处罚款3.4万元;依法全面开展环保税的征收工作,征收工作正在有序推进。对新增的产污排污企业、单位和个体户按照要求规范发放排污许可证。2018年新发补发排污许可证共计5张;建立健全环境安全应急预案。不断完善环境安全应急机制,督促县域企业建立健全环境应急预案,认真组织培训和应急演练,加强环境安全预警和防范。积极组织相关单位开展县城集中式饮用水源地环境事故应急演练,通过开展演练为以后环境事故的妥善处理摸索了经验,奠定了基础。

【污染防治】 年内,加强饮用水源地保护,协助市环保局开展集中式饮用水源地保护区的划定工作,并对水源地防护围栏进行维护与加固;对新划定的一级保护区点位坐标进行重新设置,对存在的其他环境问题进行整治,并取得明显成效,达到整改要求;进一步完善尼木县突发环境事故的应急预案及管理机制。对县城饮用水源地实施年度常规监测、卫生安全检测等,密切掌控饮用水源水质状况和环境安全,严查环境违法违规行为,对存在的环境问题及时进行整治,确保广大居民的饮水安全;依据入河排污口专项排查整治工作方案,经常性地开展排查整治工作,确保合法排污、有序排污;制定完善《尼木县2018年大气污染治理工作实施方案》根据方案及县委、县政府相关要求加大对县域建筑施工工地、采砂采石厂、尼木铜业采矿厂、主要交通干道、渣土运输车等重点部位和行业加大督查检查力度,并采取喷淋、洒水、覆盖等抑尘降尘措施开展扬尘治理。

年内,共计开展扬尘治理专项执法检查20余次,整治施工工地20余家,检查整改渣土运输车辆不规范运输50余台次;进一步排查淘汰10蒸吨及以下燃煤锅炉,同步推进其他规格燃煤锅炉清理与淘汰工作,2018年排查出10蒸吨以下燃煤锅炉1台,已于2018年10月进行淘汰,尼木县所有规格的燃煤锅炉已全部淘汰完毕,淘汰燃煤锅炉工作走在全市的前列;加大对加油站、加气站进行经常性的执法检查,加快推进油气回收装置改造工作,尼木县加油站油气回收装置改造工作已于2018年7月完成整改并投入使用;大力推进噪声污染防治,营造良好声环境。严格控制建筑施工时段,机动车违章鸣号、娱乐场所噪声以及中小考期间的噪声专项整治。2018年,联合检查娱乐场所20余家次,制止临街商业门店播放高音喇叭行为8起;狠抓辐射环境安全监管,确保辐射环境安全。深入开展放射源及射线装置专项整治,加强对县人民医院的监督检查,建立完善防辐射应急预案,开展年度辐射安全评估。2018年未发现辐射隐患及违规操作现象,辖区内无闲置、废旧放射源,未发生辐射安全事故;加强危化、医废日常监督管理。根据区、市相关文件要求,组织各乡(镇)、各相关部门对危险废物(含医疗废物)进行清理排查整治,在2018年危险废物规范化管理专项检查中,尼木县共出动检查人员30余人次,车辆10余台次,检查涉及危险废物企事业单位及个体户20余家次,2018年共计产生医疗废物7264公斤、危险废物5750公斤,转移处置率达100%。

加大对医疗污水处理系统的检查和维护力度,并对医疗污水

2018年9月29日,县委副书记、县长普琼检查指导318国道、重点景区环境整治工作

2018年6月5日，尼木县环保局组织开展环境日宣传活动

开展定期检测工作，不断提高规范化、科学化运管水平；积极开展农村人居环境整治三年行动工作，进一步健全网格化环境监管体系，形成县、乡、村、组四级环境监管网格，上有专项领导小组部署，中间有环保职能部门及乡（镇）党委、政府推动，村里有村委会、联户长及环境监督员督促落实，做到无死角监管，全方位保护。按照《中共尼木县委员会 尼木县人民政府关于规范化常态化开展尼木县环境卫生综合整治活动的通知》要求，对县城9公里、318国道尼木段、旅游景区、县乡主要交通干线、水源地等卫生死角进行全面清理整治。自年初以来，组织各乡（镇）县直各单位开展环境卫生综合整治工作10余次，清理各类垃圾200余吨，通过开展环境卫生常态化综合整治工作，城乡环境进一步提升，人居环境进一步优化。

【环境保护宣传】 年内，根据县委、县政府统一部署，制定年度宣传方案和计划，结合“两学一做”学习教育活动、党的十九大、“六五”环境日、“七五”普法等教育活动开展以“美丽中国、我是行动者”“绿水青山就是金山银山、冰天雪地也是金山银山”等为主题的环保宣传。年内，开展环保宣传活动5次，共计发放环保知识读本7000余份、环保宣传单2000余份、环保法2000余份、大气污染防治法500余份、水污染防治法500余份、环保购物袋7000余个、环保围裙6000余条、悬挂宣传横幅40余条，更新大型广告宣传牌20余幅。通过广泛地开展宣传活动，不断营造了全民环保、人人参与的浓厚氛围，增强了广大农牧民群众和干部职工保护生态环境、践行绿色生活的意识，为“生态立县”战略的全面实施奠定了坚实的社会基础。

【环境监测】 年内，县域地表水水质监测断面2个，分别是尼木县玛曲河上游500米断面和尼木县玛曲河下游1000米断面，经2018年度4次水环境质量采样监测，2018年尼木县主要河流（尼木县玛曲河上游500米和尼木县玛曲河下游1000米）断面水质均达到或优于国家《地表水环境质量标准》（GB3838-2002）Ⅲ类标准，地表水水质达标率100%；县域地下水水质监测点位一个，即尼木县塔荣镇水厂点位。经2018年度4次饮用水水质量采样监测，2018年尼木县集中式饮用水源地（尼木县塔荣镇水厂）水质均保持在国家《地下水环境质量标准》（GB/T14848—9）Ⅲ类限值范围以内，饮用水源地水质达标率100%；县域空气质量监测点位一个，即尼木县政府点位，经2018年度4次空气环境质量采样监测，尼木县大气环境中总悬浮颗粒物、二氧化硫、二氧化氮、可吸入颗粒物等监测指标均能达到国家《环境空气质量标准》（GB 3095-2012）Ⅰ类标准，空气环境质量优良。

【环境统计】 年内，根据自治区环保厅、拉萨市环保局关于开展环境统计工作的相关要求，尼木县环境保护局及时对此项工作进行安排部署，并在规定的时限内圆满地完成辖区内重点企业、县城垃圾填埋场的环境统计、审核与上报工作。

（李 凯）

【领导名录】

局 长

蒋西荣

副局长

拉巴桑姆（女，藏族）

交通·通信

尼木县交通运输局

【概况】 尼木县交通运输局组建于2017年5月，位于拉萨市尼木县城，距拉萨市150公里，平均海拔3750米，全县通车里程共568.9公里（除国道外），其中县道1条，共45.383公里，乡道4条，共31.274公里，全县33个行政村（居）已全部实现通达里程共495.007公里；农村客运班线达到乡（镇）通车率100%，行政村通车率94%，农村公路的快速发展，促进了城乡一体化建设，为尼木县经济快速、持续发展和社会稳定提供有力保障。2018年，干部职工共16人，其中在职干部职工6人，公益性职工2人，道路养护工人8人。

【2018年实施项目】 年内，尼木县交通运输局实施开工项目3个，总投资为5343.5992万元。尼木县麻江乡朗堆村至琼姆岗嘎公路工程项目：路线全长13.9286公里，全线按四级公路技术标准进行建设，设计时速20公里/小时，路基宽度根据路段实际情况采用7.5米，沥青路面宽度为6.5米，汽车荷载等级：公路—Ⅱ级，项目总投资3868.675万元；尼木县吞巴乡吞普村雍组至318国道连接线公路工程项目：路线全长1.7公里，全线按四级公路技术标准进行建设，设计时速20公里/小时，路基宽度根据路段实际情况采用4.5米，水泥路面宽度为3.5米，汽车荷载等级：公路—Ⅱ级，项目总投资483.498万元；尼木县普松乡如白村公路工程项目，路线全长4.153公里，全线按四级公路技术标准进行建设，设计时速20公里/小时，主线路基宽度根据路段实际情况采用7.5米，沥青路面宽度为6.5米，其中K1+900—K2+170采用路基宽度5.5米，路面宽度4.5米汽车荷载等级：公路—Ⅱ级，项目总投资3868.675万元。

【党建工作】 年内，尼木县交通运

2018年5月30日，尼木县交通运输局局长伦珠协调解决项目矛盾纠纷

输局坚持深入学习中共十九大精神和习近平新时代中国特色社会主义思想，紧抓“乡村振兴战略”机遇，全面贯彻落实习近平总书记关于“四好农村路”建设的重要指示精神，按照县委的总体部署，紧紧围绕交通中心工作，全面推进党的思想、组织、作风和制度建设，为交通事业的发展和构建和谐社会提供坚强的思想、政治和组织保证，确保尼木县交通运输局各项任务的圆满完成。尼木县交通运输局设一个党支部，全局共正式党员3名。

【党风廉政建设】 年内，尼木县交通运输局以落实中央“八项规定”和自治区“约法十章”、市委“九项要求”为重点，全面落实党风廉政建设主体责任，突出“守纪律，讲规矩”主题，不断改进党员领导干部工作作风，进一步营造风清气正、求真务实、和谐奋进的良好氛围，为实现尼木县交通运输行业又好又快发展提供有力的组织保障。

【精神文明建设】 年内，尼木县交通运输局精神文明建设工作和意识形态工作以邓小平理论和“三个代表”重要思想为指导，深入学习贯彻中共十九大精神，紧紧围绕改革、发展、稳定的大局，解放思想，实事求是、与时俱进、开拓创新，大力弘扬和培育民族精神，加强思想道德和科学文化建设，深入开展意识形态领域研判工作，促进精神文明建设工作和意识形态工作全面发展。

【公路养护】 尼木县所辖七乡一镇，道路养护里程173.588公里，其中县道45.383公里，乡道24.372，村道103.833公里。2018年，尼木县交通运输局制定《尼木县农村公路养护工作实施方案》，尼木县农村公路养护管理遵循“县道县养、乡道乡养、村道村养”的原则，明确养护责任，制定养护标准。同时，由于道路养护工人未配备养护巡逻车辆，尼木县交通运输局积极向县政府申请资金，为道路养护工人配备了养护巡逻车辆。针对尼木县汛期泥石流、滑坡等自然灾害频发的问题，进一步完善了汛期抢险保通应急预案。

尼木县交通运输局大力开展全县道路沿线绿化工作，邀请专业公司制定尼木县境内道路两旁景观设计方案，已完成县城至桥头、吉瓦公路沿线绿化工作，为干部群众出行提供了优美的环境。7月1—9月12日，全县共发生泥石流、山体滑坡等66次，尼木县交通运输局投入机械设备264台次，人员390余人，道路等础设施受损严重。损毁公路路基路面50余公里、损坏挡墙7公里、冲毁农用桥20余座，直接经济损失1323万元。

汛期结束后，尼木县交通运输局组织人员利用7天时间对全县水毁道路桥梁进行全方位调研，掌握全面道路桥梁水毁情况，为水毁恢复奠定基础；详细排查途径线路的地质灾害和其他隐患，建立线路调研台账，详细标注风险点和具体隐患位置；尼木县交通运输局组织道路养护工人对风险点和具体隐患位置和风险点及时设置警示标志60余块，提醒过往人员车辆注意安全；尼木县交通运输局组织机械设备对尼木乡东嘎村夏囊组、帕古乡彭岗村、续迈乡霍德村、安岗村、尼续村、续迈村、塔荣镇林岗村、吞巴乡吞普村损毁路面进行清理修复，共

2018年6月5日，尼木县副县长布穷安排部署公路沿线绿化工作

计投入机械40余台次,人员80余人次,修复受损路面70余公里,为广大农牧民群众安全出行提供了保障;尼木县交通运输局及时向自治区公路局、拉萨市交通运输局上报尼木县急需修复桥梁8座以及全县公路安全生命防护工程50余公里,积极争取修复资金;针对尼木县农村班线驾驶员,尼木县交通运输局及时组织驾驶员学习防范自然灾害相关知识,通报运行线路调研结果,告知驾驶员所运行线路的特点以及线路风险点的具体位置,确保行车安全。

2018年12月6日,尼木县交通运输局副局长孙晋英检查违法车辆

【公路管理】 年内,尼木县交通运输局始终把建设质量作为工程的灵魂和生命。在项目实施中,不断完善规章制度,坚持工程建设标准,加强全面质量监督,严格履行建设程序,完善过程控制和责任意识,确保"建成一条、达标一条"。严格项目设计审批,委托有资质的设计单位进行勘察设计,组织专家对设计文件进行评审并给予施工图审查。进一步明确施工单位、监理单位的职责。在农村公路建设过程中,尼木县交通运输局定期和不定期对工程质量、进度情况进行督促检查,对农村公路建设项目现场发现存在的问题责令限期整改。

【公路运营】 年内,为进一步改善尼木县农村运输薄弱环节,加快公路运输基础设施建设步伐,提高公路运输总体效益,促进农村公路运输市场健康、有序、稳定发展,全面落实区、市党委、政府关于道路运输体制改革的总体要求,加快建设农村小康社会,切实解决广大农牧民群众乘车难、出行难问题。尼木县交通运输局积极协调沟通开通尼木县农村客运班线相关事宜,经拉萨市运管局批准尼木县已具备开通尼木县城—麻江乡朗堆村、尼木县城—续迈乡霍德村、尼木县城—吞巴乡吞普村、尼木县城—卡如乡赤朗村、尼木县城—普松乡曲水村5条线路,乡(镇)覆盖率为100%。截至年底,农村客运班线车辆已到位,各项前期工作已完成,农村客运班线将于近期开通,切实解决广大农牧民群众乘车难、出行难问题。

尼木县客运站始建于2006年,于2008年受地震影响外墙受损严重、多处破裂,房屋陈旧破败不堪,电线老化不能保证正常使用,停车场为砂石面层、进出站口大门无法正常开关,严重影响日常营运车辆的发车及进站,客运站围墙多处倒塌为维护场站秩序带来诸多不便。为积极营造良好的客运氛围,着力发展和改善尼木县客运现状,切实提升广大人民群众生产、生活、出行条件,尼木县交通运输局积极向县政府申请资金70余万元对客运场站进行翻修,保障了尼木县客运场站的安全有序运行和人民生命财产安全。

【精准扶贫】 年内,尼木县交通运输局在打赢脱贫摘帽攻坚战方面,始终按照县委、县政府和尼木县脱贫攻坚指挥部的要求,严格按照"321"的方式进行造血式帮扶,解放思想、不断探索,采取更有效的措施,加大定点帮扶工作力度,全面扎实地做好定点帮扶目标任务的落实,为结对帮扶户做更多力所能及的工作。

为切实保证霍德村三组群众出行安全,尼木县交通运输局向县政府申请资金74.73万元,维修霍德村三组道路17.4公里;为解决广大农牧民群众乘车难、出行难问题，向县政府申请资金250万元购买5辆农村客运班线车辆，开通5条农村客运班线。截至年底，乡（镇）通客车率100%，行政村通客车率94%。

【安全生产】 年内，尼木县交通运输局开展安全生产大检查、大排查、大整治工作，成立以局长为组长，副局长为副组长的专项领导小组，全面统筹安排全局安全生产大检查、大排查、大整治工作，及时传达贯彻落实上级党委、政府和行业主管部门有关安全生产的方针、政策、领导重要指示、会议和文件精神，研究部署隐患排查治理和阶段性安全生产工作，做到警钟长鸣、常抓不懈。针对工程量大、施工工期长、工地范围广难封闭等突出问题制定措施加以防范。严格落实“一岗双责”要求和“谁主管，谁负责”“管生产必须管安全”的原则，强化安全生产的监管责任和企业安全生产主体责任落实。推进全员安全责任落实，进一步完善责任网络体系，加强责任指标管理。

积极开展安全隐患排查工作，加强与公安交警部门沟通协作，提高运营车辆的安全管理效率。加强财政、审计等部门协调，特事特办、筹措资金，及时消除道路安全隐患；挂牌督办、重拳出击，算好安全防范的“加减法”，实现良性循环。以“平安交通”创建活动引领安全建设，通过加大安全经费投入来减少隐患消除死角，一增一减全面夯实了安全基础。尼木县交通运输局对县客运站制度制定执行情况；车辆安全设备配备情况；停车休息执行情况；GPS上线率；“三不进站、七不出站”制度执行情况；车辆安全例检维护情况；车辆有无改装情况；驾驶员有无疲劳驾驶、超速驾驶、违规违章驾驶及持有资格证等情况多次进行全面检查，为尼木县客运行业发展提供坚强保障。

年内，尼木县交通运输局大力开展交通安全生产知识宣传，安全、法制宣传活动8次，参加宣传人员98人次，接受群众咨询2000余人次，发放宣传资料1.2万份，悬挂横（条）幅12幅，张贴标语50条，警示语60条、座谈12次。极大地增强了群众的交通安全意识。

（王 辉）

【领导名录】

局 长

伦 珠（藏族）

副局长

孙晋英

尼木县邮政分公司

【概况】 尼木县邮政分公司服务于尼木县7个乡1个镇、33个行政村、127个自然村，8所完小、22座寺庙，设有县级营业厅一处，乡邮网点6处，全县通邮率达100%；尼木县邮政分公司现有员工11人，经理1位，营业部主任1名，营业员3名，县城投递员2名，乡邮通信人员3名，保安1名，现有县城投递车辆1辆，乡邮通信投递车辆3辆，三轮摩托车1辆；尼木县邮政分公司始终践行“人民邮政为人民”的服务理念，为方便全县广大人民群众，尼木县邮政分公司全年365天对外营业，县城区域每天外出投递，乡邮每周五班投递。

【业务经营】 年内，尼木县邮政分公司紧紧围绕年初邮政工作会议精神，以科学发展观为主线，全力抓好各项业务发展，始终坚持安

2018年7月24日，西藏自治区邮政分公司总经理李柏平（左一）到尼木县邮政分公司调研

尼木县邮政分公司

全是第一基础，发展是第一要务，服务是第一责任的工作理念，充分利用邮政网络优势，切实把服务三农和服务中小企业作为当前和今后每一个时期的重点工作，不断夯实基础，做大经营规模，提升服务质量。尼木县邮政分公司一年365天对外营业，在传统的函件、包件、汇兑、报刊等业务上，相继开办储蓄、交警违章短信提醒、代缴交警罚没款、代售航空机票和业务分销等业务，极大程度的方便了尼木县广大人民群众。

2018年，尼木县邮政分公司完成收入172万元，同比增加绝对值49.22万元，同比增长39.86%。年累计投递报刊210万余份，各类邮件10万余件，机要300余件。党报党刊投递是党和政府交给邮政一项光荣的政治任务，尼木县邮政分公司本着“对党负责、认真履行职责”的工作理念，认真投递党报党刊（赠送的藏文版拉萨晚报3.4万余份，全县80%的家庭可以每户一份），全年未发任何安全事故和邮件违寄、丢失案件。营业窗口共有两个台席办理邮政各类业务，包括收寄邮件、代办各类业务，一个台席办理储蓄存、取、转，开卡等业务。按照拉萨市邮政公司和尼木县公安局治安大队等相关单位的要求，尼木县邮政分公司收寄的所有物品和信件，收寄环节严格执行实名制登记，对所收的邮件一律按照中国邮政集团公司相关规定眼同验视，从收寄环节避免发生禁限寄物品通过邮政物流渠道流往各地，对社会造成不良影响。全方位的积极完成拉萨市公司下达的经济指标和各项工作任务，全力配合尼木县委、县政府下达的各项文件要求，积极参加尼木县各单位组织的各项活动。加强生产作业，科学合理安排工作，积极开展各项学习活动。

【业务宣传】 年内，积极拓展服务领域，提高服务能力和水平。尼木县邮政分公司一直把服务作为各项工作的出发点和归宿，针对邮政对外服务人员即营业窗口和投递人员，采取“内增素质，外树形象”的有效措施，提高窗口服务水平。充分发挥业务监督检查和社会监督网的作用，促进服务工作的进一步加强，如在各营业厅内设立用户意见簿，对外公布用户举报监督电话等。加强信息反馈，做好来电、来信、来访的处理工作，随时了解邮政服务状况，加大奖惩力度，对提出的意见及时整改，认真实施，提升分公司的服务水平。尼木县各乡邮网点陆续投入使用，极大地方便了广大人民群众；为更好的服务农牧区，积极完善乡邮投递基础设施与农牧区通信基础建设。通过现场业务推介、走访客户、现场办理业务等多种形式，深入乡（镇）村庄，大力宣传邮政金融知识及邮政其他业务，得到广大邮政群众的一致好评，取得企业经济效益与社会效益的双赢。

【强化管理】 年内，尼木邮政分公司积极学习治安综合治理的各项条款，对营业场地、单位院、内出租房等重点部位，认真落实防火、防盗，防抢、保安全的“三防一保”制度，对驾驶员、城乡投递员、营业员、监督检查等人员进行安全生产教育，分公司本着“谁主管、谁负责、看好自己的门、管好自己的人”的原则，加强职工教育，提高安全，稳定意识，加强执行力建设，落实安全，稳定管理的各项制度和规范要求。要求每一位职工发扬连续作战,不怕困难的精神。坚持值班制,提高资金安全管理,车辆安全管理,邮件的安全管理,全年未出现过安全事故。

【维稳综治】 年内,为做好重要时期安全保卫工作,重大事件社会稳定工作,尼木县邮政分公司成立以局长拉巴次仁为组长,其他职工为成员的安全稳定工作小组,并制定相应的措施与应急方案。做到有组织、有计划的工作步骤,确保工作落到实处;制定单位内部防火、防盗措施;组织全体员工学习相关法律法规,加强员工精神文明建设。

（周 平）

【领导名录】

经 理

拉巴次仁(藏族)

尼木县电信局

【概况】 尼木县电信业务始于1999年,1999年正式开办电信业务,主要经营固定电话、移动通信、互联网接入及应用等综合信息服务。2018年,有员工4人,指定专营店2个、7个乡实现便民服务代理店。尼木县共建设31个基站,其中4G基站29个,7个乡1个镇手机信号已覆盖,现已全县无线网络覆盖达100%。

【工作情况】 年内,发展移动电话2852部,完成全年计划的103%;净增移动电话1026部,完成全年计划的101%;发展宽带745部,完成全年计划的128%;净增宽带461部,完成全年计划的1116%;来电显示渗透率100%;七彩铃音渗透率96.13%。全县农牧民群众使用电话10812部,七乡一镇及各个独家单位光纤已到位。

【移动通信】 年内,为更好地提高和改善尼木县农牧区通信条件,加快农牧区建设小康社会步伐,尼木县电信局在上级部门的支持下实施“乡村通光纤”等工程,尼木县电信局每年让广大农牧民享受优质的通信服务,2018年发展上针对今冬明春和春雷行动等活动,以及电信天翼畅享套餐活动,结合尼木县电信局和尼木县广电局每年开展一年一度的“文艺下乡”活动,每年都会在各乡、村“望果节”期间进行表演。借此表演机会,人员聚集时,大力宣传、发展移动业务。同时,尼木县电信局按照农牧区经济条件的特点,结合西藏电信公司的服务特色专门制定“天翼惠民”优惠政策。尼木县电信局全体员工的足迹踏遍7个乡1个镇,走村串户为当地农牧民群众办理存费送手机1145部,手机补贴金额达15.16万元。

【网络覆盖】 年内,全县共建设31个基站,7个乡1个镇手机信号已覆盖,现已全县无线网络覆盖达99%以上。

【客户服务感知提升】 年内,尼木县电信局以“用户至上、用心服务”为理念,以提升用户满意度为指引,以关键服务环节为切入点,以感知测评为手段,强化差异化服务优势,积极参与政风行风建设,不断规范尼木市场,加强用户信息安全、网络安全和信息化建设。

【科学发展观】 年内,尼木县电信将进一步深入学习和实践科学发展观,积极实施聚焦客户的信息

2018年1月29日,尼木县电信局局长格桑达瓦主持召开工作会议

化创新战略，坚持“用户至上、用心服务”的服务理念和“追求企业和客户价值共同成长”的经营理念，努力实现业务又好又快发展，做优秀企业公民，为尼木经济发展和社会信息化建设做出更大贡献。

（普布拉姆）

【领导名录】

局　长

格桑达瓦（藏族）

中国移动通信集团西藏有限公司尼木县分公司

【概况】 2018年，中国移动通信集团西藏有限公司尼木县分公司（简称尼木县移动分公司）进一步完善市场营销经营体系，提升综合信息服务能力，发展新业务、吸引新客户，实现客户规模的持续增长和客户满意度的持续提升。

2018年，大力发展移动宽带用户，移动宽带用户份额飙升至3000多户，移动宽带凭着超高的性价比，一举打破家庭宽带市场垄断局面，以更低的资费和更优质的服务，向全县人民群众、机关单位和企事业提供了新的选择。根据不同用户类型，推出存费送机1016部、存费送费1300多户、积分抽奖等优惠活动已达600多万积分，通过参与“积分抽奖”送去万元话费。尼木移动分公司继续以体贴的实惠回馈着全县的广大用户，并受到广大用户的好评。

【电子渠道】 “10086”“1008611”、网厅、短厅，自助终端，掌上营业厅，移动微信公众号，提升社会渠道综合服务能力。为广大用户办理业务的渠道和方式更加多样，将更方便、更快捷的服务措施覆盖到乡（镇）村，甚至是用户的家门口，极大地方便人民群众，提升了用户的良好感知。

【班组建设】 年内，开展形式多样的班组活动内容提升员工活力。积极学习开展党的“三严三实”活动，丰富员工思想内容，倡导自上到下的严予律己、绿色办公、有责任、有担当、有梦想，开心工作、快乐生活的氛围。

【营销活动】 年内，开展多样的营销活动，全年累计送出礼品近1000份，给客户带去实实在在的优惠，与广大用户同庆节日。积极响应县政府相关工作要求，同时积极做好节日、停电期间的通信保障工作。重要节日节点安排人员值班，把维稳工作放在第一位。加强员工关爱工作，不定期开展员工业余活动，提升团队凝聚力。2018年建设完成员工周转房布置与“职工之家”工程，进一步提升员工的归属感与生活质量。

【机构调整】 年内，尼木县移动分公司在当地政府与公司领导班子的正确领导下成功实现机构调整，已建成一个覆盖范围广、通信质量高、业务品种丰富、服务水平一流的移动通信网络，始终保持业内领先地位。年内，尼木县移动分公司自主招聘15名当地求职者，其中应届大学生8名，尽公司最大能力解决当地的就业问题，13人平均月工资超过5000元。

【网络覆盖】 年内，城乡网络信号覆盖率达100%客户规模已达1.3万人，相比2017年增幅1.62%。4G基站新增共13处，共计达194个基站，覆盖尼木县所属7个乡1个镇，33个行政村，满足用户的日

2018年11月2日，尼木县移动分公司经理丹增罗布到县教育局签订专线合同

2018年12月27日，尼木县移动分公司举办年会活动

常通信需求。

【劳务派遣转正】 年内，积极组织开展劳务派遣转正工作，确保到达劳务派遣制员工低于整体占比的10%。

【隐患排查治理】 年内，每月开展安全自查、检查活动，定期和不定期地开展安全知识教育和培训活动，不断地强化安全责任意识，加强隐患排查治理，确保2018年各类重大安全责任事故零发生。

【网络支撑能力】 年内，尼木县移动分公司对重点城区、重要乡（镇）的信号覆盖问题进行进一步优化，保障网络100%覆盖，提高网络品质，完善各类通信应急预案，确保各类自然灾害、突发事件发生时能第一时间有效保障通信畅通。尼木县移动分公司将在"正德厚生 臻于至善"的企业核心价值观指引下，以"创无限通信世界、做信息社会栋梁"为企业使命，深入落实科学发展观，持续提升企业核心竞争力，努力实现"成为卓越品质的创造者"的愿景，做世界一流企业，实现从优秀到卓越的新跨越。

年内，尼木县移动分公司始终秉承"正德厚生、臻于至善"的企业核心价值观，以"有价值、可持续"为经营理念，努力以"客户为根、服务为本"为职业操守服务尼木县各族人民群众。"推动发展、服务社会、凝聚员工、促进和谐"的作用，充分发挥员工的战斗力和号召力的作用，切实加强基层组织建设，公司上下呈现政治稳定，群体关系密切，员工积极奋进的良好局面，在社会上树立良好的企业形象。

（董学卓）

【领导名录】

经 理

丹增罗布（藏族）

联通尼木县营业部

【概况】 联通尼木县营业部位于尼木县塔荣路2号邮政局旁边，自2010年挂牌成立，主要经营移动通信和互联网等信息服务，2018年有正式员工4人，基站维护人员2人，自办营业厅1个。

2018年6月20日，联通尼木县营业部工作人员到普松乡开展宣传活动

2018年11月3日，联通尼木县营业部工作人员到普松乡开展营销活动

【党建工作】 年内，严格落实“三会一课”制度，坚持民主生活会和组织生活各项制度，开展党员评议活动，增强党支部组织生活活力；扎实推进“两学一做”学习教育活动，充分发挥党支部的战斗堡垒作用和党员的先锋模范作用，推动公司经营工作开展；深入开展十八届六中全会精神、《关于新形势下党内政治生活的若干准则》《中国共产党党内监督条例》的学习，增强从严治党的意识，强化作风转变；认真贯彻落实中共十九大会议精神，结合县委十三届三次全会要求，做好宣传、培训。

【客户服务】 年内，联通尼木县营业部以“用户至上，用心服务”为理念，以提升用户满意度为指引，努力实现业务又好又快发展，做好优秀企业公民，为尼木县的经济发展和社会信息化建设做出更大的贡献。

年内，认真落实中央提速降费号召，对全网宽带用户开展光纤化改造和提速活动，在移动网业务上不断推出新业务，并积极拓展县域联通光纤业务，服务县域内的中小企业，真正实现惠民、惠企。继续投资建设4G基站的开通，先后在县域内陆续开通粮食局和塔荣镇4G基站，为广大用户提供更好的移动网络服务。开展“防范网络诈骗，提高全民网络安全意识”主题宣传活动。认真开展入网实名制工作，从入网的源头狠抓实名制工作，严格按照自治区通信管理局下发的文件执行实名制入网工作。积极响应公司号召，全体员工都在“中国志愿服务网”上注册为志愿者，为社会贡献自己力所能及的一分力量。

【强化管理、砥砺前行】 年内，联通尼木县营业部积极应对困难和挑战，采取有力措施，在人员短缺的情况下加快业务发展步伐，为广大用户积极服务，同时做好行业信息化和新业务推广；抓好精细化管理，管理方面时刻要抓住基础，并不断强化基础管理；根据县域的实地情况，制定切合尼木县实际情况的考核办法与发展目标，细化管理办法，制定完善的激励措施，改善服务短板，确保服务质量的稳步上升，提高客户满意度；积极应对困难，解决困难，努力为广大尼木群众贡献自己的一分力量，争取在今后的工作中尼木经济发展和信息化建设做出更大的贡献。

【开展惠民利民活动】 年内，联通尼木县营业部积极拓展乡、镇、村一级的覆盖联通3G、4G基站覆盖建设，组织下乡送通信、业务宣传等活动，共计90余次(包括含存费送礼 、存费送费、存费送机、办理业务参与抽奖等活动)。进一步强化落实“提速降费”政策，以最优惠的资费服务广大用户，针对县域内的广大用户推出了流量放心用、语音放心打的优惠套餐，解决了广大群众以往的担心流量超出后的高昂费用的后顾之忧，并可以添加副卡、亲情卡。

（王　彬）

【领导名录】

经　理

王　彬

金 融

中国农业银行股份有限公司尼木县支行

【概况】 2018年，中国农业银行股份有限公司尼木县支行（简称农行尼木县支行）下设1个营业室（县支行），6个营业所（吞巴营业所、安岗营业所、尚日营业所、尼木营业所、帕古营业所、玛江营业所）。员工人数为40人，平均年龄32岁，其中：正行长1名、副行长1名、专职纪检委员1名、行长助理1名，网点主任及运营主管8名、业务人员26人、安保2人，共有党员21名，占比52.5%。2018年，农行尼木县支行全面加强员工思想建设、作风建设、风险防范意识和业务经营素质。农行尼木县支行始终坚持党风廉建设工作和经营任务齐抓共进，积极配合县委、县政府各项工作，致力于用好、用活“三农”金融优惠政策和惠农利农的各项工作，把积极的工作态度放在服务“三农”和发展县域地方经济建设上，始终以“抓住业务上水平、加强安保零案件、内控严谨促发展”为口号，紧紧抓住“一个中心、两根支柱”治行战略。

2018年8月3日，农行尼木县支行开展“歧路年华”宣讲活动

【业务开展】 截至年底，各项存款余额为87828万元，其中：对公存款61075万元；储蓄存款余额26753万元，较年初增加1003万元；各项贷款余额为57598万元，较年初增加10409万元，其中：个贷13055万元，较年初增加3903万元，完成2018年新增计划的102%；对公贷款1591万元。涉农贷款42952万元，较年初增加7011万元，完成2018年新增计划的132%；中间业务收入106万元，同比增长7.11%。发放小微企业贷款180万元。为尼木县公职人员等非农牧户发放薪资保障贷款（随薪贷）66笔，金额2010万元，房抵贷35笔，金额4353万元；发放信用卡175张。

【“三农”服务】 年内，积极响应国家和上级行的号召，推进县域

“三农”精准扶贫金融服务。2018年累计发放“三农”个人贷款20974万元，累计收回13963万元，“三农”个人（农牧民）贷款余额42952万元，农牧户户均贷款金额达5.8万元左右；2018年累计发放扶贫个人贷款1245.1万元，累计收回7842万元，扶贫个人贷款余额1967.3万元，为全县农牧民群众脱贫致富奔小康提供有力的金融支持，同时，为解决尼木县部分农牧民购房资金需求，农行尼木县支行通过与拉萨城投公司签订担保协议，为18户农牧民发放共计280万元的农牧民购建房贷款。

年内，按照“跟准政策、找准路径、精准投放”的原则，紧密对接尼木县建档立卡贫困人口，根据《农行西藏分行精准扶贫小额到户贷款管理办法》，继续加大精准扶贫小额信用贷款投放力度，向扶贫户提供最高额度5万元、最长期限3年的免抵押、利率1.08%、免担保贷款，继续支持建档立卡贫困户脱贫致富。积极对接扶贫部门确定的建档立卡贫困户，继续深入一线调研金融扶贫需求，走村入户、摸清情况、掌握信息，有效落实建档立卡贫困户应贷尽贷、“摘帽不摘政策”的工作要求，力争实现有借款意愿、有还款能力建档立卡户的贷款全覆盖。深入开展与本地贫困户结对帮扶活动，多次为贫困户送去生活必需品和慰问金，并进行交谈，引导其转变思想，首先从思想上脱贫，慰问活动一定程度上缓解了贫困户的生活压力。

2018年12月13日，农行尼木县支行召开2018年年终决算部署会议

【提升服务质量】 年内，为给农牧民客户提供更加优质的服务，农行尼木县支行组织学习藏语的活动，并制作常用藏汉“双语”知识手册，方便汉族员工学习藏语和藏族老员工学习汉语。此外，为给客户提供更加贴心的服务，购买小推车，制作移动茶水吧，给客户提供茶水、咖啡、零食等，让客户感受到家的温暖。

【小微企业普惠金融服务】 年内，认真贯彻党中央国务院关于发展普惠金融的战略部署，落实自治区、拉萨市政府、总分行、拉萨人行、西藏银监局的各项决策和要求，以推进供给侧改革为主线，积极支持实体经济的发展，主动做好小微企业金融服务工作。做好新产品应用，积极应用智动贷、连贷通、银票通、税银通、小微企业工商物业置业贷等产品，满足小微企业的融资需求。2018年，农行尼木县支行发放小微企业贷款180万元。做好风险防范工作，严把客户准入关，加强审查、用信和贷后管理，防范信用风险和操作风险，提高信贷资产质量，促进小微信贷业务又好又快发展。加强综合营销提高金融服务的可获得性和满意度，确保监管目标的实现。

【“三农”金融服务点建设】 年内，优化升级“三农”金融服务点，根据系统内和人民银行的要求稳步新设金融机构空白服务点。根据自治区“乡乡有网点、村村有金融服务”的普惠金融服务目标，努力延伸农牧区服务触角，大力实施“三农金融服务点”工程，打通基础金融服务“最后一公里”，将全县7个服务点建设成为宣传优惠政策、落实优惠政策、提供基础金融服务的主阵地、好平台，2018年，农行尼木县支行在7个乡1个镇33个行政村均设立“三农”金融服务点，共计47个。重点保障工程所需运营维护费用、巡检交通工具、基础通信、电力设备等投入，同时，2018年尼木县所有营业网点全部转型为电子化营业网点，通过采取配齐配全设备设施、扩充交易功能等措施，确保渠道建设中基础设施完备及更新换代要求。拓宽“三农”金融服务点平台，积极推广短信银行、网上银行等新型服务渠道，逐步培养新一代农牧民利用信息化手段办理各类金融业务的能力，继续发挥“四卡”效能，解决农牧民群众融资需求。

【党建工作】 年内，农行尼木县支行设立党总支书记1人、组织委员1人、纪检委员1人、宣传委员1人，青工委员1人，并重新选举产生党总支委员。加强和完善支部集中学习制度、党务公开制度、党员思想交流制度、党员激励关怀帮扶制度、党总支书记谈心谈话制度、支部委员履行责任承诺等制度。2018年，农行尼木县支行党总支持续开展“两学一做”学习教育活动，“查教结合学案例，筑牢防线促发展”警示教育活动，“歧路年华”现场宣讲活动。高度重视党的民主制度建设，特别是支部民主制度，着力解决了支部党员存在的实际困难，以及支部在日常工作中存在的问题，得到及时的解决。带头开展“三亮四比三评”，2018年，按照拉萨分行党委委员、副行长马涛到农行尼木县支行开展综合督导检查时提出的要求，要求大家随时提醒自己，以一名合格且优秀的党员的标准要求自己，依托自身岗位，做到“三亮四比三评”活动贯穿党员在工作和生活的各个方面。

【队伍建设】 年内，根据区、市两级行年初党建和经营工作会议精神，按照两级行的相关要求，为实施农行尼木县支行后备人才开发培养计划，增强员工岗位责任意识，提升综合素质，打造一支能征善战、高责任心、高执行力、高职业化、高效率的年轻干部队伍，进一步加强“三支队伍”建设力度。制定相关“三支队伍”建设实施细则，注重把大学生员工培养成青年能手，把中年员工培养成干部能手。鼓励和引导青年员工发挥才能，认真实施农行尼木县支行“三支队伍”建设计划，完善和落实激励保障措施，加强跟踪培养。并实施深化导师制一帮一、一助一的带队活动，以领导班子为首，建立后备干部人才库，优化落实培养责任，实行动态管理，坚持备用结合，及时把有培养潜力的后备员工安排到适当岗位进行实践锻炼，促进后备干部的成长，优化人才培养和使用结构。强化柜员的整体业务素质，推动柜面服务的发展；加强客户经理的营销能力，促进信贷业务的有序发展。

【安全保卫、重在预防】 年内，贯彻银行安全保卫工作预防为主、群防群治、突出重点、保障安全的方针，提高员工安全保卫意识，加强维护稳定工作。柜员每日认真清点现金箱、印章，做好安全入库；出纳做好重控、抵押物的清点；值班人员在每日报平安时，实施网点与金库的安全布控，防范风险。支行保卫股每日做好安全保卫检查，注意防火防盗，并对营业室及营业所展开全面检查。“春节”“藏历新年”“两会”“雪顿节”“国庆节”等节日期间，召集全体员工召开维稳工作会议，强调要严格遵守法律法规和农行各项规章制度。

（张　鑫）

【领导名录】

行　长

尼玛次仁（藏族，10月免）

张　　鑫（10月任）

副行长

扎西平措（藏族）

索朗罗布（藏族，11月免）

解 传 奇（11月任）

行长助理

泽仁久美（藏族，12月任）

运营主管

胡　　单（女）

乡（镇）概况

塔荣镇

【概况】塔荣镇位于雅鲁藏布江中游北岸，尼木县城所在地，平均海拔3800米，是尼木县政治、经济、文化中心。距拉萨市约130公里，塔荣镇国土面积137平方公里，其中耕地面积9210.1亩，林地、草场面积117237亩。塔荣镇政府共有干部职工75人，行政编制36人，实有30人；事业编制27人，实有31人；三支一扶1人，工人1人；聘用干部4人；公益性岗位6人；科级干部16人，其中7名女性领导干部。镇党委下辖基层党委1个，党总支部5个，党支部26个。全年塔荣镇共有党员548名，其中群众党员497名，大专及以上文化程度57人。

塔荣镇下辖7个村（居），24个村民小组，共有45名村（居）"两委"班子成员，平均年龄43.4岁。村级后备干部54名，平均年龄38.5岁。全镇共有1322户6317人，农牧民人均可支配收入13346元，现金收入9410.5元。全镇有1所小学，2所村级幼儿园，4所村级卫生所，1所农行营业所，4座寺庙，1座拉康。

【经济发展】年内，塔荣镇农村经济总收入14051.11万元，同比2017年增长14.8%，其中：第一产业4036.62万元，占总收入的28.73%，同比2017年增长338.67万元，增长率为9.2%；第二产业4710.27万元，占总收入的33.52%，同比2017年增长224.56万元，增长率为5%；第三产业5304.22万元，占总收入的37.75%，同比2017年增长177.75万元，增长率为3.5%。农牧民人均可支配收入13346元，同比2017年增长2387.63元，增长率为21.8%；现金收入9410.5元，同比2017年增长1191.72元，增长率为14.5%。

【劳务输出】年内，塔荣镇农村从业人员3210人，从事特色产业2063人（其中从事雕刻8人、绘画79人、石匠147人、铁匠9人、

2018年7月4日，西藏自治区人大常委会副主任王峻（中）到尼木县塔荣镇恩泽居委会检查指导工作

2018年5月16日，拉萨市委常委、常务副市长占堆（右二）到尼木县塔荣镇尚日村慰问结对户

经商178人、印经幡12人，藏纸1人、木匠128人、加工11人、制作藏鼓4人、制作藏香8人、裁缝20人、采石8人、藏鸡养殖业590人、奶牛养殖业860人），运输、餐饮服务从业人员269人。

【经济作物】 2018年全镇总播种面积9210.1亩，其中粮食播种面积为6958亩，单播油菜播种面积为1818亩、混播油菜播种面积220亩，青稞种植面积6118亩，蔬菜种植面积434亩，退耕还草101.9亩。粮油总产完成385.25万公斤，超目标任务3.25万公斤，比2017年同期增长2.2万公斤；其中粮食总产量完成341.2万公斤，同比增长0.4万公斤，增长率为0.12%；油菜总产量完成44.05万公斤，同比增长1.8万公斤，增长率为4.26%；蔬菜类总产量完成127.315万公斤，比2017年同期增长18.465万公斤，增长率为16.96%。

【农副产品】 年内，肉类总产量完成13.905万公斤，超目标任务0.535万公斤；奶类总产量完成23.82万公斤，超目标任务0.08万公斤；毛类总产量完成1067.3公斤，其中山羊绒总产量完成30.1公斤；禽蛋总产量完成2.365万公斤。

【牲畜状况】 截至年底，塔荣镇牲畜总存栏6805头（只、匹），其中大牲畜存栏4262头，小牲畜2543头，鸡存栏3150只。肉类总产量57.41吨；奶类总产量1203.93吨，同比2017年增长20.55吨；毛类总产量1840公斤，山羊绒总产量110公斤；禽蛋总产量22.2吨。

【卫生医疗】 年内，通过广泛的宣传发动和深入细致的工作，全镇参加新型农村合作医疗的农民6433人，参合率100%，筹集资金192990元。2018年全镇有6433人报销，共计发放农村医疗门诊报账补助973969元。提高肝炎、肺结核、风湿病防治工作的能力和水平，7月30日至8月19日，县防疫站对塔荣镇7个村（居）3007人开展三病筛查，未发现患病人员。

【"河长制"工作】 年内，强化各村对所辖区河的环境整治、卫生整治，2018年镇对辖区河流开展12次环境卫生大整治，确保"河长制"任务落到实处。从6月开始进入汛期隐患排查工作状态，共对辖区5处隐患点排查4次，出动装载机6辆、人员100余人处置6次泥石流。

【教育工作】 年内，塔荣镇小学适龄儿童入学率为100%，小学按时毕业率100%，巩固率为100%；初中生入学率为100%，巩固率为100%。"六一"国际儿童节期间，塔荣镇党委、政府慰问尼木县小学和辖区幼儿园儿童，物资折合人民币2000余元。"教师节"，塔荣镇慰问辖区学校教师折合人民币4000余元。

【惠民政策落实】 年内，塔荣镇对170名残疾人进行入户调查并填写基本信息，发放2018年残疾人生活补贴224400元。对原有的113户低保户进行核实，共清退原低保户51户171人，新增8户26人。已兑现2018年73户185人低保资金361943元。针对塔荣镇2017年受灾户，按照分类救助原则进行第一次救助，共救助377人发放150800元。核查统计2018年受灾户共34户190人受灾面积15.314亩。兑现寿星老人2018年补贴293人287230元。

兑现农牧民粮食直补1041户249643.73元；兑现种植业受灾97户资金29847.86元，农牧民住房出险1户14000元，农牧民养殖业出险167户资金697200元；兑现退耕还林补助资金63352.50元，兑现群众草原生态保护补助奖励资金1195户171238.61元。

【落实党建责任】 年内，为进一步加强基层党建工作，塔荣镇召开党建工作部署会，制定并下发《中共塔荣镇委员会2018年基层党组织建设实施方案》，镇党委与各村（居）签订党建目标责任书，调整充实党建工作领导小组和塔荣镇督查工作领导小组，狠抓党建工作落实。同时，坚持每月至少召开一次党委会，严格落实民主集中制商讨“三重一大”事项，全年共召开党委会29次。

【学习中共十九大精神】 年内，塔荣镇为深入贯彻落实中共十九大及十九届二中、三中全会精神，推进新型党组织建设，不断提升农村基层党组织的标准化建设，镇党委研究制定《镇党委理论学习中心组2018年度学习计划》和《2018年塔荣镇“两学一做”、中共十九大精神暨“业余党校”学习计划》，依托镇业余党校学习平台，如期开展镇党委理论中心组和党员干部的“两学一做”学习教育工作，把个人自学与集中学习相结合，撰写心得体会、学习笔记。着力解决突出问题，教育引导党员干部悟初心、守初心、践初心。2018年召开党委理论中心组学习会24次，“两学一做”及中共十九大精神集中学习会24次500余人次，其中书记讲党课3次，参学率达90%以上，全镇党员干部撰写心得体会400余篇，学习笔记1000余篇。

【党员政治教育活动】 年内，严格按照上级部门工作要求，认真制定活动方案和学习计划，按计划率先在全镇范围内开展党员政治教育培训活动。活动由镇党委统一领导，镇纪委监督执行，各村（居）党组织具体实施，广泛利用镇村会议室、村级组织活动场所等平台，结合“三会一课”、理论中心组学习、专题组织生活会采取集中授课、分组讨论、送教上门等方式开展培训，截至年底，全镇共培训9期，开展专题组织生活会9次，培训党员367人，笔记400余篇，对照检查65次。

【党员发展】 年内，严格按照党员发展程序要求，确保发展党员工作规范化。全镇新吸纳积极分子31人，发展预备党员10人，19人按期转为正式党员。

【党内激励工作】 年内，举办庆祝中国共产党成立97周年暨“七一”表彰大会活动，对2个优秀基层党组织、9名优秀党务工作者、24名优秀共产党员进行集体表彰，发放奖金15700元，对31名“三老人员”进行慰问，发放慰问金15500元。

【党建促脱贫】 年内，以“四个一”措施，扎实推进“党员联系群众”活动开展。通过“四个一”措施，制作发放1334张“连心卡”和1334本《塔荣镇“党员联系群众”走访日志》，实现全镇518名党员结对1334户家庭全覆盖。2018年党员联系群众工作入户宣传中共十九大精神40余次，开展技能培训4次，排查矛盾纠纷17起，解决11起，实现劳务输出就业221人次，为群众办实事44件，针对全镇379户建档立卡贫困户和

2018年9月2日，尼木县委书记杜国君到塔荣镇巴古村试验田调研

33户边缘户制定412套结对办法和脱贫巩固措施。以“四步走”计划,深入推进“支部讲政策 群众帮群众”活动实施。按照“四步走”计划,全镇已实现党员联系群众全覆盖,针对机关干部职工和村(居)“两委”开展政策培训20余次,以支部进组、党员入户形式,开展政策宣传讲解工作100余次,为实现群众脱贫思想转变打下基础。

截至年底,塔荣镇已建成村集体经济共有26个,村集体经济年收入达30万元以上村2个、20万元以上1个、10万元以上3个,恩泽居委会暂无已建成村集体经济,正在筹备建设中。塔荣镇整合募捐资金13.65万元和镇扶贫商品房租金12.163万元成立扶贫关爱基金。基金一方面用于创业帮扶,2018年先后有16户建档立卡贫困户提交个人申请及相关材料,经基金领导小组审查,最终确定为3户建档立卡贫困户提供每户3万元为期3年的无息贷款进行扶持。另一方面将关爱基金作为建档立卡老弱、大病群众的临时资金用以垫付药费,为恩泽居委会1户群众无息贷款1.4万元用于住院治疗。

2018年3月11日,塔荣镇召开2018年度党建暨党风廉政工作安排部署会

【激发群团活力】 年内,以学习贯彻团十八大和区第十次团代会精神为契机,结合重大节日深入开展“中国梦”和社会主义核心价值观活动。截至年底,共开展专题讲座7场次,座谈会5次,发放宣传材料860余份,张贴海报、标语100余张。正确指引、教育、鼓舞全镇团员提高就业竞争能力,动员组织辖区青年积极参加创新创业大赛。镇团委与镇妇联、工会组织留守儿童结对帮扶活动,通过聘请志愿者在辖区开展暑期支教及自护教育活动,累计结对帮扶32对,涉及资金2万余元。以着力提高妇女的整体素质为重点,在全镇开展“巾帼夜校”学习班28期,参与人数达570人次;恩泽居委会开展妇女手工编织培训2期,培训39人次。慰问困难党员妇女28人,重病妇女5人。

【精神文明建设】 年内,利用宣传栏、户外宣传标语和LED显示屏,循环播放“四讲四爱”相关内容,并发放《宣讲提纲》80本和各类宣传资料3000余册;各级党组织把“四讲四爱”纳入中共十九大精神学习范围,充分发挥五支力量作用,采取多种形式按照《宣讲提纲》原原本本宣讲到位。截至年底,塔荣镇共开展宣讲120余场次,受众1万余人次;结合镇容镇貌整治、“七一”建党节、脱贫攻坚、感恩立志、庆祝丰收等主题,认真组织各类丰富多彩的活动,推动“四讲四爱”内化于心,外化于行。2018年全镇共开展各类实践活动20余场次,涉及干部职工、农牧民群众、寺庙僧尼5000余人次。

【党风廉政建设】 年内,塔荣镇召开4次反腐败协调小组会议,对存在问题进行研究讨论,并形成会议记录和纪要,及时提交党委会议,逐渐完善工作机制,逐项解决问题根源。

【纪委“三转”】 4月,塔荣镇纪委共查摆8类37项问题,其中立行立改31项,明确整改时限问题6个,做到边整改、边巩固、边发现新的问题。11月再次开展了自查自纠,共查摆到7个问题,其中6个为第一阶段整改未完成问题,1个为新发现的问题。累计入户74次74户。同时,6—8月开展合作医疗报销专项检查,对合管办存在的报销票据管理不当、报销不及时等问题进行督促整改。2018年先后对涉及精准扶贫领域工作作风问题、不遵守会议纪律问题、公车管理不当问题的3名干部进行批评教育，在全镇范围内进行通报，个人在干部职工大会上作检讨。

【“扫黑除恶、打非治乱”专项斗争】 2月26日，塔荣镇组织成员单位召开安排部署会议，制定下发《塔荣镇关于开展扫黑除恶打非治乱专项斗争工作方案》，并成立专项行动领导小组，设立举报箱、举报电话，塔荣镇坚持每月召开1次扫黑除恶打非治乱专项斗争推进会，加大线索摸排力度，全面开展“村霸”“市霸”和宗族势力等黑恶犯罪线索的摸排工作，全方位、多领域排查掌握涉黑涉恶线索；按照属地管理原则，加强对全真范围内的建筑工地、旅馆、市场等重点部位进行清理整治。塔荣镇设立举报箱8个，悬挂横幅30条，发放宣传资料1.5万余份，深入开展集中宣讲50余次，通过新媒体宣传15次，前往工地等部位开展线索摸排80余次，进行治安混乱点清查60余次，未发现黑恶组织和黑恶势力的存在。

【安全排查】 年内，坚持“安全第一，预防为主”的方针，强化安全生产责任意识，狠抓安全管理制度、加大安全生产宣传教育力度，定期不定期地联合塔荣镇派出所对辖区内的各相关非煤矿山，重点工程、学校、寺庙、加油、加气站、餐馆等场所开展道路安全与食品安全生产大检查，积极实施安全生产专项治理，层层落实安全生产责任制，遏制安全生产事故的发生，稳定了塔荣镇安全生产形势。

【矛盾纠纷排查调解】 年内，塔荣镇严格按照矛盾纠纷排查常态化工作制度，非重要节点一周一排查，重要节点一日一排查的要求，2018年塔荣镇共开展信访隐患和矛盾纠纷排查工作300余次，排查出5起，调处5起，调处率达100%。全年未发生一起群体性上访和聚集闹访、越级上访事件。

【“双联户”工作】 年内，塔荣镇及时调整充实“双联户”工作领导小组，结合工作实际制定《尼木县塔荣镇关于进一步深化“双联户”工作实施方案》及宣传、培训方案。摸底调研，科学规划，准确确定联户单位，选好联代表，全镇1333户6299人共划分116个联户单位，联户覆盖率到达100%。协助和配合村（居）民“组长”组织联保户开展看家护院、群防群治、纠纷调处、流动人口管理等工作。科学规划，效果显著。

【“五个带动”促增收】 年内，塔荣镇成立项目促增收工作领导小组并下设办公室，经过有效宣传及实施转移就业，转移就业124人，转移就业人员年收入210.74万元；外出务工314人，其中长期务工174人，短期务工140人，外出务工人员年收入519.42万元，全面共培训211人，其中藏鸡养殖培训176人、驾驶技能培训13人、厨师培训5人、砌筑工培训17人，通过培训实现转移就业的23人。下一步，针对有意愿培训就业的84人，塔荣镇将开办绘画、驾驶和木工方面技能培训班，实现人有一技之长。以户为单位，以种养殖、加工为主，发展家庭经济脱贫致富。2018年塔荣镇实施家庭经济多种经营建设项目37户155人，户均收入达1.5

2018年8月23日，塔荣镇召开第十二届人民代表大会第三次会议第一次全体会议

2018年9月30日，尼木县第四届优质奶牛竞赛在塔荣镇林岗村举行

万元，年总收入为55万元。

年内，以建档立卡贫困户为主，按照“党支部+合作社+农户”的发展模式，带动贫困户增收致富。17个合作社带动贫困户83人就业，平均年收入1.7万元，年总收入为144.17万元。实施产业结构调整带动，大力发展有机农业，促进建档立卡贫困户增收。2018年，塔荣镇建档立卡贫困户种植有机藜麦119户225.63亩，每亩增收1600元。塔荣镇合理利用上级拨付给各村的15万元村集体经济扶持资金，以现有扶贫商品房、水泥制品厂、度假村等产业项目为基础，不断发展壮大村级集体经济带动贫困户增收。

【全面落实三项措施】 年内，塔荣镇开展“人有一技之长、户有致富门路、村有当家产业”入户调研2次，共涉及群众412户，其中建档立卡贫困户379户，边缘户33户，据入户摸底统计，塔荣镇共有790名贫困人员具有劳动力，经过有效宣传及实施转移就业，转移就业184人，年总收入共210.74万元；外出务工314人，其中长期务工174人，短期务工140人，年总收入519.42万元；对于有就业意愿的34人，有培训意愿55人，意愿开办家庭经济的8户，根据贫困户就业意向，为贫困户谋划合适的就业岗位和途径、针对就业方向培训实用技能，切实解决贫困户无工作、无技能的状况；根据贫困户培训意向，有针对性地开展“菜单式”“订单式”“定向式”培训，确保每一个贫困户至少掌握一项以上的劳动技能，不断增强群众外出务工和自主就业的竞争力，驾驶、厨师和装载机已跟县人社局、团委和四业办对接；对有意愿开办家庭经济小作坊且资金困难的建档立卡贫困户和脱贫户，为其提供无息贷款发展家庭经济从而实现增收致富，结合塔荣镇“爱心基金”，通过免息贷款方式，鼓励农牧民群众自主创业。

【打破传统束缚、大胆探索创新】 年内，巴古村驻村工作队在流转当地群众的1.2亩田地上，实施尼木县历史上的首次大田西瓜和蔬菜的实验性种植，共试种西瓜品种3个，玉米品种2个，西红柿品种2个，西葫芦品种2个，茄子品种1个，并且为以提高单位面积的种植效益，在玉米中还套种苤蓝。全年各品种的西葫芦已采收果实5茬260.5公斤收益1563元；采收苤蓝231.5公斤收益1389元；采收玉米385公斤收益3850元。在此次蔬菜种植实验过程中，通过对有发展愿意的农户提供免费种苗供应和技术培训，为下一步大力推广蔬菜种植提供了人才技术支持。

【慧育中国项目】 中国·儿童早期养育试点项目工作实施以来，在镇党委、政府领导和县卫计委的帮助下，以促进儿童发展为目标，充分调动家访员的积极性，激发家访户及儿童参与意识，精心组织，强化督导，全面落实“项目”工作措施，有力地促进“项目”工作进程。该项目实现对塔荣镇7个村(居)全覆盖，目标人群184人。通过自愿报名和单位推荐，塔荣镇聘用镇级督导员2名，村级家访员14名。建立和完善以服务质量、数量及效果为主要内容，以岗位责任和绩效为基础，体现多劳多得，优劳优得的考核激励机制，实行考核结果与绩效补贴挂钩，充分发挥考核的杠杆的作用，提高绩效补助效益，促进家访员认真履行家访职能，规范服务行为，提高服务能力。项目实施以来，应访儿童184人，实访儿童182人次。

2018年3月28日，塔荣镇举行“永远跟党走”签名活动

【抓好群众培养，打造当家产业】年内，按照县委、县政府关于“人有一技之长、户有致富门路、村有当家产业”的相关要求，建成一批符合塔荣镇实际，具有明显带动作用的产业项目。东松村三支力量主动作为，在充分争取群众意见的基础上利用2018年村集体发展壮大资金和强基惠民整合资金建设尼木县曲昌布艺加工有限责任公司。该项目每年可为村集体经济增收6万元。带动10户10人就业，其中贫困户8户8人，边缘户1户1人，工人人均收入3000元/月。同时东松村将建档立卡贫困户、边缘户、2014年及2015年脱贫户作为重要用工来源，确保每户至少1人经过合作社培训掌握布艺加工技术后就业。巴古村三支力量，利用第四批驻村工作队向拉萨市民政局申请的15万元和巴古村发展壮大村集体经济资金15万元加上2018年强基惠民资金15万元建成尼木净康餐具消毒配送服务有限责任公司，带动4名建档立卡贫困户就业，工资为每月1800元，另加绩效奖金，每人增收约1.2万元，自2018年6月中旬正式投入运营以来，营业额达6.6万元，为村集体创收0.7万元。

巴古村利用“孜琼布门曲”山泉水，开发成立巴古村桶装纯净水生产配送中心项目，巴古村第七批驻村工作队向县强基惠民领导小组积极争取强基惠民“短平快”项目资金48万元、统筹2018年强基惠民资金13.68万元建设尼木孜琼布天然饮用水开发有限公司，自11月12日开业以来，预销售收入现金4万元，项目建成以后为村集体经济增收明显，示范带动效应显著，带动建档立卡贫困户5户5人，每人创收0.4万元，为村集体经济创收1.5万元。

【统计表】

2018年塔荣镇经济情况统计表

表1 单位：元

序号	村名	总收入	第一产业	第二产业	第三产业	人均收入		备注
						纯收入	现金收入	
1	雪拉村	23780603.8	6654591.76	6189201	10936811.0	13118.48942	9386.5	
2	塔荣村	28519556.6	5037180.56	11668255	11814121.0	13733.75228	9432.3	
3	东松村	17120838.2	6088223.24	4474105	6558510.0	13483.12688	9416.2	
4	尚日村	24218994.4	5611378.443	8924502	9683114.0	13982.80264	9473.6	
5	巴古村	13530618.9	5041289.901	4403607	4085722.0	13645.68131	9424.6	
6	林岗村	33340458.1	11933571.08	11443005	9963882.0	12752.7143	9329.6	
合计		140511070.0	40366235.0	47102675	53042160.0	13346.00	9410.5	

2018年塔荣镇人口数据统计表

表2　　　　单位：户、人

序号	村名	2018年户数	总人数				总劳动力人数		
			2017年人数	2018年人数	性别		总数	性别	
					男	女		男	女
1	雪拉村	197	964	962	449	513	466	243	223
2	塔荣村	281	1258	1262	588	674	585	276	309
3	东松村	142	720	721	336	385	338	173	165
4	尚日村	183	884	890	453	437	459	249	210
5	巴古村	115	615	616	288	328	329	156	173
6	林岗村	404	1858	1866	888	978	935	476	459
总计		1322	6299	6317	3002	3315	3112	1573	1539

（吴　昊）

【领导名录】

党委书记

格桑德吉（女，藏族）

党委副书记、镇长

师永军

专职副书记

达娃桑旦（藏族，5月免）

洪镜伟（5月任）

纪检书记

平措达瓦（藏族，5月免）

白玛宗巴（女，藏族，5月任）

宣统政委员

刘印川

组织委员

罗　桑（藏族，5月免）

党委委员

拉巴顿珠（藏族，7月任）

副镇长

巴　措（女，藏族）

德吉央宗（女，藏族）

吴　勇

尼木乡

【概况】尼木乡域面积241.358平方公里，辖7个行政村，29个村民小组，户籍人口1330户7102人，劳动力3541人。总耕地面积12044.62亩，可利用草场面积302962亩，牲畜存栏18100头（只）。全乡7个党总支，30个党支部，28个党小组，党员共560名。建档立卡贫困户259户1211人，农村低保户33户98人，五保户23人。有1所小学，在校学生564人，6所幼儿园，在校学生266人，5座寺庙。乡机关在编干部

2018年5月20日，尼木乡党委副书记、乡长德琼到尼木村为村“两委”干部、贫困群众代表宣讲扶贫政策

59人，聘用干部2人，公益性岗位5人，领导职务11人。

2018年，农村经济总收入17854.45万元，同比增长14.6%，完成目标任务的100.1%，其中第一产业收入6440.96万元，第二产业收入4663.3万元，第三产业收入6750.18万元。2018年农村居民人均可支配收入13324.21元，现金收入达10824.97元，同比增长23.1%。

【农牧林业】 年内，农业产值达3647.7万元。农作物总播种面积10889.76亩，全年粮油总产528.6万公斤，其中青稞308.95万公斤、小麦22万公斤、油菜40.25万公斤、豌豆0.8万公斤、藜麦8.85万公斤、蔬菜112.7万公斤。粮食直补通过一卡通兑现资金248423元。全乡农机具总数8288具，维修及保养907具。2018年推广种植藜麦506.59亩、"藏青2000"200亩、"喜拉22号"300亩、有机油菜500亩。年内，尼木乡牧业产值达2598.32万元。截至年底，牲畜存栏总头数20452头（只、匹），肉类产量256.79吨，奶产量1307.4吨。现有草场309494亩，实施草畜平衡奖励机制草场面积302961.8亩，2018年兑现草补资金516090.92元，兑现专职草监员资金23400元。截至年底，共计防疫注射牲畜18100（头、只、匹、羽），防治率达100%。2018年全乡黄牛实配67头。年内，尼木乡林业产值达194.97万元。在尼木村和东嘎村种植榆树、旱柳各1000株，全年共计植树16425株。发放退耕还林资金44287.5元。

【政务服务】 年内，政务服务中心通过油票开具服务、证明开具服务、新农保服务、新农合服务、民政优抚服务、党员服务、教育资助服务、信访调解服务、牲畜意外保险办理服务窗口共受理便民服务事项4210件，其中办结4210件，办结率达100%，咨询服务事项4275人，群众满意度均在90%以上。

【交通工作】 年内，在尼木县交通局的指导下，对普巴村泥石流灾害路段进行抢修通行，对东嘎村五组道路进行维修，切实解决尼木乡群众的通行问题。由县交通局牵头对全乡乡村道路各危险路段设置安全警示牌40块，生命安全防护工作建设工作正式起步。县农村客运班线开通，途经辖区7个行政村方便了农牧民群众出行。

【国土工作】 年内，联合县国土局分两批次对尼木乡房产证信息登记错误的45户，房屋漏测的19户进行信息再核实及发证工作。尼木乡在国土及发改部门的指导下，与各村级组织积极配合，完成《拉萨市镇村体系规划（2018—2035）》调查，填写内容涉及15个大项，涵盖了基础设施、人口、工业、经济发展、教育等27个小项。

【水利工作】 年内，尼木乡共发生泥石流10次，修补水渠、道路共计15公里，参与人数200人次。组织7个行政村集中进行水渠清淤工作2次，保障春耕备播工作的顺利进行。对全乡11个水源点，收集样品22份，全部送往县水利局进行水质监测。

【安全生产】 年内，开展安全生产道路交通安全隐患排查213次、消防安全隐患排查251次、食品卫生安全隐患排查160次、建筑

2018年6月15日，尼木县人大常委会副主任、尼木乡党委书记张同格为当雄县艺术团演出人员献上哈达，表示感谢

2018年10月8日，召开尼木乡机关党支部"两学一做"专题学习会

施工单位安全隐患排查94次。开展安监宣传工作30场次，发放资料3000余份，悬挂横幅20余条，张贴标语45条，营造"关爱生命、关注安全"的社会氛围。报送简报信息35份，日报45份，月报10份。

【食药安全】 年内，开展食品安全检查20余次，没收过期食品700多份，发现隐患5处，整改5处。整治学校周边食品摊点，共清理乱摆卖5宗，教育流动游商2人，有效保障校园周边食品安全。

【医疗卫生】 年内，尼木乡卫生共接诊门诊患者18560人次。集中开展卫生健康知识讲座7次，发放健康教育材料3000余份。"三病"筛查人数3134人，筛查率达98.24%，发现疑似结核病6例，转诊6例。筛查年龄35～64周岁的妇女125人，出生缺陷筛查22人、孕前优生筛查63人、"两癌"筛查40人。全乡农牧民合作医疗群筹人数为6966人，筹集资金达20.898万元，参合率达100%，实现全覆盖。全年核销金额为393854.6元，账户余额为2262141.89元。落实家庭医生签约制度，成立签约服务团队7个。规范签约6315人，签约率28.15%，其中重点签约率67.44%，特扶家庭签约率100%。

【教育工作】 年内，在教育工作部署、控辍保学、教育资助、教育培训、学前教育等方面共召开专题会议6次，制定《尼木乡教育系统2018年维稳工作方案》等制度措施。全年共解决乡完小垃圾转运设备专项费用1.2万元、"六一"儿童节慰问经费3000元、教师节慰问经费6000元。对乡完小及其附属幼儿园进行维稳督导、安全检查8次，对有关问题提出整改要求。法制副校长全年开展普法活动、安全教育活动13次，有效提高师生法律认知度和安全观念。进一步加强控辍保学工作，制定《尼木乡控辍保学工作方案》和《尼木乡防流控辍排查方案》。全年共组织有关排查3次，劝送流失生10名，针对3名重病学生组织送教活动。及时更新以教脱贫数据和学生花名册，全乡各类在校生2000余名，其中建档立卡学生311名。通过"一卡通"精准兑现2017—2018学年各类资助费用，同时新增41名大学新生，已全部登记造册。全乡57名"两后生"中已有40名实现临时就业。9月，尼木乡4所村级幼儿园实现开园，配套设施及师资全部到位，尼木乡共有6所幼儿园，在校生166人，幼儿教师20余名，极大改善了尼木乡学前教育环境。

【民政工作】 年内，通过入户调查、召开民主评议会、公示等程序将农村低保户由2017年的143户597人清退到33户98人。并通过银行代发农村低保资金142189元，两线合一资金225311.5元。填写残疾人两项补贴申请表145份，发放困难残疾人补贴和重度残疾人护理补贴共计243600元。发放0～16岁儿童康复补贴资金共计21600元。以入户调查结合现金发放方式给重点关爱对象发放护理补贴4.2万元。统计优抚对象家庭悬挂光荣牌共计50名。发放70岁以上高龄老人（共308人）补贴共计300350元。统计2018年受灾户96户738人农田40亩，无房屋受灾情况。统计留守儿童、困境儿童共计12人

【财务工作】 年内，“三公”经费共计支出54232.34元，其中公车保险支出18846.34元，公车维修支出19938元，车燃费支出15448元，2018年度不存在公务接待支出。加强与财政部门的协调力度，积极完成各项财政资金下拨冲账工作和年度预算工作。

【人社工作】 年内，开展生存认证工作，筛查出死亡人数148人，追回资金11万元。城乡居民养老保险2018年交费2888人，资金291600元。年内，现有劳动力3541人，转移就业劳动力562人。加强就业指导工作，完成2018年高校毕业生就业创业调查工作，高校毕业生46人，现有4人未就业。培训公交车驾驶员6人，B照驾驶员5人，A照驾驶员1人，挖掘机驾驶员1人，进行职业介绍6次，解决就业42人。组织普巴村阿贡经幡合作社参加创业大赛，申报小微企业扶持项目3个。

【住建工作】 年内，对辖区内7个行政村房屋安全存在隐患的农户进行排查，最终确定存在汛期房屋安全隐患的房屋23户，危旧房改造70户，老旧房屋改造14户。完成对乡政府院内82套周转房的入住登记工作，涉及6个部门8类人员，全部登记备案。全面推进小康安居工作，确定县城小康安居户8户24人，拉萨市小康安居意愿户69户184人。为保障农民工务工合法收益，先后配合县城投公司、县住建局对辖区内拖欠农民工工资进行情况进行排查。乡政府大院修缮基建项目于11月完工共计投入80余万元，乡政府整体形象得到提升。

【文旅工作】 年内，共投资9.9万元实施文化站改造工程，进一步巩固公共文化服务设施。拉萨市为乡文化站及各村级活动场所配备公共文化服务一体机8个，平板电脑16个，为“农家书屋”“寺庙书屋”配套图书2000余册。通过文艺演出宣传扶贫政策，涉及贫困群众300余名，极大提高了扶贫政策知晓度。开展“扫黄打非”五大专项活动，通过播放宣传视频、悬挂宣传条幅、发放宣传海报极大提高了群众和学生的扫黄打非意识，进一步净化了尼木乡文化氛围。

2018年7月1日，尼木乡组织党员代表召开“七一”表彰大会

【司法工作】 年内，开展矛盾纠纷排查上百次，调解民间纠纷17起，调解成功14起，未发生纠纷转诉讼和上访的情况。社区矫正和帮教安置人员未出现重新犯罪的现象。加强重点人员学法力度，发放宣传单1500余份，组织村民学法16次，机关干部学法12次，到工地进行法律宣传3次，到学校宣传3次，组织寺庙僧尼学法3次。

【生态保护】 年内，严格贯彻落实《西藏自治区各级党委、政府有关部门环境保护工作职责规定》等重要政策文件。逐步建立健全生态环保“党政同责”“一岗双责”“属地管理”“网格化管理”工作机制。在乡机关、各村、各寺庙积极开展“美丽乡村，我是行动者”“6·5”世界环境日主题普法活动，发放宣讲资料、环保用品200份，教育群众2000人次。结合实际逐步建立生态环保网格化监管体系，建立村级生态环保网格体系。乡级网格长1名，副网格长2名；村级网格长7名，网格员29名。按照尼木乡《生态环保网格化监督管理实施方案》要求，各级网格员共进行检查456次，形成检查检查记录456份。对尼木玛曲、夏曲河等流域以及市政排污口监管、清理共计35次,对11个水源点实施水样检测1次、卫生检查12次。全年组织白色垃圾集中清理活动8次、宣传活动3次。

【全国第二次污染源普查】 年内,选聘1名干部作为全国第二次污染源普查普查员,参加市、县组织的业务培训2次。制作宣传牌2个,悬挂条幅1个,对全乡工业源、生活源、农业源企业进行地毯式清查并详细记录相关资料、地理位置,期间共清查市政入河排污口1处,锅炉2处,工业企业26家,集中式污染处理设施1处,畜禽养殖企业1家。尼木乡纳入污染源普查的工业源企业16家,集中式污染处理设施1处,农业源企业1家,通过查资料、面对面访谈、APP信息采集等方式对企业的工商信息、生产规模、污染源类型进行登记,18家普查企业的信息已全部录入系统。

【乡村振兴】 年内,围绕"产业兴旺、生态宜居、乡风文明、治理有效、生活富裕"的建设目标,大力实施"神圣国土守护者、幸福家园建设者"乡村振兴战略。起草《尼木乡推进乡村振兴战略实施方案》,并在2018年中共尼木乡第一届委员会第一次年会上形成相关决议。悬挂藏汉"双语"宣传标语3条,设置宣传标语、宣传栏10个;通过口头宣讲、政策解读的形式多次向广大群众宣传乡村振兴战略。

【精准扶贫】 年内,通过积极引入社会扶贫力量,获得各方面扶贫资助资金13.64万元;为8人解决就业;月平均工资3000元;为19户贫困户分红,分红资金共计8.4万;资助学生4人,资助金额共计2.7万元。全乡贫困发生率由2015年的16.1%下降至0%,群众满意度达90%以上,建档立卡贫困人口人均可支配收入达13239.95元,实现"两不愁、三保障",并于7月通过国家专项评估检查,实现整乡脱贫目标。按照拉萨市"两年脱贫、三年巩固"的部署安排,制定《尼木乡脱贫攻坚三年行动计划(2018—2020)》。年内,先后2次对7个行政村村级集体经济工作进行专项检查,形成《关于对全乡各村村级集体经济工作督查情况的反馈意见》及《尼木乡各村村集体经济扶持经费效益情况存在的问题和整改措施》2份调研材料。年内,各村集体经济全部达10万元以上。年内,尼木乡接收顺义区仁和镇对口帮扶资金共计20万元。同时,顺义区仁和镇帮助曲林村进行党建促脱贫,资金援助5万元。

【统战民宗】 年内,以"民族团结宣传月"为契机,宣传党的民族政策、宗教政策、宪法法律,参与群众1000余人。悬挂宣传标语横幅12条,发放宣传资料800余份、宣传物品1000多个。开展"遵行四条标准、争做先进僧尼"活动,全年开展集中宣讲2次,入寺宣讲4次。

【"扫黑除恶"】 年内,扎实开展"扫黑除恶"专项斗争。成立"扫黑除恶"工作领导小组,下设办公室,负责"扫黑除恶"协调工作,各村确定第一书记为责任人,开展村级"扫黑除恶"专项斗争。严格落实"扫黑除恶"责任制,明确责任分工,严厉打击阳奉阴违行为,2018年开展排查活动175次、宣传活动35次,悬挂宣传横幅21条,

2018年11月15日,中共尼木乡第一届代表大会第一次会议召开

在全乡营造“扫黑除恶”浓厚氛围。

【党风廉政建设】 年内，召开党风廉政建设部署会，制定党风廉政建设工作计划和纪委工作计划，与全乡7个行政村层层签订党风廉政建设责任书。组织全乡科级干部共22人填写科级干部廉政档案，与党员干部签订禁赌承诺书40余份，同乡各部门负责人签订《尼木乡公务用车管理使用部门负责人承诺书》6份。组织开展廉政教育学习34次，其中典型问题或案例通报学习17次，重申有关纪律要求7次。组织各村、乡各部门填写单位内设部门廉政风险点等级确定和防控措施审核备案表14份，填写个人岗位廉政风险点等级确定和防控措施审核备案表50余份。形成《关于对全乡各村村级集体经济工作督查情况的反馈意见》及《尼木乡各村村集体经济扶持经费效益情况存在的问题和整改措施》2份报告。从落实上级决策部署不坚决问题，不作为、慢作为等形式主义、官僚主义问题，文山会海等问题这3大类共19项内容，形成乡纪委自查自纠报告1份，纪检监察干部报告9份。年内，乡纪检监察干部参加各级培训达12人次。

【意识形态】 年内，制定《尼木乡2018年度意识形态工作规划和年度计划》《尼木乡贯彻落实意识形态工作责任制实施方案》。4月26日，召开意识形态领域工作部署会议，与各村签订《尼木乡意识形态工作目标责任书》7份。开展“我们的节日”“中国梦”“八看、一算账、一揭批、四增强”“五有五好”文明村镇创建等活动。开展“意识形态”学习教育30余次，心得体会收集63篇。制定“两学一做”学习计划8个，开展学习教育40次，组织理论中心组学习22次，撰写心得体会78篇，发放理论书籍60本，培训1520人次，实地督导253人次。组织“三会一课”22次，参与党员510人。组织7批140名党员参加县委政治教育培训班，举办乡级培训班3期，参与人数160人，村级培训班10期，参与人数340人。开展主题党日活动11次，参与党员230人；参观教育基地1次，参与党员35人。

2018年9月28日，县委书记杜国君到尼木乡参加2018年重点工作考评会

【精神文明建设】 年内，成立尼木乡“四讲四爱”群众教育实践活动领导小组，制定《尼木乡“四讲四爱”群众教育实践活动工作方案》。2018年，开展“四讲四爱”群众宣讲43次，“不忘初心、牢记使命”暨十九大学习教育党课7场，十九大知识专题培训会1场；报送活动简报42篇、周报24篇、新闻线索4条、工作亮点10条；进行督导检查36次。

【召开党代会、年会】 10月17日，召开党委会研究部署党代会年会有关工作，成立乡党代会年会试点工作领导小组、党代会筹备工作领导小组、党代会提案审查委员会，制定《尼木乡2018年党代会年会实施方案》。11月9日，召开全乡党代表培训大会，宣讲《中国共产党全国代表大会和地方各级代表大会代表任期制暂行条例》，进一步明确党代表的权利和义务。11月15日，正式召开年会，审议党委和纪委的工作报告，党代表共提出3件提案和7件提议，受理提案3件、提议4件；大会分别向党代表发放对于乡党委领导班子及成员征求建议的民主测评表53份，收回53份。

【强党固基扶村】 2016年和2017年村集体扶持资金共计210万元，已使用158.95万元，利用率达75.7%，共计通过就业、分红带动贫困群众124人。2018年申报扶持项目7个，共计投资242.8万元，其中强基惠民资金129.8万元，群众自筹和壮大村集体经济资金113万元。共计带动19户19人就业，带动124名贫困群众分红。

【党建促脱贫】 年内，积极推行"党总支+致富带头人+合作社+建档立卡户"的发展模式，通过"党建推动，技术带动、能人经营、贫困户为主"的机制，发挥各村产业资源优势，积极带动各村贫困户就业。建立党员联系群众工作制度，采取党员干部包户的方式，对全乡所有贫困户"一对一"结对帮扶，做到上下联动、共同推进，确保工作到村、帮扶到户、责任到人。截至年底，尼木乡党员实有560名，结对帮扶对象988名，为群众办实事166件，涉及资金11.4万元。全乡有致富带头人17人，带动贫困47户，人均增收4000元。

【人大工作】 年内，尼木乡人大先后组织人大代表集中学习《中华人民共和国宪法》《地方各级人民代表大会和地方各级人民政府组织法》《全国人民代表大会和地方各级人民代表大会代表法》等有关条款2次，进一步普及法律知识、明确工作程序，不断提高代表议事能力。6月，组织召开第十二届人大第三次会议，并审议通过《人大主席团报告》和《2018年尼木乡政府工作报告》。针对第十二届三次会议上提出的27项建议意见，表决通过25项，主席团及时分类，并在大会结束时转交乡人民政府办理，办理率达100%。共表彰7名人大代表和3个优秀集体，奖励金额达7400元。

（马安阳）

【领导名录】

县人大常委会副主任、乡党委书记

张同格

党委副书记、乡长

德　琼（藏族）

党委副书记、人大主席

英中吉（女，藏族）

专职副书记

洛桑罗布（藏族）

纪检书记

巴桑卓玛（女，藏族）

组织委员

何　洋

宣统政委员

闫文宝

党委委员、副乡长

嘎松顿珠（藏族）

副乡长

德　央（女，藏族）

刘小圆（女）

马安阳

续迈乡

【概况】 续迈乡位于尼木县东北19公里处，乡域面积593.7平方公里，平均海拔4000米，全乡耕地面积9216.02亩，人均耕地面积1.93亩，属半农半牧乡。全乡6个行政村，24个村民小组，农牧民1024户4772人。有干部69名；5座寺庙。党员450名，团员102名，联户代表88名。农村经济总收入10293.37万元，农村人均纯收入12956.6元，现金收入9659.3元，第一产业3159.12万元，第二产业3404.5万元，第三产业3729.75万元，三产业比例为

2018年12月4日，尼木县委副书记、县长普琼到续迈乡安岗村养猪场检查指导工作

30.69∶33.07∶36.23。

【党建工作】 年内，乡村十九大、党员政治教育专题学习261次，研讨会7次；撰写心得体会70余篇，谈心谈话40余人次，组织生活会7场次；开展“主题党日”70余次，书记讲党课20余次；开展4次“读书活动”，撰写心得体会162篇。2018年10月，组织建立“续迈乡党史馆”。

7月26日，召开党委会，经会议研究、讨论、表决，同意30名预备党员按期转正，同意21名积极分子转为预备党员，同意吸收29名积极分子。截至年底，全乡的正式党员人数429名，预备党员21名。

【党风廉政建设】 年内，及时调整领导小组，制定工作方案，与各村签订责任书，把党风廉政建设工作纳入全乡中心工作。组织党员干部深入学习中“八项规定”、《中国共产党章程》《中国共产党纪律处分条例》《中国共产党廉洁从政准则》等文件精神。同时要求乡、村主要领导干部每季度撰写一篇党风廉政建设心得体会。结合乡实际，制定公车使用管理、干部奖惩管理、会议管理等各项制度，实行乡机关干部上下班指纹、纸质考勤，设立干部在岗去向栏。集中整治不作为慢作为、文山会海等形式主义、官僚主义突出问题，并认真对照检查三十六个方面问题，针对问题及时进行自纠。认真开展党的政治纪律教育工作，上报周报表21次，各党组织均已开展组织生活会，党员干部、群众撰写剖析材料398份，实地督导检查28次。年内，针对值班纪律松弛、上班及会议纪律松散等现象，共对5起9人进行全乡内通报。

【党员联系服务群众】 年内，以“定期联系增感情、长期服务办实事、及时求助暖民心”为主线，结合“支部讲政策、群众帮群众”“你努力、我帮忙，大家携手奔小康”等系列活动，扎实推进党员联系服务群众工作。如：河东村党总支联合乡党委、续龙建筑有限公司及农牧民党员，为贫困户尼玛某某义务修缮房屋；安岗村党总支组织农牧民党员为贫困户达娃某某义务修建鸡舍；霍德村党总支组织农牧民党员为贫困户尼玛某某义务维修院墙。

【党建带群建】 年内，续迈乡工会会员共1812人；共为21名贫困大学生申请“金秋助学”资金。团乡委推荐4名贫困户青年、1名边缘户青年参与驾校培训。续迈乡2名青年参加2018年团县委组织的第四届青年创新创业大赛，均获三等奖。乡干部女子组篮球队获全县干部职工篮球赛第一名。

10月，“会改联”工作试点乡为契机，召开第一次妇女代表大会。积极发挥“妇女之家”阵地建设作用，组织妇女代表开展“妇女之家之巾帼夜校班”活动。

【强党固基扶村】 年内，提出人到、心到、行动到、责任到“四到”工作理念，有效压实下沉干部责任；开展下沉干部评星上榜评比活动；创建工作交流微信群；深入开展“周报、月谈、季推、年访”活动，不断激发下沉干部工作热情。

【强基础惠民生】 年内，续迈乡强基办开展督导检查13次，各驻村队开展慰问活动17次，慰问资

2018年7月1日，续迈乡党委书记洛旦慰问贫困党员

金22.5万元；同时结合驻村17万元惠民资金，进一步壮大村集体经济。

【村级组织活动场所标准化建设】 年内，完成各村村级组织活动场所共性设置，引导各村结合实际，充分体现本村特色。如：霍德村设立儿童之家、山岗村设立务工中介室、河东村设立法律咨询室、安岗村设立便民诊所、尼续村设立老年活动中心、续迈村设立综合放映室。

【党建促脱贫】 年内，运用“党建+组织、党员、联户、责任”模式，将基层党建与脱贫攻坚进行深度融合。推进“党建+组织”，各村村集体经济合作社，分别以就业分红形式带动5名建档立卡贫困户，实现年增收4600元。注重“党建+党员”，成立安岗村妇女党员藏香制作合作社，帮助6名贫困户，实现年人均增收4000元。探索“党建+联户”，鼓励“联户代表”尼续村嘎玛次旺引进纯种藏鸡，创办藏鸡养殖场。带动2名建档立卡贫困户，年均就业分红4200元。贯彻“党建+责任”，明确党组织书记党建促脱贫“第一责任人”责任，把抓党建促脱贫攻坚作为重点内容，压实责任；把履行脱贫攻坚责任作为合格党员、合格干部的主要标准。

【保密工作】 年内，开展保密工作对照自查自评2次，专题学习5次，购置专用保密柜并确定专人进行严格管理。在乡机关范围内组织张贴藏汉“双语”涉密、非涉密保密警示标签。

【宣传工作】 年内，与各村签订责任书，制定实施方案，并配备宣传干事。每月组织开展理论中心组学习讨论2次。利用农闲时间，发动广大党员干部深入学，争做“四讲四有”合格党员。同时深入开展习近平总书记系列重要讲话精神宣传、“四讲四爱”群众教育、“五有五好”文明村镇创建等活动，营造良好的宣传氛围。制作宣传栏7个，张贴公益广告、习近平新时代中国特色社会主义思想和中共十九大精神、精准扶贫等标语共43幅，开展宣讲活动160余次，受益群众5000余人次，覆盖率达100%。11月，在乡政府大院树立5处习总书记重要论述藏汉“双语”宣传标语牌。

2018年7月10日，续迈乡党委副书记、乡长张伟查看有机农业示范基地蔬菜生长情况

【经济建设】 年内，农村经济总收入10293.37万元，同比增速14.7%，其中，农村人均纯收入12956.6元，同比增速14.5%，现金收入9715.7元，完成各项目标任务。2018年经营性收入6332.62万元，占总收入的61.5%；财产性收入1690.82万元，占总收入的16.4%；转移性收入574.7万元，占总收入的5.6%；工资性收入1695.23万元，占总收入的16.5%。

【村集体经济建设】 年内，成立乡党委书记为负责人的总合作社，旗下由各村筹备成立以村党总支为单位、村党总支第一书记为负责人的村集体经济合作社，建立健全“四个机制”，落实好2个90%和2个“全覆盖”。截至年底，全乡6个村村集体经济收入均达10万元以上，其中续迈村、安岗村达15万元以上。

【种植业】 年内，土地确权后全乡总耕地面积9216.02亩、人均1.93亩，粮食作物播种面积6119.7亩，粮油总产 248.45 万公斤。并于年底做好春耕备耕工作，2018 年化肥采购 154 吨，有机肥发放 70 吨，购置碘盐 26.73 吨，农家肥 25326 吨，购置农机具 259 台。粮食直补享受户数为 533 户 5418.24 亩，直补资金均已兑现。

【林业】 年内，共植树 1.29 万棵株，成活率达 95% 以上，义务植树 5200 棵株、经济林 500 棵株；对霍德村试种 200 棵，对退耕还林和农户连片林地进行确权。兑现公益林管护费 6.38 万元，6353.12 亩退耕还林补贴 79.4 万元。

【畜牧业】 截至年底，牲畜存栏数 20561（头、只、匹）（折羊 53521 只），出栏数 7322（头、只、匹），出栏率达 35.46%。肉类总产量 583.41 吨，牛奶总产量 1463.87 吨，山羊绒产量 0.2 吨，禽蛋产量 13.3 吨。春秋两季牲畜防疫注射率达 100%；完成家养狗驱虫投药、包虫病血清采样工作。完成 195 头黄改任务。完成牲畜清点工作，无一户超载；草原生态补助奖励机制工作已通过区、市、县级部门验收；兑现草原生态补助奖励资金 150 万元。上报涉农保险牲畜共计 327 头。汛期期间 4 户农房受损、42 亩农田受灾，相关情况均已上报保险公司进行理赔。

【项目建设】 年内，开工、续建项目共 26 个，其中水利项目 9 个、道路建设项目 2 个、村级兽医站项目 5 个、厕所革命项目 3 个、风雨操场建设项目 1 个、其他项目 6 个，参与务工群众 357 人，总收入 133.7 万元。年内，农村客运班线正式运行；同时实现 4G 宽带网络和移动通信网络全覆盖；完成村级邮站建设和村级邮递员选派工作。

2018年10月9日，续迈乡妇女第一次代表大会召开

【产业工作】 年内，及时对现有产业进行规划，参与群众 2392 人次，实现增收 1848.29 万元。续迈村农家乐成立以来，带动贫困户 5 名，收益 5.4 万余元。全乡继续推进农业供给侧结构性改革，并种植“喜马拉雅 22 号”种子 1450 亩，“藏青 320”种子 500 亩，藜麦 200 亩。实现收益 366 万元，带动贫困户 137 户。乡内藏式家具制作、藏香、藏式建筑绘画、藏装、藏毯制作等传统手工业相关合作社 4 个，公司 1 个，带动贫困户 14 户 15 人。续迈乡生猪养殖场项目于 2018 年 4 月投入运营。截至年底，销售收入 39.1 万元。带动贫困户 18 户 72 人，2018 年每户分红 2000 元养殖场二期扩建项目前期工作已完成，待相关部门评审后进行招投标。续迈乡尼续村温室大棚投资 210.83 万元，维修大棚 28 座，截至年底，实现总收入 1.71 万元，带动贫困户 18 户 63 人，分红 1.6 万元。河东村林下养殖基地项目总投资 368.9 万元，占地面积 1500 平方米，正施工中，预计 2019 年正式运营，计划带动贫困户 19 户 21 人。全乡劳务输出共 2100 人次，收入 1471.69 万元。

【“河长制”工作】 年内，与各村签订责任书，开展河湖、公路沿线垃圾清理活动 20 场次，开展河湖环境保护宣传、巡查共计 13 场次。召开防汛部署会 2 次，隐患排查 10 次，全乡范围发生 4 次较大范围泥石流，未发生任何一起人员伤亡事故。

【教育工作】 年内，续迈乡完小适龄儿童入学率、巩固率均达 100%；初中入学率 100%，巩固率

2018年12月12日，续迈乡组织党员干部参观乡党史馆

99%，全年无辍学生，完成秋季适龄儿童整班移交工作。续迈乡政府解决乡完小“六一”儿童节活动经费4000元。开展“展风采、亮青春、服务校园、关爱学生”主题志愿服务活动，实行乡干部与乡完小贫困学生结对制，并送去慰问品。配合县语委办完成普通话普及率调查工作。全乡贫困户中有“两后生”37人，2018年2人参加学历提升职业技能教育。

【文化惠民】 年内，投入9.2万元，对乡文化站功能重新进行完善。完成乡、村两级文化站藏书编目工作。县文旅局对6个行政村发放各类器材共54件。全年开展文体活动6次、乡文化站使用人数共138人次，播放电影4次，开展培训2次。

【医疗卫生】 年内，“新农合”覆盖率和参保率均达100%。完成国拨资金入账工作，共计65.37万元。对190人兑现报销救助资金78.69万元；家庭医疗账户本看病核销17872人次，核销资金55.29万元。年内，新生婴儿68名，婴儿死亡率0%，住院分娩率达100%。对223名享受“两项扶助”对象，发放资金32.9万元。全面完成“两项检查”“两癌筛查”工作。完成全乡“三病”筛查工作，筛查2633人，筛查率达99.5%。慧育中国·儿童早期养育试点项目于9月初正式启动，主要针对全乡6个月至3岁的126名幼儿。截至年底，全乡有乡级督导员1名；家访员19名；每名家访员负责8～13名幼儿。组织督导员、家访员前往拉萨接受专业培训，按要求开展各项工作。

【社保工作】 年内，16～59岁参保人数2551人，共征缴金额25.12万元，群众参保率100%。2018年全乡应届毕业生38人，已就业35人，3名未就业人员纳入村级助理员。2018年参加培训157人。全乡转移就业210人，收入441.5万元。

【民政工作】 年内，续迈乡享受农牧民最低生活保障49户123人；享受特困供养人员51户62人；残疾人177户191人；留守儿童19名；优抚对象15名；70～79岁老人166名，80～89岁老人45名，90岁以上老人3名。低保入户核查率100%。截至年底，已兑现各项资金共77.38万元，为2017～2018年受灾群众30户74人兑现冬春救助资金2.96万元，并完成2018年农田及草场受灾情况的上报工作。

【住建工作】 年内，建立健全周转房、公有房管理机制。对乡域内房建项目进行登记备案，并开展建筑领域安全生产监督检查6次。2018年享受小康安居政策的意愿购房户共25户66人。排查上报农牧民老旧房43户。

【“放管服”改革】 截至年底，续迈乡便民服务中心办理各类便民服务事项2688件，接待群众1500人次，办结率100%。

【生态文明建设】 年内，成立领导小组，与各村签订责任书；完成全国第二次污染源普查前期相关统计工作。制定续迈乡禁白工作方案；对安岗村主街道聘用3名环卫人员负责清洁管理；对安岗村垃圾转运点转运2次，投入资金1.75万元。全年开展环境整治、宣传工作46次，发放环保读本、宣传单2500份，环保围裙300条，悬挂宣传横幅10条，广告宣传牌8个，参与群众4000人次。年内，大力实施“一二三”工程建设，即一亮：在建行驻霍德村工作队帮助下，总投资185.8万元。对政府大院及全乡6个村主干道近安装太阳能路灯300盏。二绿：针对平均海拔4500米的霍德村试种树苗200棵，成活率95%。同时从移栽27棵柳树到乡政府所在街道两旁，成活率96%。三美：投资88.21万元对续迈乡政府所在街道进行整体改造。争取到38.6万元为乡政府新修职工食堂。首先将以霍德村作为试点，为群众办理实名制加油卡，随后在全乡推广。

【安全生产】 年内，成立领导小组，召开专题会5次。乡安委会开展入村宣传消防知识、道路安全、防火措施活动6次，发放安全生产宣传册2000余册，悬挂安全生产横幅6条，利用LED显示屏滚动播放安全生产标语14余条；开展消防演练2次；开展安全大检查大排查工作23次，其他检查100余次。2018年全乡未发生任何安全生产事故。

【气象服务】 年内，完成乡村两级气象信息员建设工作，并及时发布雨季期间气象信息，确保防灾减灾工作顺利开展；同时，加大对河东村人影炮台点检查维修工作，配备3名专职人员。

【经济普查】 10月，全面开展第四次经济普查工作，完成现有法人和产业活动单位以及个体经营户的总量和行业分布情况的清查工作，清查率100%。

【食药工作】 年内，完善食药工作各项规章制度，并与乡域内餐饮场所签订责任书，全年开展食品安全检查及宣传16次，发放宣传资料200册、物品320个，张贴海报20张。

【国土工作】 年内，与各村签订责任书；积极宣传国土相关知识；制定防治方案和防治预案，与各村签订地质灾害防治目标管理责任状；兑现7户农户征地补偿11.03万元；完成全乡不动产证颁证工作，共颁证810份；监督霍德村900亩土地开发项目。

【财政工作】 年内，续迈乡各项财政支出规范管理，完善预算管理制度，做到预决算信息公开，建立健全各项管理制度，努力降低行政成本。截至年底，人头经费支出29.4万元；各专项经费支出76.5万元。

【“双创”工作】 年内，成立“双创”工作领导小组，设立办公室。全乡现有2个公司、19家合作社，带动贫困户55户155人。其中3家合作社已纳入尼木县技术产业引导资金扶持合作社中。

【脱贫攻坚】 年内，续迈乡实现脱贫5户17人，截至年底，无贫困户。贫困发生率已降至0%，群众满意度达98%以上。建档立卡脱贫人口人均可支配收入达13561.89元，较2017年增长744.01元，增长率为5.8%，其中：自创性收入11448.95元，占人均可支配收入84.42%，人均政策性收入2112.94元，占人均可支配收入15.58%，转移就业人数较2017年增加4人，劳务输出人数较2017年增加27人。

2018年12月18日，续迈乡组织干部群众除雪护路

【"双联户"工作】 年内,召开"双联户"工作动员部署暨培训会议,制定实施方案,成立领导小组,并与各村、联户代表签订责任书。全年排查安全隐患联防联控、困难弱户联帮联扶、整治环境卫生、收集民生信息共232次。对20名履职情况欠佳的联户代表进行民主改选。

【统战民宗】 年内,开展经幡及煨桑点整治专项行动,整治、规范经幡悬挂点及煨桑点7处。制定驻寺干部每日签到、僧尼请销假等管理制度,实行科级以上干部每人包一寺,乡干部藏汉结合包一名僧尼结对交朋友制度;开展《中华人民共和国宪法》《宗教事务条例》学习培训6次;督查200余次。同时,结合民族团结宣传月,积极开展民族团结系列活动,营造民族团结氛围。

【人大、政协工作】 5月,召开第十二届人民代表大会第三次会议,共收到批评和建议20件。对乡辖6村及5座寺庙开展督查10余次;积极参与矛盾纠纷化解工作;定期召开会议,传达上级文件精神和会议要求;监督本级政府年初工作计划完成情况。投入资金2万余元,完善"人大代表之家"硬件设备。乡党委积极支持政协认真履行职能、参政议政。

（曹玉虎）

【领导名录】

党委书记

洛　　旦(藏族)

党委副书记、乡长

张　　伟

人大主席

扎　　桑(女,藏族)

专职副书记

刘 雪 石(藏族)

纪检书记

胡　　宁(6月免)

赵 红 建(6月任)

宣统政委员

达　　瓦(藏族)

组织委员

格桑卓玛(女,藏族)

副乡长

卢 蒲 军

次旦央吉(女,藏族)

卓玛曲宗(女,藏族)

雒 洪 文

帕古乡

【概况】 帕古乡辖2个行政村,14个自然小组,共计627户3424人(男1718人,女1706人),其中农业人口2918人,牧业人口506人,劳动力1826人。帕古乡共有干部职工58人,领导班子成员8人,下沉干部8人、工人1人、农保专干2人、公益性岗位3人、聘用干部2人。

2018年,帕古乡地区经济总收入达8259.12万元,比2017年增长14.5%。其中:第一产业4168.09万元,占50.5%,同比增长16.9%;第二产业702.8万元,占8.5%,同比增长4.8%;第三产业3388.23万元,占41%,同比增长13.8%;三大产业比重为5.93∶1∶4.82。其中第三产业所占比重同比明显增大;农牧民人均可支配收入14713.93元,比2017年增长16.6%。

【农牧业】 年内,帕古乡农林牧渔业总产值2374.2万元,同比增长8.98%。其中:农业产值894.36万元,同比增长18.8%;林业产值1.6万元,同比增长6.7%;牧业产值1478.24万元,同比增长3.8%。实现农林牧渔业增加值1457.12

2018年9月16日，西藏自治区党委常委、拉萨市委书记白玛旺堆（前排左一）到帕古乡检查指导精准扶贫工作

万元，同比增长6.4%。其中：农业产值491.97万元，同比增长10.5%；林业产值1.1万元，同比增长1.9%；牧业产值964.05万元，同比增长3.9%。

年内，帕古乡耕地确权面积4816.82亩，农作物播种面积4816.82亩，粮食播种面积3356.69亩，经济作物面积496亩，饲草种植面积964.13亩。粮油总产量达1219.02吨，比2017年增加49.5%。小麦种植面积320亩，产量为109吨；青稞种植面积2816.69亩，产量为1024.5吨（其中有机青稞1500亩、产量459.8吨）；豌豆种植面积220亩，产量为51吨；油菜种植面积200亩，产量为34.5吨；蔬菜种植面积200亩，产量为525.5吨。

截至年底，牲畜存栏数24870（头、只、匹），其中大畜10398头（匹），小畜14472只，总出栏率34%；幼畜成活率100%，成畜死亡率控制在1%。牲畜良种覆盖率5.4%。牛羊肉产量607.42吨，奶产量925.21吨，毛产量5.59吨（山羊绒产量0.7吨）。

【党员队伍建设】 年内，帕古乡有基层党委1个，党的基层委员会1个、党总支1个、党支部15个。有中共党员216人、预备党员4人、入党积极分子27人，2018年发展党员3人。农牧民党员总数179人，农牧民党员所占比例82.8%。

【落实党建责任】 年内，着力构建“党委统一领导、党委书记负总责、分管领导具体负责、职能部门抓落实”责任体系，落实党员领导干部“一岗双责”，认真抓好党建工作述职考核评议，认真开展“联述联评联考”制度，积极吸纳“两代表一委员”和基层群众意见。党建工作领导小组定期开展党建工作调研，形成调研报告1篇，帮助联系点办实事2件。

2018年9月28日，尼木县委书记杜国君，县委常委、宣传部部长索朗次仁到帕古乡彭岗村易地扶贫搬迁点检查指导工作

【党建促脱贫】 年内，强化党员干部在精准扶贫中的作用，乡主要领导根据相关要求及时召开脱贫攻坚部署会议，推进全乡脱贫工作。拓展“321”党员干部结对帮扶，建立主要领导包村、村“两委”包组、乡干部包户制度，结成帮扶对子173对，落实“一户一策”精准帮扶政策，掌握解决贫困户在生产生活中的实际困难并做好思想工作。统筹全乡干部职工下沉脱贫一线，将干部驻村、网格化管理、“先进双联户”创建、村党支部第一书记选派、“党员干部进村入户、结对认亲交朋友”等基层党建工作与脱贫工作紧密结合，本土书记和“第一书记”有效配合，让党员和致富能人创办、领办产业项目，使党的干部成为带领贫困群众脱贫致富奔小康的主心骨、领路人。

【后备队伍建设】 年内，结合开展强基惠民活动和“强党、固基、扶村”工作，做好从党员致富带头人、复退军人、优秀“双联户”代表、外出务工经商人员中培养村级后备干部工作。2018年调整充实下沉干部3人，配齐机关党支部成员，培养村后备干部17人。严格程序发展党员，坚持标准、严把质量，落实乡（镇）党委书记发展党员责任制，2018年发展党员3人（农牧民党员1人），完成各级党组织和党员的信息采集、校核、入库等工作。

【党风廉政建设】 年内，加强廉政建设学习、宣传、监督工作。落实党委主体责任和纪委监督责任，认真调查研究、分析研判党风廉政建设和反腐败工作成就，将党风廉政建设工作和反腐败工作进行年度总体部署，推进专职专责，支持纪委书记“三转”并协助抓好全面从严治党主体责任的落实，强化纪委监督执纪责任，构建“党委统一领导、党政齐抓共管、纪委组织协调、支部各负其责、依靠群众支持参与”的党风廉政建设领导机制和工作格局。

【严格财经制度】 年内，规范公车管理和使用，每季度对燃修费用进行公示，接受监督。严格遵守公务接待费用专项管理机制，定期公示，接受监督。

【“两学一做”学习教育】 年内，深入学习贯彻习近平新时代中国特色社会主义思想和中共十九大精神，推进“两学一做”学习教育制度化、常态化。按照县委统一部署，乡党委坚持把学习贯彻中共十九大精神、习近平新时代中国特色社会主义思想作为首要政治任务，列入学习重要议题，每周二定期组织集中学习，共开展集中学习36次，开展书记讲党课3次，实现党员教育经常化、制度化。

【“四讲四爱”主题教育】 年内，根据拉萨市25项实践活动内容，结合帕古乡实际相继开展“习近平新时代中国特色社会主义学习”“重温入党誓词”“国旗飘起来、国歌唱起来”“美丽乡村清洁行动”“爱国主义影视展映展播”“讲文明树新风，远离酗酒赌博挥霍”等实践活动。结合脱贫攻坚入户、农牧民夜校、支部讲政策、群众帮群众”等活动开展宣讲工作，每周组织宣讲至少2次，全年开展集中宣讲80余次，利用LED电子显示屏滚动播放宣传教育标语和视频累计时长达1000余小时，受教育群众达16000余人次，覆盖率达100%，营造人人了解、人人关注、人人参与的浓厚氛围，切实提高“四讲四爱”群众教育实践活动的趣味性、群众性和实效性。

2018年3月29日，尼木县委书记杜国君到帕古乡检查指导精准扶贫工作

【精神文明建设】 年内，围绕中共十九大等重大主题，认真组织实施文艺创作演出，组织开展群众文化活动，不断丰富群众精神文化内涵；加强网络意识形态工作，深入开展网络意识形态安全专项清理行动，建立健全管用防并举、齐抓共管的制度体制，切实加强网络信息监控，规范网络信息传播秩序；联合派出所，积极参与到“扫黄打非·珠峰”工程、“藏独”反宣清查，以及“清源”“固边”“净网”“秋风”“护苗”等系列专项行动中，净化文化市场环境。

【法治建设】 年内，广泛开展“弘扬宪法精神、构建和谐帕古”“抵制邪教、倡导文明”“珍爱生命、拒绝毒品”等活动，切实增强居民法治观念。

【纪检工作】 年内，协助党委加强党风廉政建设，完善机制，强化责任；健全制度，强化监督；主动谋划，着力打造廉政教育新亮点；依纪依法处理信访问题，积极主动查处违纪案件；加强基层事务阳光公开度，增强工作透明度。

【保密工作】 年内，加强宣传教育，提高干部职工对保密工作重要性的认识；抓好制度建设，促进保密工作措施的落实；做好文件阅办归档，严格印章管理制度，加强计算机等电子设备管理。

【团委工作】 年内，帕古乡发展团员2人，继续主抓“党建带团建、团建促党建、团建带精准扶贫”的工作模式，狠抓团组织建设。帕古乡团委先后举办庆“五四”“走进青年、转变作风、改进工作大调研”“留守儿童微心愿征集”“青年大学习网上团课”等活动，组织扶贫户农牧民5人参加驾驶培训。

【工会工作】 年内，不断加强工会组织建设，完善工会制度，培训工会会员，在成员中深入开展“讲文明、树新风”、评选“文明成员”“文明班组”等活动。2018年帕古乡维权服务中心信访接待2件，协调解决2件，其次还对集体合同，工资集体协议等各种协议进行了整顿和续订。2018年帕古乡工会还兑现2017年受助困难职工、农民工子女9人，总额3.2万元的助学金。

【妇联工作】 年内，围绕“党建带妇建”工作模式，乡妇联认真开展各项妇女儿童工作，采取多种形式对广大农村妇女进行服务。2018年乡妇联组织开展庆“3·8”、巾帼夜校等活动。在各项活动中还向21位贫困母亲、单亲母亲进行慰问，价值达4080元。除此还向妇女们发放10余种卫生保洁用品，每种50件余。

【人大工作】 年内，共收集意见建议39条13项内容：关于新建维修自来水3条、修建水坝、堤坝10条、新建维修水渠7条、维修铁围栏5条、新建维修桥4条、修建小组公用房2条、牲畜保险1条、修建涵洞1条、完善彭岗村村委周边基础设施建设1条、加强某些小组的手机信号接收强度3条、维修公路1条、在驾校培训过程中希望有关部门本着公平、公正、公开的原则执行相关手续1条。

【政协工作】 年内，积极参与县政协各项活动，加强宣传引导，确保工作取得实效。乡政协委员积极参与县政协组织的吞巴乡藏鸡养殖和藏香制作学习等活动，认真学习先进经验做法。多次组织工作人员深入村组，宣传政协工作重要性，提高干部群众对政协工作重要性的认识。

【“双联户”工作】 年内，严格落实“双联户”代表工作职责，深化“先进双联户”创建工作。帕古乡共计联户代表61名，为确保“双联户”目标管理责任落到实处，乡综治办与61名联户代表签订目标责任书。为提高联户代表的业务水平。年内，共组织联户代表在乡政府培训2次，在各村委会培训3次。组织各联户长广泛参与到“四讲四爱”、中共十九大精神、“卫生整治”“宪法”宣传、“三个专项”斗争等活动中来。完成2018年度村、乡、县三级“先进双联户”创建活动，评选县级“先进双联户”联户代表1名，乡级“先进双联户”联户代表3名、村级“先进双联户”联户代表13名。

【教育工作】 年内，帕古乡小学在校生355名，适龄儿童入学率为99.6%，在校生巩固率98%，整班移交65名，初中入学率100%。年内，帕古乡建档立卡贫困户子女在校生共181人（大学生11人、高中生8人、中职3人、初中生37人、小学生88、幼儿园34人），“两后生”28人。落实贫困家庭学生补助（区内生活费每月生活补助

2018年7月1日，尼木县委副书记、县长普琼一行到帕古乡检查指导精准扶贫迎国检工作

300元，区外每月生活费补助500元），“三包”政策，实现零辍学。

【住建工作】 年内，帕古乡积极开展卫生整治工作，保证住家环境干净整洁。对帕古乡住房及时入户进行调研，确定住房等级。对帕古乡4户需推倒重建的建档立卡贫困户及时进行相关政策指导，紧密联系好建筑施工队，老旧房重建工作顺利开展。

【旅游工作】 年内，积极探索帕古乡潜在旅游资源，打造富有地域特色和文化特色的旅游品牌。重点开发彭岗村制陶工艺；扩大彭岗望果节影响，打造有影响力的物交平台；打造帕古庄园红色教育基地，成为重要的爱国主义教育活动场所。

【财政工作】 年内，围绕县财政局工作要求，规范乡财务所工作制度。严格预算管理，收入管理上督促及时缴存，支出审核上严格预算规范条据，资产资源处置和村级工程建设上力争公开、公正、公平，确保资产资源保质增值，最大限度节约工程资金；严格规范村级财务，联合乡纪委完成各村财务清查，建立完善村财务制度；“三公经费”使用情况公开透明，重大资金会议决定，纪委监督。

【环保工作】 年内，帕古乡加强生态文明普及教育和宣传，广泛动员全社会参与生态文明建设，营造爱护生态的浓厚氛围。采取多种形式广泛开展大型宣传活动4次。全面落实流域治理“河长制”，健全生态补偿机制，完善各项生态环保事故应急预案，落实环保工作责任到人，抓好抓强生态文明建设。及时制定中央环保督察问题整改方案，明确整改责任人。采取种草涵养水土的方式恢复帕古乡彭岗村采石点生态，在县环保局的具体指导下，彭岗村采石点生态恢复工作有序推进，生态恢复效果明显。扎实推进全国第二次污染源普查工作，制定普查工作实施方案，落实普查工作责任到人，普查入河排污口、生活源锅炉、畜禽养殖场、工业企业单位等四大类。大力推进“美丽乡村”建设。巩固提升生态乡村建设成果，推进宜居乡村建设，全面改善农村人居环境。大力创建文明乡村，培育优良乡风民风，彭岗村、帕古村自治区生态村创建成功。

2018年8月4日，帕古乡党委书记边巴扎西，党委副书记、乡长侯水军到泥石流现场指导救援工作

【民政工作】 年内，建立完善灾害紧急救助机制。完善低保户审批程序，建立健全低保户档案，健全乡、村级组织档案管理制度，做到一户一档、分类管理，分级归类。及时兑现低保户29户102人低保资金233060.5元，医疗救助54人212673.88元。

【国土工作】 年内，建立健全农田保护责任制，认真贯彻执行农田保护“五不准”制度，进一步完善目标管理责任书，对全乡4816.82亩农田进行保护巡查工作，做到面积不减、质量不降、标志完好、责任落实。

【发改工作】 年内，落实季度及年底统计工作，发放碘盐18150公斤，落实建设项目属地管理责任，促使建设项目顺利安全完工。

【矛盾纠纷排查调解】 年内，加大矛盾纠纷排查调处力度，重点加强对热点难点问题的排查调处，解决辖区建设因土地补偿、工资补偿引起的各类矛盾纠纷。截至年底，帕古乡共排查各类纠纷隐患80次，全年无任何越级上访、信访案件，发现和接件共计7起，成功调解7起，调解成功率100%。

【医疗卫生】 年内，帕古乡人口3424人；疾病传染率和孕产妇死亡率均为0%，孕妇产妇急重症患者住院率达100%，高危产妇转院率达100%，高危婴儿及急重症婴儿及时住院率达100%。帕古乡全力协助乡卫生院进行卫生健康知识宣传教育3次，宣传覆盖率达95%以上。2018年帕古乡参加合作医疗3407人，参加农村合作医疗率达99.5%，下拨家庭医疗经费47.11万元，门诊报销22.25万元，核销金额为26.48万元。加强对“结核、风湿、肝炎”三病的筛查工作，全乡三病筛查1700余人。

【新农保工作】 年内，缴费人数达1781人，个人缴费金额总数达17.8万元整，未缴费的特殊身份人群（低保、五保、重症残疾人）共有62人，参保总人数为2157人（含19名城镇户籍），参保率达95%以上。帕古乡积极做好新农保政策宣传教育，平均每周接待4人次的群众咨询，细心解答群众有关新农保政策的疑问，受众人数达200余人。

【精准扶贫】 2015年年底，全乡精准识别建档立卡贫困户162户639人，贫困村2个，贫困发生率18.8%。2016—2017年脱贫162户729人，新识别贫困户9户46人，返贫2户10人。2017年年底，帕古乡贫困发生率下降至1.6%，群众满意度达96%以上，建档立卡贫困人口人均可支配收入达8219.9元（政策性收入占36.5%），实现“两不愁、三保障”，顺利通过国务院扶贫办评估检查，实现脱贫摘帽。2018年11月，帕古乡建档立卡户动态调整至169户763人，人均收入达8009.9万元（政策性收入占12%），全部贫困人口实现脱贫。

【村集体经济】 年内，帕古乡村集体经济项目有帕古村鲁固茶馆建设项目、豌豆糌粑加工厂建设项目、扶贫商品房建设项目，彭岗村商品房建设项目、短期育肥项目。2018年彭岗村集体经济收入达15万元，帕古村达11.22万元。

【林业】 年内，帕古乡植树造林栽补种苗1.7万余株，共投入劳动力500余人次。及时兑现护林员工资47.25万元，退耕还林资金5.57万元。

【惠农资金（补贴）发放】 年内，帕古乡按时发放惠农补贴资金到农牧民手中，极大地调动农牧民生产积极性。兑现2018年草原生态保护补助奖励机制资金126.31万元、退耕还林资金5.57万元、粮食直补资金10.91万元、2017年涉农保险养殖业出险资金118.22万元、2016年度野生动物肇事补偿资金15.34万元。

【水务工作】 年内，帕古乡积极做好饮水点统计排查工作，加强汛期安全防范，建成以水渠、河道等为主体的防洪工程体系，建立三防预警机制和预案体系。严格执行河长制，由乡党委书记负责组织领导帕古乡河流的管理和保护工作，加强水资源保护落实、域岸线管理保护、水污染防治、水环境治理、加强执法监管等。

2018年1月3日，尼木县文化旅游新闻出版广电局组织民间艺术团到帕古乡完全小学开展文艺下乡慰问活动

【防汛抗旱】 年内，帕古乡及时调整充实防汛抗旱领导小组，制定防汛抗旱应急预案，负责处理汛旱期的突发事件，并根据实际情况配备编织袋、木桩、麻绳、沙袋等防汛物资。

【安全生产】 年内，坚持宣传“安全第一、预防为主、综合治理”方针。结合“安全生产月”活动，向农牧民群众发放安全生产宣传资料，共计发放宣传资料350余份，悬挂横幅15条；加强日常和节假日期间的安全生产大检查、大排查。共计进行安全生产检查110余次，要求整改单位43家次，其已全部落实整改要求，有效防止安全事故的发生。

【消防工作】 年内，帕古乡深入村组向群众宣传消防安全知识，全年悬挂横幅8条。乡人民政府与各村签订消防安全目标责任书，将消防安全工作纳入村年终目标考核。对辖区人口聚集区进行火灾隐患排查，全年开展安全隐患排查35次。

（朱 宝）

【领导名录】

党委书记

边巴扎西（藏族）

党委副书记、乡长

侯水军

副书记

云 登（藏族，11月免）

组织委员

汪治培

纪委书记

格桑扎西（5月免）

扎西多杰（藏族，6月任）

宣统政委员

索朗白珍（女，藏族，5月免）

副乡长

索朗次仁（藏族）

嘎玛丹增（藏族）

杨 越（女）

徐 宁

麻江乡

【概况】 麻江乡位于尼木县北部，是尼木县唯一纯牧业乡，乡域面积1151.69平方公里，平均海拔4500米以上。草场总面积128.5万亩，下辖3个行政村、10个村民小组、29个自然组，全乡共有牧民519户（朗堆143户、达琼119户、强聂257户），总人数2796人（朗堆795人、达琼559人、强聂1442人），男1428人，女1368人。其中劳动力1503人（男771人、女732人）。有1所完小（在校师生382人）、1个派出所（5人）、1所卫生院（15人）、1所兽医站（2人）、1所农行营业所（3人）、2座寺庙。乡机关共有干部职工59人（含借调、抽调、下沉），工人2人，公益性岗位7人。乡党委下设3个党总支、11个党支部，共有247名党员，其中牧民党员212人（强聂村88人，达琼村48人，朗堆村76人），占全乡人口总数的7.6%，乡机关党员35人。

【经济发展】 年内，麻江乡实现农村经济总收入6578.87万元，同比增长19.21%。其中，一产4193.05万元，二产685.5万元，三产1083.91万元，其他收入850.41万元（政策性补贴等），牧民人均收入18281.38元，同比增长14.51%。

【牧业生产】 年内，麻江乡牲畜存栏总数34564头，其中牦牛存栏13833头，黄牛存栏482头，绵

2018年9月26日，尼木县委书记杜国君一行到麻江乡检查考评2018年重点工作

羊存栏 12557 只，山羊存栏 8001 只，马存栏 169 匹；全乡出栏总数 13379 头，出栏率 39.48%；成畜死亡 367 头（只、匹），死亡率为 1.08%；仔畜死亡 425 头，成活率为 97.08%；肉产量 904.6 吨，毛产量 11.33 吨，奶产量 1724.9 吨。同时抓好全乡牲畜防抗灾、接羔育幼和重大动物疫病防治工作，全年共组织 10 名兽医人员对全乡 13833 头牦牛、482 头黄牛、20558 只羊进行两次防疫，全年无重大疫病传播。

【农业生产】 年内，尼木县农牧局下拨防抗灾饲草 30 吨，群众割草、人工种草以及 1.2 万亩中分成的饲草共计约 1200 余吨。完成 130 户高原牲畜暖棚建设项目，通过县级验收，兑现资金 142 万元，同时发放 2018 年度草原生态保护补助奖励草畜平衡资金 326.53 万元，通过自治区级验收；发放 47 名村级草原监督员工资 25.38 万元，兑现牲畜死亡保险资金 209.50 万元。利用有限的农田，种植青稞 49.49 亩，粮食总产达 15143.94 公斤。

【教育事业】 年内，麻江乡小学适龄入学生 321 人，入学人数为 320 人，入学率达 99.7%；中学生入学生 134 人，入学人数为 133 人，入学率 99.25%，在校生巩固率达 99.15%，整班移交率为 100%。拉萨市师校驻达琼村工作队发挥自身优势，为乡完小争取 38390 元文具用品进行慰问，并利用学校放假在达琼村委会里开展“周末课堂”活动。团乡委为 20 名困难学生送去价值 4000 元慰问品，北控集团慰问贫困学生发放 3000 元学习用品。

【医疗卫生】 年内，新型农村合作医疗参保人数 2714 人，总筹资 81420 元，参保率 100%。落实“一孩双女”及特别扶助补助政策，对“一孩双女”家庭 14 人发放资金 13440 元，对特别扶助家庭 9 人发放资金 36720 元，开展 2 次两项扶助政策宣传。积极开展“两项检查”“两癌筛查”工作，共筛查 129 人（孕前优生健康体检人员达 82 人、出生缺陷检查人员达 34 人、“两癌”检查人员达 13 人），筛查率达 100%。积极组织群众体检，完成“三病筛查”工作。加强宣传，提高食品安全意识，通过张贴标语、散发传单、做宣传栏等宣传工具，加强对食品质量安全知识和有关法律法规的宣传。年内，累计宣传次数达 8 次，参与群众 1680 余人。全乡现有食品经营单位 31 家，开展食品安全专项整治 3 次，对食品经营单位培训 2 次，受益 58 人次。

【文化工作】 年内，麻江乡文化站除了周末及节假日外，每天对外开放，广泛开展“3·8”“3·28”“5·4”“7·1”等节日活动，积极参加县上举办的各类文化活动，成功举办“8·1”赛马节。每月开展一次“扫黄打非”宣传检查活动，整治净化了文化市场。

【劳动就业、社会保障】 年内，麻江乡参保人数 1393 人次，其中新增 7 人，社保缴费总金额 131200 元。积极配合协调上级部门加大对群众就业培训工作，2018 年全乡群众就业 194 人，大学生就业 2 人。截至年底，全乡所有大学生（含往届毕业）除 1 人在拉萨进行公务员考试培训外，其余人员全部实现就业。

2018年9月26日，县委书记杜国君一行到麻江乡考察琼姆岗嘎雪山旅游开发项目进展情况

2018年6月30日，尼木县副县长米玛潘多一行到麻江乡检查1.2万亩种植项目长势情况

【民政工作】 年内，麻江乡有低保23户86人，其中建档立卡贫困户7户13人，一般户9户56人，兜底7户17人。共兑现低保金77610.00元。“两线合一”共发放124033.50元。2018年，临时救助共5户。对分散五保老人进行慰问，发放被子、枕头、被套等生活物品。70岁以上高龄老人发放健康补贴等资金，共计39170.00元。

【住建工作】 年内，完成全乡小康安居37户统计工作，后因政策变改群众放弃报名。对农村老旧房进行清查统计，上报老旧房112户。完成18户建档立卡贫困户和生活困难边缘户住房新建改造工程，其中新建14户，改扩建4户，全部实现入住。

【财政工作】 年内，全面落实财务公开制度，每季度公开财务一次。严格财务管理制度，实行乡长“一支笔”审签。组织财务人员到拉萨、重庆等地开展培训，提高业务能力。坚持开源节流，严格控制支出，有效遏制了办公经费增长。

【扶贫工作】 年内，麻江乡共有建档立卡贫困户88户395人，2018年5户27人脱贫，现已全部实现脱贫，群众满意度达97%。顺利通过尼木县、拉萨市考核验收及自治区、国家第三方评估。7月，顺利通过国家专项评估检查。巩固成效情况：截至年底，麻江乡建档立卡全部实现脱贫，为更好地巩固2016以来三年的脱贫成效，麻江乡制定2019—2020年脱贫巩固方案。按照县脱贫攻坚指挥部的要求，2018年年底各村制定“三项措施”，做到因人施策、因户施策、因村施策，争取建档立卡户每年收入实现稳定增长、稳定脱贫。持续推进“六脱”措施和“五个带动”工作，2018年建档立卡贫困户人均纯收入达11178.5万元，自创收入持续提高。落实乡负责人包村制度。乡党委书记、乡长、人大主席分别联系3个行政村，对脱贫工作进行包片。

年内，拓展“321”党员干部结对帮扶措施，积极发挥党员干部帮带作用，与建档立卡贫困户结成“一对一”“多对一”帮扶对子，开展走访活动，与困难群众拉家常、做宣讲，出主意、助脱贫。以“四讲四爱”主题教育为契机，通过“支部讲政策、群众帮群众”，引导群众改变观念，克服“惜杀惜售”“等、靠、要”思想，加大牲畜出栏、外出务工力度，增加现金收入。发挥单位、个人作用，积极为贫困户办实事、解难事，增强党群干群关系。

【落实“两个责任”】 年内，制定麻江乡《2018年党风廉政建设工作计划》《2018年党风廉政建设和反腐败任务分工》《2018年党风廉政建设和反腐败协调工作领导小组》。落实目标责任，年初与党政主要领导、机关支部及各村党总支、第一书记签订党风廉政建设目标责任书，分解任务，落实责任。按照“一岗双责”要求，明确各口职责，将落实党风廉政建设责任分解到人。坚持民主集中，对“三重一大”事项提交乡党委会研究决定，坚决杜绝“一言堂”和个人说了算。全面推进“三公开”，切实保障广大干部群众的知情权、参与权和监督权。加强督导检查，对常态化维稳值班、公车使用管理、群众身边“四风”“三资”清查，强农惠民资金兑现落实等重点难点进行跟踪检查，及时发展和整改问题。

年内，有6名同志违反相关纪律，在全乡范围内进行通报，取消年底评先评优资格；对2名无故旷工及1起涉嫌违法人员及时上报县纪委、组织部、人社局，并提出处理意见建议，1人被行政开除，1人开出党籍，在全乡起到较好的警示作用。为全面推进廉政风险防控工作，排查出单位廉政风险点160个（其中一级10个，二级10个，三级140个），制定廉政风险防控措施160条。认真做好县委巡察反馈整改工作，逐一进行整改。为严格落实县委、监委工作要求，挂牌成立麻江乡监察室，全乡监察对象基层党总支3个，11个党支部，合作社2个，共计301人。坚持班子带头，带头参加学习、带头上班签到、带头打扫卫生、带头执行各项纪律规章，在单位住房、办公室用房、公务用车等方面，严格自身要求，树立正风肃纪的良好形象。

【学习教育】 年内，以喜迎中共十九大为主线，认真开展“两学一做”“四讲四爱”主题教育活动，健全组织机构，完善工作方案和学习计划，通过专题学习、集中学习、个人自学等方式，分层次、分步骤、分阶段学习，在广大党员干部中认真学习党章党规、习近平总书记系列重要讲话精神，在农牧民群众、青少年学生、寺庙僧尼中广泛开展“四讲四爱”教育活动。乡机关组织集中学习10余次，人均撰写心得体会2篇以上，人均交流发言1次以上。乡、村、组组织各类宣讲52场次，参与9700余人次，农牧民群众、青少年学生、寺庙僧尼教育覆盖率达100%。

【党员干部管理】 年内，新发展党员13名，预备党员转正14名，不断壮大和优化党的队伍。按月收缴党费，1—12月收缴党费11157元，其中农牧民党员党费2868元。对“三老”人员发放生活补助14.15万元。“七一”表彰慰问，开展丰富党日活动，共计支出1.08万元。对流动党员、失联党员、“口袋”党员进行全面清理，更新完善党员网上统计，对党员档案进行全面整理。开展“三个培养”工作，积极将党员培养成致富能手，将致富能手培养成党员，将党员致富能手培养成村“两委”后备干部，麻江乡共有“三个培养”对象30人。

2018年6月25日，麻江乡组织群众开展脱贫政策和普法政策宣讲会

【开展意识形态工作】 年内，成立以乡党委书记为组长的全乡意识形态领域工作领导小组，制定工作方案，与各村、学校、寺庙签订目标责任书，推动各项工作深入进行。深入村组宣讲中共十九大精神、习近平总书记系列讲话精神和党的惠民利民政策，提升牧民群众对党的相关政策的认知，加强“五个好”宣传，增强“五个认同”意识。加强舆论引导，加强对网络、微信等现代通信手段的管理，教育引导广大干部群众自觉做到不传谣、不造谣、不信谣，自觉崇尚科学、反对迷信，自觉抵制黄、赌、毒。对一名散发虚假微信群众及时摸排掌握、批评教育，并上报县网信、公安等相关部门备案。深入开展二十四字“核心价值观”教育，尤其是把青少年学生作为重点，为培养合格的社会主义接班人奠定基础。认真开展“平安家庭”“最美家庭”评选活动。不断加强民族团结教育和精神文明建设，开展道德讲堂，积极倡导遵纪守法、友善互助、关爱感恩、

孝老爱亲、文明礼貌、移风易俗等优良传统，切实提高全乡牧民群众的思想文化素质。全乡普及善行义举好人榜建设活动，渲染学好人、争做好人的积极氛围。开展文明城市创建工作，加大力度整治村容村貌，引导农牧民群众开展积极健康的文化活动，通过举办“3・8”“3・28”“7・1”“8・1”等活动，丰富了群众的精神生活，凝聚人心智慧。同时，以迎检这契机，加强了乡文化站建设。

2018年3月28日，麻江乡开展庆祝“西藏百万农奴解放”活动

【工青妇工作】 年内，工会广泛开展困难帮扶行动，帮扶干部职工2人共4000元，为建档立卡贫困户送去1.6万元生活物资。团委以开展“3・28”“学习雷锋、做美德少年”“五四”宣誓、青少年法制教育活动为契机，开展法制宣讲6次。“六一”节为学校捐资2000元，11月，慰问贫困儿童20人，发放衣物等物资折合人民币4000元。开展“三八”“六一”节庆活动，开展农村妇女“双语”培训3次，巾帼夜校培训10次，为重大疾病贫困妇女发放慰问金2500元。

【驻村、下沉工作】 年内，充实下沉、驻村干部，按照“强党、固基、扶村”及“5+2”目标任务，协同做好党建、稳定、扶贫、发展、民生等工作。3个村驻村工作队全年走村入户宣讲200余次，排查化解矛盾纠纷30余条，受访群众5000余人次，投入办实事办好事等各类经费30余万元。

【“三个覆盖”工作】 年内，多次进行安排部署，积极寻找新的集体经济增长点，各村突破10万元集体经济关口，强聂村11万元，达琼村10万元，朗堆村14.03万元。达琼、强聂村级活动场所建设全面完成，优化功能设置，正式投入使用。积极创造条件，组织干部赴北京、成都及区市党校开展各类培训，13名村后备干部全部参与政治教育培训，在牧民党员中开展技能培训10多场次，共计100余人次。

【党建促脱贫工作】 年内，按“321”结对模式，与建档立卡贫困户、边缘户结成“一对一”“多对一”帮扶对子116对，经常性开展走访慰问活动，共计投入办实事经费10余万元。乡成立合作联社，下辖村温泉、短期育肥、奶牛养殖等合作分部，增加集体经济收入，实现年终目标任务。加强基层组织建设，对辞职离世的2名村干部通过正规渠道进行更换补充。四是通过“支部讲政策、群众帮群众”措施，引导群众克服“惜杀惜售”“等、靠、要”思想，加大牲畜出栏、外出务工力度，激发群众内生动力，增强脱贫决心信心。组织党员对五保户、弱劳力家庭集中割草、放牧进行帮助，体现大家庭的温暖。结合自身实际，帮扶干部自掏腰包为贫困户“送钱、送物、送思想”，提高群众脱贫意识，增强了党群干群关系。

【班子自身建设】 年内，坚持班子自觉学习，通过对中共十九大精神学习、党章党规学习、系列讲话学习，提高自身理论素养。召开中共十九大学习、理论中心组学习“两学一做”学习会16次，日常学习30余次。坚持民主集中，召开重要会23次，对全乡重大事项进行研究部署，广泛听取意见建议，开展批评与自我批评，相互信任，加强团结，增强凝聚力向心力。求真务实，查实情、说实话、办实事，努力建设实干班子队伍。加强作风建设，自觉带头遵守各项规章制度，树立良好形象。

【环境资源保护】 年内，始终坚持把生态环境保护作为“底线、红线、高压线”，牢固树立“绿水青山就是金山银山、冰天雪地也是金山银山”的发展理念，将乡（镇）生态环保职责上墙，加强学习贯彻，与各村签订环保责任书，对环境保护工作进行安排部署。加强对303省道麻江段、村委会、幼儿园建设的环境监督检查，与商铺、建筑施工等签订环境保护责任书，进行环境卫生检查10余次，对存在的问题限期整改。利用会议、标语、板报、传单等进行宣传，散发传单2000余份，张贴标语48幅，悬挂横幅4条；在乡完小开设环保专题课，提高小学生的环保意识。召开专题会，对村“两委”、单位负责人、企业法人进行培训，针对“大气十条、水十条、土十条、禁白”等重点，认真开展环境整治。发挥乡垃圾清运车作用，并及时租用群众车辆清运村组垃圾，杜绝大量堆放、长时间存放的现象。加强公路环境综合治理，加快健全麻江乡公路及沿线环境管理长效机制，麻江乡全面推行路长制，乡域内重要道路和农村公路两侧影响环境的脏、乱、差得到全面整治。做好防汛抗灾工作，及时对雨季房屋、草场、暖棚受损的农户进行统计上报，出动挖掘机对河道沟渠进行清理。

【安全生产】 年内，召开安全生产专题会议10余次，签订安全生产承诺书、保证书400余份。重宣传引导，开展道路交通、消防安全等集中宣讲14次，发放宣传材料1500余份，参与群众4500余人次，户覆盖率达100%。重监督检查，结合专项整治行动，对矿山、道路、建筑施工、采砂点、朗玛厅等场所进行检查32次，查处、整改问题28处。

【项目建设】 年内，琼姆岗嘎雪山路完成路基铺设，同时对修路施工铲下的18亩草皮进行移植工作。303省道改扩建工程麻江段建设进展顺利，基本完成路基、边沟、挡墙等土建部分，2019年正式铺油。投资77.67万元的朗堆村牧人体验区项目已全面完成，为全域旅游发展打下基础。达琼村、强聂村村委会建设全部完工，完善各项功能设施，投入使用。1.2万亩人工种草项目圆满完成，全乡投劳5533人次，按150元/人/天计发工资，以及机械、农家肥等共计增收109.9万元，其中16户集中搬迁户投劳997人次及部分车辆费用等收益14.9万元。达琼和强聂收草涉及373户共50万公斤，户均1350公斤，政府收草15万公斤。整合资金25万元用于三岔路本真牦牛短期育肥项目，年中为16户乡集中搬迁户每户分红1500元，后再分红1000元。对乡文化站进行维修装饰，免费对外开放，有台球室、乒乓球娱乐室、棋牌休闲中心及农家书屋，为群众提供更舒适的休闲、娱乐场所。

【“双联户”工作】 年内，成立“双联户”工作领导小组，多次对“双联户”工作进行安排部署。对联户长情况进行统计，建立联户长档案。向各村发放“联户平安、联户增收”宣传手册200余本、宣传单500余份、宣传标语100余张。截至年底，排查安全隐患联防联

2018年8月1日，麻江乡举办赛马文化旅游节

控90余次，环境卫生联管联治120余次，矛盾纠纷联排联调12起，困难弱户联邦联扶80余人次，收集民生信息3条。全乡现有“双联户”45户，8月9日兑现2017年报平安补贴奖金共计17885元。严格先进评选程序，评选出村级先进9户、乡级先进2户、县级先进1户。年初，麻江乡组织村“两委”班子、驻村工作队、联户代表签订维稳责任书，其中乡与村3份、乡与驻村工作队3份、村与联户代表45份。

【普法教育】 年内，坚持以学习《中华人民共和国宪法》和新修订的《宗教事务条例》为重点，认真开展“七五”教育。以“社会治安综合治理宣传月”和“平安乡（镇）”创建为平台，坚持以预防青少年犯罪为重点，深入开展普法活动，大力开展“法制教育进校园”活动和“现身说法”巡回法制宣教活动，取得了良好的社会效应。以“扫黑除恶、打非治乱、扫黄打非”专项斗争为契机，深入辖区3个村、10个组开展法律宣讲50余场次，发放宣传资料近3000份，受教育人员达2000人次。以自治区网上宪法考试为契机，制定宪法学习方案，认真组织学习。广大干部群众通过学习宪法，遵守宪法的意识得到增强。在广大干部职工中深入开展《中华人民共和国保守国家秘密法》等相关保密条规的学习教育，加强文电管理，不该说的不说，不该看的不看，不该传的不传，提高了保密意识。

【统战民宗工作】 年内，全面贯彻《宗教事务条例》，发挥驻寺机构教育、管理、服务“三大职能”作用，推进和谐平安寺庙建设，加强寺庙佛事活动管理服务、严格僧尼请销假制度，时时掌握动态。经常性深入寺庙了解情况，向驻寺干部、僧人发放慰问金（品）2000元。深入开展“遵行四条标准、争做先进僧尼”教育实践活动，根据县委要求，按时开展宣讲活动。年内，共组织学习宣讲、座谈交流30余次，争做先进僧尼的意识进一步增强。以综治宣传月、民族团结月、民族团结日为契机，在全乡广泛开展民族团结教育，引导广大干部群众珍视民族团结，自觉维护民族团结，“三个离不开”“藏汉一家亲”意识进一步深化，中华民族共同体意识进一步巩固。加强“藏汉”双语学习、西藏历史学习、民族习俗的学习，增强广大干部群众交流、交往、交融，加强相互了解，增强民族团结。落实负责人联系寺庙制度，乡党委书记、乡长分别联系2个寺庙，乡干部与寺庙僧人结对交朋友。

【人大、政协工作】 年内，麻江乡人大主席团按照县人大的统一安排，围绕全乡工作重点，发挥人大职能作用，组织开展各项活动，助推全乡经济社会发展。全乡有乡人大代表41名，县代表7名，区市代表各1名。同时坚持把政协工作作为党委工作的重要组成部分，积极支持政协委员履行职能，使政协工作成为党委联系社会各界的桥梁纽带。麻江乡有政协委员3名。在履行职责方面，支持、组织好政协委员按时参加县政协的各项会议、活动；对乡里的工程、事项，积极主动征求委员意见、建议；主动接受政协委员的监督。

【旅游工作】 年内，投资77.67万元的朗堆村牧人体验区项目已全面完成，为全域旅游发展打下基础。同时近期琼穆岗嘎雪山旅游区将投入开发，将会创造更多就近就便务工就业机会，改善条件，带动麻江经济发展。

（李玉程）

【领导名录】

党委书记
余才志
党委副书记
李　林（5月任）
党委副书记、乡长
朗杰平措（藏族）
党委副书记、人大主席
旦增群培（藏族）
专职副书记
牟　飞（土家族，5月免）
纪委书记
普布次仁（藏族）
组织委员
格　桑（藏族）
宣统政委员
索　珍（女，藏族）
党委委员、副乡长
赵　伟
副乡长
巴桑坚增（藏族）
蒋新江
普　桑（藏族）

吞巴乡

【概况】 吞巴乡位于318国道沿线，尼木县东南门户，乡域面积182.7平方公里。是藏文字创始人吞弥桑布扎的故乡，水磨藏香之源，西藏少有的千年古村落之一，具有独特的资源环境和交通区位优势。

吞巴乡下辖3个行政村，13个村民小组；3个党总支，15个党支部；1所学校，1所卫生院，1座寺庙，农牧民568户，2714人。有水磨273座，从事藏香制作271户，从业人员525人。全乡党员241名，其中，农牧民党员198名，机关党员43名；正式党员228名、预备党员13名；农牧民党员占总人口7.29%。2018年，吞巴乡地方经济总收入7930万元，同比增长15.3％。其中第一产业2258.09万元，同比增长8.8％；第二产业1751万元（其中藏香收入1181.7万元），同比增长15.1％；第三产业3920.91万元，同比增长19.6％；农村居民人均可支配收入13732.8元，同比增长21.2％，人均现金收入10514.2元，同比增长23.7％。

【农业发展】 年内，吞巴乡总耕地面积3916.61亩，总播种面积3768.9亩，粮油总产量132.3万公斤。小麦种植面积250亩，单产402公斤，产量10.05万公斤；青稞种植面积2710.25亩，单产411.75公斤，产量111.6万公斤；豌豆种植面积95亩，单产249公斤，产量2.35万公斤；单播油菜播种面积450亩，单产152公斤，产量6.85万公斤；菜地236亩，单产2002.1公斤，产量47.25万公斤；藜麦种植面积27.65亩，单产171公斤，产量0.45万公斤；红土豆播种面积20亩，产量0.9万公斤；2018年“农机三项作业”总面积9390.25亩，其中：机耕3580亩，机播2960.25亩，机收2850亩；高产创建示范田面积1979亩；良种统供率达96.2%，良种覆盖率96%。

【畜牧业】 年内，吞巴乡牲畜家禽总存栏21309只（头、只、匹、羽）。牦牛2300头，犏牛77头，黄牛3563头，山羊7741只，绵羊6303只，猪2头，鸡1323羽。全年牲畜死亡率控制在0.3%以下；截至年底，出栏牲畜有1200头（只、匹），出栏率达6%。2018年，全乡口蹄疫免疫率为100%，禽流感免疫率为100%，牲畜改良33头。

【林业发展】 年内，吞巴乡共种植树苗9168余棵，种植覆盖面积达22余亩，投入劳动力1200余人次。为保证成活率，乡政府采取谁种谁受益的政策措施鼓励农牧民在自家房前屋后、田边地头、集体林地开展绿化工程。在防火季节积极开展防火宣传工作，成立领导小组，投入大量资金新购置和配备防火器械，专柜等，全乡防火器械得到极大改善。截至年底，全乡没有发生森林火灾。年内，共开展病虫害防治法律法规宣传2次，受教育350人；病虫害普查2次。

【旅游产业】 9月7日，尼木县人民政府与西藏文旅集团达成合作，初拟投入近3亿元进一步打造吞巴景区，现已初步完成景区的现场测绘、放线工作，设计院进行现场实地勘察，正在准备项目效果图。2018年共接待游客1.6万人次，带动当地群众9人，平均月工资2917元。

2018年10月19日，西藏自治区党委组织部副部长李小宁（右一）到吞巴乡检查驻村工作

2018年5月21日，拉萨市委常委、常务副市长占堆（右一）到尼木县吞巴乡检查指导工作

【藏香产业】 年内，吞巴乡以藏香产业为支柱，突出优势，整合资源，积极争取尼木县藏香产业发展资金1000万元，计划2019年实施成立吞巴乡净土产业藏香合作社，该项目的前置手续已进入可研评审阶段。项目建成后，将进一步扶持吞巴藏香净土产业有限公司、吞普村拉旺罗布藏香有限公司、尼木县吞巴乡罗布仁青古藏香有限责任公司、尼木若楚努巴杰藏香农民专业合作社等藏香开发制作企业，为藏香产业注入资金血液和人才智力支持，为吞巴乡净土健康产业发展做出积极努力。

【藏鸡产业】 年内，吞巴乡共有藏鸡养殖大户1户：根培村四组伦珠以养殖纯种藏鸡为主，现存栏1020只纯种藏鸡。截至年底，销售藏鸡蛋3.05万枚，现金收入达12.2万余元。

【基础设施】 6月21日，新乡政府附属设施开工建设，总投资801.82万元，主要包括乡政府综合楼、大门、围墙、值班室、院内硬化、绿化及通水、通电。已完成围墙及综合楼的主体工程建设，已完成总工程量的90%。

年内，吞巴乡特色小城镇建设与棚户区改造项目任务为275套，改造面积68075.86平方米，特色小城镇与棚户区改造已完成；德吉路正准备硬化，已完成工程量的75%，土萨路已完成道路硬化，通过县级住建部门初验。

年内，吞巴乡积极配合上级部门实施了电网电压改造提升工程，解决了村级电力不足的问题。年内，吞巴乡共有5户群众因房屋陈旧和面积较小通过房屋改造政策进行改建。

【民政资金落实】 年内，发放农村低保资金13.4097万元，为7名困难群众发放临时救助资金3.8万元，为89人发放医疗救助资金34.91万元，分散五保户补贴1.15万元，70岁以上老人补贴5.97万元，寿星老人补贴3.65万元。

【医疗保障】 年内，吞巴乡参加合作医疗的农牧民2571人，筹集资金7.71万元。其中94人享受合作医疗住院报销金额76.27万元，108人获得门诊报销金额10.84万元。全乡新生婴儿32人，其中62人享受“一孩双女”补助金5.93万元。25户享受家庭特别补助金13.5万元。

【教育事业】 年内，吞巴乡入学率100%、巩固率100%；为2名家庭经济困难大学新生兑现入学资助1500元，为3名精准扶贫大学新生发放资助金3万元。

【社会保障】 年内，吞巴乡剩余劳动力转移958人。城乡居民社会养老保险参保率98.12%、续保率98.79%、发放率100%，圆满完成60岁以上老人养老金追回工作，追回72人资金172849.67元，城乡社会保险参保人数达1260人，缴费金额共计132900元，平均参保率达98.79%。

【安全生产】 年内，吞巴乡政府与各村委会、学校、卫生院、旅游公司、校车驾驶员等签订安全生产管理目标责任书7份，实现责任全覆盖。开展安全生产宣传教育活动5次，组织专人深入各村对农牧民群众讲解安全生产基本常识，受教育群众达5000余人次。乡安委会协同派出所开展安全隐患排查5次，查出隐患8处，整改8处。多次深入根培村二组水库和地质灾害隐患点进行隐患排查和监控。组建义务消防队伍。吞巴乡3个村分别组建消防义务队伍，大力宣传消防安全知识，悬挂宣传横幅4条，消防知识专栏5期，利用消防宣传日，向群众展出消防安全知识图片3场100张，分发消防安全资料1000余份。同时县消防队为吞弥故居配备1套消防器材和2套背负式细水雾灭火水枪。

【环保整治】 年内，制定《吞巴乡“党政同责”“一岗双责”环境卫生综合整治长效管理制度》《吞巴乡环境保护应急预案》等制度，为环境综合治理工作打下坚实的制度基础；同时，充分发挥村“两委”“双联户”、党员的带头作用，利用第47个“6·5”世界环境日、“禁白”等活动，对各村、318国道沿线、吞巴河境内的环境进行整治；共集中组织开展14次农村环境综合整治活动，出动车辆30余辆次、人员1500余人次；清理生活垃圾153立方米，建筑垃圾700余方；集中整治318国道、乡村道路沿线堆积杂物占道21处。

【精准扶贫】 截至年底，吞巴乡累计减贫60户223人，贫困发生率降为0%，群众满意度达97%以上。吞巴乡所有建档立卡贫困户均实现了“两不愁、三保障”，2018年吞巴乡顺利通过拉萨市验收考核、自治区第三方评估、国家专项评估检查。

年内，充分发挥合作社带动作用，以就近就便的原则吸纳到各合作社内。2018年吞巴乡合作社共带动建档立卡户25户30人（未搬迁户25户），为建档立卡户增收130776元，人均增收4359.2元。充分发挥村集体经济分红作用，全面保障建档立卡及一般困难户中弱势劳力群体。因轻度残疾等身体原因无法从事重活的弱势群体，吞巴乡共有24户24人，吞巴乡通过从村集体经济收入中分红，全面保障弱势劳力。2017分红3000元，2018年分红3500元。2018年，吞巴乡建档立卡户人均纯收入由2017年9171.69元，增长到2018年的12138.53元，同比增长32.35%。自创性收入占比由2017年60%上升到2018年的89.14%，政策性占比由2017年的40%下降到2018年的10.86%，是2018年国家脱贫线的2.65倍（2018年标准4580.55元）。

2018年5月8日，尼木县委书记杜国君到吞巴乡检查指导工作

【班子自身建设】 年内，共召开党委会议21次，在充分调动班子成员主动性和能动性的同时，做到分工不分家，全局一盘棋。由乡党委书记、乡长、人大主席带头推行领导班子包村制度，班子成员及时按照包村的要求深入各自联系点开展工作，确保各项工作有条不紊地进行。年内，乡班子成员共指导党建工作8次，解决重点难点问题20余个。

【干部思想建设】 年内，借助周二、周四晚上组织全乡党员干部重点围绕中共十九大，十九届二中、三中全会和区市县九届三次全会精神。截至年底，共集中学习88次，个人自学11次，上交心得体会70篇。吞巴乡及时制定培训方案，教育引导广大党员增强“四个意识”，严守党的政治纪律和政治规矩，做到“两个坚决维护”。

【开展“三个全覆盖”】 年内，按照

县委、县政府“提升富裕村、壮大一般村、扶持薄弱村”的思路，将吞巴乡藏香、藏鸡、旅游产业发展和精准脱贫工作相结合，不断优化村级集体经济发展项目，增加集体收益。2018年吞达村集体经济收入67.3万元；根培村35.52万元；吞普村10.49万元。3个村均已完成村级活动场所的功能设置并搬迁入住。结合“两学一做”集中学习及依靠西藏党员教育网、西藏先锋公众号等进行个人自学等途径，实现吞巴乡农牧民党员教育培训全覆盖。

2018年10月24日，吞巴乡党委书记康桑达瓦到根培村检查指导工作

【干部驻村】 年内，各驻村工作队紧密结合驻村工作“七项”任务，在学习宣传贯彻中共十九大精神、助推精准脱贫攻坚战、推进乡村振兴战略、维护基层社会和谐稳定、强基础惠民生、加强精神文明建设以及决胜全面建成小康社会方面积极配合乡党委、政府开展各项工作。同时乡党委、政府经过统筹考虑，选择2个重点产业项目，将经费中的14万元用于吞达村服务型澡堂项目、将37万元用于吞普村农牧民妇女缝纫合作社、便民超市项目。

【党员教育管理】 年内，吞巴乡发展预备党员13名，转正党员14名。“七一”活动期间，举办为期三天的入党积极分子教育培训并发放结业证书；组织开展表彰先进党支部1个、优秀共产党员9名、优秀党务工作者4名、慰问困难党员及三老人员6名；组织开展党员重温入党誓词、文艺会演及书记讲党课等活动。全年共收缴党费11241.76元，上缴组织部4496.7元。在“321”结对帮扶的基础上，采取“一对一”和“多对一”的方式，将全乡党员同普通群众结成对子，确保党员联系群众全覆盖。2018年共有结对干部180人，入户500余次，送去慰问物品折合人民币6万余元。

【党风廉政建设】 年内，乡党委、政府与3个村签订《吞巴乡2018年度党风廉政建设责任书》，成立廉政风险防控工作领导小组，制定《吞巴乡廉政风险防控实施方案》，完善吞巴乡廉政风险防控机制建设廉政风险点汇总。乡领导班子成员共签订党风廉政建设“一岗双责”责任书11份，与辖区内各企业、合作社、个人签订企业助廉守法承诺书26份，签订公车管理使用单位负责人承诺书1份，签订公车驾驶员责任书2份，签订国家公职人员廉洁自律承诺书26份。制定《吞巴乡关于集中整治不作为、慢作为、文山会海等形式主义、官僚主义突出问题的实施方案》，开展自查自纠3次，发现问题坚决予以整改，把集中整治不作为、慢作为、文山会海等形式主义、官僚主义突出问题作为重大政治任务抓紧抓实。

开展农村集体资产清理核查1次，将农村所有资金、资产、资源登记造册、建立台账，全面排查“三资”管理风险点；对3个行政村开展2016年度以来村集体扶持经费使用情况专项检查，对于查处的问题督促各村及时进行整改落实。年内，对全乡干部“四风”方面督导检查30余次，各重要节点期间维稳情况共督查20余次，对全乡、3个行政村、寺庙、卫生院、学校督导检查30余次。

【人大、政协工作】 年内，吞巴乡有县乡人大代表41人，经过认真筹备。5月，召开吞巴乡第十二届人民代表大会第三次会议。2018年乡人大共收集代表建议和议案23条，共完成建议议案处理23条，交办率达100%，代表满意率达99%。

【有机农业】 吞普“雍”组种植红土豆20亩，总产0.9万公斤。为规模化管理与种植，新建雍薯特色合作社，项目总投资97.08万元，于10月20日进点，完成工作量的35%；试种藜麦27.65亩，共产0.45万公斤。

【妇女产业】 根培村妇女联合特色产业家园是集特色农副产业（特色手工艺品、藏香、藏鸡蛋等）、观光、摄影、现场演示、体验、藏式餐饮等文化传播为一体的综合性特色产业项目。2018年，根培村妇女联合特色产业家园带动农牧民群众30户30人，其中：建档立卡贫困户2户2人、边缘户2户2人、低保户1户1人、一般户25户25人。实现营业销售收入83020元，纯收入53020元，为3户3人分红，每人3500元。

【物流产业】 尼弘元仓供应链经济港选址位于拉萨市尼木县吞巴乡吞达村地块，北至318国道，南至雅鲁藏布江，总投资5.6亿元，占地面积158.73亩。此项目建成后，将带动吞巴乡100余人就业，现已完成143.64亩土地征收工作，A区平整土地3万余平方米，B区完成土石方填方13万立方米，施工期间聘用当地民工42人，其中建档立卡户4户5人。

（卓嘎曲西）

【领导名录】

党委书记
康桑达瓦（藏族）
党委副书记、乡长
张绪刚
人大主席
米　玛（藏族）
专职副书记
李永刚
纪委书记
次仁普赤（女，藏族）
组织委员
张婷婷（女）
宣统政委员
格　桑（女，藏族）
副乡长
格　来（藏族）
王　福
四郎拉珍（女，藏族）
卓嘎曲西（女，藏族）

2018年10月24日，吞巴乡党委副书记、乡长张绪刚到吞普村检查指导工作

卡如乡

【概况】 卡如乡位于尼木县以西，318国道旁，距拉萨市134公里，乡政府距县城23公里，平均海拔3700米，全乡面积875.35平方公里，辖卡如、赤朗2个行政村，7个自然组，全乡总人口246户1418人。全乡劳动力693人，残疾人36人，低保户21户106人。

全乡2个党总支，6个党支部，139名党员，其中，机关党员39名，农牧民党员100名。村“两委”干部12名。全乡干部56人，其中，机关干部31人，卫生院12人，驻村下沉干部8人，公益性2人，人社专干2人，合同工1人。辖区一座寺庙，位于卡如乡卡如村一组，属于宁玛派，驻寺干部3人。全乡2所幼儿园，幼儿62人，幼儿园工作人员9人，其中，任职幼教3人、实习生1人、保洁员2人、厨师3人。

【经济发展】 年内，卡如乡农村经济总收入3322.22万元，同比

2018年10月11日，西藏自治区商务厅党组书记、副厅长李文革（右四）到尼木县卡如乡调研

增长14.5%，其中，第一产业收入1576.2万元，第二产业收入410.91万元，第三产业收入1335.11万元，三产占比分别为47.4%、12.4%、40.2%。2018年农村居民人均纯收入12835元，人均可支配收入（现金收入）9626.25元。

【党委工作】 年内，共开展结对帮扶活动120余次，结对干部累计慰问结对户6万余元；开展"支部讲政策、群众帮群众"，2018年各党总支部向建档立卡贫困户讲清尼木县委"三步走"战略，讲清党的惠民政策，真正明白惠在何处、惠从何来；同时要求有能力会干事的群众联系"慵懒散"的群众，转变思想改变作风。2018年各党总支部共开展政策宣讲12次，群众帮群众共计168次。做好发展党员工作，加强党员教育管理，不断提高党员素质，改善党员队伍结构。引导和监督党员、干部自觉践行先进性要求，充分发挥先锋模范和骨干带头作用。年内，共开展党员先锋活动4次，组织党员学习12次；开展建党97周年"七一"主题活动。乡党委组织全乡干部职工和农牧民党员，以"升国旗＋重温誓词＋宣读表彰＋慰问'三老'＋现身说法"的形式，进一步激发了广大党员干部的爱国信念，共计发放表彰慰问金2.35万元。

【召开党代会】 年内，根据《中共拉萨市委组织部〈关于进一步加强党代表任期制有关工作的通知〉》要求，11月14日，卡如乡召开中国共产党卡如乡第一届代表大会第一次会议。大会期间，讨论审议通过中国共产党卡如乡第一届委员会作工作报告等材料；组织召开代表质询会，共向乡党委质询如何巩固脱贫成果等热点问题6个，乡党委逐一答复，代表满意率达100%，讨论确定通过提案8件、联合提案4件、工作提议2件；进行党代表对乡党委班子以及成员民主评议工作，对乡党委班子的综合评价优秀等次占到会党代表总数的70%，对党委委员综合评价"优秀等次"总数均超过50%，并及时通报测评结果。

【党风廉政建设】 年内，卡如乡党委与各村党总支书记签订《2018年党风廉政建设责任书》，层层落实责任。坚持党风廉政建设与党建、维稳和经济工作同部署、同落实、同检查、同考核，形成年初有部署、年中有回应，年底有总结，2018年共召开党风廉政部署会议4次，每半年召开班子成员向乡党委和纪委汇报各自部门党风廉政建设会议，分析研判新形势下党风廉政工作中出现的新问题，制定新举措，以实际行动赢取党心、民心。同时乡党委、纪委坚持把严肃党的纪律作为党风廉政建设的第一项任务，以开展"两学一做"学习教育常态化制度化为契机，通过"书记讲党课"和集中学习，引导党员干部以身作则、率先垂范，并将班子成员个人重大事项作为党风廉政建设和反腐败中的重大事项列入民主生活会和述职报告的一项重要内容。

【"四讲四爱"主题教育活动】 年内，各党组织把群众教育实践活动效果作为考核意识形态工作责任制落实情况的重要内容，切实把主体责任压实压细，按照节点召开"四讲四爱"群众教育实践活动总结、部署会，乡村两级宣讲员通过集中宣讲、"一对一"入户宣讲方式共计开展主题宣讲100余场次，参与人次达2000余人次，学习“美丽乡村清洁行动”“恩从何来、恩向谁报”新旧西藏对比乡村两级群众性演讲比赛、重温入党誓词等实践活动。

【学习中共十九大精神】 年内，卡如乡切实发挥中心组理论学习的引领带动作用。制定党委中心组和干部理论学习安排，严格落实《党委中心组理论学习制度》，2018年组织党委理论中心组学习12次。以“两学一做”学习教育为抓手，制定学习计划，利用干部职工大会集中组织干部职工学习40余次，撰写中共十九大学习心得体会60余篇，十九大专题学习研讨心得12篇。紧扣学习宣传贯彻习近平新时代中国特色社会主义思想和中共十九大精神这条主线，充分发挥基层党组织作用，利用“三会一课”、岗位培训、农牧民夜校等载体，通过开展学习会、座谈会、观看爱国主义教育片等学习活动，进一步凝聚起全乡各族群众感党恩、听党话、跟党走的广泛共识。深入开展“面对面宣讲点对点落实中共十九大精神进万家”宣讲活动，由机关干部、农牧民宣讲员、文明引导员组成宣讲团，深入农户家中以一对一和集中宣讲的形式开展宣讲，把习近平新时代中国特色社会主义思想、中共十九大精神、脱贫攻坚政策与“四讲四爱”内容有机结合，共计组织宣讲120余场次，累计受教群众3000余人次。

【工会工作】 年内，卡如乡工会会员现共计321人，新入会21人，补办和新办会员证共计28个，利用重要节假日共走访慰问特困职工8次，累计走访75户，走访慰问村离退休职工及全乡“三老人员”3次，为9名困难职工和农牧民子女申请金秋助学。

2018年3月27日，卡如乡开展庆祝“西藏百万农牧解放”59周年暨党的十九大精神宣讲活动

【妇联工作】 年内，开办“巾帼夜校”主要宣传政策法规、健康卫生等知识，旨在提高全乡妇政治素质，树立科学的价值观、世界观、人生观、家庭婚姻观、生育观，增强“以素质求平等，以作为求地位”的自我觉醒和自我发展意识，并关注妇女、儿童的身心健康，组织全乡200名育龄妇女进行免费的妇女病普查，邀请五洲医院对10名妇女进行“两癌”筛查，10名孕妇接受出生缺陷干预检查，讲授妇女健康知识讲座，受教育妇女达500余人次，在“六一”儿童节、教师节开展慰问。

【团委工作】 3月7日，卡如乡共青团组织青年团员在全乡辖区内及318国道旁开展环境卫生大整治活动，大力弘扬志愿者们助人为乐的传统美德，提升全乡志愿者服务水平和学雷锋精神。5月4日，组织两村30余名共青团员开展“传承五四精神，凝聚青春力量”主题活动。开展举团旗、唱团歌、戴团徽、学团章活动，增加广大团员对团的认识和感情，进一步规范全乡共青团工作。

【精神文明建设】 年内，卡如乡在农牧区打造“五有五好”文明村镇，乡、村做到有精神文明宣传栏、有公益广告牌、有道德大舞台、有文明引导员、有志愿服务点。广泛开展“移风易俗、破迷信、改陋习”“好家风、好家训、好家教”等群众性精神文明创建活动教育引导农牧民群众养成良好思想觉悟、养成良好传统美德、养成良好行为习惯、养成良好责任意识，不断提升文明素养，自觉远离宗教消极影响，开展“五一”劳动节、“五四”青年节、“讲卫生，重仪表”实践评比、学雷锋志愿服务活动等特色文化活动累计30余次，凝聚全乡干部群众力量，争做神圣国土守护者、幸福家园建设者。持续学习宣传道德模范及拉萨好人先进事迹，组织开展身边好人评选活动。组织开展道德模范与身边好人现场交流、学雷锋志愿服务以及“我们的节日”“道德讲堂”等专题活动，推进社会公德、职业道德、家庭美德、个人品德建设，引导人们崇德向善、见贤思齐，不断提升思想道德水平。

【文化活动】 年内，卡如乡结合传统节日特殊文化意义开展丰富多彩的文化活动，在元旦、藏历新年、“三八”妇女节、庆祝“3·28”西藏百万农奴解放纪念日、清明节、“五四”“七一”“十一”等重要节日开展节庆活动，不断丰富人民群众的精神文化需求。

【人大工作】 6月1日，卡如乡召开第十二届人民代表大会第三次会议，会议听取和审议《政府工作报告》和《人大工作报告》，同时对第十二届二次人代会上代表提出的意见、建议等作了议案办理进展情况的报告并选举副乡长1名。

【“双联户”工作】 年内，卡如乡紧紧立足实际，依照“双联户”工作内容，以高度的政治责任感和强烈的使命感投入到“双联户”工作中，全乡联户代表20人，其中乡机关1人，农牧民19人。2018年，“双联户”工作领导小组深入村组走访11次，排除安全隐患6处，发放各类宣传资料190余份，法制教育宣传7次，开展“双联户”培训6次，有力地推进了“双联户”工作的顺利开展。

【“扫黑除恶，打非治乱”】 年内，卡如乡党委、政府联合乡派出所，成立专项斗争工作领导小组，研究制定实施方案，明确责任，加大打击力度，保持整治高压态势。充分利用各类宣传工具，广泛宣传开展“扫黑除恶，打非治乱”专项斗争的目的和意义，动员广大群众参与，做到有关部门与群众路线相结合，打一场“扫黑除恶，打非治乱”的人民战争。全乡召开各级专题部署会议6次，张贴“扫黑除恶”宣传标语17条，张贴宣传海报49份，发放宣传资料230余件。通过大力宣传，促使“扫黑除恶，打非治乱”专项斗争工作真正达到家喻户晓，人人皆知。

【民族团结】 年内，卡如乡组织干部群众开展民族团结宣传教育活动，促进各民族交融团结，召开2018年民族团结座谈会，树立典型并评选民族团结先进个人，干部和群众开展扶贫结对帮扶，进一步加强民族团结进步工作。

【统战民宗】 年内，提确林寺配备3名驻寺干部、干警，制定驻寺干部联系僧尼责任制度，严格落实属地管理原则，建立规范到点的宗教工作网络模式，切实把依法管理落到实处。全乡11名干部与15名寺庙僧尼结对，开展谈心交流活动。定期组织寺庙僧尼开展中共十九大精神、新修订《宗教事务条例》《中华人民共和国宪法》等法律法规学习活动，以及开展爱国主义教育、“四讲四爱”“遵行四条标准、争做先进僧尼”“六

2018年9月21日，县委书记杜国君到卡如乡检查指导工作

个一”等活动，通过学习法律法规和开展各类感党恩实践教育活动，使广大僧尼牢固树立“四个意识”以及法治观念。

2018年7月17日，县委副书记、县长普琼到卡如乡考察工作

【脱贫攻坚】 年内，卡如乡贫困人口动态调整后共有建档立卡贫困户45户223人，已全部实现脱贫（脱贫不享受政策3户10人），2个贫困村退出贫困村行列，建档立卡贫困人口人均可支配收入达13475.6元，贫困发生率从2015年年底的13.69%下降至1.29%，基本实现“两不愁、三保障”。卡如乡党委、政府始终把脱贫攻坚作为头等大事和“第一民生”工程，以打造“一乡两村”全面小康示范乡为契机，把发展旅游产业、藏鸡养殖业、有机农业作为脱贫攻坚重要途径，制定乡、村两级年度脱贫攻坚实施方案、计划、脱贫摘帽方案、脱贫巩固方案，乡党委与各村签订脱贫“责任书”，确保打赢脱贫攻坚战。夯实脱贫攻坚主体责任促脱贫，成立以乡党委书记任组长，乡长任副组长，涉及“六脱”的部门、各村第一书记、驻村工作队队长为成员的“精准扶贫精准脱贫”工作领导小组和乡脱贫摘帽领导小组。各村也成立村级“精准扶贫精准脱贫”工作领导小组、脱贫摘帽领导小组，层层签订脱贫“责任书”，进一步落实乡党委书记、第一书记扶贫工作职责。

通过产业发展2017年合作社发放分红91500元，2018年发放分红25万余元；项目承包2017年合作社发放务工补贴72960元，2018年可发放务工补贴15万余元。核乡寻忆景区共带动13名群众就业，其中4名群众为建档立卡贫困户；通过北京援藏尼木县精准脱贫奔小康示范乡项目整体搬迁14户，其中建档立卡贫困户5户26人。2017年以来通过尼木县、拉萨市、自治区第三方评估组、贫困县退出国家专项评估组等各级督导检查组到卡如乡指导检查脱贫攻坚工作，提出整改问题累计45项，已整改完45项。坚持“党建统乡”和“书记抓、抓书记”的党建工作理念，通过“两学一做”“三会一课、四议两公开”制度等方式，强化党组织书记抓基层党建第一责任人职责，并将各村的脱贫攻坚任务纳入基层党建年度考核和履职尽责考核中，以此加强党组织书记抓党建促脱贫责任意识。全乡139名党员与全乡45户建档立卡贫困户结对，明确帮扶内容，为联系户落实优惠政策、提供生产生活技术、联系劳务输出、解决急难问题，做到不脱贫、不脱钩。卡如村在不断壮大村集体经济的同时，也不忘帮扶全村贫困户，为11户建档立卡贫困户购买2350公斤粮食，出资16890元为全村553人缴纳合作医疗，利用集体经济收入为全村114户群众购买洗衣机和冰柜，驻卡如村工作队争取65万元资金建设卡如村经济林项目，种植桃树、梨树、苹果树等果树，预计在2019年产生效益。

【农业发展】 年内，卡如乡种植青稞448.71亩、小麦100亩、油菜53亩、土豆105亩、豌豆20亩，实现卡如乡经济作物多种种植，发放有机化肥23吨，有效改善土壤肥力；农牧局推广站发放22台微耕机、17台脱粒机、4辆拖拉机，其中农牧民群众自筹173340元，国家补贴104460元；全乡发放粮食直补享受资金35633.13元，涉及162户。并制定清产核资的方

2018年8月7日，北京市发展和改革委员会工作人员一行到卡如乡考察特色经济示范项目规划

案、领导小组，召开动员部署会议与两村签订清产核资责任书，发放宣传资料200份，顺利完成清产核资工作。

【牧业】 年内，卡如乡牲畜存栏总头数4244头(只、匹)，其中，大牲畜存栏1136头，出栏率34.1%，新生仔畜存活率96.9%；肉类产量137.1吨，奶产量202.5吨。

【林业】 年内，组织全乡干部职工、村民植树造林200棵，参加人数80人，完成经济林5000棵果树的种植，对种植的果树喷洒农药防治病虫害，签订森林防火目标责任书，充分调动建档立卡贫困户开展巡山工作，确保国家森林公园绝对安全。

【防汛抗旱】 年内，卡如乡成立河湖长制领导小组、制定方案，并组织人员定期在河湖旁进行环境卫生整治工作，进入汛期后，为更好地预防泥石流灾害，全乡干部职工、各村第一书记、派出所开展3次关于泥石流灾害预防工作部署会，并制定汛期应急预案、成立领导小组，安排汛期值班人员，加大灾害地段安全隐患排查。2018年辖区共发生大泥石流13处、小泥石流12处、岩石塌方29处，在灾害发生后，乡党委、政府及时组织开展救灾工作，统计上报受灾农田、房屋情况，并对7个水源点进行水质检测，组织水源监督员定期对水源点进行巡逻监督。

【交通工作】 年内，卡如乡开展道路交通安全检查28次，参加检查人数80人次，发现安全隐患4处，整改4处，最大限度地预防发生交通事故，减少人员伤亡和财产损失并，并上报汛期期间毁坏的公路桥梁，组织群众开展道路修缮，确保农牧民群众交通安全得到保障。

【食药工作】 年内，卡如乡共发放宣传资料1200余份，接受群众咨询50多人次，签订食品安全责任书14份在重要节点对辖区内的食品加工点、商店、餐馆、学校食堂开展食品安全督导检查工作40余次，对发现的问题及时指出，并采取切实有效的措施，消除各种隐患，切实落实安全责任制，坚决杜绝各类责任事故的发生。

【民政工作】 6月，卡如乡开展低保核查工作，清退19户92人，新增1户7人，现有低保21户106人；寿星老人15人，残疾人36人，兜底户7户31人，五保户3人，都实现集中供养。上半年民政兑现资金34988元，其中，医疗救助6人，救助金额19988元，卡如村社区建设资金1万元，赤朗村社区建设资金5000元。下半年办理一卡通业务，所有资金都由民政统一发放到群众各自的银行账号。

【社保工作】 年内，组织开展就业宣传2次，组织动员群众参加驾驶装载机、挖掘机等技能培训，参加技能培训34人，其中3人为建档立卡贫困户，劳动力转移就业100人，其中群众自主转移就业58人；2018年收取养老金共58600元，16 ~ 59岁参保人员共616人，全乡参保率为100%；2018年应届毕业生9人，8人已就业，1人为自主创业，参加大学生双创培训2次。

【法制宣传】 年内，卡如乡成立宣

传小组并将学习宪法列入十九大学习计划，组织干部职工和农牧民群众开展晨读宪法，开展“七五普法”“宪法进寺庙”“书记讲宪法”等宪法活动，受教干部群众累计450余人次；发放《法律进机关读本》《村（居）干部常用法律知识读本》《中华人民共和国宪法》《法律进寺庙读本》等宣传资料400余份，通过开展一系列的宪法学习和宣传活动，有效增强了全乡干部职工和农牧民群众的法律意识和法治观念。

【教育工作】 年内，卡如乡党委、政府把教育工作作为日常工作的重中之重，从娃娃抓起，卡如乡幼儿园在校幼儿62人，老师3人，适龄儿童学前教育实现全部入园，确保“一个也不能少”，实现教育全覆盖，2017—2018学年资助非义务教育阶段生非建档立卡户学生18名93600元，建档立卡户2名46900元，共计资助140500元；2018年以教脱贫人员60人，其中：幼儿园7人，小学35人，初中8人，高中4人，大学6人，义务教育阶段均享受“三包”政策，大学生享受学费全额资助、金秋助学等政策。

【卫生工作】 年内，卡如乡享受“一孩双女”共16户22人（包括建档立卡贫困户1户1人，享受资金为960元/年，资金数据未变过），“特别扶助”共3户4人（包括建档立卡贫困户1户2人），属于享受儿女伤残标准的补助，每年享受补助资金为3020元/年，死亡标准为4080元/年。

【财务工作】 年内，严格按照各项经费使用范围，财务报账制度，做到不超预算、不挪用、专款专用。2018年，卡如乡公用经费、行政运营经费、环境整治、精准扶贫、维稳、文化事业等各项专项经费共计84.5万元，其中两村下沉干部工作经费4万元由各村自行支配使用，在“三公”经费上只存在车燃车修费用支出。

【国土工作】 年内，为长期居住在卡如乡的农户下发不动产权证，共计发放180本，兑现卡如乡赤朗村幼儿园建设征地补偿资金共计58140.01元，依据2019年拉萨市建设用地计划需求，修建敏珠米糖建设藏鸡规模化养殖场、客栈等项目，预计占地面积52亩。

【安全生产】 年内，开展消防安全隐患排查17次、电线线路安全使用排查3次、消防宣讲2次，对辖区内建筑施工点，道路施工点安全生产隐患排查11次，检查人数30人次，排查安全隐患1处，在检查过程中，对单位负责人进行现场教育，并要求立行立改，2018年全乡未发生重大安全生产事故。

【环境保护】 年内，卡如乡党委、政府高度重视环境保护工作，建立乡、村两级环保网格员责任主体，切实履行在环境监管、环境保护、环境安全隐患排查、化解污染纠纷等方面职责，层层签订目标责任书20余份，及时整改中央环保督查反馈问题。召开专题会议，成立领导小组，制定整改方案，召开环境保护专题会议12次，开展“6·5”环保宣传日主题活动，制作环境保护工作的宣传栏3次，宣传环境保护法律法规4次，发放宣传资400余份，重点整治辖区318国道、雅江江畔、吉瓦沟、赤朗沟等区域环境卫生，为居民

2018年3月18日，卡如乡开展法制宣传活动

营造良好的生活环境。

【乡村振兴】 年内，卡如乡以产业振兴和生态振兴作为落脚点，大力发展产业，及时谋划生态保护相关事宜，在促进全乡经济发展的同时有效推进全乡生态环境整治工作。合作社2018年总体收入达50万元，并在年底开展分红大会，将按建档立卡贫困户1000元/人、已搬迁建档立卡贫困户400元/人、贫困边缘户300元/人的标准发放分红，合作社共带动社员务工1500余人次，并将以70元/天的标准发放务工补贴，可带动社员实现户增收4000余元。

年内，卡如乡共完成土地流转123.58亩，部分桃树开始挂果，单果能达120克至180克，在空地育苗桃树600多株，95%以上成活，利用闲置土地种植经济作物，收入已达8万余元。赤朗村为原种藏鸡保护基地，为进一步扩大原种藏鸡种群规模，在赤朗村投资10余万元，建设原种藏鸡养殖基地，并取得初步成效，另一方面将在赤朗村开展牦牛育肥工作，牦牛育肥场所选址于赤朗村原村委会，相关方案、计划、资金、人员安排事宜已全面安排部署。核乡寻忆景区的民俗接待区于5月1日全面进入试运营阶段，共计接待游客1万余人次，并为13名当地村民提供就业岗位，其中包括4名建档立卡贫困户，每月工资3000元左右，2名建档立卡贫困户为景区提供房屋出租，景区每年支付房租2.4万元。此外，特色民俗文化展示体验中心销售的产品有千年核桃、贝母、藏香、雕刻、糌粑、牦牛肉等，不仅可以满足游客需求，为游客提供绿色纯天然的产品，而且能够增加合作社收入，为合作社社员年底分红奠定基础。

年内，为进一步改善卡如乡基础环境，为农牧民群众提供一个干净、舒适、健康的生活环境，在全乡范围内开展人畜分离、“厕所革命”、环保宣传、环境整治活动，将生态环境保护纳入村规民约，由村委会组织干部职工和群众共同对村内环境进行卫生大扫除，并得到良好的执行。在村容村貌得到良好改善的情况下，组织农牧民群众加强学习习近平新时代中国特色社会主义思想，弘扬民族精神和时代精神，2018年共计制作张贴社会主义核心价值观宣传标语30余幅，组织开展各类宣讲100余次，累计受教群众2000余人次，卡如乡文化站设有娱乐活动室、多功能厅、培训教室、公共电子阅览室、图书阅览室等，两村村委会设有“农家书屋”，提确林寺有“寺庙书屋”，全方位提供基本公共文化服务。乡村治理要在党的有力领导下才能更好实施，因此卡如乡首先致力于加强基层政权建设，完善监督机制，保障监督力度，以保证干部队伍的纯洁性。为保证村民自治的一切事宜都必须在法治的框架内进行，通过法律宣传、宣讲等方式加强村民的法律意识，通过法治制约的方式预防和制止违法违规行为，针对与村民利益相关的事宜，采取召开村民大会等方式，经多数村民集体商议后做决策。坚持物质、精神两手抓，在保证经济收入的同时紧抓精神文明建设，力求做到物质、精神双富裕。坚持以合作社带动为主带领农牧民群众致富，预计于2021年将全部农牧民群众纳入合作社并享受分红。

2018年7月19日，卡如乡加纳日绿色农业发展农牧民专业合作社召开社员大会

（张姗姗）

【领导名录】

党委书记

王庆国

党委副书记、乡长

洛桑格来（藏族）

人大主席

米玛央宗（女，藏族）

专职副书记

余　刚

纪委书记

高树鹏（6月免）

胡　宁（6月任）

组织委员

穷　达（藏族）

宣统政委员

陈静静（女）

党委委员、副乡长

普　桑（藏族）

党委委员

扎　西（藏族）

副乡长

格桑卓嘎（女，藏族）

尹林华（6月免）

王荣华（6月任）

普松乡

【概况】 普松乡位于尼木县城北部，距县城约9公里，属纯农业乡，平均海拔3990米，总面积180平方公里，是"雕刻之乡"。普松乡辖普松、曲水、如白3个行政村，8个村民自然小组共有429户2443人。全乡现有耕地面积为3739.28亩，草场面积10.2万亩，林地面积2223.1亩。2018年，全乡共有基层党总支3个，党支部9个，党员214名（正式党员204人，

2018年5月15日，西藏自治区政协副主席王亚蔺（左三）一行到普松乡调研

预备党员10人），积极分子36人（其中农牧民25人，机关干部职工11人），团员117名（其中农牧民108人，机关干部9人）。现有干部职工60人（其中行政人员24人，技术人员30人，公益性岗位3人，聘用人社专干2人，农保专干1人）。选派下沉干部12人，借调到县直部门12人，市直部门2人。

2018年，普松乡农村经济总收入5531.71万元，同比增长16%，第一产业收入1384.81万元，同比增长17.68%；第二产业收入1270万元，同比增长75.41%；第三产业收入2876.90万元，同比增长0.01%。农村居民人均可支配收入13359.44元，同比增长18.24%；农牧民人均现金收入9710.2元，同比增长14.59%。

【党建工作】 年内，普松乡培养入党积极分子8名，预备党员9名，按期转正13名。扎实做好村后备干部培养，采取一对一、一对多等方式培养村后备干部40名。夯实基层党建标准化建设。围绕"建设党的阵地，营造群众之家"目标，全面推进3个行政村村居活动场所建设，以"只进一扇门、只跑一次路"为己任，竭诚为群众提供高效优质的便民服务。截至年底，3个村都已投入使用。全乡各村充分利用县委下拨的发展扶持资金，各村集体经济以经幡雕刻、藏鸡养殖、粮食加工房、度假林卡等为主，按照"党支部+合作社+贫困户"的模式，积极带动贫困户脱贫致富，3个村村集体经济都突破县委定下的10万元标准。

【党风廉政建设】 年内，普松乡对46名党员干部廉政风险情况进行认真排查，根据风险点有针对性地制定措施214条，及时完善廉政风险防控内容和措施。严格落实干部考勤制度、上下班制度，严格执行公车使用管理制度。年内，加大重点节日督查力度，共检查

督查40余人次。

【信访统战民宗】 年内，普松乡受理群众来信来访3件，办结3件，办结率100%。乡机关成立“信访接待室”，制定相关工作机制，做到早发现，早处置，将隐患苗头处理在萌芽状态。2018年，普松乡组织寺庙专题宣讲25次，以座谈会的形式开展“遵行四条标准、争做先进僧尼”教育实践活动，让寺庙僧尼谈感受、谈变化，保障学教活动取得实效。按照“三个不增加”的要求，投入160万元（市投入100万元、县投入60万元）对夏荣寺僧舍进行维修。

【宣传工作】 年内，通过支部大会、夜校等形式扎实开展理论宣传普及活动，组织乡机关及各村党员群众学习30次。开展乡、村级“四讲四爱”集中宣讲32场次，举办各类文艺活动8场次，受众群众4000人次。丰富群众精神文化生活。组织开展“三八”文艺会演、“纪念百万农奴解放日”、庆“七一”党建活动，发放相关宣传材料300余份，受益群众达1000余人。

【工青妇工作】 年内，普松乡工会利用乡文化站和各村新村居活动场所为职工主动安排文体活动，对本乡困难职工情况进行调查摸底，准确掌握困难职工群体数量、致贫原因等情况，及时调处因劳动关系产生的矛盾。2018年，普松乡新发展团员3名。乡团委组织干部职工参加县篮球比赛和举办“助力学子成长”活动。

【人大、政协工作】 6月，普松乡召开第十二届人民代表大会第三次会议，共收集代表建议、意见13件，其中10人以上代表联名提出的有4件，10人以下代表联名提出的有9件。普松乡共有政协委员2名，全年开展调查研究6次，广泛收集意见，积极参与提案，为普松乡经济社会发展献智出力。

2018年6月26日，普松乡党委书记旦增主持召开“双联户”工作专题会议

【精准扶贫】 截至年底，普松乡已累计减贫68户306人，未脱贫1户1人，建档立卡贫困人口人均可支配收入为8070.16元，实现“两不愁、三保障”，顺利通过拉萨市验收考核、自治区第三方评估以及国家考核验收组的检查。2018年，普松乡党委在全乡农牧民党员中积极开展“双联双促”活动，将173名党员同489户群众，70名村组干部同70户贫困户进行“一对一、一对多”结对帮扶，共开展各类帮扶活动200余起，化解纠纷5起，构筑起社会稳定和脱贫攻坚的中坚力量。

年内，普松乡大力实施“党建+合作社+贫困户”产业发展模式和“五个带动”工作措施，全乡合作社带动15人、家庭经济项目带动40人、外出务工（转移就业）53人、产业结构调整带动35人、扶贫产业项目带动38人，共计181人，收入达149万余元。

以业脱贫：2018年，普松乡共有建档立卡贫困户17人通过技能培训实现稳定就业，人均年增收3000余元，有147人实现转移就业。以迁脱贫：普松乡有以迁脱贫28户129人，其中县城搬迁18户86人，拉萨市经开区搬迁10户43人。以教脱贫：2018年，普松乡继续享受以教脱贫政策的有107人。以补脱贫：2018年，普松乡安排以补岗位177人，兑现全年生态岗位资金79.65万元；定向岗位人数140人，兑现定向岗位资金3.64万元。以保脱贫：2018年，普松乡有以保脱贫贫困户21户49人，其中社会兜底16户31人。以助脱贫：2018年，普松乡卫生院与全乡建档立卡贫困户签订家庭医生健康协议，为全乡建档立卡贫困群众健康提供贴心服务。截至年底，乡建档立卡贫困户和2014年、2015年脱贫户中共有7户12人享受医疗救助，累计完成门诊报销17686.66元。

【特色产业】 年内，普松乡藏鸡养殖如白村700只，曲水村300只。各村将进一步推进藏鸡产业化发展，不断扩大养殖规模。年内，普松乡大力整合经幡雕刻合作社，坚持把“尼木三绝”之一的普松雕刻作为文化兴乡的优势品牌，在做好非物质文化遗产传承和保护的基础上，重点挖掘雕刻背后的文化资源，打响“普松—雕刻之乡”这一人文品牌，全年销售额达20多万元。

【农、林、牧、渔】 年内，普松乡农林牧渔业总产值1683.16万元，同比增长16.7%，其中：农业产值949.92万元，同比增长8%；林业产值16.36万元，同比增长3%；牧业产值716.88万元，同比增长5.7%。实现农林牧渔业增加值1068.22万元，同比增长17.85%。2018年，普松乡党委、政府组织全乡干部职工、村“两委”和联户代表在植树节期间共植树300余棵，并向每户发放5棵树苗，组织群众在房屋周围自行种树。

【水、电、路、网】 年内，普松乡深入实施“河长制”，建立河湖管理保护长效机制，严厉打击非法侵占河道、围垦河流、私自采砂等行为，各村共组织118人次对河湖周边环境进行清理整治。

2018年，普松乡积极协助做好全乡农村电网改造，做好全乡电线老化更换和电力安全运行保障工作，确保全年电力保障安全高效。2018年，普松乡突出抓好对村道、乡道的养护，确保车辆行驶安全。争取上级投入资金991.33万元，用于实施乳巴湖环湖公路建设，对存在安全隐患的道路增设减速垄3个。投入10万余元对群众饮水、道路实施改造。

【政务服务】 年内，普松乡便民服务中心综合窗口共办理开油票1657件，开证明333件，受理群众咨询135人次。人社窗口共办理养老保险便民事项196件，民政窗口共办理医疗救助便民事项25件，办理低保便民事项21件，卫生窗口共办理合作医疗报销便民事项73件，农业窗口共办理涉农保险便民事项54件。根据群众需求，普松乡对便民服务中心部分窗口进行调整优化，使大厅功能布局更趋完善，设置更加合理。

【医疗卫生】 年内，普松乡享受“两项扶助”的共21人，其中享受“一孩双女”的有16人，兑现资金15360元，享受“特别扶助”的有5人，兑现资金24600元。“三病”筛查共1322人，60对夫妇参与孕前优生健康检查，筛查率达100%，11对夫妇接受出生缺陷干预检查，筛查率达44%，21名妇女参与“两癌”筛查，筛查率达100%。2018年，普松乡新农合参合2356人，参合率100%。

【民生改善】 年内，普松乡先后2次进行低保核查，对不符合低保条件的进行清退，并兑现2018年

2018年7月12日，普松乡党委副书记、乡长张鹏浩一行到如白村光伏电站开展安全生产检查

2018年6月7日，普松乡召开第十二届人民代表大会第三次会议

低保资金114743.5元，其中兑现“两线合一”资金66343.5元。对困难群众4户进行生活临时救助，救助金额1100元，发放70岁以上高龄老人健康补贴60680元，兑现残疾人补贴68.4万元，兑现各村组长务工补贴1.8万元，兑现村务监督委员务工补贴36870元。

【人力资源与社会保障】 年内，普松乡城乡居民养老保险参保人数为1124人，缴费金额11.3万元。7名应届高校毕业生已实现全就业，就业率100%。富余劳动力及转移就业总人数693人，转移就业以经幡、雕刻为主。

【教育工作】 年内，普松乡在校生477人，小学、初中入学率100%，巩固率100%。“六一”儿童节前，普松村和曲水村2个驻村工作队从强基惠民办实事经费中抽出资金6175元，对乡幼儿园所有学生发放学习用品。

2018年12月15日，共青团普松乡委员会举行“助力学子成长”资助活动

【环保“禁白”】 年内，普松乡对辖区内的15家农牧民专业合作社进行数据采集，同时对3个行政村进行普查。大力进行环保宣传，全年组织发放环境保护宣传手册200余本，环保袋1000余个，环保纸杯1000余个。2018年，普松乡通过自治区生态乡村创建。

【食药工作】 年内，普松乡不断加大食品药品安全宣传力度，严格落实食品药品监督管理责任，在乡幼儿园组织开展食品药品安全的宣传活动，发放相关知识手册300份，在节日期间对辖区内的24家餐饮商铺进行食品安全检查8次，并定期检查4次，对辖区内的幼儿园进行专项检查4次，对于查出的过期食品，乡食药监管所均已下达整改通知书并进行登记，后送至县食药局进行集中处理。

【文旅工作】 年内，普松乡文化站设施配备齐全，各活动场所均可免费开放，各村均设立文化活动场所。按照公共文化创建“十个一”标准对文化站各项硬件设备进行完善升级，初步达成“十个一”建设标准。加快推进如白村林卡度假村环湖公路、绿化项目，争取将尼木县旅游游客有效引入普松乡。

【住建工作】 年内，普松乡对全乡办公楼、各行政村村委会办公楼、乡村周转房及其他公房进行统计管理，组织乡干部职工签订承诺书及个人住房情况证明，确保全乡公房记录在册。通过对全乡农牧区贫困群众危房进行统计与核实，普松乡有意愿参加小康安居工程的有44户（其中县城3户）。

【发改工作】 年内，普松乡整合北京顺义区援藏项目新建藏鸡养殖产业项目厂房建设151万元，已完成基础开挖工程，因各种原因计划明年三月再次开工建设。为全乡干部群众2469人发放碘盐13579.5公斤，为普松村藜麦种植和乡温室大棚提供有机肥975袋。

【净土工作】 年内，普松乡温室大棚合作社狠抓运营管理，收获各类蔬菜2000余公斤。全乡种植藜麦138.7243亩，产量9029.4公斤。

【安全生产】 年内，普松乡开展各类安全生产宣传教育活动和组织安全生产检查40余场次，消除整改安全隐患120余处，全年未发生较大以上安全事故。

（赵安迪）

普松乡错杰水库

【领导名录】

党委书记

旦　增（藏族）

党委副书记、乡长

张鹏浩

人大主席

次仁旺堆（藏族，5月免）

专职副书记

旦增次仁（藏族，1月免）

牟　飞（6月任）

纪委书记

白玛宗巴（女，藏族，5月免）

平措达瓦（藏族，5月任）

组织委员

张发扬

宣统政委员

拉　巴（藏族）

党委委员、副乡长

熊兴全

副乡长

王　丹（女）

董　肖（女）

德吉央宗（女，藏族）

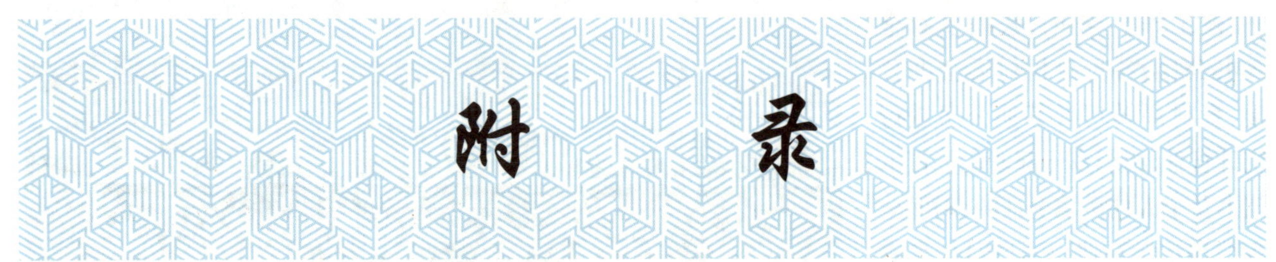

受县（区）级以上表彰的先进集体名录

表3

获奖单位	获奖名称	表彰时间	授予单位
尼木县信访局	2017年度信访工作“三无”县（市、区）	2018年	国家信访局
卡如村	中国最美乡村	2018年	农业农村部
尼木县卫生和计划生育委员会	全国健康扶贫先进集体	2018年	国务院扶贫办、国家卫健委
尼木县中学	青少年体育俱乐部	2018年	国家体育总局
尼木县委组织部	自治区创先争优强基础惠民生活动先进单位	2018年	自治区党委、自治区政府
尼木县民政局	自治区级县域平安边界	2018年	自治区党委、自治区政府
塔荣镇巴古村第七批驻村工作队	2018年度先进驻村工作队	2018年	自治区党委、自治区政府
续迈乡政府	自治区创先争优强基础惠民生活动优秀组织单位	2018年	自治区党委、自治区政府
续迈乡霍德村驻村队	自治区创先争优强基础惠民生活动优秀组织单位	2018年	自治区党委、自治区政府
吞巴乡吞达村	2018年西藏自治区民族团结进步模范集体	2018年	自治区党委、自治区政府
尼木县总工会	全区县（区）规范化建设“六有”达标单位	2019年	自治区总工会
尼木县卡如乡	全区乡镇（街道）规范化建设“八有”达标单位	2019年	自治区总工会
尼木县帕古乡	全区乡镇（街道）规范化建设“八有”达标单位	2019年	自治区总工会
普松乡工会	全区乡镇（街道）工会规范化建设“八有”达标单位	2018年	自治区总工会
尼木县综治办（护路办）	2018年度县（区）铁路护路联防工作第二名	2019年	自治区综治委铁路护路联防工作领导小组
尼木县公安局	春运评优活动先进集体	2018年	自治区公安厅
尼木县公安局	全区公安国内安全保卫战略支撑点	2018年	自治区公安厅
尼木县邮政分公司	优秀农村邮政支局	2018年	自治区邮政分公司

续表3

获奖单位	获奖名称	表彰时间	授予单位
尼木县邮政分公司	十强支局	2018 年	自治区邮政分公司
尼木县电信局	2017 年度战略业务单元	2018 年	中国电信西藏公司
尼木县电信局	2017 年度年度“强县”	2018 年	中国电信西藏公司
农行尼木县支行	西藏自治区文明单位	2018 年	中国农业银行西藏分行
农行尼木县支行	农行西藏分行互联网金融服务“三农”“一号工程”十佳先进支行	2018 年	中国农业银行西藏分行
农行尼木县支行	2018 年第三季度网点服务管理神秘人检查第一名	2018 年	中国农业银行西藏分行
尼木县委、县政府	2018 年度拉萨市目标绩效争先进位考核县区达标奖	2019 年	拉萨市委、市政府
尼木县信访局	2017 年度信访工作先进县（区）一等奖	2018 年	拉萨市委、市政府
尼木县人民武装部	拉萨市民族团结进步模范集体	2018 年	拉萨市委、市政府
尼木县人民武装部	拉萨市民族团结进步创建活动示范单位	2018 年	拉萨市委、市政府
尼木县委政法委	2018 年度社会治安综合治理工作三等奖	2019 年	拉萨市委、市政府
尼木县综治办（护路办）	2018 年度铁路护路联防第一名	2019 年	拉萨市委、市政府
尼木县扶贫（农发）办公室	拉萨市 2018 年度民族团结进步模范集体	2018 年	拉萨市委、市政府
塔荣镇政府	2018 年度“先进双联户”创建活动先进镇	2018 年	拉萨市委、市政府
塔荣镇政府	2018 年度“先进双联户”创建活动先进村	2018 年	拉萨市委、市政府
续迈乡政府	拉萨市创先争优强基础惠民生活动优秀组织单位	2018 年	拉萨市委、市政府
续迈乡政府	拉萨市“先进双联户”创建活动先进村	2018 年	拉萨市委、市政府
续迈乡政府	拉萨市 2018 年度民族团结进步模范集体	2018 年	拉萨市委、市政府
吞巴乡吞达村	拉萨市 2018 年度民族团结进步模范集体	2018 年	拉萨市委、市政府
尼木县教育局教研室课题组	市级优秀课题	2018 年	拉萨市政府
尼木县委办公室	拉萨市文明单位	2018 年	拉萨市精神文明建设指导委员会
尼木县委宣传部	拉萨市级文明单位	2018 年	拉萨市精神文明建设指导委员会
尼木乡政府	文明村镇	2018 年	拉萨市精神文明建设指导委员会
帕古乡帕古村	拉萨市文明村镇	2018 年	拉萨市精神文明建设指导委员会
普松乡政府	文明村镇	2018 年	拉萨市精神文明建设指导委员会
尼木县民族宗教事务局	2017 年度拉萨市民族宗教领域理论调研课题一等奖	2018 年	拉萨市民族宗教事务局

续表3

获奖单位	获奖名称	表彰时间	授予单位
尼木县委统战部	2017年度拉萨市统战系统信息报送二等奖	2018年	拉萨市委统战部
尼木县中学	五四红旗团总支	2018年	共青团拉萨市委员会
尼木县妇女联合会	2017年度拉萨市妇联目标挂管理考核一等奖	2018年	拉萨市妇女联合会
塔荣镇政府	塔荣镇继续保留"拉萨市文明村镇"荣誉称号	2018年	拉萨市文明办
塔荣镇塔荣村	塔荣镇塔荣村继续保留"拉萨市文明村镇"荣誉称号	2018年	拉萨市文明办
塔荣镇东松村	塔荣镇东松村继续保留"拉萨市文明村镇"荣誉称号	2018年	拉萨市文明办
塔荣镇林岗村	塔荣镇林岗村继续保留"拉萨市文明村镇"荣誉称号	2018年	拉萨市文明办
塔荣镇雪拉村	塔荣镇雪拉继续保留"拉萨市文明村镇"荣誉称号	2018年	拉萨市文明办
塔荣镇巴古村	塔荣镇巴古村继续保留"拉萨市文明村镇"荣誉称号	2018年	拉萨市文明办
塔荣镇政府	优秀基层劳动就业社会保障公共服务平台	2018年	拉萨市人力资源和社会保障局
尼木县公安局	2017年度全市公安机关优秀110便民警务站	2018年	拉萨市公安局
尼木县公安局	拉萨市公安机关"忠诚教育月"活动"热血铸警魂、忠诚映丹心"主题演讲比赛优秀组织奖	2018年	拉萨市公安局
尼木县公安局	2017年全市公安机关优秀公安检查站(安检站)	2018年	拉萨市公安局
尼木县人民检察院	维稳工作先进奖	2018.2	拉萨市人民检察院
尼木县人民法院	2018年度基层法院目标考核第一名	2019年	拉萨市中级人民法院
尼木县司法局	全市社区矫正卷宗评比三等奖	2018年	拉萨市司法局
尼木县司法局	全市人民调解卷宗评比二等奖	2018年	拉萨市司法局
尼木县工业和信息化局	2018年度标准化工作先进集体	2019年	拉萨市质量监督局
尼木县统计局	2018年全市统计系统"七一"文艺活动中荣获二等奖	2018年	拉萨市统计局
尼木县民政局	2017年度拉萨市县(区)民政工作争先三等奖	2018年	拉萨市民政局
尼木县民政局	拉萨市第二届应急救灾帐篷搭建一等奖	2018年	拉萨市民政局
尼木县中学	2018年"城投杯"拉萨校园足球联赛(初中组)三等奖	2018年	拉萨市教育局
尼木县中学	拉萨市第二届青少年科技创新大赛优秀组织单位	2018年	拉萨市科技局、拉萨市教育局
尼木县邮政分公司	先进集体	2018年	拉萨市邮政分公司
吞巴乡便民服务中心	2017年政务服务工作先进集体	2018年	拉萨市民服务中心
尼木县政府	拉萨市2017年度实行最严格水资源管理制度考核第一	2018年	拉萨市实行最严格水资源管理制度办公室

续表3

获奖单位	获奖名称	表彰时间	授予单位
尼木县纪律检查委员会	2018 年度社会治安综合治理工作先进集体	2019 年	尼木县委、县政府
尼木县委组织部	2018 年度尼木县民族团结进步模范集体	2018 年	尼木县委、县政府
尼木县委宣传部	2018 年度尼木县民族团结进步模范集体	2018 年	尼木县委、县政府
尼木县委宣传部	2018 年度尼木县创先争优强基础惠民生活动优秀组织单位	2018 年	尼木县委、县政府
尼木县委宣传部	2018 年度尼木县目标绩效考核党群部门一等奖	2019 年	尼木县委、县政府
尼木县委统战部	尼木县 2018 年目标绩效考核二等奖	2019 年	尼木县委、县政府
尼木县委统战部	尼木县民族团结模范集体	2018 年	尼木县委、县政府
尼木县委统战部	尼木县民族团结模范集体	2018 年	尼木县委、县政府
尼木县信访局	2017 年度社会治理部门目标绩效考核三等奖	2018 年	尼木县委、县政府
尼木县信访局	2018 年度尼木县目标绩效考核社会治理部门二等奖	2019 年	尼木县委、县政府
尼木县妇女联合会	2017 年度尼木县目标绩效考核党群部门三等奖	2018 年	尼木县委、县政府
尼木县综治办(护路办)	2018 年度尼木县民族团结进步模范集体	2018 年	尼木县委、县政府
尼木县公安局	2018 年尼木县首届“中国农民丰收节”中荣获组织奖	2018 年	尼木县委、县政府
尼木县公安局	2018 年度尼木县民族团结进步模范集体	2018 年	尼木县委、县政府
尼木县公安局	2018 年尼木县干部职工篮球比赛(女子组)第二名	2018 年	尼木县委、县政府
尼木县公安局	2018 年尼木县干部职工篮球比赛(男子组)第一名	2018 年	尼木县委、县政府
尼木县公安局	2017 年度全县信访工作目标考核二等奖	2018 年	尼木县委、县政府
尼木县公安局	2018 年度尼木县目标绩效考核社会治理部门一等奖	2018 年	尼木县委、县政府
尼木县公安局	第八届尼木县“琼穆岗嘎杯”足球比赛荣获第一名	2018 年	尼木县委、县政府
尼木县发展和改革委员会	尼木县 2018 年度经济部门目标绩效考核二等奖	2019 年	尼木县委、县政府
尼木县财政局	2017 年度招商引资工作先进单位	2018 年	尼木县委、县政府
尼木县财政局	2017 年度综治维稳工作先进单位	2018 年	尼木县委、县政府
尼木县财政局	2017 年度尼木县护路联防工作先进单位	2018 年	尼木县委、县政府
尼木县审计局	2018 年度尼木县目标绩效考核经济发展部门三等奖	2018 年	尼木县委、县政府
尼木县统计局	2017 年度招商引资工作先进集体	2018 年	尼木县委、县政府
尼木县扶贫(农发)办公室	2018 年度尼木县目标绩效考核经济发展部门一等奖	2019 年	尼木县委、县政府

续表3

获奖单位	获奖名称	表彰时间	授予单位
尼木县税务局	2017 年度尼木县目标绩效考核中直单位经济社会发展贡献奖	2018 年	尼木县委、县政府
尼木县税务局	2017 年度招商引资工作先进集体	2018 年	尼木县委、县政府
尼木县卫生和计划生育委员会	2018 年度尼木县目标绩效考核经济发展部门三等奖	2018 年	尼木县委、县政府
尼木县医院	2018 年度尼木县目标绩效考核经济发展部门三等奖	2018 年	尼木县委、县政府
尼木县气象局	2018 年度尼木县目标绩效考核中直单位经济社会发展贡献奖	2019 年	尼木县委、县政府
尼木县邮政分公司	2018 经济社会发展贡献奖	2019 年	尼木县委、县政府
尼木县电信局	2017 年度中直单位目标绩效考核贡献奖	2018 年	尼木县委、县政府
尼木县电信局	2018 年度中直单位目标绩效考核中直单位经济发展贡献奖	2018 年	尼木县委、县政府
农行尼木县支行	2018 年度中直单位目标绩效考核贡献奖	2018 年	尼木县委、县政府
塔荣镇尚日村	2017 年度综治维稳工作先进村	2018 年	尼木县委、县政府
塔荣镇政府	2017 年度全县宣传思想文化工作先进单位	2018 年	尼木县委、县政府
塔荣镇政府	2017 年度全县信访工作目标考核三等奖	2018 年	尼木县委、县政府
塔荣镇政府	2018 年尼木县干部职工篮球比赛组织奖	2018 年	尼木县委、县政府
塔荣镇政府	2018 年尼木县干部职工篮球比赛（男子组）第二名	2018 年	尼木县委、县政府
尼木乡政府	尼木县创先争优强基础惠民生活动“优秀组织单位”	2018 年	尼木县委、县政府
续迈乡政府	2017 年度乡（镇）目标绩效考核一等奖	2018 年	尼木县委、县政府
续迈乡政府	2017 年度综治维稳工作一等奖	2018 年	尼木县委、县政府
续迈乡政府	2017 年度全县信访工作目标考核一等奖	2018 年	尼木县委、县政府
续迈乡政府	尼木县 2018 年度民族团结进步模范集体	2018 年	尼木县委、县政府
续迈乡政府	2018 年尼木县干部职工篮球比赛（女子组）第一名	2018 年	尼木县委、县政府
续迈乡农牧民业务文艺队	2018 年尼木县首届“中国农民丰收年”组织奖	2018 年	尼木县委、县政府
续迈乡热杰寺	2018 年“遵行四条标准、争做先进僧尼”优秀组织单位	2018 年	尼木县委、县政府
续迈乡贵热寺	2018 年“遵行四条标准、争做先进僧尼”优秀组织单位	2018 年	尼木县委、县政府
续迈乡贵热寺	2018 年“遵行四条标准、争做先进僧尼”模范寺庙	2018 年	尼木县委、县政府
帕古乡政府	2017 年度综治维稳工作二等奖	2018 年	尼木县委、县政府
帕古乡政府	2017 年度乡（镇）目标绩效考核三等奖	2018 年	尼木县委、县政府

续表3

获奖单位	获奖名称	表彰时间	授予单位
帕古乡农牧民业余文艺队	2018年尼木县首届"中国农民丰收节"组织奖	2018年	尼木县委、县政府
麻江乡政府维稳办	2017年度综治维稳动作先进村	2018年	尼木县委、县政府
麻江乡政府维稳办	2017年度综治维稳工作三等奖	2018年	尼木县委、县政府
麻江乡农牧民业余文艺队	2018年尼木县首届"中国农民丰收"组织奖	2018年	尼木县委、县政府
麻江乡农牧民业余文艺队	2018年公共文化演出活动中荣获集体组织奖	2018年	尼木县委、县政府
吞巴乡农牧民业余文艺队	2018年尼木县首届"中国农民丰收节"组织奖	2018年	尼木县委、县政府
吞巴乡政府	2017年度乡(镇)目标绩效考核　二等奖	2018年	尼木县委、县政府
吞巴乡吞达村	2018年度尼木县民族团结进步模范集体	2018年	尼木县委、县政府
卡如乡加纳日绿色农业发展农牧民专业合作社	2018年度尼木县目标绩效考核集体经济发展先进合作社	2019年	尼木县委、县政府
卡如乡政府	2018年度尼木县目标绩效考核乡(镇)一等奖	2019年	尼木县委、县政府
普松乡农牧民业余文艺队	2018年尼木县首届"中国农民丰收节"组织奖	2018年	尼木县委、县政府
普松乡政府	尼木县2017年度"先进双联户"创建活动先进乡(镇)	2018年	尼木县委、县政府
普松乡政府	2018年尼木县干部职工篮球比赛组织奖	2018年	尼木县委、县政府
尼木县公安局	2017年全县安全生产先进单位	2018年	尼木县政府
尼木县人民检察院	综治维稳先进单位	2018年	尼木县政府
尼木县食品药品监督管理局	2018年度尼木县目标绩效考核社会治理部门	2019年	尼木县政府
帕古乡政府	2017年全县安全生产先进单位	2018年	尼木县政府
吞巴乡政府	2017年全县安全生产先进单位	2018年	尼木县政府

说明:由于各单位资料提供不全,可能有遗漏

受县(区)级以上表彰的先进个人名录

表 4

姓名	性别	民族	工作单位	获奖名称	表彰时间	授予单位
尼玛顿珠	男	藏	麻江乡强聂村人民调解委员会	全国优秀人民调解员	2018年	司法部
尼玛次仁	男	藏	尼木县中学	全国“中教杯”创新作文大赛优秀指导一等奖	2018年	全国中教杯教育改革发展研究大赛组委会
洛桑多吉	男	藏	尼木县中学	全国“中教杯”创新作文大赛优秀指导二等奖	2018年	全国中教杯教育改革发展研究大赛组委会
班登曲珍	女	藏	尼木县中学	全国“中教杯”创新作文大赛优秀指导二等奖	2018年	全国中教杯教育改革发展研究大赛组委会
洛桑次仁	男	藏	尼木县委党校	先进强基惠民工作者	2018年	自治区党委、自治区政府
边巴扎西	男	藏	尼木县国土资源规划局	先进强基惠民工作者	2018年	自治区党委、自治区政府
达　扎	男	藏	尼木县审计局	全区创先争优强基础惠民生活动先进驻村工作队员	2018年	自治区党委、自治区政府
赵　伟	男	汉	麻江乡政府	西藏自治区优秀第一书记	2018年	自治区党委
格　来	男	藏	吞巴乡政府	吞普村党总支第一书记	2018年	自治区党委
雒洪文	男	汉	续迈乡政府	三等功	2018年	自治区党委组织部
邓志成	男	汉	卡如乡政府	优秀公务员	2018年	自治区党委组织部、自治区人力资源和社会保障厅
斯曲罗布	男	藏	帕古乡帕古村	西藏自治区“四讲四爱”群众教育实践活动宣讲员	2018年	自治区党委宣传部
邓易才	男	土家	尼木县中学	2018年全区初中教师教学竞赛决赛优秀指导教师	2018年	自治区教育厅
益西曲珍	女	藏	尼木县中学	2018年全区初中教师竞赛决赛语文组一等奖	2018年	自治区教育厅
多布啦	男	藏	尼木县人大常委会办公室	先进驻村工作队队员	2018年	拉萨市委、市政府
多吉普桑	男	藏	尼木县信访局	信访工作先进个人	2018年	拉萨市委、市政府
达　瓦	男	藏	尼木县委政法委(借调)	2018年度综治维稳先进个人	2019年	拉萨市委、市政府
旦　增	男	藏	尼木县扶贫(开发)办公室	拉萨市2018年脱贫攻坚先进个人	2019年	拉萨市委、市政府
卢贤鹤	男	汉	尼木县扶贫(开发)办公室	拉萨市2018年脱贫攻坚先进个人	2019年	拉萨市委、市政府
云旦平措	男	藏	尼木县中学	拉萨市李氏个人奖	2018年	拉萨市委、市政府
小欧珠	男	藏	尼木县中学	拉萨市“优秀教师”铜奖称号	2018年	拉萨市委、市政府
桑　吉	女	藏	塔荣镇塔荣村	“勤劳致富”先进个人	2018年	拉萨市委、市政府

续表4

姓名	性别	民族	工作单位	获奖名称	表彰时间	授予单位
格桑多布杰	男	藏	塔荣镇塔荣村	“勤劳致富”先进个人	2018 年	拉萨市委、市政府
强巴卓嘎	女	藏	塔荣镇雪拉村	“勤劳致富”先进个人	2018 年	拉萨市委、市政府
索朗曲珍	女	藏	塔荣镇东松村	“勤劳致富”先进个人	2018 年	拉萨市委、市政府
加　巴	男	藏	塔荣镇尚日村	“勤劳致富”先进个人	2018 年	拉萨市委、市政府
扎西多杰	男	藏	塔荣镇尚日村	“勤劳致富”先进个人	2018 年	拉萨市委、市政府
普次仁	男	藏	塔荣镇塔荣村	“勤劳致富”先进个人	2018 年	拉萨市委、市政府
次仁普尺	女	藏	塔荣镇林岗村	“勤劳致富”先进个人	2018 年	拉萨市委、市政府
多　杰	男	藏	塔荣镇林岗村	“勤劳致富”先进个人	2018 年	拉萨市委、市政府
次仁扎西	男	藏	塔荣镇东松村	“勤劳致富”先进个人	2018 年	拉萨市委、市政府
格　桑	男	藏	塔荣镇东松村	“勤劳致富”先进个人	2018 年	拉萨市委、市政府
措　姆	女	藏	塔荣镇东松村	“勤劳致富”先进个人	2018 年	拉萨市委、市政府
旦增平措	男	藏	塔荣镇雪拉村	“勤劳致富”先进个人	2018 年	拉萨市委、市政府
琼卓玛	女	藏	塔荣镇恩泽居委会	“勤劳致富”先进个人	2018 年	拉萨市委、市政府
格桑尼玛	男	藏	塔荣镇恩泽居委会	“勤劳致富”先进个人	2018 年	拉萨市委、市政府
格桑云旦	男	藏	塔荣镇恩泽居委会	“勤劳致富”先进个人	2018 年	拉萨市委、市政府
格　萨	男	藏	塔荣镇恩泽居委会	“勤劳致富”先进个人	2018 年	拉萨市委、市政府
次仁拉杰	男	藏	塔荣镇恩泽居委会	“勤劳致富”先进个人	2018 年	拉萨市委、市政府
索　朗	男	藏	塔荣镇恩泽居委会	“勤劳致富”先进个人	2018 年	拉萨市委、市政府
嘎　吉	女	藏	塔荣镇恩泽居委会	“勤劳致富”先进个人	2018 年	拉萨市委、市政府
想　啦	男	藏	塔荣镇恩泽居委会	“勤劳致富”先进个人	2018 年	拉萨市委、市政府
达　嘎	男	藏	塔荣镇恩泽居委会	“勤劳致富”先进个人	2018 年	拉萨市委、市政府
朗　珍	男	藏	塔荣镇尚日村	“致富带头”先进个人	2018 年	拉萨市委、市政府
多布杰	男	藏	塔荣镇林岗村	“致富带头”先进个人	2018 年	拉萨市委、市政府
次旦桑珠	男	藏	塔荣镇塔荣村	“致富带头”先进个人	2018 年	拉萨市委、市政府
索朗旺杰	男	藏	塔荣镇巴古村	“致富带头”先进个人	2018 年	拉萨市委、市政府
普次仁	男	藏	塔荣镇巴古村	“致富带头”先进个人	2018 年	拉萨市委、市政府
德　琼	男	藏	塔荣镇巴古村	“致富带头”先进个人	2018 年	拉萨市委、市政府
强巴次仁	男	藏	塔荣镇巴古村	“致富带头”先进个人	2018 年	拉萨市委、市政府

续表4

姓名	性别	民族	工作单位	获奖名称	表彰时间	授予单位
顿珠扎西	男	藏	塔荣镇尚日村	“致富带头”先进个人	2018年	拉萨市委、市政府
格　　桑	男	藏	塔荣镇东松村	“致富带头”先进个人	2018年	拉萨市委、市政府
旦增曲扎	男	藏	塔荣镇塔荣村	“致富带头”先进个人	2018年	拉萨市委、市政府
强　　巴	男	藏	卡如乡政府	“致富带头”先进个人	2018年	拉萨市委、市政府
扎　　西	男	藏	卡如乡卡如村	“致富带头”先进个人	2018年	拉萨市委、市政府
洪镜伟	男	白	塔荣镇政府	2018年度先进驻村(居)工作队员	2018年	拉萨市委、市政府
旦木真	男	藏	续迈乡政府	2018年拉萨市级先进驻村工作队队员	2018年	拉萨市委、市政府
巴桑潘多	女	藏	尼木县统计局	拉萨市统计调查工作先进个人	2018年	拉萨市政府
德吉卓嘎	女	藏	尼木县农牧(科技)局	市级农牧工作先进个人	2018年	拉萨市政府
塔尔青	男	藏	帕古乡完全小学	优秀教师铜奖	2018年	拉萨市政府
次　　珍	女	藏	尼木县网评中心	拉萨市创建全国文明城市先进个人	2018年	拉萨市文明办
次仁罗布	男	藏	尼木县委政法委	拉萨市“平安家庭”	2019年	拉萨市妇女联合会
德　　央	女	藏	尼木县人民法院	拉萨市“最美格桑花”	2019年	拉萨市妇女联合会
边巴普赤	女	藏	麻江乡政府	2017年度优秀较好工作者	2018年	拉萨市妇女联合会
李　　良	男	汉	尼木县委统战部	拉萨市统战民宗系统优秀信息员	2018年	拉萨市民族宗教事务局
高　　鹏	男	汉	尼木县人民武装部	三等功	2018年	拉萨警备区
葛小辉	男	汉	尼木县人民武装部	嘉奖	2018年	拉萨警备区
崔志谦	男	土家	尼木县人民武装部	嘉奖	2018年	拉萨警备区
王　　喜	男	汉	尼木县公安局	第二届全区公安系统“警务实战知识技能比武”活动嘉奖	2018年	拉萨市公安局
胡圣奇	男	汉	尼木县公安局	拉萨市公安局“111”专案优秀个人	2018年	拉萨市公安局
王炜涛	男	汉	尼木县公安局	拉萨市第二届“最美警察”提名奖	2018年	拉萨市公安局
王炜涛	男	汉	尼木县公安局	拉萨市公安局嘉奖	2018年	拉萨市公安局
李若愚	男	汉	尼木县人民检察院	先进个人	2018年	拉萨市人民检察院
格桑旺青	男	藏	尼木县人民法院	市级先进个人	2019年	拉萨市中级人民法院
德　　央	女	藏	尼木县人民法院	市级先进个人	2019年	拉萨市中级人民法院
白　　珍	女	藏	吞巴乡政府	2017年政务服务工作先进个人	2018年	拉萨市民服务中心

续表4

姓名	性别	民族	工作单位	获奖名称	表彰时间	授予单位
旦增罗布	男	藏	尼木林业局	2018年全市林业工作先进个人	2018年	拉萨市林业局
李　纲	男	汉	尼木县税务局	优秀共产党员	2018年	拉萨市税务局
王　涛	男	汉	尼木县税务局	2017年度优秀公务员	2018年	拉萨市税务局
边巴旦增	男	藏	尼木县税务局	2017年度先进个人	2018年	拉萨市税务局
西热平措	男	藏	尼木县人力资源和社会保障局	拉萨市级先进工作者	2018年	拉萨市人力资源和社会保障局
李德胜	男	汉	尼木县人力资源和社会保障局	拉萨市先进个人	2018年	拉萨市人力资源和社会保障局
益西曲珍	女	藏	尼木县中学	拉萨市中小学教师技能大练兵活动—2018年度课堂教学大赛二等奖	2018年	拉萨市教育局
大欧珠	男	藏	尼木县中学	2018年度优秀党务工作者	2018年	拉萨市教育局
李　研	女	汉	尼木县中学	拉萨市教师岗位技能大练兵活动业务测试中第一名	2018年	拉萨市教育局
普琼达瓦	男	藏	尼木县中学	2018年"城投杯"拉萨校园足球联赛优秀体育工作人员	2018年	拉萨市教育局
达　瓦	男	藏	尼木县中学	拉萨市首届初中理化生教师实验教学操作技能竞赛物理学科二等奖	2018年	拉萨市教育局
何高琴	女	汉	尼木县中学	拉萨市第二届青少年科技创新大赛科技辅导员创新成果二等奖	2018年	拉萨市科技局、拉萨市教育局
周明祥	男	汉	农行尼木县支行	学习"饶才富精神"演讲比赛三等奖	2018年	中国农业银行拉萨分行
拉　吉	女	藏	农行尼木县支行	学习"饶才富精神"演讲比赛三等奖	2018年	中国农业银行拉萨分行
周明祥	男	汉	农行尼木县支行	内控与法律合规知识竞赛二等奖	2018年	中国农业银行拉萨分行
杨小龙	男	汉	塔荣镇政府	拉萨市首届运动会暨民族传统体育运动会田径比赛男子800米第四名	2018年	拉萨市首届运动会暨民族传统体育运动会组委会
杨小龙	男	汉	塔荣镇政府	拉萨市首届运动会暨民族传统体育运动会田径比赛男子4×400米第五名	2018年	拉萨市首届运动会暨民族传统体育运动会组委会
边巴扎西	男	藏	尼木县国土资源规划局	年度考核优秀个人	2018年	尼木县委
梁美杰	男	汉	尼木县委宣传部	年度考核优秀个人	2018年	尼木县委
巴桑卓嘎	女	藏	共青团尼木县委员会	优秀党员	2018年	尼木县委
朗　杰	男	藏	尼木县公安局	2018年优秀驻村民警	2018年	尼木县委
窦路路	男	藏	尼木县公安局	2017年度尼木县铁路护路路地联防工作先进个人	2018年	尼木县委
四郎卓嘎	女	藏	尼木县人民法院	2018年度综治先进个人	2018年	尼木县委
尼玛玉珍	女	藏	尼木县人民法院	篮球比赛第三名	2018年	尼木县委
王　斌	男	汉	尼木县住房和城乡建设局	优秀党员	2018年	尼木县委
尼　玛	女	藏	尼木县住房和城乡建设局	优秀党员	2018年	尼木县委

续表4

姓名	性别	民族	工作单位	获奖名称	表彰时间	授予单位
袁艳花	女	汉	尼木县委办公室	2017年度尼木县信访工作先进个人	2018年	尼木县委、县政府
边巴扎西	男	藏	尼木县国土资源规划局	综治工作先进个人	2018年	尼木县委、县政府
格桑旺姆	女	藏	尼木县委统战部	2018年度优秀公务员	2018年	尼木县委、县政府
米玛琼达	女	藏	尼木县委统战部	2018年度优秀公务员	2018年	尼木县委、县政府
朗杰卓嘎	女	藏	尼木县信访局	信访工作先进个人	2018年	尼木县委、县政府
胡刚	男	汉	尼木县信访局	信访工作先进个人	2018年	尼木县委、县政府
巴桑卓嘎	女	藏	共青团尼木县委员会	优秀公务员	2018年	尼木县委、县政府
许尚帅	男	藏	尼木县委政法委	2018年度优秀公务员	2018年	尼木县委、县政府
许尚帅	男	汉	尼木县委政法委	2018年度社会治安综合治理综合治理工作先进个人	2019年	尼木县委、县政府
索朗次仁	男	藏	尼木县委政法委(护路办)	2018年度综治维稳先进个人	2019年	尼木县委、县政府
土旦登增	男	藏	尼木县公安局	优秀公务员	2018年	尼木县委、县政府
贡桑	男	藏	尼木县公安局	优秀公务员	2018年	尼木县委、县政府
王喜	男	汉	尼木县公安局	优秀公务员	2018年	尼木县委、县政府
旦桑	男	汉	尼木县公安局	优秀公务员	2018年	尼木县委、县政府
敢杰次仁	男	藏	尼木县公安局	优秀公务员	2018年	尼木县委、县政府
时冬梅	女	汉	尼木县公安局	优秀公务员	2018年	尼木县委、县政府
洛桑江才	男	汉	尼木县公安局	优秀公务员	2018年	尼木县委、县政府
李豪	男	汉	尼木县公安局	优秀公务员	2018年	尼木县委、县政府
次吉	女	藏	尼木县公安局	优秀公务员	2018年	尼木县委、县政府
阿旺	男	藏	尼木县公安局	优秀公务员	2018年	尼木县委、县政府
亚古拉	男	回	尼木县公安局	优秀公务员	2018年	尼木县委、县政府
荣华	男	汉	尼木县公安局	优秀公务员	2018年	尼木县委、县政府
郑永亮	男	汉	尼木县公安局	优秀公务员	2018年	尼木县委、县政府
刘秋波	男	汉	尼木县公安局	优秀公务员	2018年	尼木县委、县政府
蒋程龙	男	汉	尼木县公安局	优秀公务员	2018年	尼木县委、县政府
张翔	男	汉	尼木县公安局	优秀公务员	2018年	尼木县委、县政府
扎西尼玛	男	藏	尼木县公安局	优秀公务员	2018年	尼木县委、县政府
尼玛次仁	男	藏	尼木县公安局	优秀公务员	2018年	尼木县委、县政府

续表4

姓名	性别	民族	工作单位	获奖名称	表彰时间	授予单位
曾 谊	男	汉	尼木县公安局	优秀公务员	2018年	尼木县委、县政府
德觉央强	女	藏	尼木县公安局	优秀公务员	2018年	尼木县委、县政府
张绪国	男	汉	尼木县公安局	优秀公务员	2018年	尼木县委、县政府
余自强	男	汉	尼木县公安局	优秀公务员	2018年	尼木县委、县政府
拉巴次仁	男	藏	尼木县公安局	优秀公务员	2018年	尼木县委、县政府
索朗次仁	男	藏	尼木县公安局	优秀公务员	2018年	尼木县委、县政府
伦珠旦塔	男	藏	尼木县公安局	优秀公务员	2018年	尼木县委、县政府
桑 珠	男	藏	尼木县公安局	优秀公务员	2018年	尼木县委、县政府
王炜涛	男	汉	尼木县公安局	优秀公务员	2018年	尼木县委、县政府
任文杰	男	汉	尼木县公安局	优秀公务员	2018年	尼木县委、县政府
王炜涛	男	汉	尼木县公安局	优秀公务员	2018年	尼木县委、县政府
旺青泽仁	男	藏	尼木县公安局	优秀公务员	2018年	尼木县委、县政府
索朗达杰	男	藏	尼木县公安局	优秀公务员	2018年	尼木县委、县政府
曾 谊	男	汉	尼木县公安局	优秀公务员	2018年	尼木县委、县政府
次仁达娃	男	藏	尼木县人民法院	优秀公务员	2018年	尼木县委、县政府
次 仁	男	藏	尼木县人民法院	优秀公务员	2018年	尼木县委、县政府
卢晓姝	女	汉	尼木县人民法院	优秀公务员	2018年	尼木县委、县政府
达娃卓玛	女	藏	尼木县人民法院	优秀公务员	2018年	尼木县委、县政府
扎西次旦	男	藏	尼木县人民法院	优秀党员	2019年	尼木县委、县政府
杨 虎	男	汉	尼木县发展和改革委员会	2017年度食品药品监管工作先进个人	2018年	尼木县委、县政府
旦增晋扎	男	藏	尼木县发展和改革委员会	2017年度优秀公务员	2018年	尼木县委、县政府
常晓钰	女	汉	尼木县发展和改革委员会	2017年度信访工作先进个人	2018年	尼木县委、县政府
巴桑德吉	女	藏	尼木县发展和改革委员会	2017年度招商引资先进个人	2018年	尼木县委、县政府
巴桑德吉	女	藏	尼木县发展和改革委员会	2018年度优秀公务员	2019年	尼木县委、县政府
旦 增	女	藏	尼木县财政局	2017年度招商引资工作先进个人	2018年	尼木县委、县政府
岗桑旦增	男	藏	尼木县安全生产监督管理局	2018年度优秀公务员	2019年	尼木县委、县政府

续表4

姓名	性别	民族	工作单位	获奖名称	表彰时间	授予单位
鲜佳龙	男	汉	尼木县民政局	优秀公务员	2018年	尼木县委、县政府
顿　珠	男	藏	尼木县民政局	优秀公务员	2018年	尼木县委、县政府
杨彦彬	男	汉	尼木县中学	优秀教师	2018年	尼木县委、县政府
尼玛次仁	男	藏	尼木县中学	优秀教师	2018年	尼木县委、县政府
德庆卓嘎	女	藏	尼木县中学	优秀教师	2018年	尼木县委、县政府
扎西顿珠	男	藏	尼木县中学	优秀教师	2018年	尼木县委、县政府
索朗曲吉	女	藏	尼木县中学	优秀教师	2018年	尼木县委、县政府
尼　玛	女	藏	尼木县中学	优秀班主任	2018年	尼木县委、县政府
旦增列培	男	藏	尼木县中学	优秀班主任	2018年	尼木县委、县政府
张　林	男	汉	尼木县中学	师德标兵	2018年	尼木县委、县政府
金远承	男	汉	尼木县中学	师德标兵	2018年	尼木县委、县政府
索朗卓嘎	女	藏	尼木县中学	师德标兵	2018年	尼木县委、县政府
扎西多布杰	男	藏	尼木县中学	优秀后勤工作人员	2018年	尼木县委、县政府
赤　桑	男	藏	尼木县中学	优秀后勤工作人员	2018年	尼木县委、县政府
旦增平措	男	藏	尼木县中学	优秀教育工作者	2018年	尼木县委、县政府
刘卓娅	女	藏	尼木县食品药品监督管理局	2018年度优秀公务员	2018年	尼木县委、县政府
邱永川	男	汉	尼木县住房和城乡建设局	优秀公务员	2018年	尼木县委、县政府
吴　昊	男	汉	塔荣镇政府	2018年度先进驻村(居)工作队员	2018年	尼木县委、县政府
王　丹	女	汉	普松乡政府	2018年“民族团结进步模范创建”模范个人	2018年	尼木县委、县政府
卢浦军	男	汉	续迈乡政府	尼木县安全生产工作个人先进奖	2018年	尼木县政府
强巴次仁	男	藏	帕古乡完全小学	优秀教育工作者	2018年	尼木县政府
卓玛拉孜	男	藏	帕古乡完全小学	优秀班主任	2018年	尼木县政府
次登卓嘎	女	藏	帕古乡完全小学	优秀班主任	2018年	尼木县政府
次　仁	女	藏	帕古乡完全小学	优秀教师	2018年	尼木县政府
次仁罗布	男	藏	帕古乡完全小学	优秀教师	2018年	尼木县政府
次仁平措	男	藏	帕古乡完全小学	师德标兵	2018年	尼木县政府

说明：由于各单位资料提供不全，可能有遗漏

2018 年尼木县国民经济和社会发展统计公报

2018 年,全县上下深入贯彻习近平新时代中国特色社会主义思想,全面落实市委、市政府各项决策部署,坚持稳中求进工作总基调,以新发展理念为引领,以提高发展质量和效益为中心,以推进供给侧结构性改革为主线,保态势、创优势,迎难而上,拼搏进取,全县经济保持稳中有进、稳中向好发展态势,为决胜全面小康迈出坚实步伐。

一、综合

2018 年,全县实现地区生产总值 8.97 亿元,同比增长 9.3%;其中,第一产业完成 1.34 亿元,同比增长 6.5%,第二产业完成 4.17 亿元,同比增长 14.8%,第三产业完成 3.47 亿元,同比增长 3.9%;工业增加值 0.68 亿元,同比增长 33.33%。三次产业结构比为 1.5:4.6:3.9。

全社会固定资产投资同比增长 40.7%,社会消费品零售总额 0.70 亿元,同比增长 13.6%。农村经济总收入 74054.84 万元,全年农牧民人均可支配收入 12865 元,同比增长 10.57%。工业增加值 0.68 亿元,同比增长 33.33%。

尼木县 2017—2018 年主要经济指标数据情况表

表 5

指标	2017 年		2018 年	
	总量	增速(%)	总量	增速(%)
地区生产总值(亿元)	7.51	10.2	8.97	9.3
其中:第一产业	1.22	4.2	1.34	6.5
第二产业	3.05	12.7	4.17	14.8
第三产业	3.24	10.2	3.47	3.9
工业增加值	0.51	27.5	0.68	33.33
全社会固定资产投资完成额	18.5	40.5	–	40.7

续表5

指标	2017 年		2018 年	
	总量	增速(%)	总量	增速(%)
社会消费品零售总额(亿元)	0.62	12	0.7	13.6
农牧民人均可支配收入(元)	11636	–	12865	10.57

二、农业

2018 年,完成农林牧渔业总产值 23274.94 万元,同比增长 19.89%,其中:农业产值 9740.28 万元,牧业产值 13485.05 万元,农林牧渔专业及辅助性活动产值 254.6 万元。

农业:2018 年全县全县总播种面积 65623.89 亩,其中粮食播种面积 32000 亩(青稞面积 27380.44 亩,小麦面积 719.56 亩,豆类 1400 亩,藜麦 500 亩,油菜面积 4427.77 亩,蔬菜面积 2000 亩,饲草面积 5196.12 亩)。全年粮油总产为 2798.7 万斤,比 2017 年增产 1080.5 万斤,其中,粮食产量为 2601.4 万斤,同比增产 1028.4 万斤;青稞产量为 2234.5 万斤,同比增产 883.4 万斤;油菜籽产量为 333.32 万斤,同比增产 52.1 万斤,粮经饲比例调整到 72:16:12。

牧业:2018 年完成牲畜存栏 136480(只、匹),其中牛 54594 头(匹),羊存栏 75395 只。全年猪牛羊肉产 1984.58 吨,奶产量 6808.69 吨,羊毛产量 20.502 吨。

林业:2018 年,全县新增造林面积 156.22 公顷,实际栽植树苗 112953 株,封山育林面积 366.66 公顷,防沙治沙面积 75.2 公顷,成林抚育面积 133.33 公顷。

三、工业

2018 年,尼木县大力发展实体经济,促进有效投资，全县工业发展势态良好。藏香产业园区精准扶贫示范基地项目和非遗展示厅项目建成投用，成立的藏香协会、藏香研发中心创意开发藏香衍生产品，在传承藏香文化的同时不断促进藏香规模化发展；藏鸡原种保护基地一期现存藏鸡2.5万只，二期工程即将投入运营；总投资2.2亿元的拉萨经开区尼木产业园区道路基础设施一期项目基本完工。总投资2.55亿元的尼木现代农业高新技术示范园区已建成高原种植业航天育种及产业化推广应用等项目。

2018年度，尼木县并无新增规模以上工业企业。

四、固定资产投资

2018年，全年开(复)工项目113个，总投资34.5亿元，全社会固定资产投资同比增长40.7%。拉萨经开区尼木产业园基础设施等重大项目顺利实施。共实施援藏项目14个，完成投资1.89亿元。争取到计划总投资2.8亿元和6.6亿元的两个民间投资项目。

基础设施水平进一步提升。实施总投资3869万元的尼木县麻江乡朗堆村至琼穆岗日景区公路、总投资1008万元的拉萨市尼木县普松乡如白村扶贫点公路工程、总投资1721万元的拉萨市尼木县续迈乡霍德村江组道路修建工程、总投资2646万元的重点县小农水工程等项目。特色产业体系逐步形成。实施了总投资4000万元的尼木藏香文化产业园建设项目、总投资9600万元的尼木县藏鸡养殖二期建设项目、总投资2123万元的尼木县建档立卡贫困户藏鸡标准化养殖基地建设项目、总投资6000万元的农牧民搬迁安居精准脱贫和特色经济建设项目(援藏项目)等项目。民生改善成效显著。在教育领域：实施了总投资455万元尼木县中心小学教工宿舍建设项目、总投资500万元尼木县续迈乡完小风雨操场建设项目；在文化领域：实施了总投资1200万元的尼木县白面具传习所建设项目、总投资350万元的尼木县广电中心建设项目、总投资1000万元的尼木县切嘎却德寺文物保护平安工程等项目；在卫生领域总投资130万元的尼木乡卫生院改扩建项目、藏医院附属工程等项目。生态环境治理能力进一步提高。实施了尼木桥头绿化提升工程、拉萨周边防护林工程等项目、尼木县消除无树村无树户、尼木县新垦耕地进行恢复原状和耕地质量提升工程等项目。

五、人口就业

2018年，全县共有户籍人口34402人，其中男性17121人，女性17281人，男女比例0.99:1。全年新生人口277人，死亡人口234人，出生率0.8‰，死亡率0.6‰，自然增长率0.8‰。

全县农村人口分布情况：0～6岁352人，7～15岁4914人，16～59岁21701人，60～80岁3179人，80岁以上383人。

乡村劳动力资源数15801人，农村从业人员数12484人，其中第一产业从业人员10415人，第二产业从业人员928人，第三产业从业人员1141人。全县外出务工人员9318人，其中离开本县务工人员4076人。

尼木县2014—2018年人口变动情况表

表6

指标	2014年	2015年	2016年	2017年	2018年
户籍人数(人)	33365	33639	34006	34123	34467
出生人数(人)	310	494	484	175	452
出生率(‰)	0.9	0.14	0.14	0.5	0.13
死亡人数(人)	998	131	112	51	244
死亡率(‰)	2.9	0.3	0.8	0.1	0.7
人口自然增长率(‰)	−2	−0.16	−0.66	0.4	−0.57

六、人民生活

2018年，全县农牧民人均可支配收入12865.10元，同比增长10.57%。其中工资性收入5184.64元，占比40.3%；家庭经营性收入4052.51元，占比31.5%；转移性收入2367.18元，占比18.4%；财产性收入1260.77元，占比9.8%。

全年社会消费品零售总额达0.7亿元，同比增长13.6%。按行业类型统计，批发和零售业0.49亿元，住宿和餐饮业0.21亿元。

七、财政金融

2018年年底总财力92047.96万元，比2017年增加1244.96万元，增长2.5%；其中转移性收入

70830.43 万元，占总财力的 76%，比 2017 年年底增加 6641 万元，增长 8.6%；返还税收收入 4747.53 万元，公共财政预算收入完成 15470 万元，占总财力的 17%，比 2017 年增加 1219 万元，增长 8.55%；调入预算稳定调节基金 1000 万元。政府性基金收入 1632.67 万元。

全年支出 91327.96 万元，比 2017 年增加 1244.96 万元，增长 2.5%。其中：转移性支出 660 万元，一般公共服务支出 20631.2 万元，公共安全支出 6195 万元，教育支出 15316 万元，文化体育与传媒支出 1556 万元，社会保障和就业支出 11723 万元，医疗卫生与计划生育支出 6249 万元，节能环保支出 1119 万元，城乡社区支出 3163 万元，农林水支出 19436 万元，交通运输支出 199 万元，商业服务业支出 1500 万元，国土海洋与气象支出 492 万元，住房保障支出 3011 万元，粮油物资储备支出 73 万元。

八、教育文化

尼木县各级各类学校 26 所，其中中学 1 所，小学 5 所，幼儿园 20 所（包括县中心幼儿园 1 所，乡级幼儿园 7 所，村级幼儿园 12 所）。县中学在校学生 1115 人，初中入学率 99.91%。小学在校生 2938 人，小学入学率 99.97%。幼儿园在园人数 1269 人，入学率 84.94%。初中毕业生 380 人，招生 420 人。小学毕业生 492 人，招生 487 人。

全县县级文化活动中心 1 处，8 个乡镇综合文化站，32 个行政村文化室，32 个农家书屋，22 个“寺庙书屋”；全县广播电视台站共有 1 座，全县广播电视人口覆盖率达 99.8%（广播）；全县非物质文化遗产 10 个，其中国家级 4 个、自治区级 2 个、市级 4 个；全县 22 处文物点，其中自治区 5 处、市级 6 处。

九、民政卫生

2018 年，全县共有农村低保户 271 户 803 人，其中女性 467 人，男性 336 人。城镇低保户 252 户 289 人，其中女性 141 人，男性 148 人。集供中心集中供养五保户 144 人，其中女性 101 人，男性 43 人。持二代残疾证的残疾人 54 人，其中女性 31 人，男性 23 人。不同年龄段的留守儿童 112 名，其中女性 50 人，男性 62 人。自主就业退役士兵共计 9 人，其中义务兵 6 人，士官 3 人。全年办理结婚登记 233 对，离婚登记 30 对，补办登记 31 对。

2018 年末，全县共有医疗卫生机构 35 个，其中医院 1 个、卫生院 8 个，诊所 1 个、卫生室 24 个，疾病预防控制中心 1 个。卫生机构床位数 50 张，卫生技术人员数 253 人。

十、旅游交通

2018 年，全县接待旅游 9.7 万人次，实现旅游收入 4091 万元，同比增长 19%。

全县公路里程总计 611.691 公里，其中养护里程 195.213 公里。年末运营公共汽车 5 辆，运营线路网长度 163 公里，客运总量 5.76 万人次。

十一、气候环境

全年空气质量优良天数达 129 天，231 天为良。

全年极端最高气温 28.0℃（7 月 7 日），全年极端最高低温 -21.0℃（12 月 20 日），年平均气温为 6.2℃。全年总降水量 398.1 毫米，极端日降水量 24.1 毫米（6 月 11 日）；日降水量 ≥ 50 毫米 0 次，暴雨 0 次，大雨 2 次，最长持续降水日数为 18 天，持续降水量 141.5 毫米。全县人工影响天气作业 4 次，用弹 16 发，尼木县全年未遭受冰雹灾情。

索 引

说 明

一、本索引采用主题分析法编制。索引范围包括篇目、类目、部(门)目、条目等。
二、本索引按主题词首字汉语拼音音序(同音按音调)排列,若首字拼音相同则按第二字音序排列,以此类推。
三、索引款目后的数字表示内容所在的页码,数字后的拉丁字母(a、b、c)表示栏别(从左至右)。
四、篇目、类目、部(门)目用黑体字。

D

E

F

G

L

M

N

P

T

W

X

Z